영원에 이르는 길

하나님께 가는 길 안내서

하나님은 세상에서 성공하고,
영향력 있는 자들을
들어 사용하시기보다는,

그분의 부르심에
순종함으로 나아오며,

자신의 작음과 하나님의 크심을
시인하고 고백하는
겸손한 자를 사용하신다.

「영원에 이르는 길 1,2,3권」을 오랜 기간(12년) 동안
집필하게 하신 취지는
「하나님께 영광을 돌리고, 성경의 진리를 전파하는 것」입니다.

내 삶을 기적으로 채우는 기도의 원리

가진것 하나없고 축복도 못받은 자이지만, 하나님께 간절히 기도했더니, 하나님께서 모든것을 허락하셨습니다. "하나님께 구하라, 들어주실 것이다." 하나님께 간곡히 복을 구한 야베스의 기도에 나타난 하나님의 놀라운 응답, 진리 4가지입니다.

야베소의 기도의 원리 4가지

1. 하나님께 기도하고 간구하는 사람이었습니다.
2. 하나님의 뜻에 따라 순종하며 살아가던 사람이었습니다.
3. 하나님께 의지하던 자였습니다.
4. 감사할 줄 아는 자였습니다.

인간이 삶에서 겪는 고통의 문제, 인간의 주요 관심사에 관한 성경적 해답을 제시해 주는 야베스의 기도(대상 4:10)를 통해서 하나님의 뜻에 순종하고, 의지하고, 감사하는 자의 기도를 기뻐 받으신다는 것을 기억하고, 우리도 그렇게 살기 위해 더욱 노력해야 할 것입니다.

더욱 그리스도인답게,
더욱 성경적으로.

_____ 님께 드립니다.

하나님이 쓰시는 사람의 7가지 조건

1. 하나님은 자신의 연약함을
   깨닫는 사람을 사용하십니다.

2. 하나님은 충성스런 사람을 사용하십니다.

3. 하나님은 하나님의 말씀을 연구하고
   그 말씀대로 사는 사람을 사용하십니다.

4. 하나님은 하나님의 타이밍을 인내로써
   기다릴 줄 아는 사람을 사용하십니다.

5. 하나님은 잃어버린 영혼들에 대해
   염려하는 사람을 사용하십니다.

6. 하나님은 자신을 거룩하게 구별할 줄
   아는 사람을 사용하십니다.

7. 하나님은 타인과 함께 일할 줄
   아는 사람을 사용하십니다.

모든 것이 하나님의 은혜입니다.
지금까지 지내 온 모든 것
합력하여 선을 이루시는
하나님의 은혜가 아닌 것이 없습니다.

받은 은혜 만족하며 감사합니다.

추천사
오관석 목사 (하늘비전교회 원로목사)

주님께서는 제게 참 많은 만남의 축복을 주셨습니다. 그 만남의 복 가운데 제자이자 동역자인 이요한 목사님과의 만남을 주신 주님께 감사드립니다. 긴 세월 믿음으로 혹독한 인내의 계단을 통과하여 주님께서 귀하게 사용하는 종으로 준비된 목사님을 가슴을 열어 따사로이 보듬습니다. 부디 마지막까지 초심을 잃지 않고 주님 앞에 서는 날까지 첫 사랑으로 사역하기를 축복합니다.

참된 신앙은 예수님이 이 땅에서 살아가신 방식대로 사는 것입니다. 성경과 일상생활의 관련성을 더 풍성히, 더 충분하게 이해해야 할 필요성이 절실합니다. 본서 「영원에 이르는 길 1,2,3권」은 그리스도인이 반드시 알아야 할 내용을 오랜 기간(12년)에 걸쳐 철저히 성경적으로 준비함으로써 각 성장 단계별 70여 가지 핵심 주제별로 진리의 지식을 깊이 있으면서도 접근하기 쉽고, 진지하면서도 마음이 끌리고, 엄중하면서도 소망을 주는 성경적으로 안내해 줄 책으로 하나님이 우리와 어떻게 함께하시고, 우리가 어떻게 하나님과 함께하는지 보다 잘 인식할 수 있도록 해 줍니다.

「영원에 이르는 길 1,2,3권」은 그리스도인의 '영적 성장을 위한 필독서'로서 목회자, 신학생, 교회 지도자들을 비롯한 각 성도 자신의 소중한 책으로 적극 권합니다. 반드시 소장하셔서 두고두고 그 안에 담겨 있는 보석과 같은 진리의 지식들을 열고 은혜의 바다에 잠겨 거룩한 그분의 임재를 경험함으로써 영적으로 하나님의 뜻에 합당한 삶의 목적을 재조명 받는 큰 선물이 되시기를 바랍니다.

추천사
오영택 목사 (하늘비전교회 담임목사)

하나님의 은혜로 제가 담임하고 있는 하늘비전교회에서 신학을 공부하던 시기에 함께 사역하며 주님을 섬길 수 있도록 특별한 만남의 축복을 베풀어 주신 주님께 감사드립니다.

이요한 목사님의 저서 「영원에 이르는 길 1,2,3권」은 귀한 이 목사님의 신앙과 삶을 통하여 역사하신 우리 주 예수 그리스도의 진리의 말씀을 지면을 통하여 나누는 체험적인 고백이고 신앙 선포라고 감히 말하지 않을 수가 없습니다.

오랜 시간 이요한 목사님의 삶을 지켜본 저는 귀한 목사님에게 임재하신 하나님을 그의 가정과 사역에서 보았고, 특히 그 지울 수 없는 제 기억은 구리 극장과 시장 통 등의 사거리에서 혼자 서서 길 가는 수많은 행인들에게 예수를 전하며 복음을 말씀하고 계시는 목사님의 모습을 보고 초대 교회의 바울을 보는 것 같은 감동이 들었습니다.

그가 만난 예수님 그리고 그 「영원에 이르는 길 1,2,3권」이 여기에 기록되어 있습니다. 제가 자신 있게 이요한 목사님과 귀한 저서를 추천할 수 있는 영광을 갖게 된 일이 제게는 너무나 큰 은혜입니다.

추천사
최현서 교수 (침례신학대학교 전 대학원장)

하나님의 은혜로 신학대학원 과정을 통하여 스승과 제자의 만남의 축복을 주신 주님께 깊은 감사를 드립니다.

이요한 목사님은 열정과 충성의 사람입니다. 신학대학원을 다닐 때에도 하나님을 뜨겁게 사랑하는 헌신된 학생으로서 성실한 가운데 열심히 공부했고, 열정이 불타는 사람이었습니다. 그는 졸업하고도 성경묵상과 기도로 하나님과 깊은 교제를 나누며 성경을 가르치는 일에만 그치지 않고 마치 사도 바울처럼 복음전도자로 실제 삶의 현장에서 주님께 충성을 다하고 있습니다.

그의 저서 「영원에 이르는 길 1,2,3권」은 건전한 교리를 바탕으로 하나님의 말씀인 성경을 중심으로 그리스도인들이 반드시 알아야 할 70여 가지 핵심 주제들을 쉽고 간결하고 체계적으로 다루고, 실천적인 내용을 통해 그리스도인의 삶의 현장에 적용하게 하고 있습니다.

이 책은 하나님의 말씀을 귀 기울여 듣고자 하는 간절한 마음, 그리고 다른 하나는 그 말씀에 기꺼이 순종하려는 마음이 어떤 경우에라도 이 두 가지의 마음이 있어야 함을 힘주어 강조하고 있습니다.

「영원에 이르는 길 1,2,3권」은 진리에 목말라하고 은혜의 책임을 다하려는 그리스도인들에게 놀랍고 가슴이 두근거리는 책이 될 것이며, 독자 한 사람 한 사람에게 성령의 음성에 귀를 기울이고 순종하려는 간절한 마음을 갖도록 인도해 줄 것입니다.

하나님께서 택하신 그릇, 이요한 목사님의 저서를 통하여 더욱 하나님의 영광이 드러나길 소원합니다. 이 책이 '성도들의 필독서'로 주님의 사랑을 가득 담아 기쁘고 감사함으로 적극 추천하고자 합니다.

추천사
이요섭 목사 (기독교한국침례회 교회진흥원장)

이요한 목사님은 복음전파에 뜨거운 열정을 갖고 있습니다. 그 증거가 복음전도입니다. 매주 몇 차례씩 동서울 터미날 등 사람들이 많이 모이는 곳에서 혼자 서서 길 가는 많은 행인들을 향하여 열정적으로 복음을 전파하고 있는 모습을 저는 한참을 보았습니다. 그러한 놀라운 모습은 마치 사도 바울을 연상케 하였으며 저에게 강한 울림을 주었습니다.

그런데 어느 날 저에게 소식을 전해 왔습니다. 그의 저서 「영원에 이르는 길 1,2,3권」에 대한 내용을 모두 성경에 근거하여, 그 위에 핵심 주제별로 단계적 영적 성장이 가능하도록, 저자의 삶을 통하여 오랜 기간(12년 동안) 성령님께서 조명해 주시고, 저술할 수 있도록 역사하셨다는 말씀을 들었습니다.

바로 그 귀한 책이 이요한 목사님의 「영원에 이르는 길 1,2,3권」 입니다. 짧은 삶을 위해 '영원'을 생각하지 않는 그리스도인의 삶은 참으로 어리석은 것입니다. 특별히 올해가 종교개혁 500주년을 맞는 이 때, 우리가 배우기를 멈출 때 우리의 신앙 성장도 멈출 것입니다. 이 책이 한국교회가 다시 성장하는데 도움을 줄 수 있는 특별한 지침서가 되기를 기대합니다.

성령님께서 특별히 조명해 주신 이 책을 통해 독자들은 '영원에 이르는 길'에 대한 단계별로 선명한 그림을 그릴 수 있으며, 또한 궁금증을 풀어주는 동시에 성경적으로 영원을 사모하도록 안내합니다. 또한 신앙생활 네비게이션 역할을 통하여 성도들의 정체성이 분명해지고 신앙이 자라는데 꼭 필요한 책이라고 저는 분명하게 생각합니다. '영원을 준비하는 삶'과 관련한 모든 주제를 포함하는 책을 찾는다면, 바로 이 책을 적극 추천하고 싶습니다.

감사의 글
이영희 집사 (가천대학교 명예교수)

　그리스도인으로서 나는 이 땅에서 어떻게 살아야 하는가? 에 관심을 가진 이라면, 이 책의 진가를 알아볼 것이다. 신자라면 이 책을 놓쳐서는 안 된다. 그리고 비신자라도 반드시 읽어야 합니다. 저자는 성경을 통해서 영원을 준비하는 삶에 관한 하나님의 궁극적인 계획과 구속사적 목적을 볼 수 있도록 도와줍니다. 마치 바울처럼 강권적으로 택하신 그릇 이요한 목사님을 사용하여 영적으로 흔들리는 그리스도인들의 물음에 답해 주시기 위해 이 책을 이 세상에 보내 주셨음을 믿음의 눈으로 바라봅니다.
　「영원에 이르는 길 1,2,3권」은 진리의 지식에 목말라 하는 하나님의 자녀를 양육하도록 보내주신 '은혜에 책'임을 확신하며, 마침내 애타게 기다렸던 책을 소장할 수 있게 된 것을 주님께 거듭 감사드립니다.

　주님을 더욱 깊이, 좀 더 알고 싶어 여러 방면으로 참고서를 찾아보았으나 쉽지 않던 중, 복음을 통해 구원받아 영원에 이르는 그 성화의 과정에, 구원 받은 성도가 반드시 알아야 할 70여 가지 내용의 핵심들을, 주제별로 성경적이며, 체계적으로 잘 정리된 「영원에 이르는 길 1,2,3권」을 감사함과 떨리는 마음으로 완독하였습니다.
　그동안 애타게 갈망하던 성도들이 책장에 이 책을 맨 중앙에 소장하고 읽고 또 보아서 바로 알고 삶으로 실천하는 신앙생활은 하늘나라에 빛나는 보석이 될 것임을 확신해 봅니다. 생명 되신 주님을 기쁘시게 해 드리며 영광 돌리는 신앙으로 하나님의 보좌를 흔들기를 간구하며 예수님의 이름으로 이 땅의 모든 사람과 모든 성도의 '필독서'로 기쁘고 감사한 마음으로 여러분께 적극 권하며 주님의 놀라운 은혜에 감사드립니다.

차례
2권

추천사	7
감사의 글	11
머리말	19
프롤로그(Prologue)	23
독자들에게 드리는 글	31
시작하는 글	
- 참된 개혁은 '나'로부터	37
- 성경을 통한 내면세계의 변화	59
- 성경은 명확한 삶의 방향을 제시해 줍니다.	67
- 성경과 링컨의 어머니	77

제 1부 성경 전체 66권 각 책별 주제 및 목적 전체내용 요약정리

1장 성경을 어떻게 공부할 것인가?	81
2장 하나님은 개개인과 어떻게 함께하시는가?	85
3장 성경 개관	95
4장 구약, 각 책별 주제, 목적, 전체내용 요약정리	105
5장 신약, 각 책별 주제, 목적, 전체내용 요약정리	197

제 2부 성경을 통해 알 수 있는 주요한 진리들

6장 창세기와 요한계시록의 비교   269
7장 신약과 구약의 차이   273
8장 하나님의 이름   281
9장 천국의 신비 11가지   287
10장 이스라엘을 상징하는 세 나무   289
11장 성경의 숫자들   293
12장 성경에 나오는 화폐단위와 무게 단위   299
13장 성경을 통해 기억해야 할 주요한 언약들   303

제 3부 그리스도인의 성장하는 신앙생활

14장 하나님의 뜻에 합당한 신앙생활의 네 가지 원칙   315
15장 예배   335
16장 기도   346
17장 찬양   389
18장 헌금(하나님께 대한 신앙고백)   417
19장 성도간의 교제   433
20장 성만찬   449
21장 세례(침례)   459
22장 주님의 12제자들   465
23장 하나님께로부터 힘을 얻어 충성된 일꾼으로 사는 법   471

독자 후기 (감사와 추천의 글)   499
부록1 조지 가(街)의 복음 전도자   505
부록2 인생에서 위대한 선택이란 과연 무엇일까?   511

차례
1권 참고용

추천사
감사의 글
머리말
프롤로그(Prologue)
독자들에게 드리는 글
시작하는 글
- 참된 개혁은 '나'로부터
- 생각의 감옥에서 탈출해야 합니다
- 성경을 왜 날마다 읽어야 하는가?

제 1부 구원의 성경적 이해

1장 복음의 내용 19가지에 관하여
2장 성경에 나오는 믿음의 대표적 인물들
3장 그리스도인
4장 하나님의 말씀
5장 복음 전할 때 성경을 활용하는 법

제 2부 구원의 성경적 교리

6장 구원 받을 때 일어나는 12가지 중요한 변화는 무엇입니까?
7장 구원에 관한 아홉 가지 용어들

제 3부 죄

8장 죄에 대하여
9장 죄를 죽이고 일어나 피하십시오.

제 4부 교회

10장 교회란 무엇입니까?
11장 성경이 말씀하시는 지역교회
12장 신앙생활은 어떻게 해야 합니까?

제 5부 그리스도인의 예수님 닮아가기

13장 그리스도인의 더러운 성질
14장 더러운 의 와 거룩한 의
15장 고난의 성경적 의미
16장 감사하는 신앙생활
17장 행복한 인생을 사는 비법

독자 후기 (감사와 추천의 글)
부록1 조지 가(街)의 복음 전도자
부록2 인생에서 위대한 선택이란 과연 무엇일까?

차례
3권 참고용

추천사
감사의 글
머리말
프롤로그(Prologue)
독자들에게 드리는 글
시작하는 글
- 참된 개혁은 '나'로부터
- 믿음으로 아들을 지킨 어머니
- 아무도 보지 않을 때 당신은 어떤사람 입니까?

제 1부 하나님의 뜻

1장 하나님의 뜻은 무엇인가요?
2장 하나님의 뜻 발견하는 방법
3장 하나님의 뜻대로 시험을 이기는 삶

제 2부 그리스도인의 가정생활

4장 믿음의 가정을 세우는 일
5장 그리스도인 남편과 아내로서의 가정생활
6장 말씀을 듣고 배운 그리스도인의 자녀들

제 3부 그리스도인의 직업

7장 그리스도인의 직장 생활
8장 그리스도인의 자기 사업

제 4부 그리스도인의 경건

9장 바른 믿음과 바른 사명
10장 그리스도인의 말씀과 기도의 생활
11장 하나님과 함께하는 교제
12장 말씀과 기도의 생활을 위한 실천적 지침
13장 그리스도를 따라 살아가는 삶

제 5부 성령 충만

14장 그리스도인이 영적성장을 위해서 반드시 알아야 할 성령님
15장 성령의 열매
16장 성령 충만한 삶은 어떤 것입니까?
17장 성령 충만 받은 하나님의 헌신된 일꾼
18장 성령 충만을 통한 하나님의 위로
19장 성령 충만은 행복한 삶의 비결

제 6부 영원

20장 성경이 말씀하시는 보상
21장 예수 그리스도의 재림(휴거와 재림)
22장 하나님의 상속자들과 그리스도와 함께할 공동 상속자
23장 영원을 준비하는 삶

제 7부 하나님의 위대한 사람들

24장 영적거장 10인

제 8부 영원히 살게 될 천국(새 예루살렘)

25장 영원
26장 새 예루살렘(천국)

독자 후기 (감사와 추천의 글)
부록1 조지 가(街)의 복음 전도자
부록2 인생에서 위대한 선택이란 과연 무엇일까?

하나님께 은혜를 받는 4가지 방법

첫째로, 은혜의 보좌로 나아가라.
무릎 꿇고 기도하는 것보다 더 중요한 것은 없다.

둘째로, 말씀에 이끌림을 받으라.
내가 말씀과 가까이 하며, 말씀이 나를 좌우하도록
말씀에 내 자신을 맡기는 것이다(행 20:32).

셋째로, 하나님의 섭리에 순종하라.
겸손과 순종으로 하나님의 섭리의 손길에 순복하는 자세는 은혜를
크게 받는 지름길이다(벧전 5:5-6).

넷째로, 서로에게 은혜의 채널이 되라.
내 주위에 성도들을 배치해 두시고, 그들을 통하여 은혜를 공급하신다
(고전 12: 25, 27).

머리말

　천지창조 이후 에덴동산에서부터 새 하늘과 새 땅에 이르기까지 「영원에 이르는 길 1,2,3권」은 복음을 듣고 믿음으로 구원받은 이후 '영원에 이르는 길'에 관한 기초와 뼈대를 모두 주님의 말씀에 두고 그 위에 하나씩 핵심 주제별로 단계적 영적 성장이 가능하도록 구성 되었습니다.
　하나님과 함께하는 삶의 내용을 70여 가지 주제별로 실제의 삶에 적용할 수 있도록 이 땅에 태어난 사람들 누구나 이 책을 공부함으로써 "구원에 이르게 되는 길"을 안내 받게 될 것입니다.
　또한 그리스도인으로서 필수적인 주요한 진리의 지식들을 나침반으로 삼아 우리를 한 걸음씩 영원을 준비하는 삶으로 인도해 줄 영적 성장의 확실한 자원으로서 그분의 생명, 그분의 뜻, 그분의 길을 성경적으로 바르게 알 수 있는 책을 드디어 소유할 수 있게 되었습니다.
　진리 되신 주님은 친히 인간의 몸으로 이 땅에 오셔서 진리가 무엇인가를 보여 주셨고, 이 땅에 진리를 심으셨습니다. 믿음은 주님의 말씀 안에 거하는 것이요, 진리와 함께함으로 우리의 행실이 변하고, 인간성이 변하고, 삶의 목적이 변하는 새 사람이 되어서 세상을 진리로 회복하는 것입니다.

바른 자세를 회복해야 합니다. 그래서 그리스도인은 주님 한 분만을 알아야 하고, 그분 한 분만을 그리워해야 하며, 오직 주님만을 소망하고, 주님 한 분만으로 마음을 가득 채울 수 있어야 합니다. 왜냐하면 그 분은 우리의 생명이시고 우리의 모든 것이기 때문입니다.

오늘날 수많은 사람들과 그리스도인들까지도 영적으로 또한 관계와 정서적으로 각양의 문제를 안고 그 상처로 인해 아파하며, 회복을 위해 몸부림을 치며 살아가고 있습니다. 성경이 인생의 지침서라고 고백하면서도 성경이 지닌 영적인 풍성함은 누리지 못한 채 많은 사람들이 영적 기근으로 죽어 가고 있습니다.

이 책은 이처럼 허덕이며 고통 받는 사람들에게 하나님의 말씀으로 그들의 회복을 촉진하고 주님 앞으로 인도하고자하는 사랑의 마음을 담았으며, 또한 영적으로 흔들리는 개인의 물음에 진지하게 답하기 위함입니다.

엄청난 고난을 겪어 보지 않거나, 깊은 타락 가운데 있어 보지 않고 위대한 성인이 된 사람은 단 한 명도 없습니다. 각 개인 안에 내재되어 있는 하나님을 아는 진리의 지식을 향한 뜨거운 요구에 실제적이고 효과적이며 구체적인 실천 방법을 제시함으로서 각 개인의 요구에 부응하고 결정적인 변화를 위해 하나의 대안이 되기를 간절히 소망해봅니다.

교회는 그 구성원들로 하여금 성경적인 신앙의 내용뿐만 아니라 사랑과 희망의 공동체를 경험하고 그 안에서 치유와 성장을 하도록 목회적 관심을 가져야 합니다.

교회는 무엇을 위해 존재하는 것일까요? 교회는 왜 가야하며 어떤 공동체여야 할까요? 교회는 영혼의 아픔과 상처를 회복하고, 돌보며, 서로의 사랑과 선행을 격려하는 가운데 그리스도의 장성한 분량에 이르도록 돕는 사랑의 공동체여야 합니다.

  우리들은 일상생활과 신앙생활이 일치되어 하나님과 동행하는 풍성한 삶을 누리기를 소망하며 진리의 지식의 말씀을 공부하기를 애타게 갈망하는 모든 성도들이 영적 기근에서 해방되어 건강한 개인으로서 가정을 세우고, 상처받은 이들을 돌보고 세우는 치유와 회복을 통해 하나님의 몸 된 교회가 바로 세워지고 회복된 각 개인이 하나님의 복을 누리며 살아가도록 적극 돕고자 함입니다.
  구원받은 성도는 이 땅의 것들로 만족하지 못하는 사람들입니다. 오직 천상에 있는 영적인 복들과 그 복들의 근원이신 주 예수 그리스도의 모습만을 갈망할 따름입니다.

  인생설계서에 대학, 자격증, 취업, 결혼, 자녀, 집, 자동차, 재테크, 여행 등의 계획들은 빼곡하게 차있는 반면, 하나님 앞에 받게 될 심판을 준비하기 위한 구체적인 계획들이 전무하다면 그것은 실패한 인생입니다. 반드시 영원의 관점에서 인생설계도를 그려야 합니다.
  오늘날 교회가 영향을 주지 못하는 것은 이 땅에 태어난 사람들에게 "구원에 이르게 되는 길"을 바르게 알려주지 못했기 때문입니다. 또한 성도들 모두가 믿음의 하나 됨과 하나님의 아들을 아는 지식의 하나 됨에 도달하게 되는 것 또한 성도들이 온전한 사람이 되어 그리스도의 충만하심의 장성한 분량에까지 이를 수 있도록 제대로 진리의 지식을 알고있지 못함이며 그로인해 성도들은 심각한 영적 기근 상태에 이르렀습니다.
  본서를 통해 주님을 바로 알도록 함으로써 옛 생활을 청산하고 정욕에 말려들어 썩어져가는 낡은 인간성을 주님의 도우심으로 과감히 벗어 버리고 마음과 생각이 새롭게 되어 우리가 이 세상을 왜 어떻게 살아야하는지를 알려주는 길잡이가 되길 바랍니다. 오랜 기간 동안 주님의 강력하신 인도하심 가운데 깊은 기도와 탐색과정을 통해 철저히 연구하고 주님께 깊이 조명 받은 진리의 지식들을 성경 중심적으로 세상에 내어놓는 첫 번째 메시지입니다.

이 책을 공부함으로써 "구원에 이르게 되는 길"을 안내 받게 될 것이며, 하나님의 말씀을 갈망하는 목회자들과 신학생, 그리고 모든 성도들이 마음을 진리의 지식에 쏟는다면 성경의 경이로움과 말씀의 능력으로 인해 마음은 늘 기쁨으로 가득할 것입니다(롬 15:14). 그 말씀이 우리를 생명의 길로 인도할 것을 간구하며 「영원에 이르는 길 1,2,3권」을 발간하게 되었습니다.

주님의 말씀의 시냇가에서 성령의 두레박이 넘치도록 따라 마실 때 속이 후련한 그 기쁨, 지혜롭고 슬기로운 삶, '영원에 이르는 길'을 발견하고 영혼까지 맑아오는 은혜의 감동의 풍성함을 마음껏 누리시게 되길 간구합니다. 무엇보다도 그분의 말씀 속에 있는 사랑의 언어들과 곧 회복을 열망하는 그리스도인으로 하여금 영적인 삶의 균형 잡힌 비전을 제시할 뿐 아니라 하나님과 함께하는 삶의 영적 성장과 부유함을 위한 실제적인 전략을 통해 우리 각 개인들이 하나님만을 바라보도록 하는데 최선의 노력을 다 하였습니다.

프롤로그
(Prologue)

 그리스도인들에게 있어 아름다운 간증을 이야기하라면, 여러 가지가 있겠지만 그 중에서 참으로 소중하고 잊어버릴 수 없는 것은 바로 자신을 지옥의 형벌로부터 구원해 주신 진리이신 주 예수 그리스도를 만난 일일 것입니다.

 여러분께서도 주님을 처음 만났을 때의 열정이 넘친 첫사랑을 한번 돌이켜 보시고 하나님께 영광 돌리길 원합니다. 저는 초중고교를 지방에서 졸업하고 서울로 유학을 와서 가정을 일으켜 세워야겠다는 일념으로 열심히 공부했고, 그런 노력이 헛되지 않아 대학을 졸업하던 88올림픽 직전년도에 대졸공채로 대형증권사에 합격해 30대 후반에 최연소 압구정 지점장이 되었고, 이렇게 세상에서의 성공을 위한 삶을 살았습니다. 회사 업무에 몰두 하던 때에 아이 셋을 중국 북경 현지학교로 유학을 보내게 되었고, 기러기아빠 생활을 시작하게 되었습니다.

해가 거듭될수록 아이들이 보고싶고, 가족에 대한 그리움과 남모르는 외로움이 파도처럼 밀려들 무렵, 저와 가깝게 지내는 지인 장로님의 적극적인 인도로 교회에 출석하게 되었고, 그 후 얼마가 지난 때에 하루는 새벽시간에 성경을 읽어야겠다는 마음이 큰 파도처럼 밀려와 성경을 펼치고 계속해서 읽는 가운데 사도행전 1:8 말씀을 아주 큰소리로 읽고 있을 때, 갑자기 하나님 말씀에 사로잡힘과 동시에 하나님의 임재를 깊이 경험하게 되었습니다. 저는 지금 이 순간에도 그 때의 일을 너무나 생생하게 기억합니다.

주님의 임재를 느끼는 순간, 제가 얼마나 더러운 죄인인지 즉시 깨닫게 되어 참으로 두려운 마음에 부들부들 떨며 난생 처음으로 오랫 동안 통곡하며 죄를 회개하고 예수님께서 저를 위하여 십자가에서 피 흘려 돌아가셨다는 사실을 깨닫게 되었습니다. 그 순간 엉엉 울며 기도하는 약 5시간 가량의 은혜의 시간을 통하여 저는 180도로 완전히 변화된 새 사람으로 다시 태어나게 되었습니다.

주님께서 저의 죄를 없애 주시려고 저의 죄로 인하여 하나님이신 예수님이 십자가에서 피흘려 죽으시고 묻히시고 다시 살아나셨다는 것이 확실하게 믿어 졌으며, 그분을 저의 구세주로 믿고 마음으로 영접함으로 구원을 받게 되었습니다.(처음 교회에 나가 복음을 듣고 영접기도를 따라 했을 때, 구원받은 것이 아니었음을 비로소 깨달았습니다.)

저는 그 때 제 안에서 말씀하시는 강력한 주님의 음성을 아주 또렷하게 들었습니다. "너는 내 말을 전하는 자가 되어라, 너는 내 말을 전하는 자가 되어라. 너는 내 말을 전하는 자가 되어라."세 번에 걸쳐 하나님의 우렁찬 음성이 내 마음 속에서 뚜렷하게 들려왔습니다. '네, 알겠습니다. 전하겠습니다. 반드시 그 말씀만을 전하며 살겠습니다.' 라며 저는 대답했고 이 사건은 저 자신에게는 엄청난 충격이었고, 놀라움이었고, 이때에 저의 인생은 완전히 바뀌게 되었습니다.

제게는 다른 신앙인들처럼 믿음의 집안이라는 스펙도 없었고 단지 신실하신 장모님의 간절한 기도 덕분에 불교 집안에서 기적적으로 유일하게 저만 구원 받은 것이 전부였습니다. 그러던 어느 날, 구원받을 때 "너는 내 말을 전하는 자가 되어라." 라고 하나님께서 저에게 강력하게 하신 말씀이 떠올랐고, 주님께 드린 약속을 마음 가득 생각하며 하나님께 솔직한 심정으로 다음과 같이 기도하게 되었습니다.

하나님 아버지! 지난번 제가 구원받을 때, 주님께서 "너는 내 말을 전하는 자가 되어라. 너는 내 말을 전하는 자가 되어라. 너는 내 말을 전하는 자가 되어라." 저에게 세 번씩이나 물어 보셔서 제가 '네, 알겠습니다. 전하겠습니다. 반드시 그 말씀만을 전하며 살겠습니다.' 라고 대답했던 것을 기억하실 것입니다. 현재 공부할 시기가 이미 지난 불혹의 늦은 나이에 부양해야 할 처자식도 있는 처지입니다. 주일 설교를 통해 말씀하신 마태복음 6장 25-34절 말씀대로 주님의 뜻대로 살 때 모든 필요를 다 채워 주신다고 말씀하셨습니다.
이제 주님을 만난 이후 정말 세상 것은 다 배설물로 여겨져 더 이상은 이런 세상일로 시간을 낭비하고 싶지 않습니다. 오직 주님께 약속드린 것을 이행해야겠다는 마음만이 가득합니다. 이런 저를 불쌍히 여기사 하나님의 말씀을 공부할 수 있는 환경을 허락해 주시길 간절히 기도드립니다. 주 예수님의 이름으로 기도합니다. 아멘.

그렇게 기도드리고 난 후에 마 6:25-34절 말씀을 펼쳐 읽을 때, 주님께서 마음에 확신을 주시고 "아무것도 염려하지 마라" 하시며 빌립보서 4:6-7절 말씀으로 응답해 주셨습니다. 그 때 얼마나 기뻤는지 모릅니다. 즉각적으로 모든 세상적인 일들을 주님의 도우심 가운데 말끔히 정리할 수 있었습니다.

주님과의 약속을 어떻게 지킬 것인가? 하나님께서 나를 사용하시기 위해서는 내가 무엇을 해야 하는지 깊이 생각해 보았습니다. 이미 정답이 나와 있었습니다. 하나님 말씀을 전하는 자가 되려면 하나님 말씀을 잘 아는 자가 되어야 하는 것입니다.

저는 성경을 공부하기 시작했습니다. 그래, 내가 목사 될 사람인데 성경을 열심히 공부하여 잘 준비하자. "하나님께서 이 요한!, 내가 내 말을 전하는 자가 되라고 했더니 기특하게도 열심히 준비하고 있군. 이 요한!, 불교 집안에 스펙도 없고, 아무것도 없고 모자라지만, 내가 한 말을 믿고 죽어라고 공부해 잘 준비했으니 한 번은 써 줘야지." 하실 그 한 번만을 바라보고 죽어라고 공부했습니다.

신학교에 들어가서도 졸업해서도 지금까지 미친 듯이 공부했습니다. 오로지 성경만 깊이깊이 공부하며, 여러 성경을 참조하는 가운데 영적 심오한 진리의 말씀들이 깊은 기도와 찬양, 오랜 탐구과정을 통해 깨달아졌고, 밥 먹는 시간도 아까워서 책을 보며 밥을 먹을 정도로 몰입했습니다.

매일 저는 죽도록 공부하고 또 공부했고 도서관에 틀어박혀 잠자는 시간만 제외하고 아침부터 밤늦게까지 어깨가 아프도록 공부했습니다. 이제 저의 목표는 '어떻게 하면 성공할까?'에서 "어떻게 하면 내가 믿는 예수님을 더 잘 알아 그분의 기쁨이 될 수 있을까?"로 바뀌었습니다.

저는 기독교한국침례회 하늘비전교회(오영택담임목사, 오관석원로목사)에서 부사역자로 사역하며 목사 임직을 받았습니다. 인내의 계단을 한 층 한 층 쌓아가는 신앙생활을 몸소 체득해 가는 과정을 거쳐 지금은 하나님께서 은혜를 베풀어 주셔서 섬기는 교회에서 양 무리들에게 하나님 말씀을 전하며, 매일 성경을 공부하고, 기회 될 때마다 성경을 가르치며 거리에 나가 복음을 전파하는데 쓰임을 받고 있고, 하늘에 보물이 있는 것처럼 목표를 하늘에 두고 살며, 이 세상을 단지 타국인이요, 순례자로서 살아가고 있습니다.

주님, 세상의 지식이 아닌 말씀을 깨달아 순종하며 양육 받게 하시 오며, 많은 지식으로 머리만 큰 사람이 아니라 말씀에 순종하기 위해 자기의 뜻을 꺾을 줄도 알며, 자신의 때가 아닌 주님의 시간까지 인내함으로 기다릴 줄 아는 마음 허락 하옵소서! 주님, 다른 무엇이 아닌 오직 주님께만 순종하는 사람 되게 하시고, 주께로 오지 않은 것과 진리가 아닌 것을 거절하며, 세상과 구별되는 것을 두려워하지 않고, 믿음이 약해지지 않도록 도와주시 오며, 성령님과 함께 동행 하는 삶을 살 수 있도록 인도해주실 것을 믿습니다. 주 예수님의 이름으로 기도합니다. 아멘.

이런 저에게 어느 날 여느 때와 같이 도서관에 가려고 집을 나서는데 갑자기 앞이 캄캄해 지더니 몸이 흔들림과 동시에 가방을 떨어뜨리며 바닥에 주저앉게 되었습니다. 그 때 주님께서 즉시 간절히 기도하기를 원하신다는 것을 오랜 기도생활을 통해 알아차릴 수 있었습니다.

주님! 제가 무엇을 하기를 원하십니까? 주님께서 그동안 준비한 자료를 토대로 이제부터 영적 성장을 갈망하는 성도들의 성장을 위한 '성경공부 교재' 「영원에 이르는 길」 발간과 거리에 나가 복음을 전하기를 원하신다는 것을 알게 하셨습니다(막 16:15). 주님을 만난 이후에 그분에 대한 갈증이 솟구쳐 올라 공부를 시작한지 십 년을 훌쩍 지난 2015년 되던 해였습니다. 저는 계속하여 기도하는 가운데 주님의 뜻대로 거리에서 복음을 전할 준비에 박차를 가하기 시작했습니다.

이때부터 주님께서 감동을 주신 새 이름 이요한목사로 이름을 사용하며 (법적으로, 2016.12.23.) 거리설교(3분, 5분용)를 10여 편의 복음 설교와 전도지 1만부 등을 준비하는 중에 함께 복음을 전할 동역자들과 엠프(각각 소형, 중형)가 순식간에 하나님의 방법으로 준비가 되었습니다.

벌써 3년째 주 3-4회 거리에 나가 복음을 전파하고 있습니다. 하나님께서 부족한 저희들을 들어 사용하셔서 수 천 명을 지옥에서 구원하여 주시고 계십니다. 또한 수 백 만장을 배포한 전도지를 통해서도 수많은 영혼을 구원해 주실 줄로 믿습니다.

　이 책의 제목은 10년이 넘는 기간 동안 내용이 거의 완성되어 갈 무렵, 계속 기도하는 가운데 2017. 8.15. 오전 9시에 「영원에 이르는 길」로 할 것을 알려주셨습니다.

　왜 우리가 믿는 것인가? 본서의 내용들을 처음부터 끝까지 진지하게 공부함으로써 이 땅에 태어난 사람들 누구나 "구원에 이르게 되는 길"을 안내 받게 될 것이며 또한 그리스도인이라면 반드시 꼭 알고 있어야 할 진리의 지식들이 더 깊이, 더 충분하게 새겨지는 것을 통해 더욱 풍성해 지는 은혜가 임하길 간절히 바랍니다.

　우리가 믿는 것은 누구이며 무엇인가? 그 믿음을 통해 우리는 무엇을 기대할 수 있고, 믿음은 우리의 삶을 어떻게 변화시켜 줄 것인가? 이제는 깊이 생각해 보아야 합니다. 자신이 복음을 성경적으로 잘 이해하고 바르게 전할 수 있는가?

　자신이 영생을 얻고 나서 영생을 얻었다는 희열과 그 기쁨과 그 소중함을 모르는 사람이 어떻게 주 예수님을 증거 할 수 있겠습니까? 영원히 고통 당 할 지옥으로부터 구원을 받은 자가 그 구원을 자신의 개인의 생업보다도 값어치 없게 여긴다면, 그 사람이 어떻게 복음을 담대하게 전할 수 있겠습니까?

　수도꼭지를 틀면 물이 나오고, 장작을 패면 장작이 쪼개지고, 불을 붙이면 불이 붙듯이, 구원받은 사람의 입에서는 주님의 복음이, 그분의 말씀이, 입에서 터져 나와야 할 줄로 믿습니다. 그것이 바로 정상적인 그리스도인의 모습인 것입니다.

　미국 '맥라건 인터내셔널' CEO인 팻 맥라건 회장이 쓴 책 가운데 '바보들은 항상 결심만 한다.'가 있습니다. 제목에서 볼 수 있듯이 많은 사람이 결심만 하고 행함은 없습니다. 행함이 없으면 변화가 일어나지 않습니다. 성도들 역시 말씀을 듣고 삶으로 실천하지 않는다면, 이 역시 참된 경건으로 볼 수 없습니다. 아무리 많이 성경을 공부하고 설교를 들었어도, 오히려 타성에 젖어든 신앙이 될 수 있습니다. 마치 음식을 많이 먹고도 운동하지 않은 비만과 성인병으로 건강을 잃는 것과 마찬가지입니다.

성도들은 하나님의 말씀을 듣고 자신의 문제점을 발견하고 깨달으며, 결단해야 합니다. 주의 말씀 앞에 우리는 겸손해야 합니다. 말씀을 듣고 부대끼고 말씀대로 살기 위해 몸부림쳐야 합니다. 말씀을 깨달으면 삶의 발걸음으로 드러내야 합니다.

우리는 말씀을 얼마나 많이 알고 있느냐보다 삶으로 제대로 실천했느냐가 더 중요합니다. 무엇보다 참된 경건을 원한다면 나 자신의 문제점을 발견하는 것에서 출발해야 합니다. 내 안에 거룩하지 못한 부분을 발견하고 회개하는 일이 우선돼야 합니다. 참된 경건은 신앙생활의 연수나 겉모양에 의해 결정되지 않습니다. 경건한 삶을 살기 위해서는 말씀이 삶이 돼야 합니다.

우리가 어떻게 꿈을 가지느냐가 아니라 우리가 꿈을 가졌느냐 그리고 하나님이 그 꿈을 주실때 염두해 두신 뜻을 성취할 수 있도록 '우리가 하나님을 우리의 삶 가운데서 일하시게 끔 허용할 것이냐'는 중요한 것입니다. 꿈은 침묵에 의해 시험되어야만 하고, 시간에 의해 단련되어야 합니다.

우리의 꿈과 환상에는 시간이라는 중요한 요소가 있다는 것을 배울 필요가 있습니다. 우리가 그것이 참으로 하나님에게서 온 것임을 확신한 다음이라 할지라도 우리는 우리 자신이 하나님의 시간표에 달려 있다는 것을 확신해야 합니다. 꿈과 그 꿈의 일정들 모두가 하나님에게서 나와야 합니다. 타락한 피조물이 우리는 자만심과 자기 중심주의 그리고 조급히 서두르는 경향에 오염되어있습니다.

우리는 무엇을 한다는 것과(doing)과 내가 어떤 사람인 것(being)과 균형을 이루길 하나님은 원하시고 계십니다. 우리가 맨 마지막에 배우는 것들 중의 하나는 하나님이 우리의 상황을 이끌어 가신다는 것입니다. 게으른 마음은 악마의 쉼터이고, 꿈은 시련을 먹고 자란다고 합니다. 하나님의 늦어짐과 우회의 훈련이 우리의 삶 가운데 역사하는 하나님의 방식입니다.

무엇을 위해 사는가. '인생의 목적'이 무엇인가? 라고 물으면 뭐라고 대답할 것인가? 여러 가지의 답이 있겠지만, 예수님 믿는 사람들은 똑같은 고백을 하면 좋겠습니다. '나는 평생 앞에 계신 예수님을 따라 살거야, 하나님의 말씀(성경)을 바로 알고 그대로 행하려고 노력하면서 달려 갈거야. 왜냐하면 주님께서 내 인생길을 인도해 주실 것을 믿으니까'라고 고백해야 합니다.

또한 우리의 삶을 황폐하게 하는 분주함으로부터 과감하게 빠져나와 예수님처럼 살기 위해(빌 3:12-14) 실천에 옮길 때, 우리의 마음이 지속적으로 주 예수 그리스도에게로 향하며, 우리의 정신이 평온한 가운데 쉬며, 우리의 열정이 하나님의 열정을 닮아 가는 것을 발견할 수 있을 것임을 확신합니다.

하나님께 충성을 다하는 헌신된 한 개인의 삶이 작은 일이 계속되는 나날이라고 해서 멸시하지 말 것과(슥 4:10) 하나님께서 아직도 세상의 천한 것들과 멸시받는 것들을 택하여서 영광을 받기를 원하신다는 사실을 우리는 알 수 있습니다(고전 1:28-29).「영원에 이르는 길 1,2,3권」을 믿음 생활의 나침반으로 삼으셔서 믿음의 발걸음을 떼어 놓을 때, 그리스도 안에서 새로운 피조물로서의 진정한 영적 성장의 출발이 되시길 주님의 사랑을 가득 담아 축복합니다.

독자들에게 드리는 글

　주님께서 과정 과정마다(12년 동안) 하나님의 놀라운 방법으로 필요한 환경을 조성해 주셔서 「영원에 이르는 길1,2,3권」 의 책 발간 관련 전 과정을 주관하셨습니다. 예수 믿는 것은 근본적으로 다른 삶을 요구합니다. 과거와 같은 마음으로는 결코 새로운 삶을 살아가지 못합니다. 역사의 주인이 하나님이시고, 새로운 시대 역시 하나님께서 주관하시는 시대이기 때문입니다. 비록 두려움과 가진 것들을 포기해야 하는 아픔, 미래에 대한 불안함, 많은 시행착오 등이 있을 지라도 분별하는 자세로 나아가야 합니다. 하나님 한 분만이 죄의 습관에 젖은 우리 각 사람의 영혼을 돌이켜 "성령 안에 있는 의와 평강과 희락"(롬 14:17) 가운데로 깊이 배어들게 하실 수 있습니다. 그러나 결코 우리 스스로 그렇게 할 수 없습니다.

　스페인이 자랑하는 세계적인 화가가 있습니다. 20세기 천재화가로 불렸던 파블로 피카소(Pablo Picasso, 1881-1973)입니다. 이 사람은 워낙 유명한 사람이라 그가 그린 그림 한 점은 우리 돈으로 300억 원을 호가합니다. 엄청난 금액입니다. 그의 작품 중에 1943년에 만든 '황소머리(bull head)'

라는 조형물이 있습니다. 피카소의 작품이기에 매우 값진 것임이 틀림없습니다. 50여년이 지난 런던의 한 경매장에서 이 작품이 경매에 붙여졌습니다. 그리고 자그마치 293억 원이라는 금액에 낙찰되었습니다.

하지만 그토록 비싼 가격에 비해 그 재료는 정말 형편없는 것입니다. 1943년 길을 가던 피카소가 우연히 버려진 자전거 한 대를 발견하고는 그 자전거에서 안장과 핸들을 떼어냈습니다. 그리고 그 안장에다가 핸들을 거꾸로 붙였습니다. 그게 다였습니다. 버려진 자전거 안장에 손잡이, 그리고 그 이름을 '황소머리'라고 붙인 것입니다. 사실 피카소가 그것을 택하여 만들기 전까지는 고물상에 버려질 중고 자전거에 지나지 않았습니다. 아무런 볼품도 없이 이미 녹이 슬고 없어질 것이었습니다. 그런데 버려졌던 자전거가 피카소의 손에 의해 작품으로 만들어졌을 때는 더 이상 고물상에 버려질 물건이 아니라 값비싼 작품이 되었습니다.

인간도 마찬가지입니다. 아무리 보잘 것 없고 쓸모없게 보이는 사람도, 누구를 만나느냐에 따라 값을 매길 수 없을 정도의 위대한 존재로 변할 수 있습니다. 그리스도인은 주님께 쓰임받기 전에 광야의 과정을 거칩니다. 이 광야를 믿음으로 통과하면 주님의 귀한 도구가 됩니다. 모세는 40년간 애굽 왕궁에서 최고의 교육을 받고 왕자의 권세를 누렸지만, 그 조건들은 하나님이 쓰시기에 도움이 되지 않았습니다. 하나님께 쓰임받기 위해 그에게는 영적인 훈련이 필요했습니다. 하나님께서는 광야의 훈련을 통해 모세를 빚으시고 나서 그를 사용하셨습니다. 광야의 의미는 무엇입니까? 적막한 곳이지만 하나님의 말씀을 들을 수 있는 곳입니다. 그곳은 외롭고 불편한 시간입니다. 하지만 하나님께서는 황량한 광야에서 우리에게 말씀하시며 우리와 대화하십니다. 하나님께서는 그곳에서 우리를 만나기를 원하십니다.

"여호와께서 그를 황무지에서, 짐승이 부르짖는 광야에서 만나시고 호위하시며 보호하시며 자기의 눈동자 같이 지키셨도다"(신 32:10). 모세도 광야에서 하나님을 대면했습니다. 모세가 하나님을 처음 만난 곳이 광야요, 하나님께 십계명을 받은 곳도 광야의 시내산이었습니다. 하나님께서 다윗을 만나신 곳도 광야입니다. 하나님께서 다윗을 처음 만나실 때 그는 보잘 것없는 양치기였습니다. 그야말로 광야와 같은 시절이었습니다. 왕이 된 후에도 다윗은 광야에서 하나님을 만났습니다. 미디안 광야에서 양이나 치던 모세가 하나님을 만나자 출애굽의 위대한 지도자가 되었고, 소년 다윗이 하나님의 손에 들려지자 골리앗을 물리치고 이스라엘의 위대한 왕이 되었고, 그 후 메시아의 조상이 되었습니다. 바울 역시 광야에서 예수 그리스도를 만났습니다. 복음의 계시를 받은 곳도 아라바 광야였습니다(갈 1:17). 이처럼 하나님께서는 사랑하는 주의 백성을 광야로 이끄십니다.

별 볼일 없는 하찮은 존재라도 하나님을 만나면 하늘의 별과 같이 빛나는 존재가 됩니다. 하나님의 손에 붙들리기만 하면 누구라도 걸작품이 될 수 있습니다. 아무리 하찮은 인생도 위대한 인생이 될 수 있습니다. 하나님은 예술가보다도 더 예술성을 가지고 있습니다.

하나님이 쓰지 못할 사람이란 없습니다. 하나님께서 바꾸지 못할 사람이란 없습니다. 하나님은 당신을 변화시켜 위대한 하나님의 사람이 되길 원하십니다. 그분의 손에 붙잡히십시오. 위대한 미래가 열릴 것입니다. 겸손히 하나님의 손길에 나를 맡겨보십시오. 새롭고 귀하게 변화된 자신의 모습을 발견하게 될 것입니다.

예수 그리스도는 우리의 유일한 소망입니다. 우리는 그분만을 바라보아야 합니다. 이는 그분이 우리의 유일한 구주이시기 때문입니다. 우리는 그분의 말씀을 액면 그대로 받아들여야 하며, 그분을 전심으로 의지해야 합니다. 그분께서는 우리가 필요로 하는 바로 그 도움을 아시며, 주실 수 있는 분이시며, 우리는 안전한 보호하심과 인도하심을 받을 수 있습니다. 만일 우리가 단지 인간적 지혜를 의지하여 문제를 해결하거나 받고자 한다면, 우리는 오히려 손해 보는 편에 서 있음을 발견하게 될 것입니다. 우리는 직접적으로 주 예수님께 나아갈 수 있으니 이는 그분께서 이렇게 말씀하셨기 때문입니다.

"수고하고 무거운 짐 진 자들아 다 내게로 오라 내가 너희를 쉬게 하리라 나는 마음이 온유하고 겸손하니 나의 멍에를 메고 내게 배우라 그러면 너희 마음이 쉼을 얻으리라"(마 11:28-29).

"인자의 살을 먹지 아니하고 인자의 피를 마시지 아니하면 너희 속에 생명이 없느니라(요 6:53)고 말씀하신 분께 가르침을 받는 것은 우리의 큰 특권입니다.

성경은 거울과 같고 성경은 창문과 같습니다. 성경을 통하여 나를 보고 성경을 통하여 하나님을 보고 세상을 봅니다. 나는 오늘도 성경을 통해서 나를 보고, 하나님을 보고, 세상을 봅니다. 성경 안으로 깊이 파고 들지 아니하면 우리의 인생의 답을 얻지 못하는 문제들로 가득 차게 됩니다. 인생에 있어서 우리가 궁금하고 알아야 할 모든 내용들이 성경 안에 들어있습니다. 하나님의 말씀인 성경은 사람의 성품을 변화 시키며, 거룩하게 하는 능력입니다."주께서 눈을 여사 주의 법에서 나오는 놀라운 것들을 내가 보게 하소서"(시 119:18).

신앙이란 인간의 모든 희망이 무너지는 한계선에서, 십자가에 달리신 예수 그리스도의 부활로 열리는 경험입니다. 그럴 때 우리의 기다림은 담대한 확신이 되고, 인내가 되며, 가능한 것을 향한 열정이 됩니다. 그리스도인이 가져야 할 두 가지 마음은 하나님의 말씀에 귀 기울여 듣고자 하는 간절한 마음, 그리고 다른 하나는 그 말씀에 기꺼이 순종하려는 마음입니다. 사람의 눈으로 볼 수 없는 하나님께서 인도하시는 "영원에 이르는 길"은 가장 빠르고 가장 안전한 길입니다. 또한 그리스도인에게 있어서 가장 복된 영적인 축복의 길은 "영원을 준비하는 삶"입니다.

「영원에 이르는 길 1,2,3권」을 반복적으로 공부함으로써 오로지 하나님만이 우리 각 사람의 마음을 그분께로 향하게 하실 수 있음을 경험하며. 그리고 하나님은 우리를 자유롭게 은혜 가운데 이 변화의 과정으로 초대하시는 분이심을 깊이깊이 체험하시기 바랍니다.

　「영원에 이르는 길1,2,3권」의 발간을 위한 하나님의 말씀과 기도 "하나님께서 세상의 미련한 것들을 택하사 지혜 있는 자들을 부끄럽게 하려 하시고 세상의 약한 것들을 택하사 강한 것들을 부끄럽게 하려 하시며 하나님께서 세상의 천한 것들과 멸시 받는 것들과 없는 것들을 택하사 있는 것들을 폐하려 하시나니 이는 아무 육체라도 하나님 앞에서 자랑하지 못하게 하려 하심이라"(고전 1:27-29).

　위대하신 주님, 이 땅에 태어난 사람들 누구나 이 책을 공부함으로써 "구원에 이르게 되는 길"을 안내 받게 되는 사람들이 날로 더하게 하시고 그들 모두 구원에 이르도록 은총을 더하여 주옵소서.
　주 예수 그리스도의 보혈로 구원받은 하나님의 자녀들이 하나님의 말씀으로 바르게 양육되어 날마다 하나님의 빛 안에 거하며 주님과 사랑의 친밀한 깊은 교제를 나누는 삶과 영적 성장을 갈망하는 모든 성도를 위한 '성경공부 교재' 「영원에 이르는 길1,2,3권」을 준비하는 전 과정에 저를 온전히 장악하셔서 주님의 통제 아래 두시고 주님께서 저를 통해 이루시고자 하는 바, 그것을 이루어 주시옵소서!
　인내로 우리 앞에 놓인 경주를 하며 우리의 믿음의 창시자시요 완성자 이신 주 예수 그리스도를 바라보며 믿음의 선한 싸움에서 승리하도록 도와주시옵소서!
　우리의 모든 삶과 모든 활동뿐 아니라 이해하고 생각하는 모든 것까지도 온전히 제물로 바치기를 원합니다. 모든 욕망을 하나님께 가까이 다가서는 삶 앞에 내려놓게 하시며 주님을 기쁘게 해드리는 일에 전적으로 매달리는 성도들이 되도록 해주시옵소서!

　주님, 우리 모두를 위대한 밀알 되신 주님과 일치시켜 주시고, 주 예수 그리스도에 관한 메시지뿐만 아니라 메시지를 제시하는 방법 자체를 통해서도 사람들에게 십자가에 못 박히신 그분과 일치시켜 주옵소서!
　세상과 적당히 양다리 걸치는 사랑과 주 예수 그리스도를 향한 계산된 사랑이야말로 교회의 수치요, 하늘의 슬픔이며, 지옥의 경멸임을 확실히 깨달아 신실하고 충성된 성도들로 삶 가운데 발견되어지게 하옵소서!
　자기 사랑과 교만으로 살쪘던 속사람은 불로 태워지고, 물에 휩쓸리며 깎여지고 다듬어지고 부서지는 과정을 통하여 인내를 배움으로 주저 없는 복음전파자로 모든 성도가 쓰임 받게 하옵소서!
　우리 스스로 아무것도 아님과 아무짝에도 쓸모없음을 철저히 인정함으로 말씀의 무한한 능력을 충만히 받아서 아무것도 아닌 저희를 들어 사용하셔서(고전 1:26-29) 하나님의 강력한 군대가 되도록 인도해 주옵소서!
　주 예수 그리스도와 깊은 개인적인 관계를 발전시켜 나감으로써 그분의 사랑이 매일 매일의 삶 속에서 주님의 기쁨이 되고, 주님께만 영광을 돌리며(고전 10:31) 우리의 믿음이 다른 사람들을 향해 섬김의 모습으로 나타나게 하옵소서! 주 예수님의 이름으로 기도합니다. 아멘

참된 개혁은
'나'로부터 '내 교회'로부터
시작되어야 합니다.

하나님께서는 새 일을 행하실 때마다 새로운 일꾼을 부르셨습니다. 그러나 하나님의 방법은 특이 합니다. 우상장사의 아들 아브라함, 거짓말쟁이 야곱, 살인자 모세, 술주정꾼 노아, 목동 다윗, 노예 다니엘, 배신자 베드로, 겁쟁이 기도온, 주부 드보라, 장애인 에훗 등을 은혜로 선택합니다. 선택한 후에는 쓸 만한 그릇으로 철저히 훈련을 시킵니다. 무능력한 상태를 그대로 쓰시지 않습니다. 아브라함은 25년, 모세는 40년, 다윗은 17년 훈련을 받았습니다. 1517년 34세의 마르틴 루터는 비텐베르크에서 95개조 반박문을 발표해 종교개혁을 일으켰고, 청년 선교사 언더우드와 아펜젤러는 20대 중반의 나이에 한국 선교의 문을 열었습니다. 물론 새로움의 의미는 나이로 한정할 수 없습니다. 헤브론의 정복을 위해 하나님은 85세의 갈렙을 새로운 지도자로 사용하셨습니다. 새로운 사람은 성령 충만한 사람을 말합니다(욜 2:28).

은혜로 인재를 택합니다. "하나님께서 세상의 미련한 것들을 택하사 지혜 있는 자들을 부끄럽게 하려 하시고, 세상의 약한 것들을 택하사 강한 것들을 부끄럽게 하려 하시며 하나님께서 세상의 천한 것들과 멸시 받는 것들과 없는 것들을 택하사 있는 것들을 폐하려 하시나니 이는 아무 육체라도 하나님 앞에서 자랑하지 못하게 하려 하심이라(고전 1:27-29)라고 말씀하고 있습니다. 훈련과정을 통해 하나님을 철저히 신뢰하는 믿음을 만들어 주십니다. 훈련과정을 통해 능력 있는 깨끗한 하나님의 사람으로 만들어 한 시대를 움직이게 하십니다.

올해는 마틴 루터의 종교개혁 500주년이 되는 매우 뜻 깊은 해를 맞이하여 "오직 성경" 성도의 믿음과 삶의 기준은 '성경' 뿐임을 깊이 명심하고, 즉 근본, 본질로 돌아가는 것을 말합니다.

종교개혁의 위대한 사람들

1. 종교개혁의 선구자 존 위클리프(John Wycliffe, 1329~1384)

종교개혁의 새벽별이라고 불리 우는 존 위클리프(John Wycliffe, dir 1329-1384)는 1329년경 영국의 요크셔(Yorkshire)지방에서 태어났습니다. 그는 옥스퍼드 발리올(Balliol) 대학에서 수학하여 박사학위를 받았습니다. 그는 옥스퍼드 대학에서 공부할 때 다른 학문도 열심히 하였지만, 특히 성경을 열심히 연구함으로써 철학이나 교회의 가르침에서 얻지 못했던 깨달음을 얻게 되었습니다.

그의 마음속에 영광스러운 복음의 빛이 점차적으로 깊고 명쾌하게 비추기 시작하였습니다. 그는 하나님의 구원의 계획을 알고, 예수 그리스도만이 구원자임을 깨달았고 오직 성경만을 모든 믿음과 교회생활과 실천의 원리로 삼아야 함을 알게 되었습니다.

하나님의 말씀을 통하여 마음에 큰 변화를 받은 위클리프는 1348년 19세에 회심하게 되었습니다. 회심 후 그는 불쌍한 영혼들을 구원하기 위해 자기가 발견한 진리를 전파하기로 결심하면서 자신의 전 생애를 예수 그리스도의 사역을 위하여 바치기로 헌신하였습니다. 위클리프의 참된 회심과 성경연구는 수많은 영혼들을 말씀으로 깨우치게 된 원동력이 되었으며, 장래 종교개혁의 길을 걸어가게 하였습니다.

위클리프 시대 교회는 부자이고 힘이 강했습니다. 그 당시 교회는 매우 부요하여 영국 전 토지의 거의 3분의 1을 소유하고 있었으며 교회의 수입은 당시 정부, 나라의 수입보다 약 2-3배 많았습니다. 교회의 부가 많은 이유는 돈 많은 귀족들이 자기들의 죄를 용서해줄 뿐 아니라 죽은 사람의 혼령을 위해서까지 미사를 드려준 데 대한 대가와 연옥에 대한 교회의 잘못된 가르침 때문에 너무 많아서 나라도 교회를 함부로 건드리지 못했습니다. 이처럼 교회가 재정적으로 풍요해지자 성직자들은 세속주의에 빠져 소명도 망각한 채 놀기 좋아하고 게으르고 일터를 비우는 일이 많았습니다. 성직자 독신주의는 성적인 부도덕이 만연함과 축첩으로 나타났습니다.

위클리프는 부와 권력을 가지고 있었던 교회를 향해 성직자의 재산 소유를 반대하고 교회가 부를 축적해서는 안 된다고 말하였습니다. 위클리프는 영국 교회 사제들의 사치와 향락, 부끄러운 줄 모르는 탐욕, 돈 많고 안이하게 살아가는 생활들을 책망하였습니다. 이처럼 중세 영국교회는 부패와 세속화에 깊이 빠져 있었고 영적으로 암담하였습니다.

이러한 때에 위클리프는 종교개혁의 선두주자로써 어두운 시대 가운데서 잘못된 전통 속에서 허우적대며 심히 부패한 교회와 지도자들을 향하여 성경의 원리와 가르침으로 돌아갈 것을 외쳤습니다. 교회의 순전한 교리의 불이 완전히 꺼져 불씨까지 사라져 버린 것처럼 보이는 시기에 하나님의 섭리에 의해 존 위클리프가 일어났습니다.

위클리프는 성경을 사랑했고, 성경은 모든 그리스도인을 위한 신앙의 기준이라고 말하면서 성경의 권위를 최상으로 여겼습니다. 1378년 저술한

'성경의 진리'(The truth of Scripture)라는 책에서 위클리프는 오직 성경만이 권위의 유일한 원천이며 모든 진리는 성경 안에 포함되어 있으며, 그 안에 기록된 모든 것은 진리임을 강조하였습니다. 그는 성경이 하나님의 계시 전체와 구원에 필요한 모든 것을 담고 있기 때문에 교황이나 교회의 전통 혹은 기타 여러 자료를 통해 더 이상의 가르침을 보충할 필요가 없다고 말했습니다. 그는 전통이나 교황, 공의회, 교회법과 같은 기타의 권위들은 성경에 의해 테스트를 받아야 한다고 설교하였습니다. 또한 위클리프는 로마 교회가 사람의 유전을 받아들이기 위하여 하나님의 말씀을 버리는 것을 보고 성경을 저버린 신부들을 강하게 질책하였습니다.

더 나아가 위클리프는 성경을 백성들에게 돌려줄 것과 성경의 권위를 교회 안에서 다시한번 확립시킬 것을 요구하였습니다. 그는 성경의 중요성을 강조하면서 평신도들도 얼마든지 성경을 이해할 수 있다는 것을 주장하였습니다. 당시 사람들이 성경을 모르기에 미신적인 요소들에 빠져 있었는데 그는 이러한 미신적인 백성들을 하나님의 말씀으로 깨우치길 원했습니다.

위클리프는 성경을 알지 않고서는 기독교 신앙을 알 수 없으며, 모국어로 성경을 공부할 때 성경을 가장 잘 이해할 수 있다고 믿었습니다. 그리고 복음의 진리를 널리 전파하려면 성경이 반드시 있어야 한다고 확신하였습니다. 존 위클리프는 당시 부패와 세속화에 빠져있던 중세교회에 하나님의 말씀 선포와 성경적인 교리로 강력히 도전하였습니다.

존 위클리프가 종교개혁의 선구자로 불리는 데는 그만한 이유가 있습니다. 그가 14세기에 일으킨 운동이 200여 년에 걸쳐 전 유럽에 지각변동을 일으켰던 것입니다.

첫 번째 지각변동이 일어난 1381년, 쉰두 살의 위클리프는 영국 루터워스 지방에서 사경을 헤메고 있었습니다. 옥스퍼드에서 수학하고 뛰어난 철학자로 인정받았으며 에드워드 3세의 궁정 사제로 서임되기도 했습니다. 또 자신의 견해를 대담하게 피력하여 정교 분리와 성경의 최종 권위를 주장했고 가톨릭의 부패상을 고발했습니다. 교회는 하나님으로부터 선택된 사람들의 모임이므로 하나님과 관계를 맺기 위해 성직자가 중재할 필요는 없다고 했습니다. 성직자의 주요 임무는 설교이며 설교는 반드시 성경에 바탕을 두어야 한다고 가르쳤습니다. 이에 덧붙여 그는 성경이 누구나 알아들을 수 있는 언어로 기록되어야 한다고 강조했습니다.

바로 성경 전체를 영어로 번역하는 작업이었습니다. 그는 영어로 번역된 성경을 통해 영국 평신도들이 성직자의 라틴어 성경 풀이에 의존하지 않고 모국어로 성경을 읽기를 바랐습니다. '롤러드파'(Lollards)라고 불리는 사람들이 위클리프 뜻에 동참하여 모여들었습니다. 그들은 번역 작업을 돕고 성경 공부를 한 후 영국 전역으로 나아가 복음을 전했습니다.

두 번째 지각변동은 다음 세대에 일어났습니다. 얀 후스(Jan Hus)라는 체코인이 위클리프의 글을 읽고 프라하에서 종교개혁 운동을 시작한 것입니다.

세 번째 지각변동은 16세기에 찾아 왔습니다. 유럽 종교계를 뒤흔든 마르틴 루터(Martin Luther)는 위클리프와 후스(Hus)의 사상에 큰 영향을 받았습니다. 위클리프가 다져놓은 토대 위에서 츠빙글리(Zwingli), 칼뱅(Calvin), 멜란히톤(Melanchthon) 같은 1500년대 종교 개혁가들이 변혁을 일으켰습니다. 심지어 헨리 8세가 영국 국교회와 로마가톨릭의 분리를 결정한 것도 위클리프의 글을 읽고 나서였습니다.

위클리프의 번역 작업은 성경이 유럽 각국의 언어로 번역되게 된 계기를 마련해 주었습니다. 후에 윌리엄 틴데일(William Tyndale)은 영어 성경을 한 단계 발전 시켰고 루터는 성경을 독일어로 번역했습니다. '위클리프 성경 번역회'는 지금까지 성경을 수백 개 언어로 번역했습니다. 이 선교단체의 목표는 성경을 지구상의 모든 언어로 번역해 세계인이 자국어로 성경을 이해할 수 있도록 하는 것입니다.

"나는 죽지 않고 살 것이다"라고 한 위클리프, 그는 눈을 감기 전 몇 년 동안이라도 하나님의 일을 선포할 수 있었던 것에 감사했을 것입니다. 하지만 자신의 선포가 죽은 뒤에도 명맥을 이어가리라고 그는 짐작이나 했을까요?

하나님께서는 계속해서 하나님의 사람들을 통하여 일하십니다. 위클리프는 신약의 모든 성도들처럼 '성경'을 믿음과 실행의 모든 문제에 있어 절대적이고 최종적인 권위로 믿었던 '성경의 사람'이었습니다. 성경에 일치하는 것은 그것이 무엇이든 간에 옳으며, 성경에 배치되는 것은 그것이 어떤 것이든 간에 거짓이었습니다. 그러기에 그는 교황을 거스르는 물결에 앞장 설 수 있었습니다.

2. 지롤라모 사보나롤라(Girolamo Savonarola, 1452~1498)

사보나롤라는 정말 종교개혁의 불씨를 당긴 사람일까? 많은 역사학자들은 이 열정적인 설교자가 종교개혁에 도화선 역할을 했다고 평합니다. 루터는 그보다 백 년 앞서 살았던 사보나롤라의 업적에 큰 영향을 받았다고 말한 바 있습니다. 성경 말씀 하나에 사로잡히기 전까지 사보나롤라의 인생은 실패에 가까웠습니다. 그는 의사인 아버지의 반대를 무릎 쓰고 볼로냐의 도미니크 수도회에 들어가 성서학을 공부했습니다. 그리고 볼로냐에서 7년, 페라라 수도원에서 4년을 보낸 후 르네상스가 활짝 꽃피고 있던 피렌체로 향했습니다. 그는 피렌체 교회의 부패상을 보고 환멸을 느꼈습니다. 피렌체 시민 뿐 아니라 성직자조차도 영적 세계에 관심이 없는 것처럼 보였습니다. 사보나롤라의 설교를 들으러 오는 사람이 아무도 없었으니 그는 설교자로서 완전히 실패한 셈이었습니다.

어느 날 그는 기도하던 중 하늘이 열리는 느낌을 받았습니다. 그리고 나아가 회개를 촉구하라는 음성을 들었습니다. 이렇게 해서 사보나롤라는 침례 요한의 메시지 "회개하라 천국이 가까웠느니라"(마 3:2)를 전하게 되었습니다. 사보나롤라가 예상한 것과 달리 하나님은 그를 피렌체에서 멀리 떨어진 산속 작은 마을로 보냈습니다. 메시지를 전해야 할 곳이 피렌체라고 여겼던 그는 다시 한 번 실의에 빠졌습니다. 다행히도 이탈리아 북부의 소도시에서 설교를 하자 그의 명성이 날로 높아갔습니다. 이제 수많은 그리스도인이 그의 설교를 들으러 산골 마을까지 찾아왔습니다. 사보나롤라는 성직자들의 온갖 죄악과 자신이 속한 수도원 수도사들의 부패상을 낱낱이 들춰냈고 사람들은 그의 정직함을 높이 샀습니다.

피렌체에 돌아온 그는 부정부패가 만연한 그 도시가 곧 심판받게 될 것이라고 선포했습니다. 사보나롤라의 설교를 들으러 온 인파로 세인트 마크 교회는 미어질 듯했고 결국 웅장한 피렌체 두우모로 옮겨 설교를 해야 했습니다. 이탈리아의 최고 권력자인 로렌초 메디치(Lonenzo de'Medlici, 이탈리아 피렌체의 정치가이자 시인 1449~1492)도 죽음을 맞이할 때 저택으로 그를 불러 축복기도를 받았습니다. 사보나롤라는 회개하지 않으면 피렌체에 심판의 날이 닥칠 것이라고 거듭 경고했습니다. 그의 말대로 프랑스 국왕 샤를8세는 이탈리아를 침략하여 피렌체까지 진격해 왔고 사보나롤라는 프랑스 왕에게 나아가 피렌체를 함락시키지 말라고 호소했습니다. 함락시킬 경우 하나님의 진노를 사게 될 것이라는 경고도 덧붙였습니다.

프랑스군은 철수했고 사보나롤라는 대중으로부터 전보다 전폭적인 지지를 받게 되었습니다. 설교를 들으려는 시민이 더 몰리자 두우모로도 인원을 다 수용할 수 없었습니다. 사보나롤라는 피렌체의 시장이 되었고 피렌체 공화국, 정확히 말해 예수를 상좌에 둔 기독교 공화국을 이룩하고자 했습니다. 그래서 세금 제도와 사법 제도를 개혁하고 가난한 사람을 도왔으며 도박, 남색, 패륜행위를 금지했습니다. 쾌락과 광란에 휩싸인 도시가 하룻밤 사이 성지가 된 것입니다. 피렌체 시민은 사보나롤라를 칭송했지만 로마 교황청에서는 그의 과감하고 급진적인 개혁에 박수를 보내는 이가 아무도 없었습니다. 교황은 정치적 의도를 갖고 그에게 추기경 자리를 제안했지만 사보나롤라는 일언지하에 거절했습니다.

이를 괘씸하게 여긴 교황은 그에게 설교 금지령과 파문 처분을 내렸습니다. 피렌체 시에도 금지제재를 내리는 바람에 이를 계기로 수많은 피렌체 시민이 사보나롤라로부터 등을 돌렸습니다. 전부터 사보나롤라를 대적하던 정적들은 절호의 기회를 맞았습니다. 사보나롤라는 교황에 대한 비난을 공식적으로 철회하고 자신이 거짓 예언자였다는 점을 인정하라고 상부로부터 명령을 받았지만 이를 거절해 결국 종교재판에서 이단으로 판정받았습니다. 한 달 동안 고문을 받은 끝에 사보나롤라는 교수형을 선고받았습니다. 사형은 피렌체 광장에서 집행되었습니다. 교황 대리인이 "투쟁하는 교회, 승리하는 교회에서 그대를 추방하노라" 는 판결문을 읽자 사보나롤라는 "투쟁하는 교회라면 몰라도 승리하는 교회에서 나를 추방할 순 없소"라는 말을 남겼습니다.

3. 마르틴 루터 (martin Luther, 1483~1546)

마르틴 루터는 종교 개혁을 단행했습니다. "오직 의인은 믿음으로 말미암아 살리라"(롬 1:17) 원래는 구약성경 하박국에 나왔던 말씀입니다. 하박국 선지자는 사악한 무리가 이기는 것에 대해 불만을 토로했지만 하나님은 의인이 오직 믿음으로 산다고 말하며 그를 달래십니다. 바울은 하박국에서 인용한 구절로 로마서 서두를 끝맺습니다. 바울은 로마서에서 우리가 믿음으로 의롭게 되는 것이지 율법을 통해서 의로워지진 않는다고 여러 차례 밝혔습니다.

수도사 복장을 한 루터는 계단을 하나씩 기어오르고 몸을 웅크리며 새 기도문을 읊조렸습니다. 루터는 다른 순례자처럼 예수 그리스도가 밟았던 계단을 오르며 기도를 드리는 중이었습니다. 전승에 의하면 이 계단은 기적과도 같이 예루살렘에서 로마로 옮겨졌습니다. 덕분에 독실한 그리스도인들은 속죄의 의미로 무릎을 꿇고 계단을 오를 수 있게 되었습니다. 마르틴 루터는 속죄할 죄가 많은 것처럼 느꼈고 늘 죄책감에 시달렸습니다.

「그렇게 계단을 오르던 어느 날, 운명처럼 성경말씀 하나가 귓가에 뚜렷이 들려왔다. 루터는 비텐베르크 대학의 성서학 교수이기도 했다. 그는 연구하면서 바울의 서신서, 특히 로마서를 탐독하게 되었다. 바울은 구약에 나온 하박국 선지자의 함축적인 말 "오직 의인은 믿음으로 말미암아 살리라"(롬 1:17)를 인용한다. 루터가 무릎을 꿇고 계단을 오르는 동안 이 간단명료한 진리가 마음에서 꿈틀거리고 있었다. "진실로 의로운 자는 믿음으로 말미암아 살 것이다 … 의인은 믿음 속에서 삶을 찾는다 … 믿음으로 의로운 자는 진실하게 산다" 라는 말은 로마서에 기록된 바울의 말과 일치한다. 모든 사람이 죄인이지만 예수 그리스도의 희생을 믿으면 죄에서 해방되어 의로워질 수 있다. 속죄는 종교적 행동으로 완성되는 것이 아니라 믿음으로 얻어졌다.」

전해지는 말에 따르면, 루터는 이 로마서의 말씀이 뇌리를 스치자 변명거리를 털어내고 몸을 일으켜 빌라도 계단을 걸어 내려왔다고 합니다. 이듬해부터 루터는 교회의 행태에 이의를 제기하고 사회적인 대변혁을 시도하고 인류사를 영원히 바꿔놓을 종교개혁을 단행하는 등 왕성한 활동을 시작했습니다. "오직 의인은 믿음으로 말미암아 살리라"(롬 1:17)는 간단한 성경 말씀을 진실로 여겼기에 가능한 일이었습니다.

루터 혼자만 진실을 간직할 수 도 있었습니다. 하지만 돈에 눈먼 사제 테첼(Tetzel)이 비텐베르크 근방까지 와서 면죄부를 팔자 루터는 교회의 폐단을 공론화하기로 했습니다. 교회는 로마의 성당 신축 비용을 얻기 위해 죄를 사하는 면죄부를 판매하기로 했습니다. 누구라도 사랑하는 사람이 지옥에 머무는 시간을 줄일 수 있다면 또 자신의 죄를 용서받을 수 있다면 면죄부를 샀을 것입니다. 이에 격노한 루터는 95개 반박문을 써서 1517년 10월 31일 비텐베르크 성교회 정문에 게시했습니다. 분쟁은 이때부터 시작되었습니다.

1520년 루터는 주장을 철회하라는 명령을 받고 1521년에는 루터의 저작을 검열하는 황실 의회 앞에 출두했습니다. 주장을 철회하라는 주교의 요구에 루터는 "저는 여기 서 있습니다. 저는 달리 행동 할 수 없습니다." 라고 최종 답변을 했습니다. 루터의 마음을 돌릴 길은 없는 것 같습니다. 결국 그는 유죄 선고를 받았습니다. 하지만 정치 및 종교 개혁이 영국과 스위스 등지에 확산되면서 유럽에는 변화의 새바람이 일고 있었습니다. 그 후 25년 동안 마르틴 루터는 대격변기 속에서 성경 교사, 번역가, 작곡가로 활동했습니다.

오직 주의 은혜로

  오 주님, 제가 세례(침례) 요한이었다 해도 주님 앞에 떳떳할 수 없었을 것입니다. 제가 제 자신을 경건하다고, 주님의 종이라고 여기는 이유는 제 삶이나 업적 때문이 아닙니다. 하나님이 예수 그리스도를 통해 제게 자비를 베푸시겠다고 약속하셨고 또 그렇게 하고 계시기 때문입니다. 저는 거룩하지 않지만 그분은 거룩하십니다. 저는 하나님의 종이라 할 수 없지만 그분은 하나님의 종이십니다.

  저는 근심과 걱정에 눌려 있지만 그분은 아무런 근심도, 걱정도 없으십니다. 그러므로 제가 거룩해지는 것은 그분 안에서 그분을 통해서 되는 일입니다. 저는 이 일을 기뻐합니다. 주 하나님, 당신 보시기에 제가 이제 거룩하고 당신의 종으로서 합당하다는 것을 믿습니다. 제 자신의 공로 때문이 아닙니다. 저는 죄인입니다. 오직 저의 죄를 용서하시고 모든 것을 해결하신 예수 그리스도 때문입니다. 영원한 주님께 감사드립니다. / 마르틴 루터(Martin Luther)

  루터는 세상을 떠나기 1년 전 자신의 저작을 모은 책 서문에서 젊은 시절을 다음과 같이 회상했습니다. "내가 수도자로 부끄럽지 않게 살아간다 하더라도, 하나님 앞에서는 죄인이기에 양심에 가책을 느꼈다. ... 나는 밤낮으로 고민하다 '오직 의인은 믿음으로 말미암아 살리라'는 구절을 주목하게 되었다 하나님의 의란 의로운 사람이 하나님의 은혜로, 즉 믿음으로 사는 것을 의미한다. 나는 완전히 새로 태어나 천국으로 활짝 열린 문에 들어선 느낌이었다. 성경 전체가 내게 새로운 의미로 다가왔다. 바울이 쓴 이 구절은 진실로 나를 천국의 문으로 이끈다."

 오늘 날 이 위대한 종교개혁가 3인을 통해 우리는 무엇을 깨닫고 실천해야 하는가? 오늘날 우리의 교회는 어떤가? 복음을 말하고 믿음을 이야기 하지만 결국 믿음에 행위를 더해야 한다고 선포하고 있는 것은 아닐까? 여기서 행위는 돈일 수도, 권력일 수도, 성공일 수도, 쾌락일 수도 있습니다. 말로는 아니라고 하지만 예수 믿으면 돈 잘 벌고, 출세하고, 성공한다는 소위 예수님께 기도하면 잘 먹고 잘 살게 해준다는 기복신앙이 우리들의 교회를 지배하고 있지는 않습니까?
 종교개혁 500주년을 맞이하여 우리들이 깨달아야 할 교훈은 무엇인가? 거창한 행사를 하는 것인가? 종교개혁가들이 서있던 지점으로 돌아가라는 것이 아닙니다. 그들이 시작했으나 아직 도달하지 못했던 그 개혁을 우리들이 계속해 낼 때 비로소 의미가 있는 것입니다.

하나, 오직 성경(Sola Scriptura)
 기독교인에게 있어서 삶의 기준은 하나님의 말씀입니다. 성경은 하나님의 영감 있고 권위 있는 말씀일 뿐만아니라 기독교 교리의 유일한 원천입니다. 교회는 하나님의 생명의 말씀이 풍성하여야 합니다.

둘, 오직 은혜(Sola Gratia)
 구원은 오직 하나님의 은혜로만 가능합니다. 사람은 스스로 구원에 이를 수 없는 죄인입니다. 그래서 하나님의 은혜를 깨닫는 자들은 자신의 공로나 행위를 자랑하지 않습니다. 오로지 하나님의 은혜만을 드러내며 자랑합니다.

셋, 오직 믿음(Sola Fide)

오직 믿음으로만 구원받을 수 있습니다. 예수님을 자신의 구세주로 믿고 고백할 때 그 믿음으로 죄 사함을 받게 되고, 하나님께서 의롭다고 여겨주십니다. 예수 그리스도의 이름 외에는 구원을 받을 수 있는 다른 이름이 없습니다.

넷, 오직 그리스도(Solus Christus)

모든 인간은 죄로 인해 참된 생명력을 잃고 죄의 종노릇을 하고 있습니다. 현세에서도 하나님의 진노를 받지만 사후의 심판에서 죄에 대한 대가로 영벌을 받습니다. 이러한 상태에서 구원의 유일한 길은 예수 그리스도의 피 공로를 덧입는 길 뿐입니다.

다섯, 오직 하나님께 영광(Soli Deo Gloria)

구원은 하나님께서 계획하셨고, 예수 그리스도의 삶과 죽음을 통해 성취되었으며, 성령님께서 확증을 시켜주셨습니다. 구원의 궁극적인 목표는 하나님의 영광입니다.

오늘 날 우리들의 교회 안에도 '오직 믿음'만으로는 부족하다고 하면서 행위와 지식을 추가하려는 사람들이 있다는 것입니다. 그러나 우리가 분명히 알아야 하는 것은 우리를 구원하는 것은 인간의 행위를 통한 의나 지식이 아니라 '오직 그리스도'와 '오직 은혜를 통해서', '오직 믿음'으로만 된다는 것입니다. 우리의 믿음도 실상은 하나님께서 은혜로 값없이 주신 선물(엡 2:8)이라는 것입니다. 그러므로 우리들의 신앙생활에서 참으로 중요한 것은 '오직 믿음으로'구원을 받는다는 확신입니다. 이것이 성경이 가르치는 "복음"입니다. 만약에 '오직 믿음으로' 외에 다른 그 무엇을 더하려고 한다면 그는 그리스도께서 우리를 위하여 십자가에서 죽으셔야만 했던 대속의 신앙을 부인하는 결과가 되고 말 것입니다.

교회가 중세교회처럼 점점 부패와 세속화에 깊이 빠져 있어 세상 사람들의 조롱과 비웃음거리가 되어가고 있다고 말합니다. 그래서 교회가 생명력을 잃어버리고 영적 침체의 길을 걸어가고 있다고 한탄하며 주님 앞에 깨어있는 거룩한 지체들이 날마다 주님 앞에 눈물로 기도의 무릎을 꿇고 있습니다.

하나님의 몸 된 교회들이 다시 살아나기 위해서는 먼저 하나님의 말씀의 권위가 회복되어야 합니다. 특별히 강단에서 복음과 성경적 교리가 성경적으로 바르게 회복되어져야만 합니다. 우리 그리스도인들은 하나님의 말씀을 열심히 공부하여 성경대로 바르게 알고 믿음으로 더욱 힘써 말씀을 전하고, 주님 다시 오심을 사모하며 시대를 깨우쳐야만 할 것입니다.

종교개혁 시대와 너무나 닮은 오늘 날 우리들의 교회가 귀담아 듣고 회복해야 할 메시지는 바로 '오직 성경'입니다. '오직'이라는 칼날이 모든 인간적인 정욕을 과감하게 도려내어 버릴 때에만 우리들의 교회는 소망이 있게 될 것입니다. 결국 우리들의 교회는 역시 성경으로 돌아가는 길 외에는 다른 방법이 있을 수 없다는 것입니다.

성경으로 돌아간다는 말은 무슨 의미일까? 첫째, "성경으로 돌아가자!"라는 말은 곧 근원으로 돌아간다는 말이요. 초심으로 돌아간다는 의미입니다. 하나님 앞에 정직하고 순수했던 처음의 신앙으로 돌아가자는 뜻입니다. 그러기위해서는 반드시 우리의 모든 신앙과 삶을 성경말씀 앞에 비추어 검증하는 작업이 필요합니다. 우리는 모두 나름대로의 전통과 신념을 가지고 살아갑니다. 그것은 꼭 필요하고 중요한 일입니다. 그러나 내 신념, 내 전통이 전부가 아니며, 내 방식이 결코 절대적인 것이 아니라는 사실을 겸허하게 인정해야 합니다.

하나님을 믿는다는 것은 내 생각, 내 주장의 한 자리에 늘 '나도 틀릴 수 있다"라는 공간을 비워두는 것입니다. 내가 철석 같이 믿어 온 전통과 신념이라 할지라도, 그것이 하나님의 말씀과 부딪칠 때는 과감하게 바꿀 수 있는 용기가 필요합니다. 바로 이것이 종교개혁가들이 우리에게 분명하게 보여준 교훈입니다. 둘째로, '성경으로 돌아가자!'라는 말은 성경이 요구하는 목표에 도달해야 한다는 의미입니다. 성경이 추구하는 목표가 무엇인가? 그것은 성경을 읽고 듣는 것에 그치는 것이 아니라, 성경 말씀대로 살아내는 것입니다.

우리들은 어떤 사람들입니까? 성경의 사람입니까? 아니면 기독교 예식에 익숙해 있는 종교인입니까? 오래 믿으면서도 삶과 신앙의 유일 원천인 성경을 일독도 하지 않고, 단지 종교적 열심에 사로잡힌 사람은 아닙니까? 이제부터 성경을 읽어야 합니다. 성경의 사람이 됩시다. 그리하여 이제부터는 성경의 가르침대로 삶을 살아 갈 수 있기를 바랍니다.

요즈음 영성을 추구하는 사람들 중 깊은 의미의 신앙생활을 추구하는 사람들이 가장 많이 읽는 책 가운데 하나가 헨리 나우엔의 책들이 아닐까 생각합니다. 이분은 하버드와 예일 대학의 교수였습니다. 그의 경력(Caree)의 절정에서 그는 예일과 하버드 대학의 존경받는 교수의 자리에 있었습니다. 아마 학문의 길을 추구하는 사람이 세계 최고의 존경받는 상아탑의 교수가 된다면, 그것보다 더 커다란 기쁨과 명예는 없을 것입니다.

그러던 어느 날 1986년 8월, 그는 느닷없이 사표를 내고 떠나갑니다. 캐나다 토론토의 그 교외에 있는 장애인 공동체인 데이 브레이크 커뮤니티라는 장애인 몇 사람이 살고 있는 집에 자기가 그곳의 Chaplain, 사목 역할을 하기 위해서 그곳으로 떠나갑니다. 이해하기 쉽지 않은 일입니다. 미친 일이죠. 주변 사람들이 볼 때는 희한한 일입니다.

자기 Caree의 절정, 사람들에게 존경을 받고, 인정을 받는 교수직에서 어느 한 날, 그는 미련 없이 교수직을 사표 내고, 그는 몇 사람의 장애인을 섬기기 위해서 장애인 공동체 안에 들어섭니다. 그리고 장애인 공동체에 가서 그가 첫 번째로 쓴 책이 "탕자의 귀향"(The Return of Prodigal Son)이라는 책입니다. 거기서 그는 탕자였다고 고백을 합니다. 우리는 부도덕한 생활 속에 빠져있던 사람, 죄인만 탕자라고 생각합니다. 자기도 탕자였다고 고백을 합니다.

"허영을 찾아서, 욕망을 찾아서 그리고 사람들의 인정을 찾아서 저 먼 나라로 떠나갔던 자기는 탕자였다. 그리고 외로워하고, 춥고 어두운 밤을 지나가고 있었다. 그리고 이 몇 사람의 장애인 공동체에서 장애인을 섬기면서, 비로소 자기는 집에 돌아왔다고 말합니다. 고향에 돌아왔다. 자기의 참된 모습을 찾았다고 말합니다." 그래서 그는 탕자의 귀향이라고 말합니다.

그리고 얼마 되지 않아서 그는 또 하나 "아담"이라는 책을 씁니다. "아담". 이 아담은 그 장애인 공동체에 있었던 장애인 소년의 이름입니다. 장애인 한 사람, 환우의 이름이 아담이라는 이름이었습니다. 그 아담을 섬겨주고, 아담의 발을 씻겨주고, 한 장애인을 섬기면서 그는 이 아담 안에서 새로운 아담을 발견합니다. 그는 이 아담 안에서 예수님을 발견합니다.

그 순수한 영혼 속에서 사람들은 지체아라고 말하지만 사람들은 그를 놀리지만 그러나 이 순결한 영혼을 섬겨주고, 그의 육체를 매만져 주면서, 그의 손과 발이 되어 주면서, 그는 그 아담 안에 있었던 새로운 아담, 둘째 아담이신 예수 그리스도를 새롭게 만났다고 고백합니다.

어느 날 자기를 도와주는 헨리 나우엔 이 사목이, 이 신부가 너무 고마워서 이 아담이라는 사람이 더듬거리면서 이런 말을 합니다. "나...나는 당신이 너무 좋아요. 당신을 사랑합니다." 그 말을 듣는 순간 그는 하나님의 음성을 들었다고 고백합니다. 이 더듬거리는 말속에 고백되는 이 한 장애인의 음성 속에서 그는 "하늘의 음성"을 들었다고 말을 합니다. "너는 내 사랑하는 아들이고, 내 기뻐하는 자라."

겉으로 보기에 아무리 믿음이 좋아 보여도 그것이 삶으로 입증되지 않는다면, 세상 어느 누구도 성경의 가치를 신뢰하지 않을 것입니다. 종교의 유구한 역사를 통해 하나님의 말씀으로부터 멀어졌을 때, 교회가 얼마나 타락하고 부패할 수 있는지를 잘 보여 주고 있습니다. 종교개혁은 새로운 것을 만들어 내는 것이 아니라 철저하게 기본으로, 즉 '성경'으로 돌아가는 것이었습니다. 그들처럼 우리도 성경을 통해 우리 자신을 정직하게 들여다 볼 수 있어야 합니다. 그리고 드러난 잘못에 대해서는 철저한 회개와 개혁을 단행해야 합니다.

중국의 유학자 오봉이 기독교인이 되어 대만의 아리산에 사는 원주민에게 복음을 전하였습니다. 그들은 식인종이었지만, 오봉 선생을 매우 존경했고 사랑하며 따랐습니다. 오봉 선생은 아리산 사람들에게 인육을 먹어서는 안 된다고 가르쳤습니다. 그렇지만 이들은 마지막으로 사람 고기를 딱 한 번만 먹게 해달라고 졸라댔습니다. 오봉 선생은 반대 의사를 밝혔지만 그들의 마음을 돌이킬 수 없었습니다. 그래서 딱 한 번뿐이라는 조건을 붙여서 허락하며 내일 빨간 망토를 입고 빨간 모자를 쓰고 이곳을 처음으로 지나가는 사람을 잡아먹으라고 했습니다.

다음날 이른 아침, 원주민들은 어떤 사람이 빨간 망토에 빨간 모자를 쓰고 길을 걸어가는 것을 보고 그를 잡아 죽여서 끌고 갔습니다. 그리고 먹기 위해 모자를 벗기는 순간 원주민들은 깜짝 놀랐습니다. 그 사람은 자신들이 그처럼 존경하고 따르던 오봉 선생이었습니다. 그들은 큰 충격을 받았습니다. 그리고 오봉 선생이 사람 잡아 먹는 것을 얼마나 싫어했는지를 알게 되고, 인육을 먹는 것이 큰 죄라는 것을 깨닫게 되었습니다. 오봉 선생은 식인종을 구원하기 위해 스스로 죽음의 길을 간 것입니다.

죽어야 삽니다. 사막의 개혁자라는 별명을 지녔던 수도사 텔레마쿠스는 A.D. 4세기경, 사막에서 은둔 생활을 하고 있었습니다. 어느 날 텔레마쿠스는 하나님의 음성을 들었습니다. "너는 로마로 가야 한다. 그곳이 네 일터이다. 그곳이 너를 부른다." 텔레마쿠스는 즉시 로마로 떠났습니다.

당시 로마는 기독교 국가가 되었는데도 불구하고 주말이면 원형극장 안에서 포로로 잡혀온 검투사들이 칼싸움을 벌였습니다. 한 사람이 죽을 때까지 계속해서 싸워야 하는 잔인한 경기였습니다. 사람들은 그 잔인한 경기를 보면서 쾌감을 느꼈습니다. 텔레마쿠스가 로마에 도착했을 때에도 로마의 원형경기장 안에는 8만 명이 넘는 관중들이 검투사들의 칼싸움에 한창 열을 올리고 있었습니다. 경기장은 이미 피로 얼룩져 있었으며 피를 본 관중들은 흥분할 대로 흥분해 있었습니다. 텔레마쿠스는 그 모습을 보고 깨달았습니다. "이것을 막으라고 하나님께서 나를 로마로 보내셨구나!" 그는 경기장 안으로 뛰어 들어가 온힘을 다하여 외쳤습니다.

"예수 그리스도의 이름으로 명하노니 이 싸움을 즉시 멈춰라!" 처음에 사람들은 그것이 쇼인 줄 알고 웃기만 했습니다. 그러나 텔레마쿠스가 검투사들 사이에 들어가서 결사적으로 그 싸움을 막으려 하자, 사람들의 입에서 야유가 터져 나오기 시작했습니다. 텔레마쿠스는 더 큰소리로 외쳤습니다. "예수 그리스도의 이름으로 명하노니 이 싸움을 멈춰라!" 급기야 경기를 진행시키던 지휘관이 검투사 한 명에게 텔레마쿠스를 먼저 처치하라는 손짓을 했습니다. 번쩍이는 칼과 함께 텔레마쿠스는 피를 흘리면서 그 자리에서 쓰러졌습니다. 그러나 그는 숨이 멎기 직전까지 계속해서 외쳤습니다. "예수 그리스도의 이름으로 명하노니 이 싸움을 멈춰라!"

그 순간 경기장은 숙연해졌습니다. 황제 호노리우스는 그 자리에서 조용히 일어나 경기장 밖으로 나갔습니다. 그의 뒤를 따라서 구경꾼들이 자리를 떠났습니다. 결국 검투사들마저도 고개를 푹 숙인 채 퇴장했습니다. 주후 391년에 있었던 사건입니다. 이 사건을 계기로 로마에서는 더 이상 검투사들의 경기가 열리지 않았습니다.

이 땅에 살고 있는 모든 사람들에게는 하나님께서 주신 사명이 있습니다. 사명에 대해 관심이 없는 사람들도 많지만, 어떤 사람은 그 사명을 위해 목숨을 겁니다. 그 사명을 감당하기 위해서는 반드시 희생을 치러야 합니다. 예수님은 당신에게 주어진 사명, 곧 십자가에 달려 모든 사람을 구원하라는 하나님의 위대한 구원 사명을 위하여 예루살렘으로 올라가십니다. 예수님은 예루살렘으로 올라가는 길이 장로들과 대제사장들과 서기관들에 의해 고난을 받고 결국은 십자가에 못 박혀 죽는 길임을 아셨습니다.

예루살렘으로 올라가는 길은 예수님 자신에게는 죽음과 부활을 향한 길이며, 모든 인류에게 구원을 주는 길이었습니다. 그 길은 주님만 가시기로 된 길이었고, 반드시 가셔야만 하는 길이었습니다. 예수님 스스로 선택하신 고난의 길이었습니다. 그 고난의 절정에 십자가가 있습니다. 십자가는 기독교 신앙의 핵심입니다. 십자가가 없는 기독교는 있을 수 없습니다. 예수님은 자원하여 인류를 구원하려고 십자가를 지셨습니다. 남을 구원하기 위하여 내가 고통을 당할 때에 그것이 십자가인 것입니다.

참된 십자가란 그리스도의 복음을 위해서 모든 것을 버리고 주님을 따라 나서는 것입니다. 오늘날 교회가 세상의 지탄을 받고 오히려 세상이 염려하는 존재가 되어버린 까닭은 무엇일까요? 그것은 십자가의 희생과 사랑이 식었기 때문입니다. 십자가의 희생과 사랑의 역사가 있어야 생명의 역사가 일어납니다. 모두들 부활의 생명의 능력과 권세는 원하면서, 십자가 없는 부활을 원합니다. 그것은 종교 행위일 뿐, 생명의 역사는 일어나지 않습니다. 종교 행위를 하면 할수록 영혼은 허기지고 목마름에 시달리게 됩니다.

십자가는 하나님의 위대하신 사랑을 우리에게 보여줍니다. 구레네 시몬은 로마 군인들에게 붙들려 예수님의 십자가를 강제로 져야 했습니다. 그러나 시몬은 잠깐 동안의 수고로 영원히 기억에 남는 인물이 되었습니다. 시몬이 진 십자가로 말미암아 나중에 그의 가족 모두가 주님을 섬기는 은총을 입게 되었습니다. 십자가를 진 자만이 십자가의 비밀을 알 수 있습니다. 그 누구보다 예수님을 사랑하게 됩니다. 십자가를 져본 사람만이 예수님의 고난을 이해하며 하나님의 사랑을 알게 됩니다. 십자가가 있는 곳에는 항상 구원의 역사가 있었습니다. 오늘을 살아가는 우리에게 진정으로 십자가를 지고자 하는 십자가의 도가 있는지요?

바울은 "십자가의 도가 멸망하는 자들에게는 미련한 것이요 구원을 얻는 우리에게는 하나님의 능력이라"(고전 1:18)고 말씀합니다. 십자가의 길 외에 다른 길이 없기에 그것을 감당하며 묵묵히 걸어가는 것입니다. 시몬이 지고 간 십자가는 오늘 우리들이 지고 가야 할 십자가입니다. 기독교에는 두 가지 기둥이 있습니다. 날마다 자기를 부인하고, 자기 십자가를 지고 예수님을 따르는 것입니다.

주를 따르는 기독교인은 저항하기 위하여 십자가를 따라가는 자들입니다. 지금까지 내가 넘지 못하고 넘어진 부분이며, 더 오르려고 하지 않았던 그 자리입니다. 두려움에 저항하는 것입니다. 나의 안일하고 편리한 생각에 저항하는 것입니다. 편안하고, 익숙하고, 힘든 것에 저항하는 것입니다. 세상에 익숙해져 있는 내 자신에 대하여 저항하는 것입니다. 오늘 날 우리도 종교개혁가와 같이 '오직 성경으로' 하나님의 말씀을 대적하는 모든 것들로부터 단호히 거부함으로써 이 세상에 빛과 소금이 되어야 할 것입니다.

결론적으로 이 시대에, 아니 모든 시대에 교회에 정말로 필요한 사람은 누구인가? 불굴의 신앙과 순수한 거룩함과 불타는 영적 열정으로 충만하여 뜨겁게 기도하고 열심히 실천하고 힘차게 사역함으로써 교회의 역사가 개인의 역사에서 철저한 영적 혁명을 일으킬 사람이 필요합니다. 우리에게 필요한 사람은 신기한 수단이나 장치를 사용하여 사람들을 흥분시키고 들뜨게 만드는 사람들이 아닙니다. 연애오락 같은 것을 동원하여 사람들을 즐겁게 만들어주는 사람들도 아닙니다.

우리에게 필요한 것은 설교와 성령님의 능력에 힘 입어 사람들의 마음을 움직이고 혁명적인 변화를 일으키는 사람들입니다. 혁명적인 변화를 일으키는 데 결정적 변수로 작용하는 것은 선천적 능력과 교육적 배경이 아니라 강력한 신앙, 능력있는 기도, 철저한 헌신, 완전한 자기부정, 하나님의 영광을 위한 자신의 희생, 하나님으로 충만하기를 항상 갈망하고 추구하는 것입니다. 교회가 하나님을 위해 영적으로 활활 타오르도록 만드는 사람이 혁명적 변화를 몰고 올 수 있습니다. 그런데 이렇게 되려면 공연히 시끄럽게 하고 자기를 드러내는 방법은 필요 없고, 하나님을 위해 모든 것을 녹이고, 움직이게 만드는 강력하고 조용한 열정이 요구될 뿐입니다.

오늘날 모든 교회들에서 필요한 것은 하나님을 위해 사람들을 움직일 수 있는 사람들, 즉 영적 혁명을 일으켜 현실을 근본적으로 바꾸어 놓을 사람들입니다. 교회의 역사에서 이런 사람들은 늘 있었습니다. 그들 때문에 교회의 역사가 아름답게 빛났습니다. 그들이 행한 놀라운 일들은 교회가 하나님의 교회라는 것을 증명했습니다. 그들의 모범은 언제나 감동과 유익을 줍니다. 그러므로 우리는 그들 같은 사람들이 많이 생겨서 능력이 더욱 나타나기를 기도해야 합니다(요 14:12).

우리 모두는 부서짐과 겸손, 완전한 내려놓음이 일어나는 기도실로 들어가야 합니다. 하나님은 우리가 하나님의 말씀을 준비하기 이전에 먼저 하나님이 그분의 종을 준비시키십니다. 기도가 없다면 교회는 전투태세를 갖춘 군대가 아니라 묘지가 됩니다. 찬양과 기도는 사라지고, 예배의 생기도 나타나지 않습니다. 기도 없는 설교자와 설교 메시지는 죄를 격려하며, 거룩함을 찾아 볼 수 없습니다. 죽어 있는 설교는 바로 기도 없이 전하는 설교 메시지입니다.

"기도가 없다면, 설교자는 생명이 아닌 죽음을 만드는 것이다."(EM 바운드)

"진심어린 기도가 없다면, 그리스도의 몸은 시체가 된다. 교회는 무릎 꿇고 살지 않기 때문에 죽어간다."(앨 휘팅휠)

만약 목회자가 한 주 내내 세상적인 것들로 가득 찬 삶을 살고 주의 제단에 설 때 성령을 기대한다면 이것은 중대한 착각이 될 것이다. "죽은 자는 죽은 설교만 전할 뿐이다. 모든 것은 설교자의 영적 상태에 달려 있다."(EM 바운드) 한주 내내 목회자가 어떤 삶을 살았느냐가 단상에 섰을 때의 그를 결정한다. 목회자는 성령의 인도함을 받아 세속과 구별된 삶을 위해 부름을 받았습니다. 하나님께서 변화를 일으키실 때, 세상과의 구별과 기도는 중요한 촉매제의 역할을 합니다. 무기력하고 죽은 교회의 상태를 다시 성령으로 충만케 하실 것입니다.

 하나님은 제대로 된 사람들을 원하십니다. 자신과 세상을 십자가에 못 박은 사람을 원하십니다. 이런 십자가와 영적 파산을 통해 오직 하나님께 온전한 마음을 드린 사람을 원하십니다. 하나님께서 우리가 구한 것 이상으로 풍성하게 응답하시기를 위해 뜨겁게 기도해야 합니다(마 16:24;대하 16:9;렘 29:13).

 우리에게 요청되는 참된 개혁은 '나'로부터, '내 교회'로부터 시작되어야 한다는 말입니다. 그렇지 않다면 종교개혁을 수식하는 '500주년'이라는 숫자는 더 이상 아무런 의미가 없을 것입니다. 우리들은 '나'로부터 이 시대의 사상과 가치관을 본받는 것을 멈추고, 그것들을 삶에서 거부해야 합니다, 「영원에 이르는 길1,2,3권」을 집중적으로 공부함으로서, 날마다 성경말씀을 통해 하나님의 뜻을 분별하고, 도덕적, 그리고 영적으로 흠 없는 삶을 살아가야 합니다.

 종교개혁 500주년을 맞이하는 2017년 10월 31일.

성경을 통한 내면세계의 변화

　.작은 건물을 지을 때는 설계도가 없어도 괜찮지만, 큰 건물을 지을 때는 반드시 설계도가 필요합니다. 설계도 없이 생각나는 대로 건물을 지으려고 한다면 문제가 생길 수밖에 없습니다. 설계도는 건물을 지을 때도 필요하지만, 건물을 지은 후에도 필요합니다. 건물에 문제가 생겼을 때 설계도가 있으면, 보다 쉽게 문제를 해결할 수 있습니다.

　하나님의 형상대로 창조된 사람에게도 인생 설계도가 있습니다. 보이는 몸에 문제가 발생하면, 보이는 문제를 해결하면 됩니다. 그러나 보이지 않는 영적인 문제가 발생을 하면, 무엇이 문제인지 알기 위해 인생설계도인 성경 말씀을 읽어야 합니다. 하나님의 말씀을 통해 무엇이 문제인지 바르게 진단해야 합니다. 인생설계도인 성경을 통해 문제를 바르게 진단하면, 그 문제를 해결하실 수 있는 분이 오직 예수님이라는 것을 알게 됩니다.

　우리가 살아가야 할 방향을 알려주는 인생 설계도인 성경을 읽고, 모든 문제를 해결해 주시는 예수님을 인격적으로 만나야 합니다. 자, 인생설계도인 성경에 관하여 알아보도록 하겠습니다.

하나님께서는 인간을 통해 성경을 직접 기록하셨을 뿐만 아니라 친히 그 말씀 안에 거하십니다. 성경은 하나님의 책입니다. 하나님 외에 그 누구에게도 소유권이 없습니다. 성경을 통해 하나님의 오묘한 사랑의 메시지를 받는다는 것은 하나님과 경험하는 삶을 열망하는 사람들에게는 대단한 특권이 됩니다. 말씀 읽기, 말씀 연구, 말씀 암송 그리고 말씀 묵상은 그리스도인들의 훈련의 기초가 되어왔습니다. 모든 훈련의 기초는 성경 위에서 세워집니다. 경건에 이르는 연습과 영적인 훈련은 우리가 성경에 집중할 때 이루어집니다. 그렇기 때문에 말씀을 읽고, 연구하고, 암송하고, 묵상하는 것은 전적으로 '참된 생명'을 얻기 위한 것입니다.

"이것이 장래에 자기를 위하여 좋은 터를 쌓아 참된 생명을 취하는 것이니라"(딤전 6:19). 우리는 예수 그리스도 안에서 충만해지는 하나님과 하나님을 경험하는 삶이 무엇인지 알고 싶어 합니다. 그런 까닭에 성경이 우리에게 주어진 것입니다. 성경은 기록과정에서 하나님께서 친히 총지휘하셨기에 우리의 영적 성장을 위한 가장 신뢰할 수 있는 지침서입니다.

성경의 영감뿐 아니라 계시도 그렇듯이 하나님은 언제나 사람들을 통해 역사하십니다. 우리는 예수 그리스도가 나의 모든 영역 가운데 살아 계시도록 그리스도인 공동체 안에서 하나님을 경험하도록 서로 격려하게 되며, 우리가 이전에 홀로 경험했거나 미처 경험하지 못한 영역에까지도 하나님을 경험하는 삶을 향한 힘찬 발걸음을 내딛게 될 것입니다. 그러나 궁극적인 목적은 겉모습의 변화가 아니라 내면세계의 개혁입니다. 진정한 내면세계의 개혁은 영적 성장의 핵심, 곧 우리 생각과 감정, 의지와 성품의 변화입니다.

시편 기자는 다음과 같이 부르짖습니다. "보소서 주께서는 중심이 진실함을 원하시오니 내게 지혜를 은밀히 가르치시리이다... 하나님이여 내 속에 정한 마음을 창조하시고 내 안에 정직한 영을 새롭게 하소서"(시

51:6,10). 매일 매일 새롭게 되는 것은 우리의 속사람입니다. "그러므로 우리가 낙심하지 아니하노니 우리의 겉 사람은 낡아지나 우리의 속사람은 날로 새로워지도다"(고후 4:16). 내면세계의 변혁을 통해 '그리스도를 닮아 가는 변화와 성숙'을 목적으로 하는 것입니다.

영적 성숙에 이르는 길은 하나님과 함께하는 삶의 방법을 제시해 주는 성경 말씀에 니 자신을 내어 드려 나의 속사람이 변하게 하는 과정입니다. 우리의 내면세계(감추어진 마음)는 예수님의 주도와 나의 반응에 의해 예수님이 거하시는 거처가 됩니다. 그리하여 우리의 내면세계는 갈수록 예수님의 내면세계를 닮아 가게 되는 것입니다. 그것을 가능케 하는 것은 그분의 임재의 능력으로 우리는 '그리스도 예수의 마음'을 품을 수 있도록 하는 것입니다(빌 2:5). 말씀을 읽을 때, 우선 회개하는 마음가짐으로 지성과 겸손을 갖추고 조심스럽게 집중하는 태도와 정직한 태도로 하나님의 말씀인 성경을 읽는다면 그 말씀이 우리를 생명의 길로 인도할 것입니다.

하나님을 깊이 경험하는 삶을 위한 여정에서 하나님의 말씀을 다음 네 가지의 구별된 방법으로 읽으면 많은 도움이 될 것입니다.

첫째로, 생명과 구원의 메시지를 내면화하면서 처음부터 끝까지 글자 그대로(축자적으로) 읽는 것입니다. 성경을 정독함으로 우리는 하나님을 점점 더 깊이 경험하게 하는 삶의 능력과 영향력을 알게 되며 말씀에 역동성 안으로 들어갑니다. 약속의 아들을 제물로 드려야 하는 문제로 갈등하는 아브라함과 함께 고민하고, 인생의 비극으로 인해 혼란스러워하는 욥과 함께 혼란 속으로 들어가며 속박에 놓임 받는 이스라엘 백성을 보며 모세와 함께 기뻐하고 살육당한 백성을 위해 예레미야와 함께 울며 마리아와 함께 약속의 메시아를 경배하게 되는 것입니다.

둘째로, 성경을 삶의 정황에 대입하며 읽는 것입니다. 이는 성경의 저자가 의도한 바를 알아 가는 것입니다. 또한 저자들이 표현하는 하나님을 경험하는 삶이 오늘날 나의 삶에 어떤 의미를 주는지 깨달을 수 있습니다. 아주 단호하게 저자의 목적을 발견하기 위해 성경을 읽고 그 후에 그 목적이 본문의 이해를 통제하도록 하는 것입니다. 이것은 오늘날 우리의 삶을 지속적으로 다듬어 가시는 하나님의 방법을 발견하는 좋은 방법입니다.

셋째로, 하나님의 말씀과 대화하면서 읽는 것입니다. 곧 성경 전체가 부분들의 의미와 구조에 어떤 연관이 있는지 이해하며 읽는 것입니다. 성경의 이야기에는 불분명하고 어려운 본문이 있어서 명확하고 수월한 본문을 만났을 때에야 해결될 만한 것들이 종종 있습니다.

넷째로, 성경을 읽을 때 하나님의 사람들 가운데 역사적인 증인들과의 교류 속에서 말씀을 읽는 것입니다. 성경은 공동체 안에서 읽혀졌습니다. 바로 이것이 '성도가 서로 교통하는 것'의 진정한 의미입니다. 오랫동안 수많은 그리스도인들은 우리가 하나님을 함께 경험하는 삶이 무엇인지 잘 이해할 수 있도록 돕고, 풍성한 영적 성장을 할 수 있도록 통찰력과 분별력을 제공해 왔습니다.

하나님의 말씀을 통해 주님을 바라보자!

아프리카 최남단 남아공은 영국 연방의 자치령으로서 오랫동안 백인들이 정권을 쥐고 경제권을 독점하며 풍요롭게 살아왔습니다. 백인들만 잘 살았지 흑인들은 엄청난 핍박을 받고 노예생활을 한 것입니다. 흑인들이 전체 인구의 70%가 넘지만, 그들의 생활은 비참하기 짝이 없었습니다. 독립운동을 하다 백인 정부에 의해 26년간이나 감옥생활을 한, 넬슨 만델라는 젊은 시절 감옥에 들어가 백발이 희끗희끗해서야 풀려나왔습니다. 그러나 그는 매우 건강해 보였습니다. "긴 감옥생활에서 건강을 유지한 비결이 무엇인가요?"

만델라는 그 비법을 자서전에서 다음과 같이 소개했습니다. "감옥에서 중노동을 하러 나갈 때 사람들은 원망스러운 마음으로 끌려갔습니다. 그러나 나는 감옥에서 중노동을 하러 매일 끌려 나갈 때 하나님께 감사했습니다. 감옥 좁은 곳에 드러앉아 있는 것보다도 끌려 나가서 중노동을 하더라도 저 푸른 하늘의 주님을 바라보고 나무를 바라보고 대기에 숨을 쉴 수 있으니 얼마나 복된 일인 것입니까?"

하나님의 말씀을 통해 주님을 바라보고 하나님을 경험하는 삶을 통해 그분께 감사했다는 것입니다. 기쁘고 감사한 마음으로 일한 것이 건강의 비결이었다는 것입니다. 함께 갇힌 사람들은 감방에서 좌절과 분노의 시간을 보내고 그 분노로 말미암아 병들어 죽어가고 있을 때 어둡고 좁은 공간에 던져진 그는 교도소장에게 부탁했습니다. "교도소 마당 한 귀퉁이에 정원을 가꾸게 해주십시오." 그는 허락을 받고 나서 첫 해에는 손이 많이 가지 않아도 잘 자라는 고추와 양파 같은 것을 심었습니다. 다음해에는 여러 종의 장미도 심었습니다. 그렇게 한 해 두 해, 그는 정성스레 정원을 가꾸며 보람과 기쁨을 누릴 수 있었습니다. 그러면서 하나님을 경험하는 가운데 정원을 돌보듯 자신을 돌볼 수 있었습니다. 교도소 마당 작은 땅에 무언가를 심고 가꾸던 그는 이십칠 년이 지난 후 감옥에서 나올 수 있었고 그리고 그는 나중에 남아공 대통령이 되었습니다.

대통령이 되어서 자기 주변에 있는 흑인 참모들이 백인들에게 복수를 하라고, 원수를 갚으라고 다 그럴 때 "남아공은 무지개 나라다. 일곱 가지 색깔을 가진 사람들이 섞여 사는 나라로써 우리는 백인과 흑인을 구분해서는 안 된다."

다 한 동포로서 함께 살자고 함께 끌어안는 사랑을 가진 것도 하나님께 감사하는 마음이 있었기 때문에 그렇게 된 것입니다. 그래서 남아공은 잘 사는 나라가 되었습니다. 그렇게 된 것은 전적인 하나님의 크신 은혜였습니다. 그리고 넬슨 만델라의 감사하는 마음 때문에 그 나라가 복수하지 않고 그렇게 화해하고 사랑하는 나라가 된 것입니다.

그리스도인이 가져야 할 마음이 바로 감사하는 것입니다. 고난과 역경 가운데서도 믿음의 주요 온전케 하시는 예수님을 바라보고 예수님을 의지하고 감사하는 것입니다. 그러면 우리 생활에 변화를 가져올 수 있는 것입니다. 우리는 어떤 역경 가운데서도 예수님을 바라보아야 합니다. 심지어 죽음을 눈앞에 두고도 우리는 영원을 바라보아야 합니다.

초대교회의 신실한 집사 스데반은 순교직전에 하늘에 계신 주님을 바라보았습니다. 우리는 우리가 바라보는 대상에 따라 삶이 달라지는 것입니다. 나를 바라보면 나 같은 인간이 됩니다. 환경을 바라보면 환경과 같은 인간이 됩니다. 하나님을 바라보면 하나님을 닮아가는 사람이 되고 마는 것입니다.

피터 모펫이라는 사람은 '우물을 청소하는데 주의를 기울이기보다는 차라리 그대의 마음을 청소하는데 주의를 기울이라. 그대의 양 떼보다는 그대의 마음을 살찌게 하라. 그대의 집을 방어하기보다는 그대의 마음 지키기를 더욱 힘쓰라'고 말했습니다. 또 청교도인 존 훼불은 '어떠한 조건하에서도 마음을 지키고 바르게 관리하는 일은 기독교인의 생활에 있어서 위대한 사명에 속한다'라고 말했습니다.

이와 같이 마음은 매우 중요합니다. 따라서 우리는 늘 마음을 지키고 관리하는데 힘써야 합니다.

사람이 그 무엇을 바라보는가가 그 마음을 점령하게 되는 것입니다. 오늘 이 시간부터 영원을 바라볼 수 있기를 바랍니다. 환경을 바라보면 절대로 환경을 벗어나지 못합니다. 나를 바라보는 사람은 나를 벗어나지 못합니다. 그러나 영원을 바라보면서 거룩하고 성령 충만을 꿈꾸면 그대로 되고, 건강을 꿈꾸면 치료와 건강을 얻게 됩니다. 세상을 바라보면 계산적이고, 타산적이며, 부정적인 사람이 되고 맙니다.

그러나 하나님을 바라보면 하나님의 말씀(성경)을 받아들이게 되고, 믿음으로 살게 됨으로 평안과 기쁨의 삶을 살게 되고 우리의 생활 속에 기적이 일어나게 되는 것입니다. 우리 모두는 영적인 눈을 열어 "영원에 이르는 길"을 바로 알고 날마다 성경에 기록된 하나님의 말씀을 바르게 깨닫고 실천함으로 '영원을 준비하는 삶'을 통해 하나님께 감사와 찬양을 드리는 삶을 살 수가 있습니다.

　성경 말씀을 읽을 때는 천천히 숨을 깊게 들이쉬며 마음으로 읽어야 도움이 됩니다. 그것은 성경 본문에 귀를 귀 기울이는 것으로 '소리 없는 귀 기울임', '진정한 경청'을 의미합니다. 그것은 하나님의 말씀의 본문에 굴복하고 내가 말씀을 다루기보다 말씀이 내안에 흘러들어오도록 나 자신을 내어 놓는 것입니다. 본문의 극적인 상황에 나의 마음과 생각이 젖어 들어 말씀을 묵상하며 기도하는 것입니다. 곧 성경의 하나님을 경험하는 삶의 실재가 나의 마음에 감사의 고백과 푸념 혹은 신원의 마음이 일어나도록 허락하는 것입니다. 또한 내 삶의 환경 가운데 하나님의 거룩한 말씀이 어떻게 개인적인 말씀을 하시는지 알아보는 적용도 포함합니다. 그리고 회개하여 죄악 된 길에서 영원한 길로 돌아서도록 하시는 말씀에 순종하는 것을 의미합니다. "하나님이여 나를 살피사 내 마음을 아시며 나를 시험하사 내 뜻을 아옵소서 내게 무슨 악한 행위가 있나 보시고 나를 영원한 길로 인도 하소서"(시 139:23-24).

성경은 명확한 삶의 방향을 제시해 줍니다

후로렌스 그리피스 조이너

 1988년 우리 88올림픽이 열릴 때 미국의 TV들은 한 영웅적인 스타의 계속적으로 초점을 맞추고 있었습니다. 여러분도 아마 기억 하실 것입니다. 88올림픽의 세계적 영웅으로 떠오른 한 흑인 여성 후로렌스 그리피스 조이너라는 흑인여성을 여러분 지금도 아마 기억 하실 것입니다. 육상선수로써 세 개의 금메달과 한 개의 은메달을 혼자 거머쥐던 여인, 날씬한 몸매에 수영복 차림을 하고 뛰었어요. 그걸 아주 인상적으로 텔레비전이 계속 비춰주는데 보니깐 이 손톱이 얼마나 긴지, 아주 진한 색깔의 매니큐어를 칠하고 그리고 아주 산뜻한 미소를 흘리면서 인터뷰를 하고 있는 조이너의 매혹적인 그 모습을 기억합니다. 이 조이너 의 Life story가 계속해서 미국방송을 타고 들려 왔습니다.
 본래 이 조이너라는 여성은 L.A에 로스엔젤레스의 남쪽에 아주 빈민가 열두 명의 식구들 중에 열 한명의 자녀 중의 한 사람으로 태어났습니다. 끼니가 어려워서 정부의 보조를 통해서 살아가는 그런 소녀였습니다. 꿈이 없었습니다. 절망 속에 그녀는 늘 친구들을 피하고 우울증에 걸린 소녀처럼 살았습니다.

그런데 어느 날 이 소녀 인생을 바꾼 사건이 일어났습니다. 한 흑인 영웅이 이 소녀가 다니고 있던 초등학교를 방문했어요. 흑인영웅이 뭐냐 면 유명한 복싱 챔피언이였던 슈가 레이라는 권투 선수였습니다. 생각나시죠? 슈가레이.

학생들은 환호성을 지르기 시작합니다. 그러나 슈가레이가 가만히 보니까 한 여학생 하나가 구석에 홀로 쭈그리고 앉아서 전혀 반응을 보이지 않고 땅만 쳐다보고 있는 소녀가 눈에 들어왔어요. 그는 인터뷰를 끝나고 강연을 끝난 다음에 이 소녀 곁에 슈가레이라는 복싱 챔피언이 다가갔습니다. "어디 아프니?" "예, 다 싫어요."

"저는요. 집도 싫고 학교도 싫어요." 슈가레이는 이 소녀를 끌어안아 주면서 네 이름이 뭐니? 물었어요. 제 이름은 플로어 에요. "플로렌스 플로어 너 좋아한 거 있잖아. 너 좋아하는 거 뭐가 있니?" 갑자기 소녀는 눈을 반짝이면서 "저요? 뛰는 건 좋아해요." "그래? 그러면 말이야. 너도 나처럼 유명해 질 수 있어. 너는 세계적인 육상 스타가 될 수 있어. 그리고 꿈을 가진 사람은 부자야. 꿈을 가지면 너는 세계적인 육상선수가 될 수가 있단다. 내가 네가 그런 선수가 되도록 기도해 줄께." 손을 꽉 잡아 줬어요.

이 슈가레이의 한마디는 그 날 이 어린 소녀의 인생의 하늘에 별을 건 것입니다. 별을 봤어요. 그 날부터 이 소녀는 달라졌습니다. 달리기 시작했습니다. 그리고 마침내 88올림픽에 세계적인 스타로 그녀는 부상했고 그는 미국 전체에 가장 영향력 끼치는 여성 중의 한 사람으로 지금 맹렬한 활동을 계속하고 있습니다.

순간을 사는 일이 하루를 만들고 하루를 사는 일이 한 생을 만듭니다. 하루를 사는 일을 마지막처럼 정성을 다하고 하루를 사는 일을 평생을 사는 일처럼 길게, 멀리 보고 열심히 살아야 합니다. 많은 사람들이 젊은 날의 시간을 의미 없이 낭비하고는 뒤늦게 지난 시간으로 돌아갈 수 있다면 다르게 한 번 살아볼 텐데 하며 후회하고 있습니다. 누구든 공동묘지 비석들도 부끄러운 삶에 대한 변명이라고 합니다.

한 번 지나가면 다시 살아볼 수 없는 시간, 순간의 시간을 뜨겁게 사랑하며 살아야 합니다. 하루를 사랑으로 아름다운 하루로 사는 일이란 너그러워지고, 칭찬하고, 겸손하고, 감사한 마음을 갖는 것을 의미합니다. 하루를 사랑으로 끝내는 일은 반성하고 감사한 마음을 갖는 것을 의미합니다. 이 모든 것은 주님을 전적으로 의지하는 삶을 통해 가능합니다.

많은 사람들이 빨리 성공을 하고 싶어 합니다. 젊은 나이에 빨리 출세하는 것이 예로부터 최고의 소원이었습니다. 그래서 우리는 얼마나 빨리 가고 있는가를 점검하기 위해 자꾸만 시계를 봅니다. 하지만 시계보다 필요한 것은 나침반입니다. 성공이란 퍼즐의 마지막 피스를 채웠을 때 판가름 나는 것이기 때문입니다. 그렇기에 얼마나 빨리 가느냐보다 올바른 방향으로 가고 있느냐가 훨씬 중요합니다. 올바른 방향은 열정이 솟구치는 방향입니다. 가슴속에서 솟구치는 열정을 따라가는 '영원에 이르는 길'을 가는 복된 삶을 살아야 합니다.

영적 성장을 위해 성경을 읽을 때 성경의 문학 장르를 구분하면 훨씬 도움이 됩니다. 성경의 첫 5권인 창세기, 출애굽기, 레위기, 민수기, 신명기는 율법서입니다. 하나님은 그분의 전적인 은혜와 능력으로 이스라엘 백성을 노예 생활에서 해방시키시고 구원하셨습니다. 그리고 하나님은 그들의 하나님이 되시고 그들은 하나님의 백성이 되는 언약을 맺으셨습니다.

율법서는 바로 그 하나님이 그분의 백성들과 맺으신 언약을 기록한 책입니다. 600개 이상의 명령으로 이루어진 이 율법에는 여호와 하나님과 백성 간의 독특한 관계가 설정되어 있습니다. 성경 전체에 걸쳐 이 율법들과 이스라엘 백성의 순종은 당시 이스라엘 사람들에게 그리고 오늘날 모든 하나님의 백성에게 명확한 삶의 방향을 제시해 주고 있습니다. 하나님의 율법을 지키고 하나님의 사랑을 나타내고 하나님의 의를 드러내는 것이 바로 그것입니다.

두 번째로 만나게 되는 것은 선지서입니다. 선지서는 구조적으로 전기 선지서(여호수아, 사사기, 사무엘상하, 열왕기상하)와 후기 선지서(이사야, 예레미야, 에스겔, 12개의 소선지서들)로 나뉩니다. 선지서는 특정한 상황에 처한 백성에게 주신 하나님의 말씀의 기록입니다. 선지서들은 사실 미래를 예견하는 '예언'(fore-tellers)이 아닌 하나님의 백성이 한마음으로 하나님께 순종하는 언약의 관계, 가난하고 소외된 사람들을 향한 자비와 긍휼의 마음, 정의와 평강으로 그분의 백성을 향해 호소하는 하나님 말씀의 '대언'(forth-tellers)으로 이해되어야 합니다.

세 번째는 묵시문학입니다. 히브리 묵시문학 양식은 에스겔, 다니엘, 스가랴 그리고 이사야의 일부분에서 찾아볼 수 있습니다. 이러한 양식에서는 선지자들이 백성을 향하여 그들의 불순종과 하나님과의 언약의 율법을 경멸하는 태도에 대하여 경고하며, 그들의 불순종의 대가는 하나님의 진노와 멸망임을 알리는 외침이 기록되어 있습니다. 그러나 이러한 묵시록들에는 항상 예외 없이 "이리가 어린 양과 함께 살며 표범이 어린 염소와 함께 누우며 송아지와 어린 사자와 살진 짐승이 함께 있어 어린아이에게 끌리는" 날과 "물이 바다를 덮음 같이 여호와를 아는 지식이 세상에 충만"하게 되는 날과 같은 미래에 대한 희망과 회복의 메시지를 담고 있습니다(사 11:6,9).

구약성경 히브리 문학의 마지막 장르는 성문서입니다. 성문서의 구성을 살펴보면 시가서(욥기, 시편, 잠언)와 종교 축제일에 낭독되는 기록들(룻기, 에스더, 전도서, 아가, 예레미야애가) 그리고 역사서(역대상하, 에스라, 느헤미야)로 이루어져 있습니다. 이 히브리 사사문학은 모든 피조물을 위한 하나님의 총체적인 계획이 잘 서술되어 있습니다. 성경은 우리에게 역사의 진행은 이 땅의 생명을 위한 하나님의 거룩한 계획이 펼쳐지는 것이며 이 기록문학들은 하나님이 사람들을 부르시고 일하시는 것을 보여 주고 있습니다.

신약을 살펴보면, 가장 먼저 복음서에서 예수 그리스도의 가르침들을 만나게 됩니다. 예수님의 말씀과 행동은 우리에게 참 생명을 주시고 더 풍성히 얻게 합니다. "도둑이 오는 것은 도둑질하고 죽이고 멸망시키려는 것뿐이요 내가 온 것은 양으로 생명을 얻게 하고 더 풍성히 얻게 하려는 것이라"(요 10:10). 우리는 예수님의 역동적인 비유, 설교 그리고 잠언의 사용을 통해 하나님과 함께하는 삶의 의미가 무엇인지 배우게 됩니다. '길이요 진리요 생명 되신' 예수님은 말씀이 육신이 되어 오셨고 우리를 하나님과 함께하는 삶으로 친히 인도하십니다. "예수께서 이르시되 내가 곧 길이요 진리요 생명이니 나로 말미암지 않고는 아버지께로 올 자가 없느니라"(요 14:6).

4복음서에 이어 성령을 통한 예수님의 행하심과 가르치심이 기록된 사도행전이 있습니다(행 1:1). 사도행전은 그리스도인의 다양한 영적 체험을 과감하게 보여 주고 있습니다. 방언과 불의 성령침례 그리고 사람들과의 변론을 비롯하여 철학적 논쟁까지 다양하게 기록되어 있습니다. 그리하여 사도행전에서 하나님과 함께하는 삶의 역동적인 전개를 보게 됩니다. 치유와 전도, 사람들을 구원하시기 위한 하나님의 다양한 방법의 놀라운 부르심 그리고 그 외의 여러 가지 사역들이 기록되어 있습니다. 이 모든 것이 역동적인 성령의 역사에 의해 행해졌다는 것을 기억해야 합니다.

사도행전의 뒤를 이어 바울과 그 외의 사도들이 쓴 다양한 신학적 가르침들이 편지 형식으로 기록되어 있습니다. 여러 지역에 흩어져 있는 하나님의 사람들이 어떻게 하나님의 능력으로 변화되고 하나님의 명령에 순종하여 사는지에 대해 배울 수 있습니다. 이 편지들은 하나님과 함께하는 삶을 위한 실제적이면서도 꼭 필요한 지혜들을 제공해 줍니다.

성경은 요한계시록으로 끝을 맺습니다. 이 가슴 뛰는 드라마는 다시 한 번 극적인 묵시의 글로 돌아갑니다. 하나님과 사탄, 선과 악 사이의 격돌은 그리스도를 멸하려는 사탄의 거대한 음모가 수포로 돌아가는 부분에서 정점을 이루게 됩니다(계 12-18장). 이 드라마가 새 하늘과 새 땅이라는 영광스러운 결론으로 접어들면서, 우리와 영원히 함께 거하기 원하시는 하나님의 궁극적인 목표가 온전하게 드러납니다. "내가 들으니 보좌에서 큰 음성이 나서 이르되 보라 하나님의 장막이 사람들과 함께 있으매 하나님이 그들과 함께 계시리니 그들은 하나님의 백성이 되고 하나님은 친히 그들과 함께 계셔서"(계 21:3), "그의 얼굴을 볼 터이요 그의 이름도 그들의 이마에 있으리라 다시 밤이 없겠고 등불과 햇빛이 쓸 데 없으니 이는 주 하나님이 그들에게 비치심이라 그들이 세세토록 왕 노릇 하리로다"(계 22:4-5).

우리의 영적 성장을 위해서는 우리는 '간접적'으로 하나님 나라의 의를 구합니다. 우리의 노력을 통해 전적으로 하나님께 집중하는 삶을 살 수 없습니다. 그 일을 이루실 수 있는 분은 오직 하나님뿐이십니다. 오로지 하나님만이 나의 마음을 그분께로 향하게 하실 수 있습니다. 하나님 한 분만이 죄의 습관에 젖은 나의 영혼을 돌이켜 "성령 안에 있는 의와 평강과 희락"(롬 14:17) 가운데로 깊이 배어들게 하실 수 있습니다. 그리고 하나님은 우리를 자유롭게 은혜 가운데 이 변화의 과정으로 초대하십니다. 그러나 결코 우리 스스로 그렇게 할 수 없습니다. 예를 들어 겸손해지고 싶다는 노력만으로 겸손해지지는 않습니다. 오히려 겸손해지려고 노력하는 것은 자만에 빠지게 합니다. 그렇다고 아무것도 하지 않아도 된다는 뜻이 아닙니다.

우리는 이러한 노력 대신에 우리의 필요에 적절한 영적 훈련들을 감당하기로 결단하는 의지적 행위가 필요 합니다. 이 특정한 방법은 선을 향해 우리를 이끌도록, 우리가 다른 사람들을 섬기는 수많은 행위들을 배우는 것을 포함합니다. 이 간접적인 행위는 영, 혼, 육을 가진 우리를 하나님 앞에 산 제물이 되게 합니다. 그때 하나님은 우리의 헌신을 통해 하나님의 때에 하나님의 방법대로 우리가 생각하고 구하는 것보다 훨씬 더 많은 것을 주십니다. 겸손의 은혜 가운데 더욱 성숙하고 풍성한 삶을 허락하십니다. 다시 말하지만 이는 간접적인 하나님 나라의 의의 실현입니다.

영적 훈련들을 감당하기로 결단하는 의지적 행위란 몸과 마음과 영혼 등 우리가 가진 모든 능력을 의미합니다. 물론 항상 그럴 수 없고 또한 완벽할 수도 없지만 그러한 일들은 우리의 선택에 의해 이룰 수 있는 일들입니다. 예를 들어, 금식하기로 결정함으로써 우리는 우리가 떡으로만 사는 것이 아니라 하나님의 입에서 나오는 모든 말씀으로 산다는 사실을 체험하게 됩니다(신 8:3;눅 4:4). 또한 학습하기로 선택함으로써 우리는 어떻게 마음이 내면세계의 질서를 따라가는지 배울 수 있게 됩니다. 그것이 바로 우리가 "무엇에든지 참되며 무엇에든지 경건하며 무엇에든지 칭찬받을 만"(빌 4:8)한 일들을 구하는 이유입니다. 또한 홀로 있음을 선택함으로 삶을 조정하는 수많은 것들이 무엇인지 확실하게 알 수 있게 되며 하나님의 능력으로 말미암아 그것들로부터 자유로워질 수 있게 됩니다(막 6:31).

영적 훈련 자체로는 가치를 따질 수 없습니다. 그 자체가 의로울 수도 없고 정확하다고 말할 수도 없습니다. 훈련의 유일한 목적이 있다면 우리를 하나님 앞에 설수 있도록 하는 것입니다. 우리가 하나님 앞에 서는 순간 훈련의 목적은 그것으로 족하게 됩니다. 그리고 하나님의 은혜가 개입합니다. 그 은혜는 우리를 하나님의 선하심을 입은 사람들로 변화시키는 작업을 시작합니다. 그 때 비로소 우리는 원수까지도 사랑하는 경지에 이르게 됩니다. 다시 강조하지만 영적 훈련은 우리가 감당할 수 없는 것을 감당하도록 하시는 하나님의 능력을 받기 위해 기울이는 우리의 노력을 포함합니다. 그리고 은혜의 하나님은 이 과정을 통해 우리가 자연스럽게 반드시 행해야 할 일들을 행할 수 있는 능력의 사람이 되도록 변화시켜 주십니다. 우리의 삶 가운데 반드시 행해야 할 일들을, 반드시 행해야 할 순간에 이루는 능력이야말로 진정한 자유입니다. 진정한 자유란 구속이 없는 상태가 아니라, 훈련의 결과로 주어지는 것입니다.

오직 훈련된 체조 선수만이 평행봉 종목에서 자유롭게 10점 만점을 기록할 수 있습니다. 오직 훈련된 바이올린 연주자만이 파가니니 (Paganini)의 카프리스(Caprices)를 자유롭게 연주할 수 있습니다. 이것은 우리 삶에서도 마찬가지입니다. 우리가 위기에 봉착해 있는 스스로를 발견했을 때에 이미 늦은 것입니다. 영적 성장에 있어 훈련은 하나님이 선택하신, 인간의 성품을 개발하고 변화시키는 방법입니다. 그래서 우리가 혹 위기 가운데 처했을지라도 '책임감 있는 반응'(response-able, 반응하는 능력)을 할 수 있도록 하기 위함입니다.

우리가 영적 훈련을 말할 때, 하나님의 은혜와 정황의 상관관계에서 훈련을 이해하는 것이 무엇보다 중요합니다. 그 점에 대하여 사도 바울은 우리에게 이렇게 상기 시켜 주고 있습니다. "너희 안에서 행하시는 이는 하나님이시니 자기의 기쁘신 뜻을 위하여 너희에게 소원을 두고 행하게 하시나니"(빌 2:13). 이것은 흔히 사람들이 말하는 것처럼 '의의 행위'가 아닙니다. 우리가 함께하는 삶을 갈망하는 것조차 하나님의 은혜입니다. 신학자들은 그것을 '선제 은총'(prevenient grace)라고 부릅니다.

우리가 알아야 할 것은 우리가 은혜로 말미암아 구원을 받았을 뿐 아니라 은혜로 말미암아 산다는 것입니다. 또한 우리가 금식을 하는 것도 은혜로 말미암아 할 수 있는 것이고, 배움도 은혜로, 섬김도 은혜로 그리고 예배도 은혜로 드리는 것입니다. 이처럼 모든 훈련 과정들은 하나님이 가능케 하시는 은혜로 충만해지게 됩니다. 그러나 우리가 해야 할 것이 있는데 바로 우리가 해야 할 일도 있다는 것입니다. 은혜라고 해서 우리는 아무것도 하지 않고 피동적인 삶을 사는 것을 의미하지는 않습니다.

역사 가운데 많은 하나님의 사람들이 그러했듯이, 일상 속에서 자유의지를 동원해서 결정해야 할 수많은 선택의 순간들을 접하게 됩니다. 이를 테면 하나님의 뜻과 하나님의 방식에 "예"라고 순종하고 선택하는 것이 바로 그것입니다. 은혜의 반대말은 노력이 아니라 '행함'입니다. 여기 행함이라는 것은 자기 힘으로 무엇인가를 얻어내는 것을 의미합니다. 그러나 하나님의 사랑과 용납을 취하기 위해 우리가 할 수 있는 일은 아무것도 없습니다. 게다가 우리는 아무것도 할 필요가 없습니다. 하나님은 이미 우리를 온전하고 지극하게 사랑하십니다. 우리를 용납하시는 사랑은 예수 그리스도를 통해 아무 대가 없이 거져 주신 선물입니다. 그 하나님의 놀라운 은혜로 인해 "우리가 그를 힘입어 살며 기동하며 존재"하는 것입니다(행 17:28). 그러나 우리가 하나님의 은혜 안에서 자라 가기를 원한다면, 한편으로 맹렬히 힘써야 하는 우리의 모습도 발견하게 될 것입니다.

종교개혁 500주년을 기념하기 위해, 교계는 각종 행사와 세미나로 참 분주한 나날을 보내고 있습니다. 그러나 수많은 기념의식보다 더 중요한 일은 우리 각자가 먼저 하나님 앞에 진정으로 회개하는 것입니다. 왜냐하면 회개할 때에 비로소 구원이 임하고, 회복이 일어나고, 놀라운 부흥의 역사가 시작되기 때문입니다.

다윗은 누구보다 이 회개의 은혜를 잘 알았던 사람입니다. 그는 편안할 때 여인을 범하고 신하를 죽이는 대죄를 지었습니다. 그러나 선지자 나단이 그것을 지적하자 즉시 회개합니다. 왕이었지만 핑계대지 않습니다. 힘이 있었지만 반항하지 않습니다. 바로 이런 회개가 있었기에 그는 버림받지 않고 도리어 역사상 가장 위대한 왕으로 쓰임 받은 것입니다.

시편 32편을 보면 그가 누렸던 회개의 은혜가 자세히 나와 있습니다. 곧 회개할 때 죄가 덮이고 더 이상 정죄당하지 않습니다(시 32:1-2). 환난에서 보호받습니다(시 32:6-7). 하나님과 더 가까워지며 마침내 정직한 자로 살게 됩니다(시 32:10-11). 이제 우리들도 날마다 회개하며 사십시오. 하나님께서는 오늘도 다윗과 같이 바르게 회개하는 자와 함께 하십니다. "나를 없애소서. 나는 날마다 깨지게 하소서. 깨져서 깨어나게 하소서. 내가 아무것도 아닌 것을 알게 하소서. 내가 지금 없어져도 하늘 땅 사이에 일 없음을 알게 하소서. 나를 버리면 자유롭고 나를 놓으면 편안하고 나를 비우면 넉넉한 것을 알았습니다. 나만 벗어버리면 모든 일을 물처럼 쉽게 바람처럼 시원하게 되어 갈 것입니다. 하나님, 내 생각과 감정과 행동 속에서 나를 빼어 주소서."

예수님도 "좁은 문으로 들어가기를 '힘쓰라'"고(눅 13:24) 말씀하셨습니다. 또한 베드로도 "너희가 더욱 '힘써' 너희 믿음에 덕을, 덕에 지식을, 지식에 절제를, 절제에 인내를, 인내에 경건을, 경건에 형제 우애를, 형제 우애에 사랑을 더하라"고(벧후 1:5-7)강조했습니다. 성경을 읽을 때, 성경에 등장하는 인물들의 영적 훈련과정을 주의 깊게 살펴보시기 바랍니다. 에서와 발람, 아합, 므낫세, 이세벨 그리고 가룟 유다처럼 하나님의 뜻을 거스르고 그리스도의 형상을 닮아가지 못한 사람들까지도 주의 깊게 살펴보십시오. 그들의 갈등을 관찰해 보고 그들의 삶과 계획과 무계획까지도 관심 있게 지켜보십시오. 그리고 다양하고 사소한 영적 훈련의 부분까지도 관찰해 보십시오. 그리고 삶 곳곳에서 펼쳐지는 인물들의 움직임, 곧 도전과 순종, 반항과 복종, 충성과 불성실함 등의 역동성을 살펴보십시오. 특별히 많은 실수와 넘어짐에도 불구하고 종국에는 그 훈련을 통과한 사람들을 주시해 보십시오. 그들의 기쁨, 평강, 힘 그리고 사랑을 예의 주시해 보십시오. 그야말로 하나님과 함께하는 삶(임마누엘)의 원리를 충만하게 누리며 경험한 사람들입니다. 그리고 당신도 가서 이와 같이 하십시오.

성경과 링컨의 어머니

미국의 16대 대통령

아브라함 링컨(1809-1865)은 다음과 같이 말했습나다.

"나는 성경이 하나님께서 인간에게 주신 가장 큰 선물이라 믿는다. 나는 하나님의 선물인 성경의 보화를 캐기 위해 날마다 성경을 묵상한다. 이 성경 속에는 예수 그리스도의 모든 값진 보화들이 다 들어있기 때문이다"

이 글속에서 링컨이 성경을 얼마나 사랑했는지 알 수 있습니다. 링컨은 학교 교육을 불과 일 년 남짓 받았습니다. 그 일 년 동안에 읽기와 쓰기를 겨우 익힐 정도였습니다. 그가 책 읽는 실력을 쌓을 수 있었던 것은 성경을 통해서였습니다. 그가 아홉 살 때, 세상을 떠난 어머니로부터 유언과 함께 물려받은 성경이 있었습니다.

그의 어머니는 그에게 성경을 물려주며 다음과 같이 말했습니다. "내 아들아! 이 성경책은 나의 부모님께 받은 책이다. 내가 여러 번 읽어 많이 낡았지만 우리 집의 값진 보배다. 내가 너에게 100에이커(12만평)의 땅을 물려주는 것보다 이 한권의 성경책을 물려주는 것을 진심으로 기쁘게 생각한다 ... 너는 성경을 읽고 성경 말씀대로 살아가는 사람이 되어다오. 하나님을 사랑하고 이웃을 사랑하는 사람이 되어다오. 이것이 마지막 부탁이다."

훗날 링컨은 어머니를 회상할 때마다 이렇게 말했습니다.
 나의 오늘, 나의 희망, 나의 모든 것은 천사와 같은 나의 어머니에게서 받은 것입니다.

1부

성경 전체 66권 각 책별 주제 및 목적, 내용 요약정리

1장. 성경을 어떻게 공부할 것인가?

하나님께서는 모든 성도들에게 성경을 공부할 것을 명령하셨습니다. 그리고 어떻게 공부해야 하는지 자세히 가르쳐 주었습니다(딤후 2:15).

성경을 공부하는 목적

성경은 먼저 교리를 가르쳐줍니다(딤후 3:16-17). 창세기부터 요한계시록에 이르기까지 성경은 하나님과 이 우주와 영적 세계와 인간과 자연세계에 관련된 모든 분야를 정확하게 가르쳐 줍니다. 첫째, 주님으로부터 바로 세움 받기 위함입니다. 성경은 자신을 깨끗하게, 거룩하게, 완전하게, 모든 선한 일에 철저히 갖추어지게 합니다(잠 15:28). 둘째, 성경을 통해 자신이 답을 얻고, 답을 줄 수 있기 위함입니다(벧전 3:15).

말씀을 듣고, 마음을 진리의 지식에 쏟는다면 성경의 경이로움과 말씀의 능력으로 인해 마음은 늘 기쁨으로 가득할 것입니다(롬 15:14). 성경을 공부함으로써 우리는 형제, 자매들이 서로서로 영적지식으로 덕을 세워줄 수 있으며, 잘못을 성경을 통해 바로잡아 줄 수 있습니다.

성경을 공부하는 방법

첫째, 세대를 "올바르게 나누어" 공부하는 것입니다.

성경은 책별로 66권으로 나누어져 있습니다. 구약 속에는 하나님의 부르심과 관련하여 몇 세대로 구분이 됩니다. 율법을 수여하신 시점과 관련하여 율법이전 세대와 율법세대로 구분됩니다. 신약은 예수 그리스도의 십자가를 기점으로 구약의 율법세대와 은혜의 세대로, 예수님의 지상 재림을 기점으로 환란세대와 천년 왕국세대로 구분이 됩니다. 세대를 올바로 나누어서 공부하는 것은 성경을 이해하는 핵심 열쇠입니다.

둘째, 우리가 나누어야 할 것은 대상별입니다.

사도 바울은 대상별로 유대인들, 이방인들, 하나님의 교회로 나누었습니다(고전 10:31-33). 하나님께서는 유대인들을 위한 특별한 계획이 있으며 이 땅에서 하나님의 크신 긍휼과 오래 참으심과 사랑의 풍성함을 오는 세대에 보여주고, 장차 예수 그리스도의 신부가 되는 것입니다. 이방인들을 향한 계획이 있습니다.

셋째, 하나님의 약속입니다.

주로 "...하라, 그러면..."이란 문장으로 이루어져 있습니다. 주님의 약속은 믿음과 더불어 순종의 대상입니다. "구하라, 그러면 주실것이요."란 말씀은 주님의 약속입니다.

넷째, 명령입니다.

주님의 명령은 이유 없이 순종해야 하는 순종의 대상입니다.

다섯째, 교훈입니다(롬 15:4).

성경을 구체적으로 공부하는 방법으로는 성령께서 가르치는 말(words)은 창세기부터 요한계시록까지 기록된 모든 어휘를 말합니다(고전 2:13).

성경은 살아있는 하나님의 말씀이기에 생명의 유기체처럼 서로서로 연관되어 있습니다. falth(믿음)은 하나님의 선물이며, 성령의 열매이며, 믿음은 말씀으로 생성되는 반면, belive(믿다)는 나의 의지를 사용해서 믿는 것이란 사실입니다. 성경공부의 중요한 방법가운데 하나는 비교를 통해 공통점과 차이점을 발견해 낸 후 그 내용을 반복해서 공부하는 것입니다. 주 예수 그리스도를 아는 지식 안에서 성장하기 위해서는 하나님의 진리의 지식의 말씀을 올바로 공부하기 위해 성경을 펴놓고 "성경에서 정말 그렇게 말씀하고 있는가?" 이 사실들을 하나하나 실제로 찾아서 확인해 보는 것이 중요합니다.

만약 그리스도인들이 하나님의 말씀인 성경을 날마다 읽지 않는다면 어떻게 하나님의 모든 말씀으로 살아갈 수 있겠습니까? 날마다 그리스도인들이 잠언 한 장씩과 하루에 성경을 신구약 최소한 5장씩 읽기를 적극 권장합니다. 하루에 성경 신구약 다섯 장씩 읽는다고 뭐가 달라 지겠느냐? 확실하게 달라집니다. 낙수가 바위를 뚫는 것처럼 말입니다. 하나님 말씀은 영적인 마음을 따라 행하도록 인도 할 것입니다. 지금 이 세상에서 하고 있는 일들을 소홀히 한다는 말이 아니라, 마음과 생각이 다가올 세상에 우선순위를 두고 있음을 말합니다.

미국을 처음 발견한 콜럼버스는 하루에 성경을 20장씩 꼭 읽었다고 합니다. 또 매일 2시간 이상 기도를 했다고 합니다. 그는 '나는 할 수 있다.'라는 말을 100번 이상 반복했습니다.

그는 망망한 바다를 건너 어디인가에 거대한 땅이 있을 것이라는 확신을 가졌습니다. 콜럼버스의 노력에도 불구하고 서른 한번이나 실패를 거듭하였습니다. 그러나 낙심하지 않고 노력하다가 드디어 1620년 9월 15일 미국 땅을 발견했습니다. 말씀과 기도를 통한 믿음의 열매는 위대합니다.

말씀이 기도가 되게 하여야 합니다. 말씀이 내 소원이 되어 하나님께 올려 질 때, 내 기도는 비로소 바로 서게 됩니다. 말씀이 기도가 되어 지면, 하나님이 내게 무엇을 말씀하시는지 그 사랑의 음성이 들려집니다. 말씀이 살아서 내 삶 속으로 들어와 철학이 되고, 의미가 되고, 신념이 되고, 삶이 될 때, 나는 주님이 원하는 사람으로 변화가 됩니다.

말씀이 기도가 되고 기도가 행동이 되면 "나에게 능력을 주시는 분 안에서, 나는 모든 것을 할 수 있는 능력자가 됩니다"(빌3:13). 말씀이 기도가 될 때 내 기도는 하나님 보좌를 움직이는 형통이 되고 능력이 됩니다. "주님 말씀 하소서, 내가 듣겠나이다"(삼상3:10).

주여, 우리는 말씀으로부터 너무나 멀리 떨어져 있습니다. 좀더 가까이 다가가기를 원합니다. 우리를 위하여 자신을 내어주신 주님을 닮아갈 수 있도록 도와 주시옵소서 자비의 성품과 마음을 부어 주소서. 우리에게서 분노와 악한 마음을 제거 하소서. 주 예수님의 이름으로 기도드립니다. 아멘.

성경을 읽고 관련 구절을 찾아 쓰며 성령님께서 진리를 가르쳐 주시도록 기도해야 합니다. 성령님은 진리를 알게 해 주실 수 있는 유일한 분 이십니다. 만약 성령님께서 하나님의 말씀을 깨닫게 해 주시지 않는다면 누구도 진리를 깨달을 수 없습니다. 하지만 우리들이 하나님 말씀을 믿고 하나님께 깨닫게 해 주시기를 구한다면 하나님께서는 깨우침을 주실 것입니다. 하나님께서는 우리 각 사람을 가르치시고 진리의 지식을 갖추도록 도우사 주님을 섬기도록 하십니다. 주님께서 우리 모두를 축복하셔서 은혜와 주 예수 그리스도를 아는 지식 안에서 성장하게 하시기를 바랍니다.

2장. 하나님은 개개인과 어떻게 함께하시는가?

모든 사람을 포용하는 포괄적인 사랑의 공동체를 이루시기 위하여 지난 세월 하나님이 개인들과 단체들에게 그분의 임재를 중재해 오신 방식의 점진적인 특성이 잘 나타나 있습니다. 태초에 하나님은 세상을 창조하시고 최초의 인간들을 에덴동산에 두어, 일하고 관리하게 하셨습니다.

아담과 하와는 협력 관계로 하나님을 대면하여 만납니다. "여호와 하나님이 아담에게서 취하신 그 갈빗대로 여자를 만드시고 그를 아담에게로 이끌어 오시니"(창 2:2). 그러나 아담과 하와는 하나님의 지시에 불순종하여 동산에서 쫓겨납니다(창 3:6-7). 그리고 지배, 소외, 산고, 고생, 죽음이라는 사회적 육체적 대가를 치릅니다. 여러 세대에 걸쳐 부도덕과 정치적 혼돈이 극으로 치닫는 동안, 하나님의 영은 인간들과 계속 싸우십니다. 마침내 하나님은 노아와 그 일가족만을 제외하고 모든 인간을 멸하십니다(창 6:1-7:23).

모든 인간은 타락한 본성에 의해서 악한 영에게 속았다는 감정에 충실하다고 할 수 있습니다. 진리로 향하는 마음을 빼앗기고 속임 당한 상태에서 속임 당한 사람들끼리 합당하지 못한 일을 하며 불의와 추악, 악의가 가득한 짓을 하며, 서로 시기하고 분쟁하며, 서로의 행위가 옳다고 정의하고 자신만은 속지 않았다고 자부하며, 스스로 하나님께 대한 반항의 바벨탑을 쌓고 있는 것입니다.

타락한 본성에서 비롯한 심령은 사단의 속임수에 속수무책으로 당하고 있습니다. 이런 상황에서 예수 그리스도께서는 새로운 창조의 법칙을 가지고 이땅에 오셨고, 구원이라고 하는 복음의 기쁜소식과 친히 십자가 대속의 제물이 되어주심으로 영원한 생명의 조건을 허락해 주신것입니다.

그러나 사단은 모든 인간을 새로운 생명의 법인 성령의 법이 적용되지 않는 옛 창조 안에 묶어두기 위해서 온갖 방법으로 올무를 놓으며 인간에게 있어서 모든 선을 향하는 길목 마다 증오의 씨앗을 뿌려둠으로써 양심에 화인을 맞고 스스로 증오와 적의로 가득한 악한 의지에 선동이 되도록 하고 있는 것입니다.

"너희는 유혹의 욕심을 따라 썩어져 가는 구습을 따르는 옛 사람을 벗어버리고 오직 너희의 심령이 새롭게 되어 하나님을 따라 의와 진리의 거룩함으로 지으심을 받은 새 사람을 입으라"(엡 4:22-24).
"그러나 성령이 밝히 말씀하시기를 후일에 어떤 사람들이 믿음에서 떠나 미혹하는 영과 귀신의 가르침을 따르리라 하셨으니 자기 양심이 화인을 맞아서 외식함으로 거짓말하는 자들이라"(딤전4:1-2).

사단의 무리는 믿음에서 떠나 즉, 믿음이 있었던 사람들을 속일 뿐 아니라 신실한 믿음이 있는 사람도 책략을 바꾸어가며 교묘한 전략으로 하나님의 일들에 관한 간계와 속임수를 써서 궤계로 역사하고 있습니다.

거짓 그리스도들과 거짓 선지자들이 일어나 큰 표적과 기사를 보여 할 수만 있으면 택하신 자들도 미혹하리라(마 24:24). 뱀이 그 간계로 하와를 미혹한 것 같이 너희 마음이 그리스도를 향하는 진실함과 깨끗함에서 떠나 부패할까 두려워하노라(고후11:3).
그런 사람들은 거짓 사도요 속이는 일꾼이니 자기를 그리스도의 사도로 가장하는 자들이니라 이것은 이상한 일이 아니니라 사탄도 자기를 광명의 천사로 가장하나니 그러므로 사탄의 일꾼들도 자기를 의의 일꾼으로 가장하는 것이 또한 대단한 일이 아니니라 그들의 마지막은 그 행위대로 되리라(고후11:13-15)

사단은 인간으로 하여금 자신만이 속임수에 강하다는 것을 인식할 수 있도록 기생 생물처럼 악한 영을 보냄으로써 언제든 죄에서 속임을 당한 것을 꺼내어 새로운 죄에 적합한 속임수를 계획하고 있습니다.

자신의 욕심과 삶의 목적이 중심이 된 육적인 그리스도인에게는 그에 맞는 적절한 신앙의 형태로 하나님의 말씀과 예수그리스도의 보혈과 사랑 그리고 성령님의 인도하심의 역사를 갈망하는 것이 아니라 하나님의 말씀을 자신의 환경과 이익에 맞게 적절하게 해석을 합니다.

예수그리스도의 사랑과 보혈을 전하기 위해 친히 달리시고 죽으셨던 십자가는 당시 형장의 도구라고 치부하며, 성령님의 인도하심과 역사하심은 그저 단순한 삶의 방법론으로 인식하여 간절함 보다는 형식적으로 교양과 지식으로서 성령님의 인도하심을 받기 원하고 있는 것입니다. 십자가의

도가 멸망하는 자들에게는 미련한 것이요 구원을 받는 우리에게는 하나님의 능력이라"(고전1:18),

가족 가운데 은혜를 계시하십니다. 하나님이 아브람에게 나타나신 그 시점부터(창 12:7) 특정 인종의 한 가부장적 유목민 가족을 통하여 지상의 만백성에게 복을 주기로 약속하십니다. 그러나 아브라함, 이삭, 야곱은 다 그 약속 앞에서 애를 먹게 됩니다. 아브라함은 억지로 약속을 이루려 하고, 이삭은 거짓말로 아내의 신분을 속이고, 야곱은 형 에서를 피해 밧단아람으로 가게 됩니다. 요셉은 자기 가족들을 가나안에서 애굽의 고센 땅으로 데려와 하나님 계획의 다음 단계를 완성합니다. 거기서 그들은 번성하여 민족으로 커지게 됩니다.

하나님께서 출애굽 이스라엘과 함께하십니다. 그러나 결국 요셉을 알지 못하는 새 왕이 애굽 권좌에 올라 이스라엘 백성을 노예로 삼고, 고통 중에 부르짖는 이스라엘 백성의 소리가 하나님께 상달됩니다(출 1:8,2:23). 그들의 신음소리를 들으신 하나님은 내켜 하지 않은 어눌한 모세를 보내 아브라함의 자손을 약속의 땅으로 인도하십니다. 그 여정 중에, 하나님께서는 그분의 임재를 상기시키고자 백성에게 율법과 성막 그리고 언약궤를 주십니다.

하나님은 여전히 성실하십니다. 가나안 변방에 이른 이스라엘 백성은 모세의 후계자인 여호수아의 지도하에 약속의 땅에 들어갑니다. 그러나 가나안 족속들을 완전히 없애라는 하나님의 명령에도 불구하고 이스라엘 백성은 불순종하여, 그곳에 정착한 후 주변 부족들의 많은 풍습을 본받습니다. 그들은 여호수아 생전에는 모세의 율법에 순종했지만, 여호수아가 죽은 후로는 점점 순종하지 않아 그들에게서 율법의 영향력이 약해집니다.

이스라엘 백성이 여호와의 목전에 악을 행하기 시작하자(삿 2:11,3:7) 주변 부족들이 쳐들어옵니다. 백성을 하나로 통합하고 보호할 정치적 실체가 없으므로, 그들은 한동안 하나님께 충성하지만 곧 다시 불순종에 빠집니다. 이렇게 이스라엘 백성은 부르짖고 다시 구원받는 순환을 되풀이 합니다. "그때에 이스라엘에 왕이 없으므로 사람이 각기 자기의 소견에 옳은 대로 행하였더라"는 표현은 당시의 시대상을 잘 대변해 주고 있습니다(삿 21:25).

왕정체제 가운데도 하나님께서는 뜻을 드러내십니다. 이스라엘 백성의 잦은 실패에도 불구하고 하나님은 그들에게 늘 신실하십니다. 그들이 왕을 요구하자 하나님은 그들에게 그 선택에 따르게 될 결과를 일러두십니다. 그 요구가 그들이 하나님을 왕으로 원치 않는다는 표시임에도 불구하고 하나님은 왕을 세워 주셨고, 이스라엘은 왕정 체제로 탈바꿈합니다. 2대 왕인 다윗은 부국강병을 이루며, 언약궤를 정치적 수도인 예루살렘으로 가져옵니다. 다윗의 아들 솔로몬 치하에서의 이스라엘은 상업과 무역의 중심지가 되었고, 성전을 건축했습니다.

그리고 솔로몬 이후 나라가 이스라엘(북왕국)과 유다(남왕국)로 갈라지고 타락한 왕들이 뒤를 잇게 됩니다. 그러나 그중에도 이스라엘 백성은 살아남습니다. 이스라엘은 여전히 하나님을 버렸다가 다시 돌아오는 반복을 계속하고 있었습니다. 계속되는 반역으로 인해 결국 하나님은 이스라엘(북왕국)과 유다(남왕국)가 강한 이방 나라에 정복당하게 하시고, 통치 계급이 포로로 끌려가도록 내버려 두십니다. 출애굽 때부터 하나님의 백성과 함께해 온 하나님의 임재(쉐키나, shekinah)가 떠난 것입니다.

고난의 신비가운데 함께하십니다.

욥은 시대를 초월하여 인간의 고난을 대변합니다. 영향력 있고 부유한 삶을 살던 '동방 사람 중에 가장 훌륭한 자'가 모든 것을 잃고 친구들과 아내의 존경마저 잃게 됩니다. 아내는 그에게 "하나님을 욕하고 죽으라"고 말합니다(욥 1:3; 2:9). 그러나 재난과 슬픔, 회의와 의문, 아픔과 고난 속에서도 욥은 인내합니다. 그리고 우리에게 어떤 상황에서도 하나님께 신실해지는 길을 알려주고 있습니다. 욥이 인간의 고난을 대변하듯이, 이스라엘은 고난 받는 종의 모형이 됩니다. 시간이 가면서 이것은 유대인들의 메시야 대망 사상의 중요한 일부로 발전합니다. "그는 멸시를 받아 사람들에게 버림받았으며 간고를 많이 겪었으며 ... 그가 찔림은 우리의 허물 때문이요 그가 상함은 우리의 죄악 때문이라... 그가 곤욕을 당하여 괴로울 때에도 그의 입을 열지 아니하였음이여... 나의 의로운 종이 자기 지식으로 많은 사람을 의롭게 하며 또 그들의 죄악을 친히 담당하리로다... 그가 자기 영혼을 버려 사망에 이르게 하며 범죄자 중 하나로 헤아림을 받았음이니라 그러나 그가 많은 사람의 죄를 담당하며 범죄자를 위하여 기도하였느니라(사 53:3,5,7,11-12).

하나님은 우리의 찬송 중에 계십니다.

하나님께 드리는 예배는 출애굽 도중에 언약궤와 성막과 함께 정립되었습니다. 그러나 왕정 체제가 출현하면서 왕은 예루살렘을 예배의 중심지로 정합니다. 공 예배를 위한 전례의 틀이 시편에서 정해지는데, 여기에는 절기, 순례, 제사 제도, 제사장 계급, 음악인 등 모든 요소가 망라되어 있습니다.

지혜의 말씀을 일상생활 가운데 주십니다.

하나님의 백성이 형성됨에 따라, 하나님은 일상생활에 소용될 그분의 지혜를 일러 주실 수 있게 됩니다. 잠언, 전도서, 아가 같은 책에서 어머니들과 아버지들과 왕들과 현인들은 사람들이 일상에서 부딪치는 상황에 대하여 지혜로운 말로 조언합니다. 몇 가지를 예로 들자면 도덕, 연애, 결혼, 불의, 낙심, 게으름, 성적 순결 등입니다.

이스라엘을 초월하여 일하십니다.

극단으로 치닫기 일쑤인 백성의 불성실에도 불구하고 하나님은 언제나 사자(선지자)들을 보내시어, 율법을 버리고 '음란하게' 다른 신들을 좇고 가난한 자들을 저버린 이스라엘 백성에게 재앙이 임할 것을 '끊임없이 말하여'(렘 35:14) 경고하게 하십니다. 백성은 이사야와 호세아, 요엘과 아모스, 오바댜와 미가, 나훔과 스가랴에게서 하나님의 메시지를 듣지만 계속 거부합니다. 그 결과 외세에 점령되어 지배당하게 됩니다.

유배된 하나님의 백성을 돌보십니다.

이스라엘이 앗수르에 정복당한 후, 지도자들은 포로로 끌려가고 정치 구조는 와해됩니다. 얼마 후 앗수르를 멸한 바벨론은 유다를 점령하고 통치 계급을 노예로 삼게 됩니다. 선지자들은 살해당하고, 백성의 다수가 포로로 끌려갑니다. 남은 자들은 땅을 경작하고, 예루살렘과 성전은 폐허로 방치됩니다. 포로된 자들은 성전 재건의 희망을 품고 예루살렘에 돌아갈 날을 눈물로 사모합니다. 하나님은 그 백성에게, 그들이 살고 있는 도성들과 그들을 압제하는 국민의 평화를 위하여 기도하고 일할 것을 가르치십니다(렘 29:7). 다수가 초기 회당에서 함께 모이기 시작합니다. 그리움과 상실감 속에서도 하나님을 구하고 찾는 새로운 길들이 열리고, 백성은 '이방 땅에서… 여호와의 노래를 부를' 줄 알게 됩니다(시 137:4).

회복과 소망의 메시지를 주십니다.

바벨론을 멸한 바사 왕은 유대인 포로들에게 본국 귀환과 성전 재건을 허용합니다. 그리하여 많은 포로들이 귀환하여 결국 성전을 재건하고, 성전은 그들의 정체성의 구심점이 됩니다. 그리고 이어지는 포로 생활 중에, 유대인 지도자들은 관직에 임명되고, 제사장들은 종교의 전통과 실무의 수호자로 세력을 얻습니다. 이후에 로마제국의 힘으로 지중해 세계가 통합되고 유대 총독 헤롯은 또 다른 성전 건축에 앞장서게 됩니다. 이제 다수의 제사장들, 바리새인들, 사두개인들, 서기관들, 그리고 그림자 정부인 산헤드린이 유대교의 공식 표명을 관장하지만, 마을의 종교 생활을 지배하는 것은 회당입니다.

임마누엘! 성육신으로 함께하십니다.

오랜 원한과 적의에 불길을 끼얹은 식민지배의 소용돌이 속에서, 예수님은 미천한 형편 가운데 태어나십니다. 로마제국의 거주자로서 그분의 성장과 일상생활은 아주 인습적입니다. 예를 들어 아버지로부터 목수의 직업을 익히고, 헬라어를 배우고, 어머니를 받들고, 회당에 나가고, 유대교 절기를 지키십니다. 그러나 예수님의 사역은 전통을 확연히 이탈합니다. "하나님의 나라는 너희 안에 있느니라"는(눅 17:21) 그분의 선포는 해일처럼 유대 사회를 강타합니다. 말씀의 성육신을 만난 사람들은 그분을 믿고 따르거나 아니면 그분의 메시지에 저항하여 거부하는 반응을 나타냅니다. 예수님이 평범한 범죄자로 처형당하시고 이어 부활하시면서, 하나님의 백성의 전개 양상에 근본적인 변화가 찾아오게 됩니다. 이제 하나님의 역사는 성령의 인도하심 아래 새로운 친밀감 속에서 전진하게 됩니다. "아버지께 참되게 예배하는 자들은 영과 진리로 예배할 때가 오나니 곧 이때라 아버지께서는 자기에게 이렇게 예배하는 자들을 찾으시느니라 하나님은 영이시니 예배하는 자가 자기 영과 진리로 예배할 지니라"(요 4:23-24).

하나님, 교회를 통해 일하십니다.

한번 지상에 임하기 시작한 하나님 나라는 멈추지 않습니다. 그 나라는 특정 민족과 의식이라는 낡은 부대를 찢습니다. 유대인과 헬라인, 종과 자유인, 남자와 여자를 모두 거리낌 없이 받아들입니다. 자라나는 공동체는 공용어, 잘 닦인 도로, 태평성대(Pax Romana)를 활용하여 로마제국 전역과 그 너머까지 하나님 나라의 메시지를 들고 나갑니다.

교회 공동체, 하나님의 사랑으로 맺어집니다.

하나님은 우리를 공동체로 살도록 지으셨지만 공동체에는 갈등이 있게 마련입니다. 배경과 민족이 가지각색인 사람들이 한데 모인 초대 그리스도인 공동체도 다를 바 없었습니다. 그래서 바울을 위시한 지도자들에게는, 하나님 나라가 예수 그리스도 안에서 여기 있다고 선포할 뿐만 아니라 그 메시지로 창출되는 포괄적인 사랑의 공동체와 항상 함께 있을 수는 없고, 또 하나님의 목적은 당면한 특정 문제들을 훨씬 벗어나므로, 결국 신학적인 교훈과 목양 그리고 제자도를 위한 훈련이 필요하게 됩니다. 그래서 이들 초기 지도자들은 다양한 대상에게 편지를 써서 그리스도인들을 교훈합니다. 그 서신들은 오늘날 우리에게도 교훈을 줍니다.

하나님이 영원히 함께하십니다.

지상에 모든 사람을 포용하는 포괄적인 사랑의 공동체를 이루시려는 노력은 시간을 벗어나 새 하늘과 새 땅의 완성으로 실현됩니다. 압제, 소외, 수고, 고난, 죽음의 옛 질서는 끝나고, 영원한 삶이 그 자리를 차지합니다. 자아 숭배가 물러가고 하나님을 예배하게 됩니다. "또 그가 수정같이 맑은 생명수 강을 내게 보이니 하나님과 및 어린양의 보좌로부터 나와서 길 가운데로 흐르더라 강 좌우에 생명나무가 있어 열두 가지 열매를 맺되 달마다 그 열매를 맺고 그 나무 잎사귀들은 만국을 치료하기 위하여 있더라 다시 저주가 없으며 하나님과 그 어린양의 보좌가 그 가운데에 있으리니 그의 종들이 그를 섬기며 그의 얼굴을 볼 터이요 그의 이름도 그들의 이마에 있으리라"(계 22:1-4). 모든 사람을 포용하는 이 포괄적인 사랑의 양육 공동체에 속하기 원하는 모든 사람에게 하나님은 이렇게 말씀하십니다. "성령과 신부가 말씀하시기를 오라 하시는도다 듣는 자도 오라 할 것이요 목마른 자도 올 것이요 또 원하는 자는 값없이 생명수를 받으라 하시더라"(계 22:17).

3장. 성경 개관

인류 역사상 이루 헤아릴 수 없이 많은 종류의 책들이 세상에 나왔지만, 전체 발행 부수에서 타의 추종을 불허하는 유일한 책이 있다면 그것은 두말할 것도 없이 성경입니다. 이런 점에서만 보더라도 성경이 과연 어떤 책인지 알고 싶다는 뜨거운 연구 욕이 솟구치는 동시에, 아무리 공부해도 그 깊이를 다 헤아리기가 쉽지 않은 것이 또한 성경입니다.

이를테면 이목구비를 배치한 하나님의 섭리를 살펴보면, 두 눈이 얼굴의 위쪽에 놓인 이유는 모든 일은 근시안으로 보지 말고 멀리 내다보라는 뜻이라고 합니다. 또 머리 앞의 위쪽에 위치한 이유는 뒤를 돌아보지 말고 앞을 향하여 꿋꿋이 나아가라는 뜻입니다. 귀가 두 개이고 입이 하나인 이유는 말은 적게하고 그대신 두배로 잘 들으라는 뜻이 담겨있다 합니다. 또 귀가 입보다 높은 곳에 있는 이유는 내 말보다는 남의 말을 더 존중하고 겸허하게 받아들이라는 뜻입니다.

눈은 감을 수 있고 입은 닫을 수 있는 반면, 귀는 항상 귀는 항상 열려있는 이유는 남의 말을 차단하지 말고 항상 잘 들으라는 뜻이고요.

사람의 혀가 이중벽으로 쌓인 이유는 사람의 혀가 미움과 분열의 원인이라는 것을 알고 혀에 신경을 많이 썼다고 합니다. 즉 이빨로 성벽을 쌓고 그래도 마음이 놓이질 않아 입술로 성문을 만들어 닫아 놓은 것이지요. 그래서 진실하고 필요한 말만 하라는 뜻이랍니다. 혀를 잘못 사용하여 상처를 받기도 하고 주기도 하기 때문이랍니다. 한 번 더 생각하는 지혜가 필요합니다.

따라서 성경의 권위를 옳게 인정하려 들지 않는 불신자들이라 하더라도 지성을 갖춘 사람이라면 누구나 세상에서 가장 오래되고 가장 많이 알려진 이 책에 대해 조금이라도 알고 있어야 한다는 생각을 갖습니다. 반면에 스스로 진정한 그리스도인이라고 생각하면서도 성경의 전체 내용을 완전히 터득하려는 진지한 노력을 기울이지 않고 이 거룩한 기록들을 좀 읽다가 금세 덮어 버리는 사람들이 너무도 많습니다.

그 이유가 어디에 있을까요?

성경의 어느 부분을 읽으면서 그 부분이 성경 전체에서 차지하는 위치가 어디이고 그의 이야기와 그 가르침은 마치 모자이크된 한 폭의 그림과 같아서 각 권의 책과 장, 절, 심지어 단어까지도 꼭 있어야 할 자리가 각기 정해져 있고, 그 하나하나가 정해진 자리를 지키고 있으므로, 정말 재미있고 보람 있는 성경 공부가 되려면, 성경 전체를 개관하는 다음과 같은 개괄적인 지식이 반드시 선행되어야 합니다.

첫째, 성경은 한 권의 책입니다.

다음과 같은 일곱 가지 특성에서 성경이 한 권의 책이라는 그 통일성이 입증됩니다.

(1) 창세기부터 요한계시록에 이르기까지 성경에는 오직 한 분 하나님만

이 계십니다. 그 분의 말씀과 사역은 성경 어느 부분을 보더라도 시종일관으로, 그분에 대한 모든 계시에서 한 치도 어긋나지 않습니다.

(2) 성경에는 하나님과 인간의 관계라는 오직 한 줄거리의 이야기만이 면면히 흐르고 있습니다.

(3) 성경은 미래에 대하여 언급할 때, 도저히 일어날 것 같지 않은 예언들을 함부로 이야기하는 법이 없고, 몇 세기가 지나더라도 정해진 때가 차면, 기록된 예언들은 반드시 성취되고, 그대로 이루어집니다.

(4) 성경은 진리에 대하여 모든 것을 한꺼번에 밝히거나 한 번만 밝히는 법이 없이 점진적으로 밝혀 나갑니다. "처음에는 잎사귀요 다음에는 이삭이요 그 뒤에는 이삭 안의 알찬 곡식이라."(막 4:28)는 원칙이 적용되고 있는 것입니다.

성경 기록자들 사이에는 수세기라는 시간적 간격이 있는 게 보통이어서 서로 말을 맞출 수 있는 처지가 아니었습니다. 각자가 이전의 계시를 토대로 거기에 새로운 계시를 더한 뒤 펜을 놓으면, 그 다음 정해진 때에 이르러 다음 기록자가 성령의 감동을 받아 추가로 기록해 나가고, 또 그 다음 시대 그 다음 기록자가 이런 식으로 계속해서 좀 더 세세한 내용을 새롭게 열어 나감으로써 마침내 전체의 모습이 온전히 드러나곤 하였던 것입니다.

(5) 성경은 처음부터 끝까지 하나의 구속을 증거하고 있습니다.

(6) 성경은 처음부터 시종일관 인간으로 오신 예수 그리스도와 그분의 사역에 대한 하나의 위대한 주제를 다루고 있습니다.

(7) 또 마지막으로 약 40명에 이르는 전체 기록자들이 점진적으로 진리를 밝히면서 약 20세기에 걸친 장구한 기간 동안 기록해 왔음에도 불구하고 교리적으로 전혀 모순됨 없이 완벽한 조화를 이루고 있습니다. 이점이야말로 성경이 하나님의 영감으로 기록된 책이라는 사실을 증명하고도 남는 결정적인 증거인 것입니다.

둘째, 성경은 여러 권의 책들이 모여서 된 한 권의 책입니다.

66권의 책들이 모여 한 권의 책을 이루고 있는 것입니다. 한 권의 책으로서 갖는 통일성을 생각해 볼 때, 각 권의 책들은 각 장들에 해당한다고 해도 과언이 아닙니다. 그러나 그러면서도 각 권의 책들이 제 나름대로의 독립된 주제를 다루고 있고, 그에 대한 독자적인 설명을 하고 있어, 그 자체가 완전한 한 권의 책이라는 점에서 각 책들이 성경의 각 장에 해당한다고만 볼 수도 없는 일면이 또 있습니다.

따라서 성경의 각 책들을 공부할 때, 그 자체에 담긴 특징적인 주제를 토대로 연구하여야 한다는 점이 매우 중요합니다. 예를 들면, 창세기는 성경을 여는 책으로서 성경 전체의 이야기를 싹틔우는 씨가 되고, 마태복음은 왕과 왕국에 대한 책입니다.

셋째, 성경의 각 책들은 그 내용에 따라 몇 개의 부분으로 분류될 수 있습니다.

성경은 크게 나누어 다섯 부분으로 되어 있는데, 예수 그리스도라는 하나의 주제(눅 24:25-27) 아래 이 다섯 부분을 다음과 같은 이름으로 요약하여 분류하면 기억하기에 편리할 것입니다. 준비(구약) - 나타나심(사복음서) - 전파(사도행전) - 설명(서신서들) - 완결(요한계시록) 다시 말해서 구약은 예수 그리스도의 나타나심을 위한 준비 과정입니다. 그분께서는 사복음서에서 세상에 나타나십니다. 그분에 대한 증거와 복음의 전파는 사도행전에서 이루어집니다. 그리고 이 복음은 서신서들 가운데서 설명되고, 예수 그리스도 안에서 예수 그리스도를 통하여 세우신 하나님의 모든 목적들이 요한계시록에서 성취되고 완결됩니다.

이렇게 분류할 수 있는 책들은 다시 또 몇 부분으로 세분화 되는데, 특히 구약은 다음과 같은 네 부분으로 분명하게 나뉘어집니다.

1. 구속(창세기, 출애굽기, 레위기, 민수기, 신명기)
  2. 조직편성(여호수아, 사사기, 룻기, 사무엘상·하, 열왕기상·하, 역대기상·하, 에스라, 느헤미아, 에스더)
  3. 시가서(욥기, 시편, 잠언, 전도서, 아가서, 예레미야애가)
  4. 선지서(이사야, 예레미야, 에스겔, 다니엘, 호세아, 요엘, 아모스, 오바댜, 요나, 미가, 나훔, 하박국, 스바냐, 학개, 스가랴, 말라기)앞에서도 언급한 바와 같이 몇 권의 책들이 이렇게 크게 분류된 부분에 속하더라도 각 책들이 담고 있는 제 나름대로의 독자적인 메시지를 결코 가볍게 보아 넘겨서는 안 됩니다.

 예를 들면 모세오경은 이스라엘을 노예 상태로부터 「아름답고 넓은 땅」(출 3:8) 으로 구속해 내는 이야기가 전체적인 주제이면서도 이에 속한 다섯 책들은 또 각기 서로 다른 이야기를 담고 있는 것입니다. 출애굽기는 이스라엘 민족의 구원을 다루고 있고, 레위기는 구원받은 이스라엘 민족이 하나님께 드리는 제사를 다루고 있으며, 민수기는 그 민족의 방황과 실패를, 신명기는 그 민족이 유업의 땅을 눈앞에 두고 있을 때, 그들에 대한 경고와 훈계를 담고 있습니다. 시가서에 속한 책들은 구속된 백성이 섭리 가운데서 하나님의 인도하심을 받으며 다양한 환경과 사건들 속에서 겪는 영적 체험들을 기록하고 있습니다. 선지자들은 영감을 받은 설교자들이어서 선지서들은 당연히 그들이 외친 설교들로 구성되어 있으며, 간혹 그에 대한 설명 구절들이나 관련 구절들이 거기에 곁들여져 있습니다. 에스겔과 다니엘 두 선지자는 크게 보아 종말론적인 내용을 담고 있으나, 그 특징이 서로 다릅니다.

넷째, 성경은 인류에 대한 이야기를 담고 있습니다.
 성경은 지구와 인간의 창조 이야기부터 시작하는데, 최초의 인간 남녀 한

쌍이 창조되고, 그들로부터 기원된 인류에 대한 이야기가 창세기 열한 장에 걸쳐 계속되고 있습니다. 창세기 12장에서부터 아브라함의 역사와 그를 조상으로 하는 민족의 역사에 대하여 이야기를 시작합니다. 창세기 11장에서부터 사도행전 2장에 이르기까지 성경이 주로 다루는 민족은 이스라엘이며, 이방인들은 다만 이스라엘과 관련해서만 언급되고 있을 뿐입니다. 그러나 이처럼 이스라엘이 주역으로 등장하는 것은, 세상에 대한 하나님의 위대한 목적들을 성취해야 할 임무가 그들에게 부여되었기 때문이라는 사실이 점차 분명히 드러나게 됩니다(신 7:7).

이스라엘에게 부여된 임무는

(1) 우상 숭배가 널리 행해지는 세상 가운데서 한 분 주이신 하나님을 증거하는 일(신 6:4;사 43:10).

(2) 큰 복을 얻으려면 참되신 하나님을 섬겨야 한다는 사실을 백성에게 설명하는 일(신 33:26-29;대상 17:20-21;시 102:15).

(3) 하나님의 계시를 받고 그것을 보존하는 일(롬 3:1-2).

(4) 그 민족 가운데서 이 세상의 구주시오, 주님이신 메시야께서 출현하셔야 하는 일(롬 9:5) 등이었습니다.

성경에 나타난 이스라엘 민족의 과거와 현재와 미래는 일곱 기간으로 명확히 구분됩니다.

(1) 아브라함의 부르심(창 12장)에서 출애굽까지(출 1-20장).

(2) 출애굽에서 여호수아의 죽음까지(출 21장- 수 24장).

(3) 여호수아의 죽음에서 사울 왕이 통치하는 히브리 군주국의 형성기까지.

(4) 사울 왕 시대에서 포로로 잡혀가기까지의 왕정 통치 기간.

(5) 포로 기간.

(6) 바빌론 포로에서 유대가 해방됨으로써 국가가 회복된 후 A.D.70년 예루살렘이 파괴되기까지.

(7) 현재의 민족 분산기(1948년 국가 설립) 등이 그것입니다.

사복음서는 인류 역사의 흐름 속에서 약속의 백성 히브리 민족 가운데 나타나신 메시야 예수 그리스도의 출현과 이스라엘 민족에게 보여 주신 그분의 놀라운 이적들과 그 민족으로부터의 거부당하심, 십자가에서 처형당하심, 그리고 부활하심과 승천하심에 대하여 기록하고 있습니다. 사도행전은 성령의 강림과 인류역사에 새로이 시작된 교회에 대하여 기록하고 있습니다. 현재의 인류는 세 부류로 구분하게 되었는데, 유대인과 이방인과 하나님의 교회가 그것입니다. 구약과 사복음서가 아브람의 부르심에서부터 그리스도의 부활에 이르기까지가 이스라엘 민족의 위상을 가장 잘 드러내고 있다면, 사도행전 2장에서부터 요한계시록 3장에 이르기까지는 교회가 무대의 주인공이 됩니다. 성경의 나머지 책들은 인류에 대한 이야기와 교회의 최후 승리에 대한 이야기들을 완결해 주고 있습니다.

다섯째, 성경의 핵심 주제는 예수 그리스도이십니다.

"하나님께서는 육신으로 나타나셨고"(딤전 3:16)라는 말씀에서처럼 인간으로 이 세상에 오신 하나님이신 예수 그리스도, 희생제물이 되어 죽으시고 부활하신 그분에 대한 이야기가 사복음서의 뼈대를 구성하는 주제인 동시에 성경 전체의 중심 주제가 됩니다. 여기에 이르기까지 앞부분은 모두 이 핵심 주제로 이야기의 초점이 모아지고 있고, 또 여기서부터 이어지는 성경의 뒷부분 역시 이 중심 주제에서 이야기가 전개되어 나갑니다.

사도행전에서는 복음이 전파되고 있고, 이 복음은 또 서신서들에서 설명됩니다. 이처럼 성경의 모든 책들을 한 권의 책으로 묶어 주는 요소는 하나님의 아들이시오, 인자시며, 아브라함의 아들이시오. 또 다윗의 아들이신 예수그리스도이십니다. "여자의 씨"(창 3:15)이신 그분께서는 사탄과 그의 사역자들을 궁극적으로 진멸하시는 분이십니다. 다윗의 씨이신 그분께서는 "모든 민족들이 열망하는"이스라엘의 왕이십니다. 부활하셔서 하나님의 오른편에 앉아 계신 그분께서는 "몸 된 교회의 머리"이십니다. 이스라엘과 모든 민족들에 대하여 다시 오시겠다고 하신 그분의 약속만이 이제 앞으로 인류에게 성취될 유일한 일이며, 지각이 있는 사람들은 오직 이것이 성취되기만을 고대하고 있습니다.

 한편 교회는 「내가 ... 다시와서 너희를 내게로 영접하여 내가 있는 그곳에 너희도 있게 하리라」 (요 14:13)는 그분의 특별한 약속이 이루어지기만을 시시각각으로 고대하고 있습니다. 지금의 복음 시대 동안에는 성령님께서 그분에 대하여 증거하고 계십니다. 모든 것을 완결하는 성경의 마지막 책은 「예수 그리스도에 관한 계시」 (계 1:1)입니다.

성경책 별 66권
「구약(The Old Testment) 39권, 신약(The New Testment」 27권)

성경 전체 각책 별
주제:
목적:
전체내용 요약정리:

〔구약(The Old Testment)전서 39권〕

창세기(창), 출애굽기(출), 레위기(레), 민수기(민), 신명기(신), 여호수아(수), 사사기(삿), 룻기(룻), 사무엘상(삼상), 사무엘하(삼하), 열왕기상(왕상), 열왕기하(왕하), 역대상(대상), 역대하(대하), 에스라(스), 느헤미아(느), 에스더(에), 욥기(욥), 시편(시), 잠언(잠), 전도서(전), 아가(아), 이사야(사), 예레미아(렘), 예레미야애가(애), 에스겔(겔), 다니엘(단), 호세아(호), 요엘(욜), 아모스(암), 오바댜(옵), 요나(욘), 미가(미), 나훔(나), 하박국(합), 스바냐(습), 학개(학), 스가랴(슥), 말라기(말)

〔신약(The New Testment)전서 27권〕

마태복음(마), 마가복음(막), 누가복음(눅), 요한복음(요), 사도행전(행), 로마서(롬), 고린도전서(고전), 고린도후서(고후), 갈라디아서(갈),에베소서(엡), 빌립보서(빌), 골로새서(골), 데살로니가전서(살전), 데살로니가후서(살후), 디모데전서(딤전), 디모데후서(딤후), 디도서(딛), 빌레몬서(몬), 히브리서(히), 야고보서(약), 베드로전서(벧전), 베드로후서(벧후), 요한일서(요일), 요한이서(요이), 요한삼서(요삼), 유다서(유), 요한계시록(계)

4장. 구약(The Old Testment)전서

각책(39권) 별

주제:

목적:

전체내용 요약정리:

창세기(창), 출애굽기(출), 레위기(레), 민수기(민), 신명기(신), 여호수아(수), 사사기(삿), 룻기(룻), 사무엘상(삼상), 사무엘하(삼하), 열왕기상(왕상), 열왕기하(왕하), 역대상(대상), 역대하(대하), 느헤미아(느), 에스라(스), 욥기(욥), 시편(시), 잠언(잠), 전도서(전), 아가(아), 이사야(사), 예레미아(렘), 예레미야애가(애), 에스겔(겔), 다니엘(단), 호세아(호), 요엘(욜), 아모스(암), 오바댜(옵), 요나(욘), 미가(미), 나훔(나), 하박국(합), 스바냐(습), 학개(학), 스가랴(슥), 말라기(말), 39권

모세오경

모세가 기록한 이 다섯 책은 하나님의 백성이 모든 시대에 걸쳐 체험한 교훈과 훈계를 다루고 있는 책들입니다.

창세기는 만물의 기원, 곧 생명의 시작과 죄로 인한 파멸을 담고 있는 책입니다. 이 책을 열고 있는 "태초에 하나님께서"라는 말씀은 "이집트에서 입관 하였더라."라는 말씀으로 현격한 대조를 이루며 끝을 맺고 있습니다.

출애굽기는

파멸한 인류에게 가장 필요한 구속을 다루고 있는 책입니다.

레위기는

구속받은 자들이 마땅히 실천해야 할 제사와 교제를 다루고 있는 책입니다.

민수기는

구속받은 순례의 백성이 약속된 유업을 향하여 적대적인 세상을 거쳐 가며 겪은 체험들에 대해 이야기 하는 책입니다.

신명기는

구속받은 백성이 유업의 땅으로 막 들어갈 즈음 지난날을 되돌아보고 또 장래를 내다보면서 지시를 내리고 있는 책입니다.

우리는 모세오경을 통하여 성경 전체에 대한 사실적이고도 논리적인 서문을 읽게 되는 셈입니다. 모세오경은 예표 상 하나님의 계시에 대한 개요입니다.

1. 창세기

주제:

'천지 만물의 시작'과 '구속 역사의 시작'을 보여 주며, 특히 창 1-11장은 창세기뿐 아니라 오경 전체에 대한 서론으로 쓰임.

목적:

창조주 하나님만이 인간이 예배하고 섬길 유일한 분이심을 알도록 하며 아담과 하와의 타락 이후 여자의 후손인(3:15) 예수 그리스도를 통해 인류를 구원하시려는 하나님의 의도와 계획을 온 인류에게 보여 주시기 위함.

내용요약:

본서는 온 우주가 하나님의 통치 아래 있다고 말씀합니다. 또한 하나님은 살아 계시며, 죄로 인해 죽을 수밖에 없었던 인류를 구원하시기 위해 이스라엘을 택하셨고, 그 가운데서도 특정한 인물을 선택하셔서 그들과 언약을 맺으시고 그 언약을 이루고 계심을 보여 주고 있습니다. 말씀하시고, 보시고, 들으시고, 행동하시는 창세기의 하나님은 평범하고, 일상적이며, 아주 익숙한 인간의 삶에 상당히 깊이 관여하십니다. 창세기는 만물의 시작을 이야기하는 책입니다. 하늘과 땅, 그리고 동. 식물과 인간의 생명은 물론이요, 인류의 모든 제도와 인간관계의 시작에 대해서 기록하고 있습니다. 온통 혼돈과 폐허만이 가득 찼던 곳에서 이루어진 새로운 창조와 새로운 탄생, 이것을 이야기한다는 점이 특징입니다. 또한 그리스도에 의하여 절정에 이르게 될 하나님의 점진적인 계시가 창세기에서 시작됩니다. 인간의 지상 조건에 영향을 미치는 요소로서 죄의 문제와, 인간과 하나님의 관계, 그리고 이 문제를 해소하기 위한 하나님의 해결책이 집중적으로 다뤄지고 있습니다. 깊은 의미에서, 이후에 나타나는 하나님의 모든 계시들이 이미 창세기 속에 깊게 뿌리를 내리고 있다고 할 수 있는데, 이런 점에서 하나님의 계시를 올바로 이해하고자 하는 사람이라면 누구든지 이곳에서부터 살펴 나가지 않으면 안 됩니다.

창세기는 하나님이 그분의 백성을 만들어 가시는 근원적인 이야기를 들려줌으로써 기독교 공동체의 신앙이 예수 그리스도에게 기초를 두도록 해줍니다. 태초에 하나님께서 시작하신 언약의 관계는 하나님과 함께하는 우리의 삶을 규정해 주며 우리의 삶을 통해 세상 속에서 하나님의 선하신 창조목적을 고백하도록 초청하십니다. 창세기 본문은 살아있는 하나님의 말씀이요, 우리 삶의 소망입니다. 하나님은 계속해서 혼돈에서 질서를 창조하십니다. 하나님은 창조적 언어를 동원해 대화를 나누시면서 개인과 인간의 공동체에 관여하십니다. 하나님은 땅 위의 모든 가족들이 복 받기를 원하십니다.

오늘날의 청중 공동체는 창세기의 풍부한 이야기를 읽음으로써 우리 시대에 하나님이 행하시는 일들에 관해 깨달을 수 있습니다. 말씀으로 만물을 지으시고 아브라함에게 특별한 말씀으로 말씀하셨던 것처럼, 오늘날에도 하나님께서는 개인과 모든 공동체에게 말씀하십니다. 더불어 하나님을 가장 친밀한 동행자로 삼는 믿음의 여정으로 우리를 부르십니다.

2. 출애굽기

주제:

이스라엘이 큰 민족을 이루고 애굽의 노예 생활에서 벗어난 사건을 다루고 있으며, 하나님은 그들을 성별된 백성으로 삼으시고자 율법과 성막을 계시해 주심.

목적:

출애굽을 통해 택하신 백성을 구속하시는 하나님의 주권과 은혜를 알게 하며 시내 산에서 계시해 주신 율법을 기억하고 하나님을 왕으로 섬기는 신정국가로 출범하기 위해 기록함과 사람의 구속의 당위성과 방법 및 결과 등을 온 인류에게 보여 주는 것(엡 2:1-10).

내용요약:

이집트에 살고 있던 아브라함의 후손들이 그곳에서의 노예 상태에서 구출되는 이야기를 기록하고 있는 책으로서, 예표 상으로는 모든 구속에 대하여 이야기 합니다. 구속의 책이라고 할 수 있습니다. 예배와 교제와 섬김으로 표현되는 하나님과의 관계가 모두 한 결 같이 구속을 지향하고 있듯이, 구속의 책이면서 율법과 제사법과 제사장 직분에 관한 율례들을 제시하고 있다는 점에서 하나님과의 관계를 유지할 수 있는 조건들을 예표로 보여줍니다. 영적으로 볼 때, 죄인이 피를 통하여 사탄의 권세로부터 구원을 받고 그의 "광야의 여정"을 시작하는 것과 연관된 경험들을 기록합니다. 교리적으로 볼 때, 대 환란(단 12:1-4)과 교회의 휴거(출 15장)때에 무슨 일이 일어날 것인지를 상세히 기록합니다.

출애굽기의 12단계로 하나님의 부재, 억압, 부름 받음, 대면, 해방, 돌보심, 국가 창시, 율법, 반역, 회복, 준비, 임재가 있습니다. 출애굽기의 네 가지의 길로는 떠남의 길, 자유의 길, 모세의 길, 광야의 길이 있습니다.

일곱 가지 진리로는 구원받지 않은 인류는 잔인한 주인에게 속박된 "노예"와 같음, 그 노예를 "해방시키려면" 하나님으로부터의 직접적인 개입이 필요함, 하나님께서는 그분의 "노예 해방 선언"을 가져 오시기 위해 "전달자들"을 사용하심, 구속은 "피"와 "능력"에 의해서 이루어짐, 구속받은 자들이 "세상 체계"와 타협하는 일이 있어서는 안 됨, "구속"은 시련들과 시험들의 일생이 시작된 것일 뿐임, 하나님께는 거룩함에 관하여 불변하고 절대적인 기준들이 있습니다.

광야의 길은 궁극적으로 능력의 길입니다. 이 길은 약한 자를 강하게 하고, 만연한 죄를 약화시키며, 생명력이 넘치게 하는 길입니다. 우리에게 재빠르게 역사하지 않습니다. 낮과 밤, 더위와 추위, 바람과 태양과 먼 길을 겪어야 합니다. 거기에는 이적과 방황이 있습니다. 방황하는 자들이 다 길을 잃은 것은 아닙니다. 출애굽기는 단지 억압받는 자의 해방에 대한 모델로 그치는 것이 아니라 이스라엘의 하나님이 우리들을 위해서도 그렇게 하신다는 약속과 소망이 됩니다. 하나님의 속성은 바로 이런 것입니다. 그리고 반드시 그래야만 합니다. 이것은 출애굽이 모든 사람들을 위해서 다시 일어날 수 있다는 것을 의미합니다.

3. 레위기

주제:

죄 많은 인간이 어떻게 거룩하신 하나님 앞에 나아가며 그분 안에서 어떻게 행해야 하는지를 설명하며, 레위기에는 '거룩'이란 단어가 50회, '속죄'라는 단어가 85회 정도 등장함.

목적:

죄 지은 인간이 제사와 정결 의식을 통해 거룩하신 하나님과 교제하도록 하며, 레위 지파 제사장들을 가르쳐 모든 백성이 하나님을 바르게 예배하고 거룩하게 살아가도록 돕기 위해서 기록함(엡 1:7;히 10:19-22).

내용요약 :

음식과 제사 의식을 통하여 다른 민족들과의 구별을 강조하며 하나님은 육신과 영혼이 모두 깨끗하기를 원하시며 희생 제물을 통하여 자신을 하나님께 드려야 함을 암시하는데, 이는 그리스도께서 십자가에서 죽으실 것을 예표한 것입니다. 출애굽기와 레위기의 관계는 사복음서와 서신서의 관계와 비슷합니다. 출애굽기는 구속의 기록으로서 구속받은 백성이 정결하게 되어 자기 하나님께 나아가 그분을 섬기고 그분께 경배 드리는 것에 대한 기초를 놓습니다.

이스라엘 백성은 레위기에서 출애굽기의 기초 위에 이 일을 하나하나 구체적으로 쌓습니다. 출애굽기에서 하나님은 사람이 접근할 수 없는 산에서 말씀하시지만 레위기에서는 자신이 친히 거하며 자신의 백성들이 접근

할 수 있는 성막에서 말씀하십니다. 레위기의 내용은 전적으로 율법적이며 이 안에는 시민법, 의식법, 윤리법, 종교법, 정결례 등에 관한 법규가 있고 이 중에서 특히 우리의 관심이 되는 것은 종교법과 의식법입니다. 레위기에서 발견되는 여러 종류의 희생과 명절과 의식과 예식들은 예수 그리스도의 예표요, 장차 올 좋은 것들의 그림자입니다. 이런 면에서 히브리서는 성령님이 영감을 주신 레위기 주석서라 해도 과언이 아니며 이 두 책을 함께 읽음으로써 예표와 실체를 잘 이해할 수 있습니다. 레위기를 통해 우리의 위대한 대제사장 예수 그리스도를 발견할 때 영적인 복이 무엇인지 알 수 있습니다.

 교훈으로는 하나님은 경외함을 받으셔야 하며, 거룩하시며 두려움을 받으셔야 하며, 우리가 하나님께 다가가는 방법과 '장소'와 그분께서 우리에게 자비를 베푸실 '조건들'은 하나님께서 선택하십니다. 참된 경배는 우리 속에서 시작되며 외적인 종교 의식들에서 시작되지 않습니다. "피 흘림이 없이는 죄사함이 없느니라"(히 9:22).

 레위기는 읽기 힘든 책입니다. 레위기를 읽기 위하여 오늘날과 동떨어진 문서 속으로 뛰어들어야 합니다. 레위기의 중요한 목적이 고대 이스라엘 백성의 삶에 대한 제사장적 시각을 분명하게 하는 것이며 레위기는 공동체를 위한 교훈을 '제사장 나라와 거룩한 백성'(출 19:6)제시 합니다.
 우리는 비록 그 중심이 붕괴되지 않았다 하더라도 쇠퇴해 가는 세상에 살고 있습니다. 환경과 공동체는 고통당하며 사람들은 정체성과 희망을 찾아 방황하고 있습니다. 레위기는 거룩을 유지하는 가운데 하나님을 사랑하고, 또 이웃을 자신처럼 사랑하는 공동체를 말씀하십니다.

4. 민수기

주제:

이스라엘 백성이 약속의 땅 가나안을 차지하기까지 광야에서 유랑하던 때의 역사를 기록하며, 그들은 하나님의 인도와 은혜에도 불구하고 무수한 반역을 행하였기에 광야를 유랑하며 생을 마침.

목적:

광야 40년의 고통스러운 생활이 하나님의 말씀에 순종하는 법을 배우게 하려는 사랑의 훈련 과정이었음을 알게 하기 위함이며, 하나님의 백성의 삶은 광야 같은 이 세상에서 끝나는 것이 아니라 미래의 영광스러운 가나안을 소망하는 삶임을 일깨우기 위해 기록함.

내용요약:

하나님의 백성이라 할지라도 죄에 대해서는 반드시 그 대가를 치르고 형벌을 받게 된다는 사실과 하나님이 놀라운 은혜로 다시 백성을 사랑하신다는 사실을 알려 줍니다. 사랑이 많으신 주권자 하나님의 관점에서 볼 때, 하나님의 백성이 애굽과 가나안 사이를 유랑하면서 보낸 광야 생활 40년은 영적인 변혁의 시기였습니다. 특별히 민수기는 이전의 모세의 세 책과 더불어 신자의 경험을 완벽한 그림으로 보여 줍니다. 창세기는 창조와 타락을, 출애굽기는 구속을, 레위기는 경배와 교제를, 그리고 민수기는 섬김의 여정을 보여 줍니다. 민수기는 시내 광야에서의 마지막 19일부터(1:1,10:11) 이집트 탈출 뒤 40년이 되는 해에 요르단 동쪽 모압 평지에 도착할 때까지의 이스라엘 역사를 기록하고 있습니다(22:1,26:3,33-36:13).

민수기에는 몇 장에 걸쳐 인구 조사가 기록되어 있지만(1-4장, 26장) 책의 대부분은 율법과 규례와 광야에서의 이스라엘의 경험을 다루고 있습니다. 두 번에 걸쳐 시행된 인구 조사는 큰 중요성을 지니고 있습니다. 첫째 조사는 광야 생활을 준비하며 시내 산에서 이루어졌고, 둘째 것은 약 40년 뒤에 약속의 땅에 들어갈 준비를 하면서 요르단 강 근처에서 이루어졌습니다. 이 둘을 나누는 발람의 이야기는 문학적으로 또 예언적으로 큰 중요성을 지닙니다. 교훈으로는 "모든 일을 품위 있게 하고 질서 있게 하라. 뿌리는 것을 거두고, 믿음 대신 '보는 것'으로 행할 때 고통을 겪는다. 하나님을 두려워하고 그분의 말씀을 존중하는 말씀 전하는 사람의 '영적 지도권'을 존중해야 한다." 그분의 백성을 징계하실 때조차도 편이 되어 주시며 불신앙에 대한 하나님의 심판들은 심히 무겁다고 말씀합니다.

민수기는 오늘을 사는 그리스도인들과도 깊은 관련이 있습니다. 하나님은 그분을 따르는 개개인이 능력 있고 기쁨 충만한 삶을 살기 원하십니다. 우리는 성경을 통하여 그것을 확실히 알 수 있습니다. 우리가 그리스도를 받아들인다는 것, 곧 '그분의 백성'이 되고자 동의하는 것은 단지 우리들 각자가 가야 할 광야의 여정의 시작에 불과합니다. 이 광야의 여정은 하나님이 우리를, 편안함 속에서 스스로 의식하지 못하고 있는 노예성으로부터 모든 것을 하나님께 맡기고 따르는 자, 그러한 순종이 가져다주는 자유와 보상을 기꺼이 받아들일 준비가 된 자들로 변화시키실 수 있도록 우리들이 가야 할 여정입니다. 민수기는 시대를 초월하여 하나님의 백성에게 주시는 살아있는 말씀입니다.

5. 신명기

주제:

가나안 입성 직전에 모세가 모압 평지에서 했던 세 편의 설교를 중심으로 기록되었으며, 구세대는 광야에서 멸망했으며, 신세대에게 하나님의 법을 다시 들려줄 필요가 대두됨.

목적:

출애굽의 은혜와 율법에 미숙한 신세대가 가나안 입성의 주역으로 등장하게 되자, 그들이 하나님의 말씀에 순종하여 약속의 땅에서 거룩하고 성숙한 하나님의 백성으로 살도록 하기 위해서 기록함.

내용요약:

유일하신 하나님이 이스라엘과 특별한 관계를 맺고 있음을 밝히며 곧 하나님만이 유일하신 신이며, 하나님 외에는 다른 신이 없다는 것입니다(신 4:35). 뿐만 아니라 하나님은 하늘과 땅을 지배하시며 사람과 언약을 맺으신 인격적인 하나님이심을 보여 줍니다. 신명기는 이스라엘 백성으로 하여금 하나님께 순종하게 하려는 목적으로 쓴 일련의 지침입니다. 그 내용으로는 언약을 체결하는 당사자들에 대한 소개(신 1:1-5), 두 언약의 당사자들과 관련된 역사적인 서언(신 1:9-3:27), 율법 규정(신 4:1-26:19), 복과 저주(신 27:1- 28:68), 증인들(신 30:19-20), 낭독과 계승(신 31:9-13). 위의 언약 체결 구조를 보면 신명기에서 율법이 얼마나 중요한지 알 수 있습니다(전체 23장을 차지). 따라서 신명기는 확고한 인과응보의 신학을 반영하며, 순종은 보상을 가져다 주고 불순종은 형벌을 초래합니다. 신명기는 성경에서 중심축 역할을 합니다. '율법의 두 번째 수여'로 끝맺는 오경의 종결 부분을 구성하고 있고, 뒤에 나오는 상당히 많은 부분의 구약성경에 큰 영향을 미치고 있습니다. 그렇다면 어떻게, 언제 이 중요한 작품이 생겨나게 되었는가? 그 책 내용에 관하여는 모세의 마지막 시대를 다루고 있습니다.

예수님은 신명기 말씀을 인용하여 마귀의 궤계를 격퇴 시켰고(마 4:1-11) 또 율법을 한 마디로 요약하셨습니다(마22:37). 신약성경 27권 중에서 17권이 신명기를 인용하고 있습니다. 교훈으로는 구약의 율법들은 장차 모든 인간이 다루게 될 법의 모든 희생물을 포함. 구약에서 물리적인 복들은 '조건적이며', '이스라엘 민족'과 관련됨. 이스라엘은 땅의 사방으로 흩어질 것이고, 2천년이 지난 뒤 회복되고 다시 태어날 것임. '사랑'의 하나님이자 '복수'의 하나님이십니다.

그리스도인들은 신명기를 읽을 때, 부분적으로 하나님이 어떻게 그분의 백성 가운데 역사해 오셨는지를 살펴보아야 합니다. 동시에 오늘 우리의 삶을 위한 하나님의 뜻이 무엇인지도 그 속에서 발견해야 합니다. 후자는 간단한 작업이 아닙니다. 신명기의 율법이 그것이 쓰여질 당시 이스라엘 백성에게 적용되었던 것과 똑같은 방식으로 오늘 우리에게 적용되는 것은 아니기 때문입니다. 신명기는 우리 모두가 하나님의 뜻을 행하기에 너무 부족하고 하나님이 심판을 받아야 마땅한 사람들이라는 사실을 잘 보여주고 있습니다. 오직 한 분, 예수 그리스도만이 예외이십니다. 예수님은 신명기의 말씀을 듣고 순종하는 우리들과 함께하시는 하나님이십니다.

역사서

구약 중 여호수아에서부터 에스더까지 모두 열두 책들을 일컬어 보통 역사서라고 부릅니다. 그러나 사실은 구약 전체가 역사적인 내용들로 가득 차 있다는 것을 잊어서는 안 됩니다. 이들 역사 기록들의 정확성 여부에 흔히 의문이 제기되기도 하지만, 최근에 발견된 당시의 유물들이 증거하는 바에 따르면 구약의 기록들이 정확하다는 사실이 완벽하게 확인되어지고 있습니다.

역사서들은 이스라엘 민족이 미래에 회복될 것과, 메시아 왕의 통치 아래 놓이게 될 그 백성의 영광에 대한 선지자들의 예언들을 담고 있으면서도 그 전체 줄거리는 이스라엘 국가의 흥망성쇠에 관하여 기록합니다.

이스라엘의 역사는 다음과 같은 기간으로 뚜렷하게 구분됩니다.

1. 아브라함의 부르심으로부터 - 출애굽까지

창세기 12:1- 출애굽기 1:22(행 7장). 이 기간에 속하는 욥기에서 그 당시 사람들의 철학적, 종교적 사상의 성숙함과 깊이가 엿보일 뿐만 아니라 족장 시대에 주어진 계시의 범위까지 알 수 있습니다.

2. 출애굽에서 - 여호수아 죽음까지

이 기간의 역사는 출애굽기, 민수기, 신명기, 여호수아와 레위기 중 이스라엘 민족에 관한 내용들입니다. 모세와 아론 및 여호수아라는 위대한 인물들이 이 기간의 중심인물로 활약합니다.

3. 여호수아의 죽음에서 - 사울이 부름받기까지(사사기의 기간, 삿 1:1 - 삼상 10:24)

4. 사울 왕으로부터 - 포로가 되기까지(열왕기상 - 열왕기하의 기간, 삼상 11:1;왕하 17:6; 25:30 - 대하 36:23)

5. 포로기간 - 에스더서의 기간 및 다니엘서의 역사 부분에 해당하는 기간 유다 지파가 포로로 잡혀감으로 이방 왕국들에게 정치적 굴종을 하게 되는 "이방인들의 때"가 시작됩니다(눅 21:24).

6. 70년간 포로 기간 종료시 - A.D. 70년 예루살렘이 파괴될 때까지

국가로 회복은 되었으나 줄곧 이방인들의 지배를 받고 있던 기간, 영감으로 기록된 이 기간의 역사가 구약에서는 에스라, 느헤미야, 학개, 스가랴, 말라기 가운데서 발견되고, 신약에서도 그 역사적, 전기적 내용들이 발견됩니다.

이 기간 동안에 다윗의 언약 가운데 나오는 약속된 왕이요, 아담 및 아브라함의 언약 가운데 나오는 씨인 그리스도께서 탄생하셨고, 사역하시다 거부되셨으며, 십자가에 달려 죽으시고, 죽은 자 가운데서 일으켜지시어 하늘로 올라가신 일들 모두가 일어났습니다. 또한 이 기간이 끝나 가면서 교회가 모습을 드러냈고, 요한복음과 요한서신과 요한계시록을 제외한 신약성경이 기록된 것도 이 기간이었습니다.

7. 구약의 예언들에 따르면, 현재의 분산기(눅 21:20-24)는 팔레스타인의 언약(신 30:1-9)에서 약속된 민족적인 회복이 이루어지면서 끝나게 되어 있었습니다. 칠십년의 포로기 끝에 있을 부분적인 회복은 다니엘서와 에스겔서에서 예언되었는데, 이에 대한 실제적인 회복은 메시아께서 오셔서 그의 고난에 대한 예언들을 성취하신 다음에야 이루어지게 되어 있었습니다. A.D. 70년에 예루살렘은 다시 파괴되었고, 유다의 남은 자들의 후손들은 뿔뿔이 흩어져 민족적 분산기에 들어가게 되었으며, 1948년에 다시 성경의 예언대로 이스라엘 국가가 세워지게 되었습니다.

6. 여호수아기

주제 :

모세의 뒤를 이은 여호수아가 이스라엘 지도자가 된 이후의 이야기이며, 이스라엘 백성이 약속의 땅 가나안을 정복하고 각 지파에게 땅을 분배하여 그 땅에 정착하기까지의 과정을 기록함.

목적 :

이스라엘 민족이 약속의 땅 가나안에 들어가 그곳에 정착하는 과정을 보여 주기 위해 기록했으며, 그리고 언약하신 것을 반드시 이루시는 하나님의 신실하심을 증거함으로써 이스라엘이 하나님의 언약을 굳게 믿고 그분만을 섬기도록 교훈하기 위해 기록함.

내용요약 :

'여호수아의 하나님'에 관한 책입니다. 하나님이 약속을 지키시는 신실한 분이심을 보여주며 또한 신자들을 믿음으로 하나님의 나라에 들어가야 한다고 말씀합니다. 여호수아기는 '예수'의 히브리말 즉 '여호수아'는 '여호와는 구원이시다'를 뜻하며 모세오경에서 시작된 이스라엘의 역사를 계속해서 기록하며 족장들과의 언약에 대한 하나님의 신실하심과 열두 지파를 약속의 땅에 정착시킴으로 생겨난 신정국가를 보여 줍니다.(11:23,21:43-45).

모세의 죽음 이후에 여호수아는 이스라엘을 인도할 책임을 맡았습니다. 여호수아의 지도하에 국가가 정착되고 가나안 정복이 이루어져서 지파 별로 땅을 배분하는 일은 친히 자신의 백성을 구출하셔서 오래 전에 그들의 조상들에게 약속하신 땅 즉 젖과 꿀이 흐르는 땅으로 인도하시는 하나님의 신실하심을 잘 보여 주고 있습니다. 하나님의 신실하심은 광야에서 그들이 불평하고 감사하지 아니하고 믿지 않는 과정 속에서도 지속됩니다. 또한 가나안 족속들에 대한 엄중한 심판을 통해 하나님의 거룩함이 잘 드러나고 있습니다. 이 책에서 입증되는 하나님과 사람 사이의 관계 중 하나는 하나님의 구원입니다.

따라서 가나안 땅에 들어가 그 땅을 소유하게 된 이스라엘의 구원 역사는 하나님의 권능으로 말미암은 투쟁과 승리와 복이라는 그리스도인의 영적 체험을 보여 주고 있습니다(엡 1:3,2:6,6:12). 그러므로 여호수아기와 이스라엘의 관계는 에베소서와 신약 성도들과의 관계와 비슷합니다. 이런 차원에서 가나안은 천국의 예표가 아니라 원수의 권능을 무찌르고 승리의 삶을 사는 현장의 예표로 이해될 수 있습니다. 교리적 교훈으로는 어떠한 사람도 율법의 행위로는 '약속의 땅'(하늘나라 혹은 새 예루살렘, 히 12:22;계 21장)에 들어갈 수 없으며, 율법을 전해준 모세도 그 땅에 들어가지 못했으며, 오직 '예수'(우리의 여호수아)에 의해서만 그곳에 들어갈 수 있습니다.

이스라엘 백성은 악으로부터 구별되어야 했고, 거룩한 것과 세속적인 것 사이에 선을 그을 줄 알아야 했습니다. 더 나아가 그들은 선을 위해, 거룩한 것을 위해 그리고 하나님께 직접적으로 드려진 모든 것을 위해 구별되어야 했습니다. 구약성경 교훈의 주요 핵심은 "여호와의 끊임없는 사랑은 오래 인내하시며, 그분의 사랑은 이방인들을 포함하여 모든 종류의 사람들을 향하고 있다"는 것입니다. 여호수아서는 "아, 하나님만이 하십니다!"라고 고백 드릴 수밖에 없도록 하십니다.

7. 사사기

주제 :

약 350년 동안 계속된 영적 암흑기의 역사를 담고 있으며, 이스라엘 백성이 죄를 범하면 징계하시고, 돌이켜 회개하고 부르짖으면 사사를 통해 은혜 베푸시는 공의와 사랑의 하나님이 잘 나타나 있음.

목적 :

왕이 없던 사사 시대의 정치적, 도덕적, 종교적 암흑기 상황을 되짚어 보고 후세에게 교훈을 주기 위함이며, 그리고 반복되는 죄의 악순환 속에서 인간의 나약함과 하나님의 신실하심을 대조적으로 보여 주어 택하신 백성을 구원하시는 하나님의 손길을 강조하기 위해 기록함.

내용요약 :

우상 숭배의 죄에 대한 하나님의 징벌을 강조하며 사사 시대에 하나님은 그분의 백성을 구원하시기 위해 사사들을 세워 이스라엘을 보존하십니다. 사사기의 핵심어는 '불순종', '심판', '회개', '자비' 등입니다. 이스라엘 백성은 반복되는 자신들의 타락에 대해서 회개하고 돌이키기보다는 계속해서 죄를 범하였습니다. 그들은 불순종함으로 말미암아 하나님의 심판을 받게 되었습니다. 그러나 고통 가운데서 이스라엘 백성이 회개하자 하나님은 그의 자비로써 이스라엘 백성을 회복하고 그들에게 평안한 삶을 허락해 줄 지도자를 세우셨습니다.

여호수아와 그 당시 장로들의 죽음 이후의 이스라엘의 역사를 제공합니다. 사사기에는 재판관들의 생애와 활동과 직무 등이 기록되어 있습니다. 하나님은 여전히 신정 통치를 통해 왕으로 이스라엘을 다스리셨고, 재판관들은 다음과 같은 때에 하나님의 일을 수행하는 도구로 쓰였습니다.

1) 이스라엘이 원수로부터 압제를 받아 극심한 고통을 당할 때
2) 이스라엘의 권리와 자유를 유지시켜야 할 때
3) 이스라엘 군대를 이용하여 적군을 치게 할 때
4) 공의를 수행할 때, 재판관들은 왕들과 달랐으며 그래서 그들의 직무는 계속되거나 다음 세대로 이양되지 않았음을 알 수 있습니다. 이 책은 타협과 더불어 시작되며 무정부 상태로 끝을 맺습니다.

사사기는 창세기에서 시작해 하나님의 언약백성이 '만국을 치료'하시는 하나님의 사역에 참여하는 가운데(계 22:2) '이방의 빛'이 될 때까지(사 42:6, 49:6) 끝나지 않고 계속되는 이야기로 읽는 것의 중요성을 암시해 줍니다. 사사기를 무질서로 끝맺도록 만든 점진적 타락은 끊임없는 우상숭배와 불순종이 불가피하게 폭력, 무질서, 파멸을 낳는다는 점을 일깨워 줍니다. 이스라엘 백성은 심은 대로 거두었습니다. 그러나 사사기에서 하나님이 거듭하여 그분의 백성을 구원하시는 것처럼, 사사기 이후에도 하나님은 계속하여 그렇게 하고자 하십니다. 하나님은 그분의 백성과 함께하시는 일에 결코 실패하지 않으시며, 또한 그들과 모든 인류가 하나님과 함께하는 삶을 누리기 원하십니다. 그러므로 사사기는 불순종의 파괴적인 결과들을 보여줌으로써, 때와 장소를 넘어 모든 하나님의 백성에게 생명을 약속하는 예배와 복종의 삶을 살아가도록 권면하고 있습니다.

8. 룻기

주제 :

사사시대의 이야기 이지만, 그 시대의 타락과는 대조되는 아름다운 이야기를 담고 있으며, 룻은 시어머니를 잘 공경하여 믿음과 사랑으로 승리한 여인이었고, 예수님의 직계 조상이 되는 영광까지 얻음.

목적 :

예수님의 직계 조상 다윗 왕조가 이방 여인 룻과 연결됨을 보여 줌으로써 유대인만의 하나님이 아닌 모든 민족의 하나님이심을 알게 하기 위함입니다. 기업 무를 자 혹은 혈연 구속자 제도인 '고엘'을 통해 인류의 구속자 되신 예수 그리스도의 중보사역을 이해시키기 위해 기록함.

내용요약 :

하나님의 속성이 다양하게 기록되어 있으며, 곧 하나님의 백성들을 먹이시고(1:6), 자식을 주시는 하나님에 대해서 말하고 있습니다(4:13). 그러나 '구속하다'라는 말이 20여 차례나 쓰였는데, 이 단어는 본서의 핵심 단어입니다. 또한 하나님이 그분을 사랑하는 자녀들에게 은혜를 베푸신다는 사실을 보여 주고 있습니다. 룻기가 중요한 것은, 메시아의 계보를 이어주기 때문입니다. 우리는 베들레헴 출신의 경건한 가정이 겪는 기쁨과 슬픔을 보며 또 사사기 18-20장에 드러난 극도의 배도와 불안 속에서도 보아스와 같이 여전히 주 하나님을 섬기며 경건한 삶을 이루는 사람을 보게 됩니다. 이스라엘의 하나님을 섬기게 된 이방 여인 룻은 그 당시 이스라엘에서 찾아보기 어려운 신앙과 충절을 보여 주고 있습니다. 룻은 자기의 첫 남편을 잃은 뒤에 시어머니와 함께 베들레헴으로 돌아왔고, 보아스와 결혼하여 다윗 왕의 조상이 되었습니다.

이 기사를 통해 우리는 수천 년 전에 아브라함에게 약속한 것을 이루기 위해 사람에게 불가능하게 보이는 것들을 움직여서 자신의 뜻을 성취하시는 하나님의 섭리를 깨닫게 됩니다. 하나님은 아브라함을 부르셔서 장차 유대인과 이방인의 메시아가 나올 민족을 세우게 하셨는데, 바로 이 민족 가운데서 메시아가 나올 가족이 룻기 안에 기록되어 있습니다.

예표 상으로 보면, 구속의 능력을 가진 베들레헴 사람인 그리스도가 이방인 신부인 교회(룻)을 맞아들이는 모습입니다.

예수님이 그분을 따르는 자들에게, 그분의 나라와 의를 구하면 하나님께서 우리가 매일 필요로 하는 것들을 채워 주실 준비가 되어 있다는 점을 확신시켜 줄 수 있는 본보기가 됩니다(마 6:32-34). 룻 이야기가 친절이라는 단순한 행동의 가치나 하나님께 충성을 다하는 한 개인이, 인간들이 엮어 가는 사건들의 과정에 깊이 미칠 수 있는 영향력의 가치를 과소평가하지 않도록 우리에게 권고합니다. 스가랴도 작은 일이 계속되는 나날이라고 해서 멸시하지 말 것을 호소했습니다(슥 4:10). 바울 역시 하나님이 아직도 세상의 천한 것들과 멸시받는 것들을 택하여서 영광을 받기를 원하신다는 사실을 우리에게 알려줍니다(고전 1:28-29). 주린 자, 목마른 자, 나그네, 헐벗은 자들로 여기시는 '지극히 작은 자'의 필요들을 채워 줌으로써 예수님을 섬기게 되는 것입니다(마 25:40-45).

9. 사무엘상

주제 :

사무엘은 사사 시대와 왕정 시대를 연결하는 인물로, 최후의 사사이며 최초의 선지자로, 사무엘상은 사사 시대 말기부터 시작해서 사울 왕의 비참한 종말로 막을 내림.

목적 :

사무엘이 기름 부은 사울과 다윗을 통하여 이스라엘 왕정 설립 과정과 발전을 보여줍니다. 불완전한 이스라엘 왕국은 장차 임할 메시아 왕국의 그림자로, 하나님의 구속사적인 섭리 하에 그 역사가 진행되고 있음을 보여주기 위해 기록함.

내용요약 :

하나님을 신뢰하지 않고 인간 왕을 세우고자 하는 인간의 죄성을 그대로 드러내며 또 한 교만한 희생 제사보다 겸손한 순종이 얼마나 중요한지 가르쳐 주고 있습니다. 사무엘상은 '시기', '미움'으로 이 책은 시기심으로 가득 차있습니다. 이스라엘은 이웃나라들에게 왕이 있는 것을 보고 그것을 시기하였습니다. 또한 사울은 다윗이 승리하는 것을 시기하였습니다. 하지만 하나님은 사람의 마음을 감찰하시기 때문에 인간들이 생각하는 방식대로 하나님의 사람을 선택하시지는 않습니다.

사무엘 시대 이후로 선지자들은 민족의 영적 생활을 지속시키고 백성을 각성시키며 하나님의 뜻을 통치자와 백성들에게 전달하였습니다. 사무엘기와 열왕기는 통일왕국 및 분단왕국의 혼돈 상태에 대한 완전한 역사를 보여줍니다. 사무엘기상에는 사무엘의 출생과 엘리의 교육, 이스라엘의 첫째 왕인 사울의 비극적 생애와 하나님의 마음에 든 다윗의 고난의 생애가 기록되어 있습니다. 주요 인물 사무엘, 사울, 다윗을 통한 교훈으로는, 하나님 방법으로 이루어 짐. 죄의 뿌리는 '시기심'. "주안에서와 그의 힘의 능력 안에서 강건하라" (엡 6:10). 번영시 '타락', 뿌린 대로 거두게 됨. 아들들이라고 해서 항상 부모의 믿음을 따르지는 않음.

사무엘상 3장 '소명 이야기'를 통해 배울 점으로는

첫째, 그의 독실한 어머니처럼 하나님을 찾고 하나님께 귀 기울이며, 그가 들은 것, 곧 하나님께서 요구하시는 바를 기꺼이 행하려는 소년 사무엘의 신앙을 보여 줍니다. 그는 자라서 깊은 신앙과 확고한 지도력을 갖춘 인물이라는 것입니다.

둘째, 당시 대제사장인 엘리 집안의 지도력이 종국에 이르렀다는 것과 그 자리에 나이 든 제사장과 그의 후손들이 듣지 못하는 것을 들은 이 작은 소년을 대신 세우리라는 것을 보여 줍니다.

셋째, 언약궤를 빼앗긴 사건 앞에 사무엘의 소명 이야기를 배치한 것은 하나님의 임재(언약궤)가 이스라엘을 떠났음에도 불구하고 하나님과 이스라엘의 관계가 아직 끝나지 않았음을 의미합니다. 아울러 하나님이 세운 새로운 지도자의 능력 있는 손에 백성을 맡겨 두셨다는 사실을 독자들에게 알려줍니다. 그래서 사무엘의 소명 이야기는 비록 하나님의 임재(언약궤)가 이스라엘 지경 밖에 머무르는 기간이 오래일지라도 하나님이 나중에 사무엘을 통해서 이스라엘과 다시 만나실 것을 미리 보여 주고 있습니다.

10. 사무엘하

주제 :

다윗의 즉위에서 시작해서 그의 통치하에서 이스라엘 왕정 체제가 확고히 자리 잡는 과정을 담고 있으며, 하나님은 다윗의 왕위가 영원히 견고하리라고 약속해 주심.

목적 :

다윗 왕국은 장차 임할 메시아 왕국의 그림자이며, 하나님의 구속사적인 섭리 하에 그 역사가 진행되고 있음을 보여 주기 위해 기록함.

내용요약 :

사람이 큰 죄를 지었어도 회개하면 하나님이 용서하신다는 사실을 보여 주는 동시에, 죄의 대가는 반드시 치르게 된다는 사실을 주지시키고 있습니다. 또한 하나님은 한 개인을 성장시켜 그분의 뜻을 이루는 도구로써 사용하신다는 것을 보여 줍니다. 사무엘하에는 기름부음을 받은 다윗의 일생을 중심으로 전개되고 있습니다. 전쟁에서 승리하거나 좌절하고 범죄했던 다윗의 모든 삶은 하나님이 그에게 베풀어 주신 중요한 직분의 차원에서 이해해야 합니다.

다윗의 통치의 시작과 그의 타락과 그것으로 인한 비참한 결과, 하나님의 은혜로 다시 예전처럼 회복되는 일, 그리고 그의 왕국의 후반부 상황 등이 담겨 있습니다. 사무엘기상이 엘리와 사울과 사무엘을 통해 사람의 실패를 부각시키는 반면에 사무엘기하는 하나님께서 다윗의 통치를 통해 질서를 회복시키고 왕정정치를 정착시키는 것을 부각시킵니다. 또한 이 책은 예루살렘이 이스라엘은 정치적 중심지로(삼하 5:6-12), 시온이 종교적 중심지로 확립되는 것을 보여 줍니다. 질서가 확립된 이후에 하나님은 다윗과 언약을 맺고 그의 계통에서 메시아 왕국이 이루어질 것을 예언하십니다(삼하 7:8-17). 모든 것이 질서가 잡히자 '다윗의 언약'(삼하 5:7,6:1-17)을 맺으십니다. 이 언약으로부터 왕국에 관한 모든 진리가 전개되어 나가게 됩니다.

다윗의 진짜 모습은 무엇인가? 다윗은 복합적이고 기민하고 불완전한 인물입니다. 그는 경건과 자비, 관용, 그리고 정치적 조작, 탐욕, 폭력이라는 양극단을 오갑니다. 그는 더없이 결점 투성이 인간이었던 것입니다.
그러나 무엇보다도 중요한 것은 그는 하나님께 열린 마음을 갖고 열렬히 주님을 찬양하는 사람이었다는 것과 무엇보다 가장 밝게 빛나는 그의 주된 성품은 바로 하나님을 향한 마음이라는 것을 우리는 꼭 기억해야 합니다. 하나님께서는 심지어 가장 염려스러운 다윗의 행위들과 그 결과들을 이용하여 그를 다시 지도자가 되게 하셨고, 더욱 중요한 것은 그의 보좌를 아들에게 계승할 것을 확증하셨다는 것입니다.
동일한 방식으로 하나님은 우리가 불신앙에 빠져 있다 하더라도 늘 우리와 함께하시고, 우리의 가장 악한 순간들조차도 사용하여 우리를 언약의 동반자로 만들어 주십니다. 그리고 우리가 충분히 해낼 수 있으리라 여겨 주십니다.

11. 열왕기상

주제 :

다윗의 죽음과 솔로몬의 영광스러운 통치로 시작하지만, 우상숭배로 인해 그의 마음이 나뉘자 그가 죽은 뒤 이스라엘은 남북으로 갈라짐.

목적 :

국가와 개인의 흥망성쇠는 하나님의 말씀에 대한 순종 여부에 달려 있음을 보여 주기 위함이며, 다윗에게 주셨던 언약을 신실하게 성취하신 사실을 보여 주기 위해 기록함.

내용요약 :

하나님이 이스라엘과 맺으신 언약을 신실하게 지키시는 분임을 보여 주며, 하나님은 인간의 불순종과 죄악에도 불구하고 그분의 약속을 신실하게 이루십니다. 열왕기상에는 동족들에게 임한 참상, 그들의 성전 파괴, 왕가의 굴욕, 그리고 열조의 땅에서 쫓겨나 타국에 포로로 끌려가는 데까지 이른 비운의 원인이 그들 자신의 죄악과 하나님에 대한 배반의 결과였다는 사실을 가르치려 했습니다. 따라서 포로로 잡혀왔지만 신앙을 저버리지 말고 이제라도 하나님께 돌아와 모든 죄악과 우상을 버리고 옛 신앙을 회복하라는 의도가 담겨 있습니다.

열왕기상에는 다윗의 죽음, 솔로몬의 등극과 통치와 우상숭배와 죽음, 그리고 르호보암 시대에 통일왕국이 남 왕국 유다와 북 왕국 이스라엘로 분열되는 것, 성전의 건립과 극도의 우상숭배, 엘리야와 사악한 왕 아합과 그의 아내 이세벨의 대결 등이 담겨 있습니다.

　이 책에서 우리는 정치적 교훈이나 역사뿐만 아니라 영적교훈을 깨달아야 합니다. 이 책의 핵심은 출애굽기 20장 (신명기 5장)에 기록된 십계명의 첫째 명령과 둘째 명령의 준수에 따른 왕국과 왕들의 흥망성쇠를 보여주고 있습니다. 열왕기상에는 하나님의 언약 민족인 이스라엘이 멸망을 당하는 근본 원인이 주 하나님을 섬기는 예배의 타락과 다른 신을 섬겨 하나님의 진노를 초래한 데 있음을 분명히 보여 주고 있습니다. 느밧의 아들 여로보암의 금송아지 우상을 섬긴 일, 바알 예배에 강력 반대한 엘리야와 엘리사의 사적이 자세히 기록된 것도 바로 이런 이유 때문입니다. 한편 이 책은 마태가 기록한 메시야의 족보를 전달해 준다는 점에서 매우 중요합니다.

　열왕기를 읽다 보면 이스라엘의 공적인 삶과 우리 자신의 공적인 삶이 혼란스러워질 수 있습니다. 공적인 삶의 모든 영역, 곧 정치, 종교, 경제, 사법, 군사적인 영역들과 이 공적인 삶에 속해 있는 개개인의 삶이 하나님의 평가와 결정에 전적으로 의존하고 있음을 알게 될 것입니다. 열왕기 전체는 하나님께 충성하고 율법에 순종하는 데 있어서는 타협이란 있을 수 없다고 선언하십니다. 열왕기의 주인공들은 바벨론 포로자에서 과거 그들의 타협의 역사를 기억하면서, 자신들의 포로 생활이 하나님의 심판이라는 너무도 당연한 증거자료를 지적합니다.

　열왕기는 교회에 속한 우리가 공적인 삶에 관해 이야기를 나누고, 그 진위를 분별하는 일에 부지런하며 성실해야 한다고 충고합니다. 우리 자신이 확신하는 것들과 계획하는 것들에 대하여 한시라도 방심하지 말아야 함을 말씀합니다. 하나님의 열망은 거룩하신 하나님을 온몸으로 찾는 자들과 놀랍도록 변화되어 하나님을 찾는 세상을 향하고 있습니다.

12. 열왕기하

주제:

열왕기상에 이어 남북 열왕의 역사를 선지자적 관점에서 기록하고 있습니다. 우상숭배는 계속되고, 북이스라엘과 남유다는 결국 각각 앗수르와 바벨론의 포로가 됨.

목적:

국가와 개인의 흥망성쇠는 하나님의 말씀에 대한 순종 여부에 달려 있음을 보여 주기 위함이며, 인간 왕국의 유한성을 깨닫고 영원한 메시아 왕국을 대망하도록 하기 위해 기록함.

내용요약:

하나님의 백성이 우상을 숭배하면 하나님의 심판을 받는다는 사실을 보여 주며, 하나님은 사랑하시는 자를 결코 버리지 않으신다는 사실도 가르쳐 주십니다. 열왕기하는 열왕기상에 이어서 분열 왕국의 왕들의 생애와 업적을 담고 있으며 궁극적으로 남 왕국 유다와 북 왕국 이스라엘이 배도하여 하나님을 멀리하다가 바빌론과 앗시리아의 포로가 되어 잡혀가는 일을 기록합니다.

또한 엘리야의 승천, 엘리사의 사역 등도 자세히 기록되어 있습니다. 이 기간에는 여러 선지자가 출현하여 이스라엘의 배도를 책망하고 하나님께로 돌아설 것을 촉구하였습니다. 아모스와 호세아는 이스라엘에서 오바댜, 요엘, 이사야, 미가, 나훔, 하박국, 스바냐, 예레미아 등은 유다에서 활동했습니다. 열왕기 상·하는 크게 대조를 이루고 있습니다. 열왕기상에서는 다윗 왕의 시작이 있고 솔로몬의 영화가 있으며 순종의 복이 나오고, 성전의 건축이 나오며, 배도의 진보가 나오고 왕들이 타락하여 하나님의 백성을 제대로 통치하지 못하는 것이 나오며, 엘리야가 등장하고 주의 인내가 강조되어 나타납니다.

반면에 열왕기하에서는 바빌론 왕이 멸망시키는 일이 나오고, 여호야긴의 수치로 끝이 나며 불순종의 저주가 나오고, 엘리사가 등장하고 주께서 분명하게 죄를 징계하시는 것이 나옵니다.

열왕기는 세상 안에서 일하시는 하나님의 방법들을 이처럼 복잡하게 설명하면서도, 이 세상의 다양한 위협 속에서 우리가 어떻게 해야 하나님을 신뢰하는 삶을 계속 유지할 수 있는지는 언급하지 않습니다. 오히려 이 열왕기 상·하는 자신의 연약함을 제대로 알고 고백하는 삶이야말로 하나님으로부터 오는 행복과 힘을 얻을 수 있는 삶이라고 증언합니다.

그러한 삶은 하나님의 백성으로 하여금 하나님께 지혜와 안전을 위해 구하도록 인도합니다. 이것이야말로 열왕기가 전하는 주된 메시지입니다. 그것은 겉보기에는 나약하지만 기도, 예언과 같은 하나님을 신뢰하는 행동을 하게 합니다. 그리고 우리의 모든 권력욕을 포기함으로써 하나님이 희망에 찬 새 시대를 열어가시게 하는 삶이기도 합니다. 오늘날 교회는 이러한 도전적이면서도 마음을 끄는 십자가의 증언이 바로 그것입니다.

13. 역대상

주제 :

아담에서 포로기까지의 족보를 언급한 후 다윗의 즉위에서 죽음까지의 역사를 기록하고 있으며, 열왕기는 남북 왕조 모두를 다루지만 역대기는 제사장적 관점에서 유다 왕조만을 다룸.

목적 :

포로지에서 돌아온 이스라엘이 믿음을 보전하고, 다윗 시대에 구가했던 신정 체제를 속히 재건하며, 율법의 확립과 성전 제사 제도의 회복을 위해 기록함.

내용요약 :

하나님이 약속을 잊지 않으시고 반드시 지키시며 이루신다는 것을 보여 주며, 역대상은 이스라엘을 중심으로 온 인류의 역사를 재구성한 역사서로서 하나님의 백성에게 소망을 주고, 그들의 삶을 역사가 제시하는 근본 방향과 목적을 향하여 돌이키게 할 뿐 아니라 그 역사의 의미에 따라 신실하게 살 것을 권면하고자 하였습니다. 열왕기 상·하는 유다와 이스라엘 두 왕국의 역사를 평행으로 보여 주지만 역대기는 아담부터 시작하는 긴 족보와 함께 주로 남 왕국 유다의 사건들을 보여 주고 있습니다.

특별히 역대기는 메시아가 유다 지파와 유다 왕국을 통해 다윗의 자손으로 오신다는 신학적 관점에서 기록되었습니다.

또 역대기 상·하는 사무엘기 상·하와 열왕기 상·하의 사건들을 조금 더 자세히 설명해 주는 주석서라 할 수 있습니다. 역대기 상·하는 종교적이고 제사장과 성전 중심적이며 하나님께서 역사를 치리하신다는 관점에서 사건들을 기록한 반면에 사무엘기 상·하와 열왕기 상·하는 왕족의 입장에서 왕의 일들을 다루고 왕좌 중심적이며 사람이 역사를 이끌어가는 관점에서 사건들을 기록하고 있습니다. 한편 다른 역사서에 기록되지 않은 사건들이 역대기 상·하에 기록되어 있습니다.

  다윗의 왕권은 역대기에서 여호와의 왕국과 동일시되며, 다윗 왕조에 대한 신성한 위임은 출애굽과 시내 산 사건에 대한 관심을 줄어들게 합니다. 복음은 언제나 특별한 시간, 장소, 문화의 도전 혹은 나쁜 상황에 대한 하나님의 좋은 소식입니다.
  역대기의 저자는 성전건축과 예배드림에 있어 다윗과 솔로몬의 공헌을 강조하고 있지만 한편으로 성전을 위한 계획이 여호와로부터 말미암고(대상 28:19) 솔로몬 성전의 첫 제사 때 내려온 불은 그것을 확증해 주는 증거물이었음을 인지하고 있었습니다(대하 7:1). 하나님과 왕들 사이에 상호작용하는 이 모든 원인과 결과의 관계를 하나님의 백성을 위한 영적 교훈으로 제시하고 있습니다.

14. 역대하

주제 :

솔로몬으로부터 시드기야에 이르는 유다 왕조의 역사를 기록하고 있으며 왕들 가운데는 '하나님 보시기에' 정직하게 행한 왕도 있었지만 그렇지 않은 왕도 많았음.

목적 :

포로 생활을 경험한 상황에서 율법의 확립과 성전 제사 제도의 회복을 통해 말씀에 순종하는 삶을 살도록 하기 위해 기록함.

내용요약 :

역대하는 다윗의 죽음과 솔로몬의 통치에 관한 내용으로 시작하여 유대인들이 포로 생활에서 귀환하여 자기들의 성전을 재건하도록 허락한 고레스왕의 조서 중 일부를 인용함으로써 끝을 맺고 있습니다.

역대하 에서는 북 왕국 이스라엘이 언급된 곳은 왕국이 분열되고 북 왕국의 첫째 왕 여로보암이 왕위에 오르는 것을 기록한 것뿐입니다. 나머지 부분은 유다가 바빌론의 포로가 될 때까지 유다 왕들에 관한 기사를 담고 유대인들이 고향으로 되돌아와 성전을 건축한다는 암시가 들어있습니다.

성전 예배와 성전에서 다양하게 봉사하는 자들을 최대한으로 옹호했으며, 하나님이 그분의 백성을 위해 제도적인 예식 수단들을 다시 한 번 사용하신다고 이해했습니다. 특별한 장소, 특정한 예식, 특별한 음악이 이 모두는 하나님의 백성을 거룩한 분께로 이끌기 위해 사용됩니다.

15. 에스라

주제:

70년간의 포로생활 이후 이스라엘은 스룹바벨과 에스라의 지도하에 예루살렘으로 귀환했으며 전반부는 포로귀환과 성전 건축 이야기를 후반부는 2차 포로귀환과 신앙 회복을 다룸.

목적:

예루살렘 성전과 성벽 재건에 관한 내용으로 보아 하나님 나라를 위해 할 일이 무엇인지 알게 하기 위함이며, 또 다른 목적은 선지자를 통한 예언대로 남은 자를 보전하시는 하나님의 주권적 섭리를 증거하기 위하여 기록함.

내용요약:

하나님이 그의 자녀들을 돌보시고 지키시며 약속을 지키시는 분임을 보여 주며, 죄에 대해서는 반드시 그에 해당하는 형벌을 받게 된다는 사실도 가르치고 있습니다. 에스라는 '귀환', '재 헌신'으로 이스라엘 백성은 포로생활에서 그들의 하나님을 섬기기 위해 그들의 땅으로 돌아왔습니다. 이제 그들은 이전에 다 잃어버렸던 성전, 제단, 하나님과 그분의 말씀에 대한 신앙을 다시 세우고 회복하기 위하여 스스로 재 헌신 해야만 했습니다.

에스라는 하나님께서 예레미아를 통해 유대인들이 70년간의 바빌론 포로 생활 후에 자신들의 고국으로 돌아올 것이라고 예언하신 약속의 성취를 기록하고 있습니다. 페르시아 왕 고레스, 다리오, 아닥사스다의 보호와 도움 그리고 스룹바벨과 예수아, 학개, 스가랴, 에스라와 같은 위대하고 경건한 유대인들의 인도를 통해 마침내 예루살렘에 둘째 성전이 완성되어 참된 예배가 회복되었습니다.

에스라서 1-6장까지는 고레스 왕 통치 초기의 2,3년과 다리오 왕 통치 6년 동안의 사건들을 기록하고 있으며, 7-10장은 아닥사스다 왕의 통치 초기의 사건들을 기록하고 있습니다. 6장은 성전 완공과 함께 끝나며 7장은 그로부터 약6년이 지난 뒤에 에스라에게 일어난 일들을 기록하면서 시작됩니다. 이것은 아마도 에스라가 이 책을 기록한 목적이 성전의 회복과 성전 예배의 부활이기 때문인 것으로 추측되고 있습니다. 에스라서 6장과 7장 사이에 유대인들에게 일어난 사건들을 보다 자세히 이해하려면 에스더기를 참조하시기 바랍니다.

과거의 전통들과 연결 고리를 맺음으로써, 교회는 신앙 공동체로서의 정체성에 대한 선명한 이해를 하게 됩니다. 믿음의 옛 세대들의 전통을 통해서 우리가 누구인지 다시금 깨닫게 됩니다. 우리의 교회에는 아브라함과 모세, 베드로와 바울 같은 가족 구성원들뿐 아니라 위클리프와 루터같은 이들도 있습니다.

이 얼마나 놀라운 가족인가! 그리고 신앙의 각 세대는 독특하고도 특별한 관점을 제공합니다. 그것들은 삶에서 시련을 겪으면서 반복적으로 시연되고 시험되어 왔기 때문입니다. 문화적으로 적절하다고 해서 신앙의 역사와 연결된 끈을 단절해야 한다는 의미는 아닙니다. 이제 새로운 공동체는 그들 자신만을 영적 유산을 만들어야만 했습니다. '거룩한 백성'(holy people)이 되려면 신앙 성장을 위해 다시 배워야 했습니다.

16. 느헤미야

주제:

포로지에서 왕의 술 관원으로 섬기던 느헤미아는 세 번째이자 마지막인 포로 귀환을 이끌었으며, 본서는 '성벽 재건'과 '영적 부흥'이라는 두 개의 주제를 다룸.

목적:

원수들의 온갖 방해에도 불구하고 52일 만에 예루살렘 성벽을 재건한 것은 이스라엘을 향한 하나님의 특별한 섭리였음을 증거하기 위함이며, 이스라엘 백성의 영적 각성을 촉구하고 신앙 부흥을 도모하기 위해서 기록함.

내용요약:

하나님이 포로로 끌려간 이스라엘 백성을 약속하신 대로 구원하시며, 이방의 왕들도 그분의 뜻을 이루는 수단으로 사용하시고, 그분이 세우신 자들을 통해 그분의 뜻을 이루신다는 것을 보여 줍니다.

느헤미아는 예루살렘 성벽은 유대인들에게 있어서 성전과 더불어 민족의 상징이요, 생명과도 같은 것이었습니다. 원수들의 갖가지 조롱과 방해공작에도 불구하고 일어나 건축하라는 나팔소리는 결국 승리의 환호로 이어져 죄악으로 인해 허물어졌던 성벽이 갖은 고초 가운데서 재건되었습니다. 이는 포로 후의 새 출발에 있어서 새 삶의 터전이 되었고 또한 신앙의 증거로서 후대에 큰 귀감이 되었습니다.

느헤미야는 스가랴의 예언 또 "곤란한 때에 예루살렘 성벽이 건축된다"(단 9:25)는 다니엘의 예언이 성취됨을 잘 보여 줍니다. 이 책은 포로생활 이후에 이스라엘의 원수가 누구이고, 이스라엘이 어떤 고난을 겪었는가를 생생하게 보여주며, 따라서 하나님의 일을 시작할 때 어떤 어려움이 있을지 잘 알려주고 있습니다.

느헤미야는 제사장이 아니었습니다. 그는 자신을 필요로 하는 곳이라면 어디에서든지 주님의 일을 하고자 헌신한 평신도였습니다. 그는 총독이라는 위치를 하나님의 일을 진전시키는 데 사용했습니다.

느헤미야는 행동의 사람으로 생을 살았지만 또한 기도의 사람이기도 했습니다. 성벽 재건, 윤리적 개혁들 그리고 예루살렘에 다시 사람을 살게 한 것 등을 보면 그는 탁월한 조직력과 리더십을 갖춘 사람입니다. 또한 느헤미야에게는 신실한 믿음과 강한 신념이 있었습니다. 느헤미야는 행하기 전에 기도했습니다. 그에게 기도는 단순히 경건의 연습이 아니라 마음을 강하게 하고 새롭게 하는 방법이었습니다.

그는 하나님과의 관계에서 계속해서 성장하는 한 사람의 정직한 생각들을 보여 줍니다. 느헤미야의 삶은 "하나님이 기뻐하시는"(롬 12:1) 삶이 되도록 날마다 애쓰는 수많은 보통 사람들의 삶을 그대로 반영해 줍니다.

느헤미야의 인생과 사역은 '전문인 사역자'로서 날마다 일하는 동시에 기도하는 교회의 평신도를 대표합니다. 이런 사람들은 양로원을 찾아가고 교회 화장실을 청소할 자원 봉사자를 조직하며, 교회를 청소하고 수요일 밤 저녁식사를 준비합니다. 그들의 사역은 종종 생색내지 않은 사랑의 행위입니다. 느헤미야처럼 그들은 그저 바른 일을 했던 선한 사람들로 기억되기를 바랄 뿐입니다.

17. 에스더

주제:
이스라엘이 민족의 위기 때에 어떻게 구원받았는지 말해 주며, 또한 유다인들이 수천 년 동안 지켜 오는 부림절의 기원이 담김.

목적:
우연이 아닌 주권적 섭리로 역사를 주관하시는 하나님을 나타내기 위함입니다. 부림절 역사의 유래와 의미를 후대에 전달하고, 택하신 백성을 반드시 구원하시는 하나님의 신실하심을 증거하기 위해서 기록함.

내용요약:
하나님에 대해 언급이 없는데, 이는 하나님이 모든 사건의 배후에 관여하신다는 사실을 암시하고 있습니다. 하나님이 계시지 않는 듯이 보이는 세상 가운데서도 사실은 하나님이 임재해 계심을 말해 줍니다.

에스더는 '아름다움', '섭리'입니다. 하나님께서는 에스더를 축복하사 아름다운 외모를 주셨습니다. 그러나 하나님은 아름다운 외모 때문에 그녀를 사용하신 것이 아니라, 그녀의 헌신된 마음 때문에 그녀를 통하여 하나님의 역사를 이루십니다.

이 책은 페르시아 고레스 왕이 유대인들에게 고국으로 돌아가도 좋다는 칙령을 내린 이후에(스 1:1-4) 여전히 페르시아에 남고자 했던 유대인들에 관한 이야기입니다. 특히 에스라서 6장과 7장 사이의 일을 이해하기 위해 반드시 알아야 할 내용을 담고 있습니다. 한마디로 에스더기는 구약성경의 로마서 8장 28절이라 할 수 있습니다.

비록 이 책에서 하나님의 이름이 한 번도 나오지 않지만 우리는 역경 속에서 신음하는 자신의 백성을 돌보시고, 교만한 자를 낮추시며 겸손한 자를 높이시고, 자신을 신뢰하며 기도하는 자들을 구원하시는 하나님의 특별한 섭리를 깨달을 수가 있습니다. 이 책은 룻기에 이어 두 번째로 여자의 이름에 근거한 책입니다. 룻은 유대인과 결혼한 이방 여인이지만 에스더는 이방인과 결혼한 유대 여인이었음을 알 수가 있습니다.

에스더서에서 하나님이 숨으신 것이야말로 역설적으로 에스더 당대에, 베일에 가린 하나님의 임재를 나타내는 분명하고도 부정할 수 없는 언급입니다. 볼 눈이 있고 들을 귀가 있는 사람들에게 하나님에 대한 명시적인 언급이 전혀 없다는 것은 이야기 전체에 걸쳐 하나님은 행간에서 일하고 계신다는 것과 침묵은 오히려 하나님의 임재를 크게 나타내고 있습니다.

우리는 에스더서를 통하여 해결되지 않은 질문을 갖고 불안한 상황 속에서 견디는 것이며, 때로는 암흑과 불확실함이 영혼의 성장에 있어 가장 효과적인 환경을 제공해 줍니다. 신비와 모호함으로 어우러진 세상을 기꺼이 받아들이는 것입니다. 그런 세상에서 믿음으로 산다는 것은 안전하고 보장된 삶을 약속하지 않습니다.

영적인 삶은 공동체 안의 다른 사람들과 음식과 음료, 기억과 소망, 믿음과 의심을 나누면서 형성됩니다. 다른 사람들과 심오하고 어려운 질문을 나눈다면 그것으로 인해 침울해질 까닭이 없습니다. 오히려 우리를 함께 묶어주며 또한 매우 놀랍게도 우리를 웃음으로 이끌 수 있습니다.

시가서

시가서로 분류되는 책들은 욥기, 시편, 잠언, 아가서, 예레미야 애가 등입니다. 여기서 "시"라는 말은 상상과 비현실적인 어떤 것을 의미하는 것이 아니라 그 형식만을 두고 한 말입니다. 이 책들은 하나님의 백성이 세상에서 다양한 삶을 살아가는 가운데 겪게 되는 인간적인 체험을 다루고 있습니다.

그러나 이러한 체험들은 단순한 외부적 환경에서 벗어나 성령의 인도를 받는 가운데 점철된 체험들이며, 이것을 하나님의 거룩한 사람들이 성령의 감동을 받아 말한 것이고(벧후 1:21), 또한 성령께서 해석해 주신 것입니다. 시가서에 속하는 책들이 모두 이와 같은 가운데 특별히 시편은 예언서로의 성격도 강하게 띠고 있습니다.

히브리 문학의 시 형식은 매우 독특하며, 운율시의 경우와 같이 유사한 음운으로 운율을 맞추지 않으면서도, 또 그렇다고 무운시의 경우처럼 율동적인 억양으로 운율을 맞추는 것이 아니라 의미의 반복으로 장단을 맞춘다는 점이 특이합니다. 이러한 시 형식을 가리켜 "대구법"이라고 말합니다.
이러한 시 형식에 따라 쓰여진 시가서들은 서사적이고도 서정적이며 또 극적이어서, 문학적 표현의 본보기들이 되고 있습니다.

18. 욥기

주제 :

욥은 하룻밤 사이에 모든 것을 잃어버렸고, 친구들이 욥을 찾아와 조언을 했으나 전혀 위로받지 못했으나 혹독한 고난을 당하면서 하나님의 주권을 온전히 신뢰하게 됨.

목적 :

고난도 하나님의 주권적 섭리 가운데 있는 것임을 알고, 순종의 삶을 살도록 하기 위함이며, 하나님을 아는 인간의 지식이나 인간의 의로운 행위에는 한계가 있음을 보여 주기 위해서 기록함.

내용요약 :

사탄이 하나님의 권세 아래 있다는 것과 고난에 대해 말하고 있습니다. 삶 속에서 부딪치는 고난은 죄로 인해서 오기도 하지만, 우리의 신앙을 연단시키고 깨우쳐 하나님만을 의지하게 하기 위해서 하나님이 허락하시는 경우도 있습니다.

욥기는 '인내', '고통', '하나님의 절대 주권' 등입니다. 견디기 어려운 고통과 시련에도 불구하고 욥은 끝까지 하나님에 대한 신앙을 버리지 않고 지켰습니다. 고난은 결코 하나님께 버림받은 표시가 아니며, 그것은 하나님의 섭리에 따라 주어지는 것입니다. 그러므로 고난 중에서도 믿음을 굳게 갖고 하나님을 원망하지 말아야 합니다.

지금까지 기록된 실존하는 최초의 책입니다. 욥기의 저자(욥 32:2-6,15-16)는 엘리후입니다. 이 책은 아라비아 사막의 우스라는 곳에 거하던 경건한 사람 욥에게 일어난 고난과 그 고난을 둘러싼 욥과 그 친구들의 논쟁 그리고 하나님이 판결로 인한 문제 해결의 경과를 기록하고 있습니다. 욥은 자식도 많고 재산도 풍부하여 동쪽 사람들 가운데 가장 큰 자였습니다. 그런데 사탄은 하나님으로부터 욥의 믿음을 시험해도 좋다는 허락을 얻은 뒤 먼저 욥의 소유물과 가족을 빼앗고 이어서 독한 종기로 그의 전신을 쳐서 그를 괴롭혔습니다. 욥이 고난 당한다는 소식을 듣고 세 친구가 그를 찾아와 전통적인 교리에 서서 욥이 악을 떠난다면 하나님이 반드시 그를 다시 행복하게 해 줄 것이라고 충고합니다.

그러나 욥은 이에 항거 하였고, 그들 사이에 논쟁이 벌어 졌습니다. 이때에 젊은 사람 엘리후가 양편에 잘못이 있음을 알아차리고 분개하여 충고하고 중재를 시도하지만 결말이 나지 않았습니다. 그러나 엘리후의 말도 불완전하였으며, 최후에 하나님께서 친히 말씀해 주심으로 결말이 나게 됩니다.

욥의 고통들은 그리스도께서 십자가에서 받으신 고통들과, 하나님의 의 대신 자기 자신의 의을 신뢰하여(롬 10:1-5), 지옥에 버려진 인간의 모습을 보여 주고 있습니다(욥 30:30).

그는 하나님을 신실하게 섬깁니다. 두려움에서 시작된 것인가 아니면 진정한 감사에서 시작된 것인가? 사탄의 궤계는 지식을 추구하는 사람의 마음을 혼란하게 만듭니다. 왜냐하면 어디까지 지식을 추구해야 우리에게 유익이 되고 해가 되는지 그 한계점이 불분명하기 때문입니다. 욥은 고통을 겪으면서 매우 놀라운 사실을 깨달았습니다.

그가 알고 있다고 생각했던 하나님과 실제로 그를 지금까지 줄곧 돌보아 주신 하나님은 아주 달랐던 것입니다. 고통은 욥에게서 현실적인 많은 것을 빼앗아 갔지만, 한편으로는 욥을 성숙하게 했습니다.

19. 시편

주제 :

시편은 심오하고 아름다운 신앙적 체험을 노래하고 있으며 시편에서 볼 수 있는 기쁨, 슬픔, 두려움, 참회, 감사, 찬미 등은 오늘 우리의 것이기도 함.

목적 :

삶에서 겪는 어려움을 하나님께 기도로 아뢰게 하고, 하나님께 대한 찬양과 경배의 삶을 살도록 하기 위함입니다. 공식 예배나 개인 경건 생활에서 찬양과 기도의 모범으로 사용하도록 하기 위해서 기록함.

내용요약 :

우주의 주인이신 하나님이 그분의 백성을 통치하실 것이라는 믿음 입니다. 또한 의인과 악인의 대조를 통하여 하나님이 반드시 죄인을 멸하시고 의인을 돌보신다는 믿음을 강조하고 있습니다. 더불어 인간의 주인이신 하나님에 대한 찬양을 끊임없이 강조합니다.

시편은 이스라엘 백성의 추상적이 아니라 생생한 인간 체험을 통한 진리의 계시로 인간의 감정과 갈구 속으로 흠뻑 배어 들어가고, 하나님의 백성이 순례의 길을 걸어가는 동안 갖가지 환경 속에서 겪는 고통들 속에서 점철됩니다. 성경의 모든 책 가운데 시편만큼 다양한 종교적 체험, 흠모, 참회, 그리스도의 은혜, 하나님 말씀에 대한 헌신, 기쁨, 믿음, 은혜, 사랑, 증언 등을 담은 책은 없습니다.

여기에는 이스라엘의 정신세계가 믿음에 관한 많은 표현을 통해 숨김없이 드러나 있습니다. 시편에는 개인들의 경험이 이스라엘의 공동생활과 연결되어 있으며, 그 결과 이 책에는 보편성이 있음을 알 수 있습니다. 왜냐하면 수많은 역사의 단계들과 다양한 생활환경 속에서 사람이 겪는 영적체험들이 복합적으로 표현될 때 이런 보편성이 나오기 때문입니다.

하나님께서는 고난을 당하는 자들에게 그분의 마음을 열어 보이시며, 성도들은 연단을 통해서 하나님의 마음을 발견하게 되기 때문입니다. 시편에는 예수 그리스도의 재림에 관한 자료가 복음서 네 권을 모두 합친 것보다 더 많이 담겨있습니다. 그리스도인들이 고난의 때에 '시편'을 통해 의지할 수 있습니다. 공적인 예배뿐만 아니라 개인적인 예배에서 마음과 몸의 형성을 위해 시편이 전해주는 시적이고 예식적인 공헌은 그리스도를 닮아가는 모든 성도들의 건전한 영적 성장을 위한 개발에 반드시 필요합니다.

시편과 시편이 전해 주는 삶의 양식들은, 하나님의 사람들은 물론 모든 인류에게 중요한 선물입니다. 우리는 마음을 다해 그것을 읽고 노래해야 합니다. 시편은 그 자체가 정교하고 섬세하여 우리가 어떻게 "시와 찬송과 영적인 노래를 부르며 감사하는 마음으로 하나님을 찬양"(골 3:16)할 수 있는지 정확하게 보여 줍니다.

하루하루 반복적으로 시편에 몰두할 때 시편은 가장 강력한 힘으로 당신을 가르치고 또 영적 성장의 길로 인도할 것입니다. 미묘하고, 심지어 놀라운 방법으로 당신에게 '실제 세상'(real world)에 대하여 알려 주고, 시편에 기록된 모든 언어를 가지고 기도할 때 깨닫게 되며, 하나님의 임재로 더 가까이 나아가게 되며, 말씀을 듣고 변화를 경험하게 될 것입니다.

20. 잠언

주제 :

지혜로운 원리들을 요약 서술하여 일상생활에서 그 지혜를 적용하도록 돕는 안내서입니다. 잠언이 말하는 지혜는 마음과 영적인 면에서 연결되며, 이러한 지혜는 하나님을 경외함으로써 얻을 수 있음을 말씀함.

목적 :

하나님을 경외하는 것이 지식의 근본임을 알고 하나님을 경외하는 지혜자의 삶을 살도록 하기 위함입니다. 솔로몬의 아들인 르호보암을 훈계하기 위해서 기록함.

내용요약 :

잠언은 가장 뛰어난 지혜문학입니다. 인생을 세우는 가장 중요한 기초로 하나님을 경외하는 도덕적 성품을 가르칩니다, '원인과 결과'라는 논리적인 필연성을 보여주며, 인간관계에서 성공하는 방법들을 가르쳐 주고, 인간의 경험이 도덕관의 유일한 원천은 아니라고 가르칩니다. 세상의 현실과 그 당위성에 대해 분명하게 말해줍니다.

현대의 우리들에게는 지혜문학을 어떻게 적용할 수 있을까? 우리는 그리스도인으로서 갖추어야 할 도덕적인 덕목들이 하나님의 은혜를 통해 우리 안에 이루어진다고 이해하고 있습니다. 그러나 동시에 우리는 하나님의 도우심을 받으며 선을 행하고, 또 선하게 되려고 노력해야 합니다. 잠언 말씀을 자주 접하고, 또한 깊이 있게 헌신하는 마음으로 읽는다면, 수많은 가르침을 얻을 것입니다. 가끔은 잠언의 말씀이 너무 강하게 다가와 우리를 웃게 만들 때도 있습니다.

열린 마음으로, 옥토와 같은 마음으로 하나님의 음성을 들어야 합니다. 하나님께서 본문을 통해 우리에게 말씀하시도록 천천히 그리고 기도하는 마음으로 읽어야 합니다. 이러한 목적을 가지고 읽을 때, 우리의 삶은 순결해지고 더 강해질 수 있을 것입니다.

잠언의 말씀은 하나님을 신뢰함, 부모의 훈계, 부부간의 정조, 솔직함, 훈련, 우정, 절제, 근면, 청빈 등의 덕목들 모두는 분명한 진리로 받아들여질 것입니다. 우리의 생각과 행동을 '상식'의 수준과 그 너머로 변화시키시는 하나님의 은혜와 자비로운 도움심이 있어야 가능합니다. 잠언은 세상의 어려움과 문제에서 벗어나려는 사람들에게 주시는 도덕적인 교훈집입니다.

참다운 진리는 하나님으로부터 오는 것이므로, 인간 삶의 모든 영역을 그분의 주권 하에 두어야 합니다. 우리는 자신의 지식 보다는 하나님이 우리에게 가르치시는 진리에 의존하며, 하나님의 말씀과 그분의 뜻에 순종해야 합니다. 한 절, 한 절을 삶을 비춰 보며 연구하면 큰 유익을 얻을 것입니다.

세상의 현실과 그 당위성에 대해 그리고 우리가 하나님으로부터 받은 사명을 이 세상에서 어떻게 감당할지에 대해 분명하게 말해줍니다. 삶의 가장 어려운 순간에, 잠언의 지혜는 인간이 가져야 할 근본적인 관점으로 그 상황을 바라보라고 가르칩니다.

지혜는 결코 난관을 피해가지 않으며 거친 비난에도 물러서지 않습니다. 이것은 인생의 성공이 걸린 문제이며, 용기 있는 올바른 가르침은 틀림없이 올바른 행동으로 우리를 이끌어 주므로 우리는 비로소 행복하고 모범적인 인생을 살 수 있습니다. 각각의 가르침을 통해, 우리 인생을 하나님께 머물게 하여 어떻게 해야 성공적인 인생을 살 수 있는지 여러 기준과 방법을 제시해 줍니다. 궁극적으로는 하나님과 함께하는 삶을 발견함으로써 인생의 참된 의미를 깨닫게 합니다.

21. 전도서

주제 :

최고의 부귀영화를 누렸던 솔로몬은 인생의 허무함을 적나라하게 표현하고 있습니다. 전도서는 하나님을 경외하는 것이 인생의 허무함을 극복하고 가치 있는 삶을 사는 최고의 방법이라고 말씀함.

목적 :

하나님을 떠난 인생에게는 세상의 모든 것이 허무하다는 진리를 깨닫게 하기 위함입니다. 인간의 이성과 철학에는 한계가 있음을 보여 주고 하나님을 경외하는 삶을 살도록 하기 위해서 기록함.

내용요약 :

하나님 외에 그 어떤 사물이나 사람에게 소망을 두지 말라고 경고하기 위해 기록되었습니다. 여호와를 경외하는 것이 사람의 본분이라는 것을 강조하면서 하나님의 주권과(3장) 인간의 타락(전 7:29) 그리고 하나님의 지혜와 인간의 죽음(전 3:17,20)등을 말씀합니다. 지혜의 근원으로 묘사되는 교사와 목자는 그리스도에 비유됩니다(전 12:11;요 10:11).

전도서는 하나님이 함께하시지 않는다면, 우리들이 하는 모든 일들은 아무런 의미가 없다고 말씀합니다. 모든 것은 헛되고 공허하며 소망이 없습니다. 우리가 만약 이 세상에서 만족을 누리려는 것을 인생의 목표로 삼는다면 우리는 계속해서 좌절하고 낙망할 수밖에 없을 것입니다.

거룩한 하나님이 계시다는 것을 알고, 사람에 대해서 알며, 하나님께서 모든 것을 심판하시리라는 것을 알고 있는 사람만이 이성적으로 바라볼 수 있는 사람입니다. "누구든지 이 물을 마시는 자는 다시 목마르리라"(요 4:13)는 예수님의 말씀에 대한 강해 주석이라고 할 수 있습니다.

전도서는 우리가 예수 그리스도 없이 온 세상을 소유한다 해도 그것이 아무 가치가 없음을 보여 주며 또한 이 세상 것으로 우리의 마음을 다 채울 수 없음을 보여 주고 있습니다. 솔로몬은 사람의 행복이 본성에 속한 지혜나 지식의 많고 적음이나 재물의 많고 적음 혹은 명예나 권력이나 권세의 크고 작음에 있지 않음을 보여 주고 있습니다. 끝으로 그는 하나님을 알고 그분께 경배하는 것이 사람의 참된 의무임을 알려 주고 있습니다.

예수님의 삶도 '해 아래에서' 삶의 '허무함'을 경험하셨습니다. 그분은 하나님의 말씀이셨습니다. 그러나 세상은 그분을 하나님의 말씀으로 영접하지 않았습니다(요 1:10). 구유에서 태어나신 것, 유다의 배신, 베드로의 부인, 상상할 수밖에 없었던 방식으로 예수님이 타락한 세계의 '무의미' 함을 경험한 것은, 십자가 위에서 "나의 하나님, 나의 하나님, 어찌하여 나를 버리셨나이까"(마 27:46)라고 외칠 때였습니다.

예수님은 십자가에서 죽으시고 부활하심으로써 죽음을 패배시키셨습니다(갈 3:13). 예수님은 삶의 의미에 확신을 갖지 못했던 바로 그 죽음을 패배시키셨던 것입니다. 궁극적인 삶의 의미는 죽음을 이김으로 삶의 의미를 가져오신 예수님을 통해 하나님 안에서 발견됩니다. 예수 그리스도가 존귀하게 빛날 때, 곧 우리의 의미를 발견할 수 있는 유일하신 분(the One)이 빛날 때, 우리의 일, 즐거움, 재물을 포함한 우리 삶의 다른 측면들이 중요한 자리를 적절히 차지할 수 있게 될 것입니다.

22. 아가서

주제:

남녀 간의 진솔한 사랑이야기를 담고 있습니다. 그리스도를 상징하는 솔로몬과 교회를 상징하는 술람미 여자의 아름다운 사랑이야기를 통해 교회에 대한 그리스도의 희생적 사랑을 유추할 수 있음.

목적:

하나님이 창조 때 의도하신 남녀 간의 순수하고 진실한 사랑을 노래하기 위함입니다. 그리스도와 그리스도의 신부인 교회의 영광스런 연합을 노래하기 위해서 기록함.

내용요약 :

하나님의 형상대로 창조된, 최고의 피조물인 남자와 여자의 사랑을 표현하고 있습니다. 오늘날 부부간의 신성한 사랑을 경시하는 모든 사람들을 향하여 외치는 경고의 메시지입니다. 아가의 핵심어는 '사랑'과 '결혼'입니다.

아가는 순수한 사랑의 특성들은 어떤 것이며, 행복한 결혼생활의 필요한 요소들은 무엇인지를 아름답게 묘사하고 있습니다. 이 종류의 깊은 관계를 더욱 발전시켜 나가기 위해서는 서로를 온전히 신뢰하고 상대방을 먼저 섬겨야 합니다.

가난한 가정의 술람미 처녀가 솔로몬에게 속한 포도원에서 일하다가 젊은 목자를 만나고 둘은 곧 사랑에 빠집니다. 그런데 그 목자. 연인은 다시

온다는 약속과 함께 집으로 돌아갑니다. 이 처녀는 자신의 연인이 오랫동안 돌아오지 않자 낙담하지만 그래도 그에게 신실함이 보입니다.

어느 날 그녀가 들에서 일하고 있을 때, 그녀의 마을을 방문한 솔로몬 왕이 그녀를 보고 싶다는 말을 전해 옵니다. 깜짝 놀란 그녀는 그 왕이 자기의 목자, 연인임을 깨닫게 됩니다. 그들은 예루살렘에 있는 궁전으로 들어가고 바로 여기에서 이 이야기의 대부분이 이루어집니다. 아가서는 하늘에 소망을 둔 성도들에게 신랑 되신 그리스도를 통한 참된 기쁨과 소망을 주는 내용입니다.

하나님과 인간 사이의 관계에 대해 비유적으로 기록한 책입니다. 성경 전체에서 하나님과 우리의 관계는 결혼에 비유됩니다. 말라기는 언약으로서의 결혼에 대하여 말씀합니다(말 2:14). 결혼 관계는 성경 전체를 통해 우리와 하나님 간의 관계에 대한 가장 파급 효과가 큰 은유(metaphor)입니다. 예레미야, 에스겔, 호세아 등의 선지자들은 하나님과 이스라엘의 관계 가운데 부부 관계와 같은 친밀함이 있음을 깨닫습니다. 또한 이스라엘이 결혼 관계와 같은 친밀한 관계를 배반했다는 것도 인지했습니다. 따라서 그들이 저지른 우상숭배는 간음에 비유되었습니다(렘 2:1-3,3:1-5;겔16장,23장;호1-3장).

신약은 그리스도와 교회의 관계(엡 5:21-33) 그리고 종말적인 혼인 잔치의 영광을(계 19:6-8) 결혼 관계라는 친밀한 이미지로 나타냅니다. 아가서를 성경의 빛 아래서 읽으면 남성과 여성의 관계를 이해하는 자원이 될 뿐만 아니라, 하나님과 우리 사이의 관계의 친밀함과 배타성을 깊이 이해할 수 있는 자원이 될 것입니다.

선지서

선지자들은 이스라엘이 타락하고 배교하게 되었을 때, 하나님께서 세우신 사람들입니다. 무엇보다도 그들은 영적 부흥시들이요 애국자들로서, 하나님을 대신하여 민족정신과 양심에 호소하였던 사람들입니다.

선지자들이 전하는 말씀들은 두 가지 특징을 갖는데, 해당 선지자가 살고 있던 지역과 그 시대에 국한된다는 것이 그 첫째이고, 둘째는 장래에 대한 하나님의 목적을 미리 예언한다는 점입니다. 그런가 하면 또 그 당시의 시대적인 상황에서 즉시 미래에 대한 예언으로 도약하는 예도 흔합니다(예를 들면, 사 7:1-11에서 12-14의 예언으로 발전되듯이).

선지자는 이처럼 이스라엘인으로서의 특성을 띤다는 점을 명심할 필요가 있습니다. 선지자 자신이 소속해 있는 지역에 직접적으로 관련되는 사역들도 그러하지만 선지자의 예언들 역시 교훈적이고 추상적인 것이 아니라 이스라엘 언약의 백성이라는 관점에서 그들의 죄와 장래 문제, 그리고 그들의 영광스러운 미래를 담고 있는 게 보통입니다. 이방인은 이스라엘의 징계를 위하여 사용되는 것으로 언급되고 있고, 따라서 이방인은 심판을 받되, 또한 장차 이스라엘을 위하여 예비 되어 있는 은혜에 동참할 것으로도 그려지고 있습니다.

교회는 구약 선지자의 계시 가운데에는 그 구체적인 모습을 드러내지 않습니다(엡 3:1-6). 한 민족으로서의 이스라엘이 받게 될 장래의 복은 민족의 회복과 회심에 관한 "팔레스타인 언약"(신 30:1-9)과, 다윗의 아들이신 메시아의 왕 되심에 관한 "다윗의 언약"(삼하 7:8-17)에 담겨 있거니와, 바로 이 언약들로 인하여 예언들이 메시아적 특성을 띠게 됩니다.

왕국에서 이스라엘 백성이 높임을 받게 될 것이 보장되어 있고, 그 왕국은 왕 되신 인자요, 다윗의 아들이실 뿐만 아니라 "임마누엘" 이신 분으로부터 나오는 복으로 그 권세를 지니게 될 것입니다.

그러나 왕이 또 아브라함의 아들이요(마 1:1), 약속된 구속자이시고, 또 그 구속이 오직 그리스도라는 희생 제물을 통해서만 이루어지도록 되어 있습니다. 메시아적 예언이 그리스도에 대하여 고난 받으시는 메시아(사 53장)와 통치하시는 메시아(사 11장)라는 두 가지 특성을 가지신 분으로 나타내고 있는 것은 당연한 것입니다. 고난과 영광, 연약함과 능력이라는 이중성 가운데에는 하나의 신비가 담겨 있어, 이 신비가 선지자들을 당혹스럽게 했습니다(벧전 1:10,12;눅 24:26-27).

신약에서는 분명히 밝히고 있는 바와 같이 이 신비를 푸는 열쇠는 두 번의 오심 가운데 있는데 초림은 고난을 통한 구속을 위한 것이었습니다. 재림은 영광 가운데 왕국으로 오시는 것으로서 바로 이 재림 때에 이스라엘에 대한 민족적 약속이 성취될 것입니다(마 1:21,23;눅 2:28,35,24:46-48, 1:31-33,68-75;마 2:26,19:27-28;행 2:30-32,15:14-16).
이처럼 선지서들은 동시에 일어날 수 없는 두 가지 유형의 오심에 대해 서술하고 있는 것이 사실입니다(예, 슥 9:9 대조, 슥 14:1-9). 그러면서도 고난을 위한 초림과 영광을 위한 재림 사이에 어떤 "왕국의 신비들"(마 13:11-16)이 성취될 것으로는 계시되지 않았고, 또 메시아를 거부한 결과로 신약교회가 부르심을 받게 되리라는 것도 그들에게는 역시 알려지지 않았습니다. 이런 일들은 그들에게 "하나님 안에 숨겨진 신비들"이었습니다. 그러므로 넓은 의미에서 볼 때, 미래에 대한 예언들은 "팔레스타인의 언약"과 "다윗의 언약"의 성취에 관한 내용으로 가득 차 있습니다, "아브라함의 언약" 또한 거기에 자리 잡고 있다고 할 수 있습니다. 이방인 권세들은 이스라엘과 관련하여 언급되고 있지만, 다니엘, 오바냐, 요나, 나훔을 제외한 선지서들은 이방인의 세계역사를 담고 있지 않습니다. 다니엘서의 두드러진 특징을 갖고 있습니다. 바빌론 포로로 잡혀가 있다가 칠십년 뒤에 회복되리라는 예언은 전 세계적으로 뿔뿔이 흩어져 있는 분산의 상태로부터의 회복(1948년 성취됨)에 관한 예언들과 구별해서 이해하지 않으면 안 됩니다.

이러한 차이점은 항상 문맥상으로도 분명하게 드러나고 있습니다. "팔레스타인 언약"(신 28:1-30:9)은 좀 더 넓은 의미에서 볼 때, 민족적 불순종, 전 세계적 분산, 회개, 주님의 다시 오심, 그리고 이스라엘의 민족적 재규합(1948년 예언이 성취됨)과 왕국의 건설, 이스라엘에 대한 복, 이스라엘의 압제자들에 대한 심판 등에 대한 예언의 토대가 됩니다.

선지자들을 올바로 구분하자면, 포로기 이전에는 유대 왕국에 이사야, 예레미아(포로기까지 연장됨), 요엘, 오바댜, 미가, 나훔, 하박국, 스바냐가 있습니다, 이스라엘 왕국에는 호세아, 아모스, 요나가 있습니다. 포로기에는 에스겔과 다니엘이 있는데, 두 사람 모두 유대에 속하지만 민족 전체를 대상으로 예언하고 있습니다. 포로기 이후로는 모두 유다에 속하는 사람들로 학개, 스가랴, 말라기가 있습니다.

예언의 의미들을 푸는 열쇠를 찾으려면, 두 번에 걸친 메시아의 오심, 즉 고난 받으러 오시는 초림(창 3:15;행 1:9)과 통치하러 오시는 재림입니다(신 30:3;행 1:9-11), 그리고 "남은 자들"에 관한 교리(사 10:20), "주의 날"에 관한 교리(사 2:10-22;계 19:11-21), 그리고 왕국에 대한 교리(구약에서는 창 1:26-28;슥 12:8, 신약에서는 다음 구절 (눅 1:31-33;고전 15:28) 등을 살펴보아야 합니다. 전체 예언을 하나로 묶어 담고 있는 가장 핵심적인 장들은 신명기 28-30장, 시편 2편, 다니엘 27장 등입니다.

어느 특정한 구절의 의미를 올바르게 파악하려면 선지서가 다루고 있는 내용의 전체 범위를 고려하지 않으면 안 됩니다(벧후 1:20). 무엇보다도 위에 언급한 큰 주제들을 먼저 파악하는 것이 중요한데, 본 성경 관에서는 위 문단에서 언급한 주제들에 대한 예언 기록들이 담고 있는 구체적인 내용을 잘 살펴보면 가능할 것입니다.

예를 들면, "마지막 때"의 경우, 이것은 모든 선지서들이 다루고 있는 주제이기도 한데, 우리들은 위의 주제들 외에 "짐승"(단 7:8;계 19:20)과 "아마겟돈"(계 16:14,19:17)에 대한 내용을 추가하기만 하면, 이 "마지막 때"의 상세한 내용을 명확하게 이해할 수 있게 될 것입니다.

선지자들의 연대순(Usher의 연대표에 따라)

1. 포로기 이전의 선지자들

(1) 니느웨를 향하여(요나, B.C, 862)

(2) "이스라엘" 열지파를 향하여

아모스, B.C. 787, 호세아, B.C 785-725, 오바댜, B.C.887, 요엘, B.C. 800

(3) 유대를 향하여

이사야, B.C.760-698, 미가, B.C. 750-710, 나훔, B.C.713, 하박국, B.C, 626, 스바냐, B.C.630, 예레미아, B.C. 629-588

2. 포로기 동안의 선지자들

에스겔, B.C. 595-574, 다니엘, B.C.607-534

3. 포로기 이후의 선지자들

학개, B.C. 520, 스가랴, B.C. 520-518, 말라기, B.C, 397.

23. 이사야서

주제 :

장엄하고 웅장하며 아름다운 서사시로 되어 있습니다. 하나님의 절대주권과 장차 오실 메시아에 관해 잘 드러나 있어서 '구약의 복음서'라고도 불림.

목적 :

우상 숭배와 여러 죄악을 일삼는 유대를 향해 하나님의 심판 메시지를 선포하고 하나님께로 돌아와 섬기도록 촉구하기 위함입니다. 택한 백성, 즉 회개한 남은 자를 향한 하나님의 구원은 궁극적으로 메시아를 통해 온전히 이루어짐을 확증하기 위해서 기록함.

내용요약 :

하나님이 온 세계를 통치하시며, 타락한 인간에게 메시아를 보내시고 그를 통하여 인류를 구원하신다는 복음의 내용입니다. 하나님의 심판과 약속이라는 주제는 이사야서 전체에 나타납니다. 이 주제들은 우리에게 세상을 보는 다른 시각을 제시해 줍니다. 이와 같이 우리의 가장 깊은 믿음의 확신은 삶에서 경험한 현실과 끊임없이 연결됩니다.

크게 보면 이사야서는 두 부분으로 나뉩니다. 1-39장은(그중에서도 1-12장, 28-31장, 36-39장) '상실'(loss)에 관한 내용으로 BC 8세기 선지자 이사야와 긴밀히 연결되어 있습니다. 이 장들에서 하나님이 예루살렘의 불신앙으로 비롯된 경제적, 군사적 정책들을 심판하실 것임을 깨닫게 됩니다. 이 주제를 생각하면서 세상에서 즐겨하는 모든 것이 하나님의 심판

아래 있음을 알 수 있습니다.

40-66장은 '희망'(hope)을 선포합니다. 이 희망은 BC 6세기에 시작된 바벨론 포로살이가 곧 끝날 것과 예루살렘의 빠른 회복이 영화롭게 이뤄질 것이라는 확신입니다. 그래서 이사야 40-55장은 바벨론 포로들의 영예로운 귀환을 예견하고 있습니다. 마찬가지로 희망을 다루는 56-66장은 귀환한 포로들이 예루살렘을 신실하게 재건하는 과정에서 드러난 갈등과 분투를 반영합니다. 특히 56장에서 촉구한 이방인들과 소외된 사람들을 여호와의 총회 안에 포용하자는 포용주의와 58장에서 주창된 이웃 사랑의 도는 믿음이 요구하는 도덕적 요구들과 믿음 안에서 허용되는 것들에 대한 중요한 비전(vision)을 보여줍니다. 이러한 자료에 대한 연구는 우리에게 희망의 근거를 제공합니다.

초대교회가 예수 그리스도를 증거하려고 노력하는 중에 이사야서의 특별한 중요성과 유익을 발견한 것은 대단히 중요합니다. 이를 통해 이사야서를 읽는 그리스도인으로서 기독교 신앙이 이사야 본문들과 어떻게 연관되는지 알 수 있습니다. 초대교회는 성령의 감동하심 아래 해석하여 이사야서의 예언 전승이 예수님을 증거하는데 특별히 중요하다는 것을 발견했습니다.

기독교 신앙의 예배에서도 먼저 '상실'(loss, 십자가 처형)에 초점을 맞추고, 그 다음에 '새 일'(newness, 부활)을 행하시는 하나님의 능력에 초점을 맞춥니다. 그리고 마지막으로 고난 받는 메시아를 통해 하나님의 구속이 임하는 것과 나중에 땅에서 그분을 통해 천년왕국이 세워지고 하나님의 영광이 드러나는 것을 반영하고 있습니다.

하나님께서 세상의 모든 일들에 강력하고 단호하게(비록 비밀스런 방식이라 할지라도) 관여하심을 보여줍니다. 우리가 이것을 수용한다면 개인적 그리고 공적인 삶에서 공히 하나님의 임재와 목적을 반대하는 모든 것을 버리고, 우리 능력으로 해낼 수 없는 것들을 하나님으로부터 받아야 합니다.

24. 예레미야서

주제 :

가슴이 찢어지는 듯한 마음으로 기울어진 유다의 운명을 선포합니다. 그는 바벨론에 항복하는 것이 하나님의 뜻이라고 예언했기 때문에 반역자로 낙인 찍히고 모함을 받음.

목적 :

유다의 불순종과 죄악으로 인해 하나님의 심판이 임하게 되었음을 깨닫고 회개하도록 촉구하기 위함입니다. 심판 후에, 언약에 신실하신 하나님이 남은 자들과 새로운 언약을 맺으실 것을 알도록 하기 위해서 기록함.

내용요약 :

하나님이 창조주이시며(10:12-16), 전능자이시고(32:27), 어느 곳에나 계시는 분이시며(23:24), 존경을 받아야 할 분이라고 선포합니다(32:17-25). 또한 하나님은 모든 민족의 하나님으로 소개되며(5:15), 각 개인에게 깊은 관심을 갖고 계신 분으로 나타납니다.

한편 하나님은 죄에 대해 심판하시며 회개하는 자에게는 약속을 따라 회복해 주시는 분이십니다. 유다 민족은 계속해서 죄를 범했을 뿐만 아니라 그 사악함이 극에 달했기 때문에, 하나님은 그들을 심판하기로 작정하셨습니다.

예레미아는 이 임박한 심판을 그들에게 선포하도록 부름을 받았습니다. 그 자신이 핍박을 받을 뿐만 아니라 자기 민족이 당하는 쓰라린 괴로움으로 인해 비통해합니다. 솔로몬의 죽음과 왕국 분열 이후에 유다 왕국의 역사는 여러 차례의 종교 타락과 개혁으로 이어 졌습니다. 요시아는 마지막으로 선정을 베푼 왕이었으며, 그의 통치 기간 중에 있었던 마지막 개혁은 율법서의 발견이 그 동기가 되었습니다. 그 후의 유다 역사는 계속되는 정치적 도덕적 종교적 타락의 역사이며, 결국 유다는 바빌론의 포로가 되고 말았습니다. 고통의 시기에는 한숨이 나오고 답답한 말들이 나오기 마련입니다. 공동체는 뜻하지 않은 타격을 입고 고통받을 때마다 자연스럽게 "왜"라는 질문을 제기합니다. "하나님은 우리의 고통 속에서 어떠한 일을 행하시는가?" 오늘날 우리 삶과 직결된 문제입니다.

예레미아는 말과 생생한 은유 그리고 시적인 직유를 통한 심오한 희망과 극한 공포 그리고 울부짖는 신앙이 우리 마음을 울리게끔 합니다. 우리 역시 희망이 사라진 시대에 살고 있기 때문에, 예레미야는 상실과 비탄에 잠겨있는 우리에게 메시지를 전합니다. 우리 시대는 포기와 혼란의 시대입니다. 고통 받고 굶주린 포로 이스라엘에게 반복적인 후렴구로 이렇게 말합니다.

"당신들이 현재 받는 고난은 당신들이 과거에 신실하지 않았기 때문에 생긴 결과다. 하나님은 당신들에게 열방을 향한 사명을 부여하셨다. 위대한 소명에는 위대한 책임이 따르게 마련이다. 당신들은 당신들의 사명을 저버리고 거짓 신들을 쫓음으로 그 사명을 가벼이 여겼기 때문에 파멸할 것이다. 당신들이 받는 고통은 마음 상하시고 분노하신 하나님이 주시는 형벌이다. 당신들이 정직하게 책임을 지고 회개로써 변화하고 당신들을 사랑하고 창조하신 하나님께 사랑과 섬김으로 돌이키기 전까지 회복은 없을 것이다."예레미야는 신앙공동체를 사랑과 희망 뿐만 아니라 진리와 현실주의의 공동체로 부르시는 하나님과 정열적이고 정직한 관계를 맺도록 부르십니다.

25. 예레미야 애가

주제 :

예루살렘의 멸망을 슬퍼하는 예레미야의 애절함이 담겨 있으며 그러나 절망 가운데서도 예레미야는 회복의 메시지로 백성을 격려함.

목적 :

유대의 불순종과 죄악으로 인해 하나님의 진노와 심판이 임하게 되었음을 깨닫고 하나님께 순종하는 삶을 살도록 촉구하기 위함입니다. 절망 가운데서도 회개할 때에 회복시키시는 하나님의 신실하신 자비하심을 믿도록 하기 위해서 기록함.

내용요약 :

예레미야애가에는 전적으로 공동체의 만가와 탄원의 시편으로 구성된 시 모음집이 나오며 하나님의 사랑과 성품을 잘 설명해 줍니다. 하나님은 그분의 백성이 죄로 인해 고통당하는 것을 기뻐하지 않으시고 슬퍼하십니다. 또한 그분의 백성이 고통 가운데 회개할 때에 외면하지 않으시고 자비의 손길을 내미십니다.

애가서는 성령에 의하여 예레미야 가슴속에 하나의 고통으로 새겨져 있던 하나님의 징계, 그 징계로 다스리고 계신 바로 그 백성을 향하신 하나님의 사랑과 아픔을 드러내고 있다는 점에서 이 책은 감동적인 의미를 지닙니다. 예레미야 자신이 전한 것들이 궁극적으로 성취되는 것을 보면서 애타게 부르짖는 자신의 심정을 기술하고 있습니다.

그는 고통을 당하는 유대인들이 하나님의 징계를 멸시하거나 징계로 낙담하지 말고 오히려 진정한 회개를 통해 죄들을 고백하고 하나님께 돌아서서 용서와 구원을 받으라고 외칩니다. 그는 또 하나님께서 그들을 향해 긍휼을 베푸셔서 이전의 상태로 회복시키리라는 위로와 소망도 넌지시 보이고 있습니다.

사람들은 종종 이렇게 말합니다. "장례식은 왜 있는 거지? 아무리 애도한다 한들 이미 죽은 사람을 도울 수는 없어." 삶은 필연적인 상실, 닫혀진 문들, 깨져버린 희망 그리고 붕괴된 건물들로 가득 차 있습니다. 오늘날 신앙 공동체는 이전보다 더욱 예레미야애가를 필요로 합니다. 일단 슬픔을 적절히 드러내 표현하고, 고통을 공개해 나누고, 현 상황을 정직하게 인정하기까지는 어떠한 회복도, 어떠한 개혁이나 갱생도 이루어지지 않을 것입니다. 예레미야 애가는 우리에게 슬퍼하는 법, 눈물이 필요할 때 흐느끼는 법을 가르쳐 줍니다.

사람의 마음에서 어둡고, 모호하고, 절망적인 모퉁이 그리고 잊거나 회피하려는 집단적인 경험을 다룹니다. 하지만 우리는 그리스도인으로서, 하나님이 우리가 회피하고 싶고, 부정하고 싶은 고통과 비극에서 벗어날 수 있게 도우실 것을 믿습니다. 우리는 마음 아파하고, 울부짖으며 하나님께 물을 수 있습니다.

하나님이 우리를 보살피시고 사랑하신다는 확신을 주셨음에도 불구하고 왜 비극을 겪어야 하는지 따질 수 있습니다. 우리와 같은 사람들, 곧 극한 상황에서도 행복한 표정을 짓는 일에 능숙하고, 값싼 위로를 열망하는 사람들이 정면으로 비극을 응시하고, 그것에 대해 진실을 말하는 것이 어떻게 가능하겠는가? 그리스도인들은 예수님이 십자가 위에서, 예레미야애가에서 제기되는 질문들에 대하여 강력한 답을 주신다고 믿기 때문입니다. 가장 절망적인 탄원과 비극적인 흐느낌속에서도 하나님은 우리와 함께하십니다.

26. 에스겔서

주제 :

에스겔은 바벨론 포로로 끌려가 사는 중에 선지자로 부름을 받았습니다. 에스겔서는 놀라운 환상과 비유를 통해 예루살렘 멸망 이후 절망에 빠져 있는 이스라엘 포로들에게 회복에 관한 소망을 심어 주고 있음.

목적 :

현재의 포로 생활이 우상숭배와 불순종의 결과임을 인정하고 하나님이 징계하시는 이유를 깨닫게 하기 위함입니다. 포로로 끌려간 이스라엘 백성이 마치 흩어진 마른 뼈 같지만 하나님이 다시 그들을 살리시고 회복하실 것이라는 소망을 불어넣어 주기 위해서 기록함.

내용요약 :

하나님의 초자연적인 영광과 능력을 증거하고 있으며, 하나님이 그분의 이름을 위해 역사하신다는 사실을 강조하고 있습니다. 또한 하나님은 죄를 미워하시는 분이시며 동시에 구원의 약속을 이루시는 분임을 밝히고 있습니다.

에스겔은 이스라엘 사람들이 하나님을 무시하고 배반하고 조롱하여, 이전에 그랬던 것처럼 하나님과의 관계에 치명적인 종말을 고하게 된 것입니다. 그들의 삶이 얼마나 방탕한지 하나님이 나라와 성읍과 성전을 파괴하실 수밖에 없음을 깨달았습니다. 이것은 편안히 거하는 자들에게 이집트가 바빌론의 멍에를 끊을 것이라는 헛된 생각을 버릴 것을 촉구하고 결국 그들의 죄들로 인해 하나님의 심판이 확실히 임할 것임을 보여 주고자 함이었습니다.

그는 그들이 예루살렘으로 돌아가기 전에 먼저 하나님께로 돌아가야만 함을 강력히 선포하였습니다. 그 후에 그는 메시아의 천년왕국이 유대 땅에서 문자 그대로 이루어지고 유대인들이 그분의 은혜를 통하여 복을 받음을 보여 주는 소망의 메시지를 줍니다. 그의 선포의 많은 부분은 상징적으로 주어졌으며 그는 스스로의 행동을 통해 그것들의 성취를 보여 주었습니다. 한 마디로 에스겔서는 죄악으로 인해 하나님이 성전을 떠나는 것과 예루살렘의 멸망과 미래의 천년왕국의 도래를 그리고 있습니다.

에스겔서는 오늘날 그리스도인의 기도, 말씀, 금식 등은 우상숭배적인 과학 기술에 유혹받는 사람들에게 하나님은 통제할 수 없고, 거룩하시다는 사실을 거듭 생각나게 합니다. 에스겔은 하나님이 죽음 너머의 새 삶을 주신다고 선언합니다. 이는 하나님이시며, 그분의 이름과 거룩한 명성을 지키시기 때문입니다(겔 36:22-32). 결국 그리스도인의 부흥은 하나님의 거룩하심의 결과입니다.

하나님의 영광이 멀리 떠난 상실의 계절에 그리스도인은 에스겔처럼 "두루마리를 먹으라"는 부름을 받습니다. 거기 담긴 진리를 소화하고, 그것으로부터 얻는 영양가 있는 소망으로 기운을 낼 수 있도록 말입니다.

27. 다니엘서

주제 :

다니엘서는 신약의 요한계시록에 해당하며, 하나님의 절대주권 사상이 잘 나타나 있습니다. 포로로 끌려간 다니엘은 우상을 섬기는 이방 땅에서 적어도 75년 동안 하나님의 충성된 증인이었음.

목적 :

포로로 끌려간 이스라엘 백성에게 하나님이 여전히 이 세상을 통치하시는 절대 주권자이심을 알게 하기 위함입니다. 다니엘을 통해, 하나님께 변치 않는 신실한 믿음으로 나아가는 자에게 베푸시는 복에 대해 알게 하기 위해서 기록함.

내용요약 :

하나님이 자기 백성의 삶을 통해 역사하신다는 사실을 말해 줍니다. 세상 나라는 세워졌다 망하지만 하나님의 나라는 영원하기 때문에 모든 나라는 하나님의 주권에 복종해야 한다는 교훈을 줍니다. 하나님은 우리의 삶의 모든 영역에 관심을 갖고 개입하십니다. 다니엘은 참된 용기와 하나님에 대한 헌신을 보여 주는 내용으로 하나님께서는 자신을 온전히 의지하는 자를 어떤 역경 속에서도 보호하심을 알 수 있습니다.

다니엘은 '하나님이 나의 재판관이다'를 뜻 합니다. 다니엘은 정치인으로서 선지자 역할을 수행하였으며, 그리스도의 천년왕국 때까지의 온 세상 왕국의 변천을 미리 본 선지자로서 이방인 역사의 아버지라 할 수 있습니다. 그는 '이방인들의 때'에 관한 정보를 제공하였습니다. 다니엘서의 전반부는 다니엘과 관련이 있는 역사를 다루고 있고, 후반부는 앞으로 있을 일에 대한 예언 즉 그리스도의 초림의 시기와 그분의 지상사역, 로마제국의 붕괴 등을 담고 있습니다. 다니엘서에는 온 세상 왕국을 자신의 뜻대로 다스리시는 하나님의 주권이 완벽하게 묘사되어 있으며, 그리스도의 초림과 재림의 때에 관한 "70 이레"의 예언이 들어 있습니다.

진리를 말하는 것이 어떤 측면에서 영적성장의 자양분이 되는가? 우선 진리는 아무 때나 말할 수 있는 것이 아닙니다. 진리는 인내와 시간을 필요로 합니다(단 2:16). '소그룹 안에서의 나눔'이 필요하며, 다니엘이 말한 진리는 다른 모든 통치자들에 대한 하나님의 주권을 확인시켜 주고 있습니다. 전체적으로, 왕은 잠을 이루지 못하지만(단 2:1), 영적 삶에 기초한 다니엘은 고난 중에도 평화롭게 잠을 잘 수 있었습니다(단 2:19). 사드락, 메삭, 아벳느고의 신앙은 풀무 불에서의 구원에 연연하는 신앙이 아닙니다. 그들의 구원은 느부갓네살을 극적으로 변화시킵니다. 자기가 섬기는 신을 섬기지 않으면 죽인다고 하던 그 왕이 세 친구의 하나님을 찬양할 뿐만 아니라 다른 사람들에게까지 하나님을 찬양하도록 명령하고 있습니다.

영적인 훈련 그 자체는 구원을 가져올 수 없지만, 훈련을 통하여 만나는 하나님은 우리에게 구원을 주십니다. 이 하나님은 모든 것을 바르게 하실 분으로 충분히 신뢰할 만합니다. 왕은 세워졌다가 폐위되며 왕국은 망하고 흥하기도 하지만, 하나님은 언제나 살아 계십니다.

28. 호세아

주제:

이스라엘이 하나님께 신실치 못함에도 불구하고 그들을 저버리지 않으시는 사랑의 하나님을 증거함.

목적:

호세아와 음란한 고멜의 예를 들어, 이스라엘이 하나님께 신실치 못함의 의미를 알게 하고, 임박한 하나님의 심판을 경고하기 위함입니다. 음란한 아내 고멜을 인내하며 사랑하는 호세아의 모습을 통해 언약에 신실하신 하나님의 사랑 또한 그러합니다. 결국에는 하나님이 이스라엘을 온전히 회복하실 것을 알게 하기 위해서 기록함.

내용요약:

호세아서는 언약에 대한 배반과 그에 따른 형벌 그리고 회복으로 이어지는 일련의 움직임을 잘 보여 주고 있으며 인간의 죄를 용서하시는 하나님의 사랑에 대해 말하고 있습니다. 죄로 인해 멸망 일보 직전에 와 있으나 하나님은 이스라엘을 회복시키고 새로운 길을 열어 놓으셨습니다.

호세아서에는 하나님의 은혜와 도우심을 망각한 채 율법을 무시하고 음란하게 우상을 섬기는 이스라엘의 지도자들과 백성을 향하여 멸망을 경고하면서 강력하게 회개를 촉구합니다. 호세아에는 사악한 정부를 따르기 위해 신실한 남편에게 등을 돌린 아내를 통하여 주 하나님을 버린 이스라엘의 불신앙이 잘 묘사되어 있습니다.

호세아가 깨어진 가정에서 회복된 가정으로(호 3:1-5) 인도된 것처럼, 하나님은 놀라운 방법으로 이스라엘 백성을 인도하십니다. 하나님은 결국 자신의 최종판결에 항소하시며, 자신이 사랑하시는 백성과 자손이(호 11:7-9) 포로생활을 끝내고 그분께 다시 돌아올 것을 비추십니다. 그렇다고 해서 호세아 자신이 겪었던 뼈저린 내적 고통을 이스라엘이 겪지 않을 것이라는 의미는 아닙니다.

호세아서는 성경 가운데 가장 신랄한 어조로 "하나님을 알라"고 외칩니다. 본서는 호세아의 가정사에 대한 분노, 고통 그리고 약속들로부터 하나님과 그분의 백성 간의 언약 관계를 향하여 극적이고도 시적으로 전개되어 갑니다. 이를 통해 우리는 호세아 선지자에게서 급진적으로 이루어진 영적성장 개발의 예를 보기도 하고, 또한 영적성장 개발의 과정의 역동성과 깊이를 드러내는 메시지를 발견하기도 합니다.

"하나님을 알라"는 외침이 여전히 우리의 교회와 가정과 삶 속에 울려 퍼집니다. 오늘날 우리도 재물과 위신과 권세의 신을 좇아서 간음을 행한 까닭에 심판 아래 있기 때문입니다. 또한 우리는 회개하라는 하나님의 명령도 받았습니다. 피상적이거나 의식적인 것에 그치지 않는 회개가 당신을 기다립니다.

"나는 인애를 원하고 제사를 원하지 아니하며 번제보다 하나님을 아는 것을 원하노라"(호 6:6). 하나님은 우리를 '사람의 줄 곧 사랑의 줄 ...'로 이끌어 오셨습니다(호 11:4). 따라서 우리의 반응은 마음과 혼과 힘을 다한 전적인 순종이 되어야 합니다.

29. 요엘

주제:

유다 역사상 전무후무한 메뚜기 떼의 재앙이 몰아닥쳤습니다. 요엘은 이 같은 재앙이 하나님의 진노를 상징한다고 보고 '여호와의 날'이 가까웠다고 외치며 회개하지 않는 자에게 '여호와의 날'은 저주의 날이 될 뿐이라고 선포함.

목적:

남 유다에 임박한 하나님의 심판을 경고하고, '여호와의 날'에 두려움을 갖도록 하기 위함이며, 하나님이 모든 육체에게 성령을 부어 주실 날이 도래할 것을 알리기 위해서 기록함.

내용요약:

선지자 요엘은 국가적인 격변의 시기에 황폐화된 하나님의 백성에게 재앙에 대한 이해와 희망의 메시지를 전합니다. 죄를 범하고 회개하지 않는 자들에게 내려질 하나님의 심판을 강조하고 있습니다. 그 심판은 우주적이며 역사적인 심판입니다.

그렇지만 죄를 뉘우치고 회개하는 사람은 용서를 받고 회복될 것을 약속합니다. 또한 성령이 오셔서 각 사람에게 임할 것을 예언하고 있는데 신약시대 오순절에 성취되었습니다(행 2:1-4). 하나님의 징계를 나타내었던 곤충들의 재앙은 장차 다가올 '주의 날'(사2:12)의 베일을 벗기는 계기가 되며 그날은 이방인들에게 심판이 내려지고 이스라엘에게는 복이 내려지는 두 가지 양상이 나타나게 될 것입니다.

유다 땅에 일어난 두 개의 중요한 사건 중 하나는 유례없이 많은 메뚜기가 날아와 모든 것을 먹어 치운 것이고, 이것으로 인해 백성이 궁핍에 빠지게 되었습니다. 이런 심판은 유다의 죄들 때문이었으며, 하나님은 그것을 통해 자신의 백성이 돌아오기를 바라셨습니다. 요엘은 이미 모세를 통해 예언된 적이 있는 이런 재앙을 통해 이스라엘이 하나님께로 돌아갈 것을 촉구하고 동시에 앞으로 있을 주의 날에 군대들이 메뚜기 떼처럼 몰려올 것을 기술했습니다.

요엘은 또한 여호사밧 골짜기에서 심판받는 것을 예언했습니다(마 25:31-46참조). 하나님의 마지막 심판을 미리 맛봄으로써 백성은 회개하게 됩니다. 하나님의 구원에 같이 참여하게 됨으로, 하나님의 백성은 그분의 임재를 기뻐하는 공동체를 형성합니다. 주님을 부르는 모든 자들은 약속된 성령의 강림을 통해 초자연적인 생명의 풍성함을 누리게 됩니다.

이와 반대로, 하나님의 백성을 학대했던 자들에게 여호와께서 도래하시는 날은 죄에 대한 마지막 보응이 이루어지는 공포의 날입니다. 심판을 통하여 하나님의 거룩하심이 모든 국가 위에 나타날 것입니다. 그날에 여호와는 백성의 피난처가 되실 것이며, 심판으로 모든 것을 회복하실 것입니다.

그분의 백성 가운데 늘 임재하시는 새롭고 놀라운 시대를 인도하실 분입니다. 삶이 고통스러울 때, 거룩한 탄식의 때, 하나님은 우리의 슬픔, 우리의 죄, 우리의 내적인 자아를 그분 앞에 내려놓으라고 말씀하십니다. 하나님은 백성에게 복 주시기 위해 하나님과 그분이 베푸시는 구원 그리고 그분의 자비하심과 자원하심으로 우리를 초대하십니다. 우리의 황폐화된 삶을 풍요롭게 하고 완성하기 위하여, 하나님은 우리의 무기력하고 절망적인 영혼을 그분의 능력에 맡기라고 말씀하십니다.

30. 아모스

주제:

아모스는 부패와 압제, 향락으로 타락한 이스라엘과 주변 나라들을 고발합니다. 그는 하나님의 공의를 강조하며 인간관계에도 하나님의 공의가 실현되어야 한다고 강조함.

목적:

안정과 번영으로 교만해져서 종교적, 사회적으로 악을 일삼는 이스라엘을 책망하기 위함입니다. 하나님의 정의와 공의가 인간 삶 속에서도 적극적으로 실천되어야 함을 촉구하기 위해서 기록함.

내용요약:

아모스가 받은 소명의 놀라운 특성과 그를 통해 전해진 하나님의 메시지의 폭발적인, 곧 울려 퍼지는 사자의 고함 소리 같은 힘 때문에(암 1:2) 신실한 서기관들은 그 말씀을 수집하여 성경의 선지서로 만들었습니다. 전능하신 하나님이 그분께 순종하지 않고 항거하는 나라들을 심판하신다고 말씀합니다.

이스라엘 역시 죄로 인해 징벌을 당하고 멸망하지만, 회개하는 남은 자들은 하나님에 의해 세움을 받으며 약속된 복을 누리게 될 것입니다. 북 왕국 이스라엘에서는 여로보암 2세가 시리아를 정복하면서 백성들이 번영과 형통을 누리게 되었고, 이것으로 인해 방탕함과 사치와 불법이 늘어나게 되었습니다. 또한 그 당시에는 200여 년 전에 만들어진 송아지 숭배와 바알 숭배가 혼합되어 이스라엘 국가의 종교가 되었습니다. 제사장들은 수

치스러운 일을 행했고, 이스라엘 백성은 마치 하나님이 없는 것처럼 행동했습니다.

아모스는 하나님의 부르심을 받고 송아지 숭배의 근원인 벧엘로 가서 왕과 백성들에게 부정과 탐욕과 술 취함과 간음과 학대를 버리고 회개할 것을 촉구했습니다. 또한 그는 그들이 회개하지 않을 때에 포로로 잡혀가고 하나님의 심판이 임한다는 것을 강하게 선포했습니다. 강하게 말씀을 선포하면서도 그는 메시아 왕국과 메시아 약속을 주면서 경건한 사람들을 위로했습니다. 하나님께서는 백성들을 시험하시고 심판하실 다림줄을 아모스에게 환상으로 보여 주셨으며, 그러나 하나님은 희망의 빛을 비춰주십니다. 그분은 자기 백성과 그 땅을 다시 회복시켜 주실 것입니다.

아모스가 단호하고 신속하게 마지막이자 가장 긴 심판에 대한 예언을 퍼부었습니다. 이스라엘을 향해서 말입니다. 아마도 왕과 신하들의 얼굴이 창백해졌을 것입니다. 연민에 불타는 분노로써, 아모스는 하나님을 위하여 선언했습니다. '이스라엘의 서너 가지 죄로 말미암아 내가 그벌을 돌이키지 아니하리니 이는 그들이 은을 받고 의인을 팔며 신 한 켤레를 받고 가난한 자를 팔며 힘없는 자의 머리를 티끌 먼지 속에 발로 밟고"(암 2:6-7).

특권층의 과욕이 가난한 자들에게 상처를 입혔습니다. 그러한 이스라엘은 도덕적으로 나온 것이 없으며, 정치적으로 지지를 얻을수 없다고 아모스는 냉정하게 말했습니다. 하나님이 관심을 기울이는 사람들은 권력자, 정치인, 왕이 아니라 고통당하는 억압받는 가난한 자들입니다. 하나님이 다른 국가의 인간적인 잘못에 대해 심판하셨다면, 이스라엘 그 백성에게 무자비했을 때는 얼마나 더 큰 처벌을 하시겠습니까!

31. 오바댜

주제 :

에서와 야곱은 쌍둥이 형제인데도 에돔은 이스라엘을 오랫동안 대적해 왔으며 오바댜는 그러한 에돔에 대해 강도 높은 심판의 메시지를 전함.

목적 :

하나님이 선택한 백성을 공격한 애돔의 멸망을 선포하기 위함입니다. 하나님이 교만하고 시기하는 자들을 공의로 심판하시는 것을 알도록 하기 위해서 기록함.

내용요약 :

죄에 대한 하나님의 심판이 언급되어 있습니다. 하나님은 공의로우시기 때문에 사랑하는 백성일지라도 죄를 지으면 그에 대한 대가로 형벌을 내리십니다. 하지만 그들이 회개하고 돌아섰을 때 하나님은 용서하시고 구원하시며 복을 주십니다.

오바댜는 '주의 날'을 최초로 언급하였으며, 세일 산 가운데 요새화된 성에서 안전하게 살았던 에돔 족속은 교만하게 되었습니다. 그래서 그들은 자기들과 한 핏줄을 나눈 이스라엘 민족을 멸시했고, 그들에게 관심조차 갖지 않았습니다. 자기 형제를 동정과 사랑으로 돌볼 수 있는 참된 관심은 주님 안에 있을 때에만 생겨납니다.

이스라엘의 원수 중 하나인 에돔에 대해 대언하면서 에돔 사람들이 이스라엘의 대적들과 연합하여 예루살렘의 약탈에 가담했던 역사적 상황을 언급합니다.

역사적으로 볼 때, 에돔은 이집트 탈출 때에 이스라엘이 자기 영토를 지나가지 못하도록 싸움을 걸었고, 아하스 시절에 유다가 베가와 르신의 공격을 받을 때에 유다를 침입해서 포로를 잡아갔으며, 느부갓네살이 예루살렘을 파괴시켰을 때 기뻐서 소리를 질렀습니다.

오바댜는 전반부에서 야곱의 자손을 대적하는 에돔에 대한 하나님의 심판을 선언하고, 후반부에서는 이스라엘의 구원과 최종 회복을 예언합니다.

32. 요나

주제 :

요나는 이스라엘을 위협하던 앗수르의 수도 니느웨에 가서 회개의 메시지를 전하라는 명령을 받았지만 불순종했습니다. 요나서는 편견과 이기심으로 복음을 전하기 싫어하는 교회와 신자들에게 큰 교훈을 줌.

목적 :

이스라엘이 편견과 민족적 배타주의를 버리고 온 인류를 향한 하나님의 구원 계획에 동참하도록 하기 위함입니다. 멸망시키기로 계획하셨더라도 회개하고 돌아오면 뜻을 돌이키시는 하나님의 자비를 알도록 하기 위해서 기록함.

내용요약 :

하나님을 알지 못하는 이방 민족에 대한 선교의 중요성을 강조하고 있습니다. 곧 이스라엘을 통해서 하나님의 사랑이 다른 나라에 전달되듯이 믿는 자들은 하나님의 사랑과 구원을 이방 세계에서 전달해야 한다는 중대한 사명을 일깨워 주고 있습니다.

요나는 니느웨로 가서 하나님의 심판을 선포하라는 명령을 받았으나 거기에 순종하지 않고 다시스로 도망치려 했습니다. 그는 욥바로 가서 다시스 행 배에 탔는데 심한 풍랑이 일어나자 선장은 그에게 와서 그가 믿는 신에게 기도하라고 말했습니다. 사람들은 풍랑이 조금도 수그러들지 않자 승객 중 누군가가 하나님을 노엽게 하고 있다고 생각하고 제비를 뽑았는데 요나에게 제비가 떨어졌습니다.

사람들은 어쩔 수 없이 그의 말을 따라 그를 바다에 던졌으나 하나님은 큰 고래를 예비하사 그를 세 낮과 세 밤 동안 그 배 속에 있게 하고 마침내 그를 육지로 토하게 하셨습니다.

큰 물고기가 요나를 삼킨 사건은 요나의 종말이 아닌 선지자를 구원하시기 위해서 하나님이 뻗치신 손을 의미합니다. 물고기 뱃속에 있는 동안 그는 회개하였고, 다시 큰 구원을 선포할 수 있는 기회가 그에게 주어지고, 그리고 하나님은 다시 그에게 니느웨로 가도록 명령하셨으며, 이번에 그는 말씀에 순종했습니다.

니느웨 사람들은 요나의 경고를 듣고 회개하며 금식까지 행하였으므로 도시는 멸망되지 않았습니다. 이것을 불쾌하게 생각한 그는 자기가 선포한 것이 실현되지 않았으므로 자기의 생명을 취하실 것을 주님께 기도했습니다.

그러자 하나님은 박 넝쿨을 사용하셔서 회개한 도시를 불쌍히 여기는 것이 옳음을 그에게 가르쳐 주었습니다. 그는 부르심을 받고 죽은 자 가운데서 살아나시며 이방인들에게 복음을 전해 주시는 분으로서의 그리스도를 예표합니다.

33. 미가

주제 :

미가서는 유다와 이스라엘의 멸망을 예언하는데 특히 유다의 불의한 지도자들과 사회 구조를 책망하며 회복의 메시지와 함께 메시아의 베들레헴 탄생도 예언함.

목적 :

냉랭한 종교의식과 죄에 대해 무감각해져 가는 유다와 이스라엘을 교훈하기 위함입니다 개인적 이익을 위해 사회적 지위와 정치권력을 남용하는 지도자들을 교훈하기 위해서 기록함.

내용요약 :

하나님이 사랑하는 자가 죄를 지었을 때 어떻게 연단시키시는지 보여 줍니다. 미가서 전체에 하나님의 심판이 두르러지게 나타납니다. 하나님은 죄에 대해 심판하시지만 다른 한편으로는 회복도 주십니다. 메시아의 통치 때에 회복될 '남은 자'를 강조하면서 믿음으로 인내할 것을 요구하고 있습니다.

미가는 계속해서 하나님의 백성에게 그들의 삶 속에서 정의를 드러내며 다른 사람들에게 자비를 베풀고 하나님 앞에서 겸손하라고 외칩니다.

미가의 시대에 앗시리아의 산헤립 왕은 군대를 이끌고 유다의 북부와 서부로 진격해 와서 예루살렘을 포위하였으나 함락시키지는 못했습니다. 그 당시 앗시리아는 이집트와 예루살렘을 제외한 근동의 대부분 국가들을 정복하고 속국으로 삼아 매년 공물을 바치게 했습니다.

이때는 특히 농민과 지방 주민들에게 혼란과 불안과 시련의 시대였는데 그 이유는 흔히 군인들이 작은 마을을 침략하여 거주민들을 노예로 삼는 횡포를 저질렀기 때문입니다. 이스라엘과 유다 두 왕국에서는 관원들과 부자들 그리고 이들의 악행을 묵인해 주는 제사장들과 선지자들이 큰 도시의 튼튼한 요새에서 안정을 누리며 가난한 사람들을 억압했습니다.

그러므로 농민들은 앗시리아 사람들과 자기 나라의 착취자들로부터 이중의 고통을 받았습니다. 미가는 이처럼 억압받는 백성들의 주장을 옹호하기 위하여 담대하게 목숨을 걸고 하나님의 공의를 외쳤습니다.

34. 나훔

주제 :

요나서가 니느웨의 회개를 전하는 데 반해 나훔서는 니느웨의 멸망을 선포합니다. 나훔은 하나님이 투기하시며 보복하시는 분이기 때문에 죄를 용납하지 않으신다고 전함.

목적 :

하나님이 분노하시고 심판하실 수밖에 없는 이유를 알도록 하기 위함입니다. 니느웨 심판을 통해 하나님의 공의를 알게 하고 유다에 있는 신실한 자들을 위로하기 위해서 기록함.

내용요약 :

하나님의 거룩하심에 대해 말씀합니다. 그분의 거룩하심은 하나님께 반역하는 불신자들에게는 보응하시고, 그분의 백성에게는 긍휼을 베푸시는 것입니다. 하나님은 오래 참으십니다. 그러나 하나님의 약속은 분명합니다. 곧 죄인에게는 형벌을 내리시고 의인에게는 복을 내리십니다.

인간의 눈으로 볼 때 니느웨는 막강하고 강력한 성이었습니다. 이 니느웨 성은 100피트 높이의 큰 성벽(이 성벽 위로 동시에 6대의 마차가 달릴 수 있는 도로가 나 있었습니다)과 60피트 깊이의 연못으로 둘러싸여 있었습니다.

그러나 나훔은 대적의 이와 같은 가공할 만한 위협에도 불구하고 그의 백성들에게 계속해서 위로의 말을 선포했습니다. 아무리 강력한 위협이 있을지라도 전능하신 하나님께서는 능히 이겨낼 힘이 되어 주십니다. 나훔은 니느웨를 향한 요나의 메시지가 있은 지 100여년이 지나서 니느웨가 전성기를 누릴 때 그것의 멸망을 선포하였습니다.

  이 책이 니느웨에 대한 것이기 때문에 어떤 이들은 이 책이 요나의 후속편이라고 하기도 합니다. 요나의 선포로 인해 회개하기는 했지만 니느웨는 또 다시 죄의 수렁 속으로 들어가기 시작했습니다.
  하나님께서 인내를 보이셨지만 나훔 당시의 니느웨는 죄가 극도로 성행하고 백성들의 마음이 굳어져서 하나님은 더 이상 그들을 고칠 수 없다고 선포하셨습니다. 나훔서에는 니느웨에 대한 멸망의 선포와 묘사 그리고 이유 등이 차례로 서술되어 있습니다.

35. 하박국

주제 :

하박국과 하나님 간의 질문과 답변으로 되어 있으며 불의가 의를 이기는 것처럼 보일 때에도 결국 악은 심판받을 것이기에 의인은 믿음으로 살아야 한다는 중요한 메시지를 담고 있음.

목적 :

하나님의 선하신 계획대로 전체 역사를 주관하신다는 사실을 알게 하고, 하나님을 철저히 의지하는 삶을 살도록 하기 위함입니다. 의가 무시당하고 불의가 득세한다고 해도 하나님의 백성은 끝까지 믿음으로 살아가야 함을 권고하기 위해서 기록함.

내용요약 :

하나님이 침묵하시는 것 같지만, 죄를 미워하시고 죄에 대해 벌을 내리신다는 것을 말씀합니다. 특별히 믿음으로 참고 기다리면 하나님의 뜻이 이루어지는 것을 보게 된다는 것을 말해 주기 위함입니다. 하나님이 그분의 사랑하시는 자와 교제하며 대화를 나누시는 인격적인 분이심을 묘사하고 있습니다.

하나님을 의지하는 믿음을 가르치고 의인의 고통과 악인의 형통은 일시적인 것이라는 것과 하나님의 공의가 반드시 이루어진다는 것을 알게 하기 위함이었습니다. 하박국은 바빌론이 첫 번째로 예루살렘을 포위하기 직전에 말씀을 전했습니다.

이 선지서의 구조와 신학적 내용은 매우 독특합니다. 처음 두 장에는 주 하나님과 선지자 사이의 대화가 들어 있는데, 여기에서 선지자는 몇몇 시편 기자가 그랬던 것처럼 악에 대하여 불만을 토로하며 아울러 거룩하신 하나님께서 어떻게 그러한 악을 참으실 수 있는지 알려 달라고 주께 요구합니다.

3장은 하박국의 기도이며, 여기서 하박국은 하나님께서 선포하신 목적을 성취하여 달라고 즉 수년 내에 주의 일이 부흥하게 해 달라고 주께 간구하고 있습니다. 이 기도에 이어 그는 하나님께서 권능을 발휘하시고, 세상에서 영광을 드러내시는 환상을 받고 그 결과 경외와 확신에 싸이게 됩니다.

36. 스바냐

주제 :

스바냐서의 주요 주제는 "여호와의 날'로 그날은 유다의 열국들의 죄를 벌하기 위한 징계의 날입니다. 스바냐는 심판에 관해 말한 후, 남은 자들이 누리게 될 기쁨을 이야기 함.

목적 :

유다뿐 아니라 전 세계에 있을 '여호와의 날'을 선포하기 위함이며 심판 후 남은 자들이 얻게 될 미래의 영광에 대한 약속을 전하기 위해서 기록함.

내용요약 :

젊은 스바냐는 노쇠하고 병들고 고난당하는 나라에 심판과 희망의 예언을 가지고 왔습니다. 하나님이 그분의 뜻대로 세계를 통치하신다는 것을 말하고 있습니다. 하나님은 심판주로서 죄에 대해서 심판하시며, 종말에 최후의 판결자로서 심판하시는 분입니다.

그러나 동시에 하나님은 심판 날에 남은 자들을 지키시고 돌보신다는 약속을 말씀합니다. 스바냐는 하나님은 죄를 묵인하고 지나가는 분이 아니실 뿐만 아니라 죄를 미워하시는 거룩한 분이기 때문에 모든 나라들은 다 가올 '주의 날'에 그들의 죄에 대해서 심판을 받게 될 것이라고 큰 소리로 외쳤습니다. 그러나 하나님은 주의 백성을 남겨 놓으실 것이며, 그들 가운데 주님이 함께하셔서 그들을 높이시고 위로하시며, 그들에게 기쁨을 줄 것이라고 약속하십니다.

사악한 므낫세와 아몬의 뒤를 이어 요시야가 왕이 되었을 때에도 50년 이상 지속된 국가적 배교는 큰 위세를 떨치고 있었습니다. 요시야의 통치 초기에 스바냐는 백성들에게 갈대아 사람들을 통한 하나님의 심판이 임박했음을 경고하기 시작하였습니다. 특별히 그는 마지막 때의 7년 환란기 뿐만 아니라 천년왕국까지 이어지는 주의 날을 강조했으며, 이때에 이스라엘이 회복되는 것을 선포했습니다.

스바냐가 인지한 것은 하나님의 거룩함이었습니다. 하나님에 대한 인간의 거부 및 온갖 종류의 악으로 인도했던 우상숭배와 하나님 없는 삶은 하나님의 심판을 불러일으켰습니다. 그와 같은 악은 영원할 수 없었습니다. 왜냐하면 거룩하시고 의로우신 하나님의 진노와 분노를 자극하게 되었고, 그 영향력이 온 땅에 알려질 것이기 때문이었습니다(습 1:18). 그날에 하나님이 갖고 계신 악에 대한 혐오와 정의에 대한 열정이 마침내 실현될 것입니다.

하나님의 긍휼에 대하여 말하고, 여호와께서 그분의 백성을 회복시키실 때에 하나님께 참된 예배를 드리고, 새로운 연합을 경험하고, 두려움과 압제 그리고 타락과 부패를 초래하는 것들로부터 자유하게 될 것입니다. 스바냐서는 결코 하나님의 거룩함을 당연한 것으로 생각해서는 안 된다는 사실을 우리에게 상기 시켜 줍니다. 하나님이 우리를 은혜로 용납해 주시는 것은 우리를 무서운 심판에서 구하시기 위해 그분이 특별히 철저하게 행하시리라는 것을 전제로 합니다. 이것은 또한 하나님과의 올바른 관계를 갖는다는 것이 의로운 삶에 대한 헌신을 요구한다는 것을 보여주는 것입니다.

37. 학개

주제:
성전 건축을 등한히 하는 백성에게 성전 건축에 힘쓰라고 권면하며 그의 영향력 있는 메시지로 인해 중단되었던 성전이 4년 만에 완공됨.

목적:
중단된 성전 건축을 속히 마무리 하도록 하기 위함이며 하나님을 삶의 우선순위에 두는 믿음 생활을 독려하기 위해서 기록함.

내용요약:
학개서는 포로 귀환 이후에 하나님의 백성에게 주어진 일련의 예언적 메시지입니다. 하나님의 언약 백성들에게 완전한 순종과 충성을 요구하시는 분이심을 나타내고 있습니다. 성전 재건이 완성되기 전에 먼저 백성들의 마음이 하나님 앞에 바로 서야 했습니다. 학개는 백성들로 하여금 자신들의 마음을 세우는 일을 먼저 하도록 권면했습니다. 그 결과, 재건된 성전 위에 하나님의 영광이 충만히 임하게 되었습니다.

페르시아 왕 고레스는 바빌론 군대를 무너뜨리고 유대인들이 약속의 땅으로 귀환하여 예루살렘에 성전을 재건하도록 호의를 베풀었습니다. 새 성전의 기초가 놓이고 공사가 시작되자 그들을 대적하는 이웃 나라들이 공사를 중단시키려고 간계를 꾸몄습니다.

하나님의 전을 재건하기로 작정하고 귀환한 오만여 명의 포로들은 다리오가 페르시아의 왕좌에 오르기까지 무관심 속에서 십육 년 동안 성전을 방치하였습니다. 이때에 하나님은 백성들을 깨우쳐서 무기력에서 벗어나 성전을 재건하게 하시려고 학개와 스가랴를 보내셨습니다. 학개의 메시지는 단지 성전건축에만 제한되어 있지 않았습니다. 그는 그 문제에서부터 시작하여 계속해서 주 예수 그리스도의 영광스러운 임재와 장차 세워질 하나님의 지상 왕국, 사악한 세상 권세들 위에 임하는 하나님의 심판, 그리고 하나님께로 돌아올 민족들을 위해 예비 된 복 등을 기술하고 있습니다.

학개의 권고와 희망의 메시지는 오늘날에도 여전히 우리의 삶과 신앙에 의미가 있습니다. 선지자는 하나님께 드려진 공간과 예배의 필요성에 대해 전하고 있습니다. 백성이 서둘러 짓는 '자기의 집'과는(학 1:9) 대조적으로 이 공간, 곧 여호와의 전이 공동체의 중심이 되어야만 합니다. 이스라엘 백성이 하나님에 대한 예배로 서로 연결되어 있기 때문에, 성전을 재건하고 봉헌하는 것은 그들의 영적 삶을 형성하는 데 필연적입니다.

귀환한 포로들을 본보기로 삼아 우리 삶의 질서를 다시 바로잡으라는 선지자의 권고가 들리는 듯합니다. 더불어 하나님께 우선권을 두어야 하고, 복은 하나님이 주시는 것임을 다시금 깨닫습니다. 그러나 우리도 하나님의 백성이며, 하나님의 약속이 전 역사를 통해 지속되고 있기 때문입니다.

38. 스가랴

주제 :

신비한 환상을 담고 있는 책입니다. 이 환상은 메시아의 사역과 관련이 있으며 스가랴는 성전 재건을 통해 예배를 회복하도록 하고, 궁극적으로는 메시아를 통한 승리를 기대하도록 함.

목적 :

중단된 성전 건축을 속히 마무리하여 이스라엘에 영적 부흥을 가져오게 하기 위함입니다. 메시아 왕국을 기대해 현재의 고통과 아픔을 극복하도록 하기 위해서 기록함.

내용요약 :

스가랴는 포로기 이후 하나님 백성의 일상생활에 관심을 가지고 성전 재건을 촉구합니다. 성전에 나타나시는 하나님의 영광과 임재가 특히 후반부에서는 기독론과 종말론이 두드러집니다. 곧 메시아이신 예수 그리스도를 통한 하나님의 구속의 섭리가 나타나며(11:12-13,12:10,13:7-9)말세에 하나님을 믿는 남은 자들이 구원을 받게 될 것을 약속하고 있습니다.

스가랴는 학개와 동시대인이었으며, 유대인의 70년간의 포로 상태에서 돌아온 남은 백성들에게 이스라엘이 축복을 누리기 위해서는 하나님과 하나님의 말씀에 순종해야 한다고 말합니다. 또한 그는 '다가올 메시아'의 능력과 배반당하시는 장면과 그분의 왕국을 묘사합니다. 페르시아 왕 고레스는 성전을 재건하기 위해 예루살렘으로 귀환하고자 하는 모든 사람

귀환을 허락하는 칙령을 내렸고, 이에 약 오만 명에 달하는 유대인 포로들이 이 관대한 정책에 따라 자기들의 땅에 다시 정착하여 성전을 복구하고 성전의 기초를 놓았습니다.

그러나 성전 재건 참여를 거절당한 사마리아 사람들이 그들의 일을 방해하였으므로 성전 재건 작업이 거의 십 육년 동안 중단되었습니다. 다리오가 페르시아 왕으로 즉위한 때에 총독 스룹바벨과 대 제사장 예수아가 재건 작업을 이끌어 나갔습니다.

이때에 유프라테스강 서편 총독 닷드내가 왕에게 올린 글로 인하여 또 다시 작업이 중단되었으나 다리오는 고레스 왕이 내린 칙령을 재확인 하였습니다. 그러나 이때에 이르러서는 유다 백성들의 태도가 변하였으며, 그래서 그들은 성전 재건이 방해를 받은 것은 하나님께서 함께 하지 않음을 의미하는 것이라고 판단하였습니다.

학개와 스가랴는 백성들의 무관심을 일깨우려고 애를 썼고, 그 결과 백성들이 호응하여 성전은 다리오 왕의 통치 제육년에 완성되었습니다. 스가랴서는 성전 재건과 더불어 그보다 훨씬 더 큰 주제, 즉 메시아의 통치와 재림으로 이어지는 예언적 사건들을 다루고 있습니다.

우리와 관계를 맺기를 갈망하는 하나님의 부르심과 그분께 돌아오라고 우리를 부르시는 부르심입니다. 우리는 믿음의 궁극적인 소망이 '이방 사람에게 화평'을(슥 9:10) 명하시는 공동체, 우리를 위해 하나님이 세상에서 행하실 것에 대한 약속이 우리에게 주어집니다.

우리가 삶과 신앙 안에서 '진실하고 화평한 재판'을 베풀고 '서로 인애와 긍휼을 베풀기'를 노력하면서(슥 8:16,7:9) '말이 아닌 이방 백성들'로(슥 8:23) 세우실 하나님의 공동체에 참여해야 할 것입니다.

39. 말라기

주제:

하나님을 멸시한 제사장, 온전하지 못한 십일조 등 이스라엘의 위선과 불의를 지적하고 있으며 또한 메시아의 길을 예비한 침례 요한의 등장을 예언하고 있음.

목적:

영적으로 부패해져 가는 이스라엘을 권고하여 하나님께 대한 올바른 예배와 헌신을 회복하도록 하기 위함입니다. 메시아가 오실 것과 그에 앞서 엘리야의 심령과 능력으로 침례 요한이 먼저 동참할 것을 알리기 위해서 기록함.

내용요약:

말라기는 타락한 백성이 회개를 시작으로 영적 습관을 다시 새롭게 할 것을 권했습니다. 하나님의 절대적인 주권을 강조하고 있으며 이스라엘이 하나님과 계약 관계에 있음을 보여 주고 있습니다. 이스라엘은 하나님께 순종함으로써 복을 받고 평화를 누릴 수 있는 것입니다. 재난의 때인 여호와의 날에 대해 그리고 오직 회개를 통해서 하나님과의 관계를 회복할 수 있음을 말씀합니다.

하나님의 백성들이 십일조를 하지 않는 행위는 마땅히 하나님께 드려야 할 것을 도둑질하는 것이나 다름없습니다. 하나님의 백성들은 하나님께 돈 뿐만 아니라 시간과 재능도 빚지고 있다고 말씀합니다.

바빌론에서 돌아온 지 100여 년이 된 유대인들은 우상을 숭배하지는 않았으나 하나님의 집을 무시하고 특별히 제사장들은 위선에 빠져 지극히 거룩하신 하나님의 일을 수행한다는 생각을 버리고 형식적으로 무관심 속에서 하나님을 섬겼습니다. 백성들은 죄와 결합함으로써 이방 여인과 결혼하고 쉽게 아내를 버리는 등 하나님 보시기에 의롭지 못한 일을 행했습니다.

말라기는 이들에게 메시아가 오시되 위선자와 죄인에게는 심판자로 오실 것을 확실하게 보이면서 회개를 촉구하였습니다. 또한 말라기는 끝부분에서 하나님의 주권과 그리스도의 재림에 대하여 말하고 있습니다.

"내게로 돌아오라 그리하면 너희에게로 돌아가리라 하였더니"(말 3:7). '나에게 옳은 것은 옳은 것'이라는 포스트모던 문화에는 회개가 맞지 않습니다. 그러나 하나님은 죄를 고백하고, 버리고, 그분께 돌아오는 자들을 복 주십니다(말 3:16-17).

하나님의 말씀과 성품 그리고 사역을 숙고하는 것은 영적 만나로 우리의 마음을 새롭게 합니다. 예배 중심의 삶을 강조합니다. 왜냐하면 예배 중에 우리가 하나님의 가치를 인정하고, 그분의 인도하심에 순종으로 응답하기 때문입니다.

"정의의 하나님이 어디 계시냐"라는(말 2:17) 질문에 대한 답변으로 하나님은 '주', 곧 '언약의 사자'의(말 3:1) 길을 예비할 자를 보내신다고 약속하십니다. 전통적으로 교회는 메시아인 예수님의 오심으로 이러한 기대들이 성취된 것으로 보았습니다. 메시아의 도래는 우리에게 확고한 소망을 주며, 영적 성숙과 경건을 의욕적으로 추구할 때 인내할 것을 권고합니다.

말라기에서 마태복음까지

　구약 규범의 종결과 함께 이스라엘 민족은 크게 둘로 분리됩니다. 그 민족의 대다수는 페르시아제국 진 지역에 뿔뿔이 흩어지게 되었는데, 이것은 포로라기보다는 식민지 상황이었습니다.

　주로 유다 지파였던 남은 자들은 고레스왕과 그 후임자들의 포고령으로 용납됨에 따라 다윗 족속의 왕 스룹바벨과 살아남은 제사장들과 레위인들과 함께 고국으로 귀환하였고(단 5:31,9:25), 성전 제사를 다시 복원하였습니다. 성경을 공부하는 사람이라면, 이 남은 자들에게 관심이 쏠리지 않을 수 없습니다. 그리고 이 관심은 그들의 정치적, 종교적 역사 양쪽에 다 걸쳐 갖게 됩니다.

1. 정치적으로 볼 때,

　팔레스타인의 유대인의 운명은 단 한 번의 예외(마카비 반란 기간)를 제외하고는 다니엘이 예언했던(단 27장)대로 이방인 세계 제국들의 역사로 이어지게 됩니다.

　(1) 페르시아의 통치는 구약 규범의 종결 이후에도 약 100년 동안 계속되었지만, 대제사장에게 종교적인 임무 수행을 허용하는 등, 시민권이 어느 정도 허용되었음을 가늠해 볼 수 있을 정도로 부드럽고 관용적이었던 것으로 보입니다.

　그러나 그들은 여전히 시리아 총독들의 지배 아래 놓여 있었습니다. 페르시아 기간 동안 남은 자들의 역사에 관한 자료들은 요세푸스가 그 역사를 기록하였을 때만 해도 순전히 전설적인 것이었습니다. 이 기간 동안에 사마리아(요 4:19-20)에서도 제사가 경쟁적으로 드려졌습니다. 팔레스타인은 페르시아와 이집트 간의 끊임없는 전쟁으로 무척 시달렸는데, 이 땅은 그 위치가 마치 "모루와 망치 사이에" 놓여 있는 처지였습니다.

(2) B.C.333년에 시리아는 세 번째 세계 제국인 알렉산더의 그리스. 마케도니아의 세력에 떨어졌고, 이 정복자는 요세푸스가 언급하듯 이 유대인들에게 상당히 호의적으로 대해 주도록 촉구합니다.

그러나 그의 제국이 분열되면서 유대는 다시 시리아와 이집트라는 망치와 모루 사이에 끼이는 신세가 되었고, 마침내는 시리아의 세력에 속해졌고, 나중에는 프톨레마이오스 왕들이 통치하던 이집트에 속합니다. 이 기간 동안 (B.C.320-198)에 수많은 유대인들이 이집트에 정착하게 되었습니다.

(3) B.C. 198년 유대는 안티오쿠스 대제에 의하여 정복되어 시리아에 편입되었습니다. 사복음서를 읽는 분들에게 눈 익은 갈릴리, 사마리아, 유대 및 트라코니티와 페레아 등 다섯 개 지방으로 이 땅이 갈라진 것도 바로 이 당시였습니다. 처음에는 유대인들이 대제사장과 공회를 유지하는 가운데 자신들의 율법 아래서 살아가도록 허용되었습니다.

약 B.C. 180년경에 그 땅은 이집트 왕 프톨레미 피로메트로와 결혼한 시리아의 왕녀 클레오파트라의 지참금이 되었지만, 클레오파트라가 죽고 난 뒤 혈전을 치르고 나서 안티오쿠스 에파파네스(단 8:9, '작은 뿔')에 의하여 되찾게 되었습니다. B.C. 170년 안티오쿠스는 성전과 제사장직에 대하여 간섭을 거듭한 끝에 예루살렘을 짓밟고 성전을 더럽혔으며, 수많은 주민들을 노예로 만들어 버렸습니다. B.C. 168년 12월 25일 안티오쿠스 대제단에 돼지를 제물로 바치고 주피터 신을 위한 제단을 쌓았습니다. 이것이 바로 다니엘 8:13과 마태복음 24:15에 나오는 "멸망의 가증한 것"을 나타내는 예표입니다. 성전 제사는 금지되었고, 백성들은 돼지고기를 먹도록 강요당했습니다.

(4) 안티우쿠스의 지나친 행위가 마카비가의 폭동을 불러일으켰는데, 이것은 역사상 가장 영웅적인 사건들 가운데 하나입니다. 마카비가의 우두

머리였던 마타티아스는 매우 성결된 제사장이었고, 정력적인 성격의 소유자였는데, 그가 맨 처음 폭동에 불을 당겼습니다. 그가 한 일이라고는 경건한 사람들을 모은 것뿐이었지만, 결연한 의지를 나타낸 유대인들은 백성의 자유를 되찾고 고대의 제사를 복원할 것을 맹세하였으며, 히브리어로 망치라는 뜻을 가진 마카비라는 이름으로 알려져 있는 그의 아들 유다가 그의 뒤를 계승하였음이 역사에 기록되어 있습니다. 그리고 네 명의 형제들이 그를 도왔는데, 그 중 시몬이 가장 많이 알려져 있습니다.

B.C. 165년 유다는 예루살렘을 되찾고 성전을 정결케 한 후 재 봉헌하였는데, 이것이 봉헌을 위한 유대인의 명절을 경축하는 행사가 되었습니다. 안티오쿠스와 그의 후임들과의 투쟁은 계속되었습니다. 유다는 싸움터에서 살해되고 그의 형제 요나단이 그 뒤를 승계하였습니다. 그가 지휘하던 기간에 일반 시민과 제사장의 권위가 통합되었습니다(B.C. 143). 요나단과 그의 형제 시몬, 그리고 사촌 요한 히르카누스가 통치하던 시기에 다른 세력들의 묵인 아래 하스몬가의 제사장-통치자 가계가 확립되었습니다. 그들에게서는 마카비의 덕망이라곤 조금도 찾아 볼 수 없었습니다.

(5) 그 뒤를 이어 시민전쟁이 일어났는데, 폼페이가 이끄는 로마군에게 유대와 예루살렘이 정복당함으로써(B.C.63) 이 시민전쟁은 종결되었습니다. 폼페이는 하스몬가의 마지막 후계자 히르카누스에게 명목상의 통치권을 넘겨주었고, 이두메인 안티파터가 실권을 휘둘렀습니다. B.C. 47년 안티파터는 율리우스 시저(카이사)에 의하여 유대의 태수로 임명되었고, 그의 아들 헤롯은 갈릴리의 총독으로 임명되었습니다. 시저가 암살당한 후 유대에는 혼란이 잇달아 일어나 헤롯은 로마로 피신하였습니다.

그는 거기서 유대의 왕으로 임명되었고(B.C. 40), 후에 귀환하여 히루카누스의 아름다운 손녀 마리암네와 결혼함으로써(B.C.38) 백성들과 화해하는 한편, 그녀의 오빠 마카비 아리스토블루스 3세를 대제사장으로 임명하였습니다. 예수 그리스도께서 탄생하셨을 때는 바로 이 헤롯이 왕으로 있던 시절입니다.

2. 종교적 역사

말라기(B.C. 397)에서 그리스도의 초림 때까지의 오랜 기간 동안의 유대인의 종교적인 역사는 그 외형적인 의식이라든가 대제사장의 직분이나 성전 제사 등은 어수선한 정치사의 진행에 밀려 별로 관심을 끌지 못하고 있었습니다. 그러나 그보다 더 중요한 점은 이스라엘 민족의 진정한 믿음에 계속 자양분을 공급하고 살아 숨 쉬도록 하려는 노력들과 수단들이 어떤 것들이었느냐 하는 점입니다.

(1) 우상 숭배 경향은 포로 기간 동안 유대인들이 그것을 체험하고 지켜본 끝에 결국 사라져 버린 것 같습니다. 성전과 제사장을 빼앗김으로써 의례적인 제사를 계속할 수 있는 가능성이 없어지자 유대인들은 그들의 신앙의 기본 토대가 되었던 믿음으로 되돌아가 하나님은 자신의 형상대로 인간을 지으신 한 분 창조주 하나님, 따라서 인간의 본성과 생명에 인간이 이해할 수 있을 만큼 하나님과 유사한 점을 부여하신 하나님, 그러면서도 한편으로는 영원한 성령으로 남아 계신 그러한 하나님으로 인식하게 되었습니다. 하나님에 대한 이러한 관점은 추방기이전이나 추방기 동안 선지자들의 강력한 사역을 통하여 역설됨으로써 마침내는 우상 숭배에 관한 모든 관념들을 압도하게 되었고, 이러한 사역은 학개와 사가랴와 말라기에 의하여 남은 자들에게 계속 수행되었습니다.

그 이전의 선지자들이 부르짖었던 고도의 윤리관과 단순한 형식주의에 대한 엄중한 질책, 그리고 메시아가 통치하는 가운데 민족적으로나 종교적으로 최고의 지위를 누리게 될 이스라엘의 궁극적인 회복에 대한 열정적 예언들 역시 포로상태에서 귀환한 이들 세 사람의 선지자들에 의하여 되풀이 되고 있었습니다. 문제는 뿔뿔이 흩어진 그 불명예스럽고도 수치스러운 삶 가운데에서 외부적인 핍박을 받으면서도 이렇게 한껏 고양된 정신을 어떻게 하면 생생히 살아 숨 쉬도록 할 수 있는가 하는 것입니다.

(2) 이 목적을 위하여 유기체적 수단으로 이용되던 것이 바로 회당이었는데, 이 기구는 민족의 삶 가운데 그 어떤 성경적 체계를 형성해 주지 못했고 그 기원도 분명치 않습니다. 아마도 포로기 동안에 성전과 제사 의식을 빼앗긴 유대인들이 안식일에 모여 기도를 드렸을 가능성이 높은데 이러한 집회가 그들에게 성경을 읽을 수 있는 기회를 제공 했을 것입니다.

이러한 모임들을 갖는 데에는 몇 가지 진행상의 질서 유지를 필요로 했을 것이고, 무질서를 막는 권위도 필요했을 것입니다. 회당은 유대인들이 처해 있던 궁색한 상황에서 생겨났음을 의심할 바 없지만 영감으로 쓰여진 기록들에 낯을 익히고 이것들을 기반으로 진정한 이스라엘의 영적 삶(롬 9:6)에 자양분을 공급하는 데에 큰 몫을 했을 것이 틀림없습니다.

(3) 이 기간 동안에 미쉬나, 게마라(탈무드를 구성하는), 할리코스, 미드라쉬, 카바라로 알려진 수많은 전통과 논평 및 해설들이 창출되었고, 이것들이 율법을 짓밟고 그 위에 군림하는 바람에 율법 자체에 순종하는 것이 아니라 전통적인 해설에 순종하게 되었습니다.

(4) 복음서에서 이야기 되고 있는 바리새인들과 사두개인들이라는 두 개의 큰 파벌이 생겨났습니다(마 3:7). 헤롯당은 파벌이라기보다는 일종의 정당이었습니다. 로마의 종주권 아래에서 한 이두메인 찬탈자에 의하여 통치되는 가운데 비영적인 종교 문제를 놓고 격렬하게 분쟁을 일으킴으로써 갈기갈기 찢긴 채 인위적인 종교적 의식만이 유지되고 있던 그 백성 한 가운데에 하나님의 아들이신 예수 그리스도께서 나타나셨습니다.

5장. 신약(The New Testment)전서, 27권

각책(27권) 별

주제:

목적:

전체내용 요약정리:

마태복음(마), 마가복음(막), 누가복음(눅), 요한복음(요), 사도행전(행) 로마서(롬), 고린도전서(고전), 고린도후서(고후), 갈라디아서(갈),에베소서(엡), 빌립보서(빌), 골로새서(골), 데살로니가전서(살전), 데살로니가후서(살후), 디모데전서(딤전), 디모데후서(딤후), 디도서(딛), 빌레몬서(몬), 히브리서(히), 야고보서(약), 베드로전서(벧전), 베드로후서(벧후), 요한일서(요일), 요한이서(요이), 요한삼서(요삼), 유다서(유), 요한계시록(계)

사복음서

사복음서는 하나님의 아들이요 인자이신 예수 그리스도의 영원하심, 인간적 가계 출생, 죽으심, 부활하심, 승천에 대해 기록하고 있습니다. 복음서들은 또한 그분의 삶 속의 사건들과 그분의 말씀들과 사역들을 발췌하여 기록합니다.

그것은 그분의 일대기가 아니라 그분이 어떤 분이신가 하는 것입니다. 사복음서에서 완전한 인격을 알게 되지만 일대기 전체를 알지 못한다는 사실은 우리가 어떤 생각과 목적으로 복음서에 다가가야 하는지를 지적해주고 있습니다.

중요한 것은 복음서의 기록들을 통해 그것들이 계시하는 대로 그분을 보고 알아야 한다는 것입니다. 스스로도 전체를 기록하지 않았다는 사실을 인정하는 이 기록들을(요 21:25) 이어 맞추어서 그분의 생애에 대한 연결된 이야기를 만들 수 있는가 하는 것은 상대적으로 덜 중요한 문제입니다.

하나님께서는 그분의 아들에 대한 일대기를 기록하는 것을 기뻐하지 않으셨습니다. 예수께서 자라난 29년의 기간에는 단 한번, 그것도 누가복음의 간략한 열두 구절에서 말씀하신 것 외에는 침묵으로 일관하십니다.

비록 사복음서가 하나의 전기로서는 의도적으로 전체를 기록하고 있지 않지만, 계시로서는 하나님과 같이 완전합니다. 우리는 복음서를 통해 그분이 행하신 모든 것을 알 수 없지만 그 행하신 분에 대해서는 알 수 있습니다. 그분의 위대한 네 가지 신분 속에서(각각은 나머지 셋을 완전하게 합니다) 우리는 예수 그리스도 그분을 알게 됩니다.

복음서 기록자들은 결코 그리스도에 대해 묘사하지 않습니다. 그들은 그분을 보여줍니다. 다시 말해서 그들은 우리에게 자기들이 생각한 것은 아무것도 말하지 않습니다. 그들은 그분이 스스로에 대해 말씀하고 행동하시는 것을 기록한 것입니다. 이것이 바로 복음서 기록자들이 단지 일대기나 인물 묘사와는 본질적으로 다른 점입니다.

"내가 너희에게 한 말들은 영이요 생명이라"(요 6:63) 내주하시는 그리스도를 슬프게 하지 않은 사람은 공부할 때 여기서 살아 계신 그리스도를 발견합니다.

전반적인 제언:

1. 구약은 신약에 대해 하나님께서 제공하신 서론입니다.

누구든지 그리스도의 인격과 사역과 왕국에 대한 구약의 예언들을 마음에 가득 채우고 사복음서를 공부하게 되면 그것들을 훤히 트인 책들로 깨닫게 될 것입니다. 그것은 사복음서가 구약의 인용, 암시, 모형으로 짜여져 있기 때문입니다.

바로 신약의 첫 번째 구절은 사려 깊은 독자를 구약으로 몰아갑니다. 또 부활하신 그리스도께서는 그분의 고난과 영광에 대해 설명하시기 위해서 제자들을 그 옛적의 말씀으로 가게 하십니다(눅 24:27,44-45). 그분의 마지막 사역들 중 하나는 그들의 지각을 열어 구약을 깨닫게 하시는 것이었습니다.

복음서를 공부하려고 할 때 마음을 자유롭게 해서 단지 신학적일 뿐인 개념들과 가정들에 가능한 얽매이지 않아야 합니다. 특히 교회가 참된 이스라엘이며, 왕국에 관한 구약의 예언이 교회 안에서 성취된다는 생각은 배제할 필요가 있습니다. 그러므로 어떤 해석들이 친숙하다는 이유로 참된 해석이라고 가정하지 마십시오. "다윗의 보좌"(계 3:21)와 동의어라고, 혹은 "야곱의 집안"(눅 1:33)이 유대인과 이방인으로 구성된 교회라고 가정하지 마십시오.

2. 예수님의 사역은 주로 유대인을 향한 것이었습니다 (마 10:5-6; 15:23-25, 요 1:11).

그분은 "율법아래" 나셨고(갈 4:4), "하나님의 진리를 위하여 할례의 일꾼"이 되셔서 "조상들에게 주신 약속들을 확고히 하시고"(롬 15:8), 율법을 성취하심으로 은혜가 흘러 나갈 수 있게 하셨습니다. 그러므로 십자가는 율법적이고 유대적인 색이 강할 것임을 예상합니다(예: 마 5:17-19,6:12;엡 4:32;마 10:5-6,15:22-28;막 23:2 등). 산상 설교는 은혜가 아니라 율법입니다.

3. 은혜의 교리들은 복음서가 아니라 서신서에서 찾게 되어 있습니다.

하지만 그 교리들은 그리스도의 죽으심과 부활에 근거를 두고 있으며 또 그분이 하신 말씀 속에서 움트는 위대한 진리들(서신서에서 이 진리들이 펼쳐집니다)에 근거합니다. 더구나 완전한 은혜에 대한 완전한 예는 복음서들에 나타나신 예수 그리스도뿐입니다.

4. 복음서에는 교회의 교리들이 펼쳐지지 않습니다.

교회라는 단어는 마태복음에서만 나옵니다. 우리 주님은 유대인들이 그분을 왕과 구주로 받아들이기를 거부한 후에 "하나님 안에 감추어진" 그 순간까지의 신비(엡 3:3-10)를 알리시면서 "내가 나의 교회를 세우리니"라고 말씀하셨습니다(마 16:16,18). 그러므로 그것은 아직 미래였습니다.

그러나 그분은 개인적인 사역으로 믿는 자들을 모으셨고, 그들은 오순절 날에 성령 침례에 의해 "그의 몸"인 교회의 첫 번째 지체들이 되었습니다(고전 12:12-13;엡 1:23).

복음서들은 모욕을 당하신 메시아와 땅에서 연합한 유대인 제자들의 무리를 나타내고 서신서 들은 영광중에 계신 그리스도의 몸으로서 천상에서 그분과 연합한 교회를 나타내는데, 교회는 그분과 더불어 아버지의 공동

상속자이고, 다가올 왕국의 공동치리자이며, 땅에서는 순례자요 타국인입니다(고전 12:12-13;엡 1:3-14,20-23,2:4-6;벧전 2:11).

5. 복음서는 선지자, 제사장, 왕으로서의 세 가지 직분을 가지신 그리스도를 나타냅니다.

(1) "선지자"로서 그분의 사역

구약의 선지자들의 사역과 본질적으로 다르지 않습니다. 그분이 유일한 선지자가 되게 하는 것은 그분의 인격의 위엄입니다. 예로부터 하나님께서는 선지자들을 통해서 말씀하셨고, 지금 그분은 아들 안에서 말씀하십니다(히 1:1-2). 옛 선지자는 하나님의 음성이었는데 아들은 하나님자신이십니다(신 18:18-19). 어떤 경륜에서나 선지자는 하나님께서 그분의 백성에게 보내시는 사자였으며, 그 목적은 첫째로 진리를 굳게 세우려는 것이고, 둘째로 그들이 배교하고 일탈해 있을 때, 그들을 불러 진리로 돌이키려는 것입니다. 그러므로 보통 그분의 메시지는 책망과 호소였습니다. 다가올 일들을 예언하는 선지자의 임무는 주로 이 말씀들이 귀먹은 자에게 임할 때입니다. 이 점에 있어서도 그리스도께서는 다른 선지자들과 동일하십니다.

(2) "왕"으로서의 직분의 영역과 특성

다윗의 언약 속에서 정의되고(삼하 7:8-16). 선지서 에서 설명되며, 신약에 의해 확증됩니다. 신약은 결코 다윗의 언약과 그것에 대한 선지서의 설명을 폐기하거나 변경하지 않습니다. 선지자가 본 환상에 없었던 세부 사항을 기록하고 있습니다.

산상 설교는 메시아 왕국의 현저한 특색을 이루는 "의"의 개념을 상세히 설명한 것입니다(사 11:2-5;렘 23:5-6,33:14-16). 구약의 선지자들은 메시아의 고난과 영광을, 말하자면 하나의 지평선에서 보았기 때문에 당혹해 했습니다(벧전 1:10-11).

신약은 그 두 가지가 현재의 교회시대에 의해 분리되어 있다는 것을 보여주며, 주님께서 첫 번째 오셨을 때 그분의 고난을 통하여 복된 아브라함의 언약이 성취되었듯이(행 3:25;갈 3;6-14). 다시 오실 때 그분의 능력을 통하여 복된 다윗의 언약이 성취될 것임을 지적합니다(눅 1:30;행 2:29-36, 15:14-17).

그리스도께서는 결코 교회의 왕이라 불리지 않으십니다. "왕"이란 말은 실로 하나님의 칭호들 중 하나이고, 교회는 이스라엘과 함께 "썩지 아니하시고, 보이지 아니하시고, 영원하신 왕"을 높이며 경배하지만(시 10:16, 딤전 1:17), 교회는 그분과 함께 치리하게 됩니다. 성령께서 지금 불러내고 계시는 자들은 왕국의 백성들이 아니라 왕국의 공동 상속자들이요 공동 치리자 들입니다(딤후 2:11-12;계 1:6,3:21,5:10;롬 8:15-18;고전 6:2-3).

(3) "제사장"으로서의 직분

그분의 선지자 사역을 보완하는 것입니다. 선지자는 하나님의 대리인으로 백성에게 나아가고, 제사장은 백성의 대리인으로 하나님께 나아갑니다. 백성의 많은 죄 때문에 제사장은 희생 제물을 드려야 하고, 백성의 궁핍함 때문에 제사장은 동정심을 갖고 중보해야 합니다(히 5:1-2; 8:1-3). 그러므로 그리스도께서는 십자가에서 흠 없는 자신을 하나님께 드려(히 9:14) 대제사장의 사역을 시작하셨고, 지금은 그분의 백성을 동정하시고 항상 살아 계셔서 중보하십니다(히 7:25). 요한복음 17장에 그 중보하시는 방식이 나와 있습니다.

6. 복음서의 해석과 도덕적인 적용을 구별합니다.

복음서에 있는 많은 내용이 엄격한 해석에 있어서는 유대인과 왕국에 속하기는 하지만, 하나님의 생각을 계시하신 것으로서 영원한 원칙들에 근거한 것이므로 세대적으로 그 위치가 어디에 있든지 간에 하나님의 백성에게는 도덕적인 적용이 됩니다.

7. 사복음서가 모두 동일하게 증거 하는 것에는 특별한 중요성이 있습니다.

사복음서가 함께 증거 하는 것들은 다음과 같습니다.

(1) 모두 똑같이 유일하신 한 인물을 계시하고 있습니다.

한 분 예수께서 마태복음에서는 **"왕"**, 마가복음에서는 **"종"**, 누가복음에서는 **"사람"**, 요한복음에서는 **"하나님의 아들"**이십니다. 문체가 다르고 그분을 보여 주는 사건들이 때때로 다르며, 그분을 나타내는 독특한 특성이 서로 다르지만 항상 그분은 동일한 예수 그리스도이십니다. 이 사실만으로도 이 책들이 영감 받은 표식이 될 것입니다.

(2) 침례인 요한의 사역을 기록

(3) 오천 명을 먹이신 사건을 기록

(4) 미가의 예언대로 자신을 왕으로 제시하신 것을 기록

(5) 유다의 배반, 베드로의 부인, 재판, 그리스도의 십자가 처형과 말 그대로의 부활을 기록

이것을 기록하여 증거 하는 바는, 그리스도께서 세상에 오셔서 하셔야 했던 가장 중요한 일은 죽으시는 것, 그리고 하나님께서 늘 가지고 계시며 늘 사람에게 주려고 하시는 모든 복들은 그 죽음으로부터 흘러나온다는 사실입니다.

(6) 부활하신 그리스도께서 하신 사역을 기록,

이 사역은 그분이 엄청난 수난의 사건을 통해서도 변하지 않으셨음을 나타내지만, 그분의 무소부재하심과 권세에 대해 새로이 초점이 맞추어 졌습니다.

(7) 모두 그분의 재림을 증거 합니다.

1. 마태복음

주제:

마태는 예수님을 약속된 메시아이시오, 다윗 왕가의 후손으로 표현합니다. 마태복음은 구약의 예언의 성취를 강조하는 가운데 특히 믿지 않는 유대인들에게 예수님이 메시아이심을 증거함.

목적:

믿지 않는 유대인들에게 예수님이 이스라엘이 기다리던 메시아임을 알려주고, 예수님의 행적을 기록으로 남김으로써 예수님을 알지 못하는 사람들이 복음을 듣도록 하기 위해서 기록함.

내용요약:

마태복음은 족보를 통해 우리를 예수 그리스도의 복음으로 안내합니다. 예수님의 탄생에 관한 배경 자료들을 먼저 제시함으로써, 우리로 하여금 예수님의 탄생을 준비하게 합니다. 예수님이 하나님이시며 동시에 인간이심을 증거하고 있습니다. 또한 예수님이 이 땅에 오신 목적이 온 인류의 죄를 사해 주시기 위해서라고 말씀합니다.

인간의 힘으로는 해결할 수 없는 죄를 위하여 죄 없는 예수 그리스도께서 십자가에서 대신 죽으셨음을 보여 주는 것입니다. 이것은 전적으로 하나님의 은혜입니다(엡 2:8).

예수님이 오심으로써 세상의 구세주인 메시아의 시대가 도래 한다는 약속이 성취됐다는 것을 확실히 뒷받침하기 위해서 구약의 모든 부분에서 말씀을 인용합니다. 예수님이 메시아임을 입증하고 부활을 은폐시키려는 유대인들의 시도에 대항하여 부활의 사실성을 힘주어 강조합니다. 유대인들의 메시아로 오신 예수님의 출생, 삶, 사역, 죽음, 부활, 승천을 다루고 있습니다. 마태는 예수 그리스도가 구약의 예언에 따라 다윗의 자손으로 오신 메시아임을 보여 주는데 초점을 맞추고 있으며, 그래서 다른 복음서 보나 너 빈번히 구약을 인용하고 있습니다. 마태는 누가와 달리 예수 그리스도의 왕가의 족보를 기록하며, 그분이 유대인들의 왕으로 태어난 것을 강조합니다(마 2:2).

그는 예수님께서 광야에서 마귀를 이기시고 제자들에게 마귀들과 질병들을 물리칠 권능을 주시고 친히 죽은 사람을 살리는 기적 등을 보여 주심으로 메시아의 표적을 이루신 사실을 보여 주며, 메시아 왕국의 본질과 영역, 활동 등을 강조 합니다(5-7장, 13장, 24-25장).

예수 그리스도는 유대인들이 바라던 왕국을 초월한 하늘의 왕국을 이 땅에 가져오고자 했으나 유대인들은 그것을 이해하지 못하고 오히려 자신들의 메시아를 거부하며 십자가에 못 박았습니다. 그들의 후손들이 "주의 이름으로 오시는 이여!" 라고 외치며 그분을 받아들일 때에 즉 재림의 때에 그분께서 유대인들의 메시아로 오셔서 그들을 구원할 것입니다(마 23:37-39).

마태복음에는 재림 혹은 종말에 대한 많은 가르침이 포함되어 있습니다. 그리고 '재림'이란 표현도 복음서에서는 마태복음에만 나오는 것이 특징입니다.

마태복음은 신약성경 가운데 맨 처음에 놓인 것은 그럴 만한 이유가 있습니다. 교회가 처음으로 공식적인 신약성경을 만들기 위해 책들을 수집하기 시작하던 4세기 무렵, 마태복음은 이미 널리 알려져서 많은 이들이 사용하고 있었습니다. 마태복음은 4복음서 중에서도 가장 유대적인 복음서입니다. 마태는 '천국'(the kingdom of heaven)이라는 용어를 사용합니다. 마태복음은 믿는 이들과 영적인 삶에 대해 다루면서, 유대인의 슬기와 지혜라는 렌즈를 통해 예수 그리스도와 제자들의 이야기를 소개하고 있습니다. 마태복음은 단순히 정보와 영감뿐만 아니라 믿음과 경건한 삶을 위한 지혜를 전함으로써, 영적 성장의 여정에 이 복음서를 활용하도록 하고 있습니다.

마태복음은 다른 사람들을 교훈하시고 영감을 주시며 변화시키시는 예수님에 대해 훌륭하게 소개해 주고 있습니다. 저자는 예수님의 탄생 이야기를 포함한 설명 부분 뒤에 주제별로 정리된 가르침과 기적에 관한 이야기, 그 외의 예수님의 여러 가지 행적을 번갈아 기록하며 주의 깊게 이 복음서를 구성했습니다. 이러한 서술은 수난 기사에까지 이르게 되는데, 여기서도 예수님은 십자가에서 돌아가시고 부활하신 후 제자들에게 나타나시어 모든 족속으로 제자를 삼으라고 명하시는 '선생'으로 그려지고 있습니다(마 28:20).

2. 마가복음

주제 :

마가복음은 예수님의 생애를 가장 간결하면서도 박진감 넘치게 묘사하고 있으며 40%이상이 예수님의 마지막 수난 주간에 대한 기록이며, 특히 종으로서의 예수님을 강조함.

목적 :

인류의 죄를 위해 십자가에 못 박히신 예수님의 고난과 승리의 생애를 전하고, 그분의 가르침과 사역을 증거 하기 위해 기록함.

내용요약 :

마가복음은 예수님이 하나님의 아들이심을 확증하고 있습니다(1:11,22, 3:11,5:7,9:7). 특히 하나님이 세상을 위하여 보내신 종으로서의 예수님의 행적과 수난 기록을 중점적으로 강조하며, 구약의 인용이나 유대 풍습에 대한 묘사보다는 침례자 요한의 사역부터 주님의 사역의 끝부분까지를 간략하지만 매우 힘 있게 전달하고 있습니다. 기록의 단순함과 평범함 때문에 마가복음은 '세상에서 가장 짧고 명쾌하고 놀랍고 동시에 가장 만족스러운 역사 기록'이라는 평을 받습니다.

마가복음은 "하나님의 아들 예수 그리스도의 복음의 시작이라"(막 1:1) 곧장 이야기 합니다. 이 놀랍고도 복된 소식의 영향은 이내 모든 곳으로 퍼져 나갑니다. "회개(돌아서서 마음의 변화를 가지는 행위)하고 죄 사함을 받으라"는 요한의 시작 메시지와 그속에 나타난 세례(침례)는 물침례와 성령침례를 통해 "회개하고 복음을 믿으라"는 예수님의 메시지와 세례(침례)를 소개합니다.

 마가복음1:2-3에서는 선지자 이사야의 말씀을 인용하여 이 세상에 오신 예수님의 놀라운 도래가 하나님이 이미 오래 전부터 그러한 도래를 계획하신 것이고, 또한 우리로 하여금 수세기 동안 이 새로운 현실을 맞을 준비를 하게 하셨음을 상기시키고 있습니다. "때가 찼고 하나님의 나라가 가까이 왔으니 회개하고 복음을 믿으라"(막 1:15). 이 선언은 그저 하나의 뉴스 속보가 아닙니다. 그것을 듣는 모든 사람들이 깨어 움직이기를 요청하고 있습니다.

 예수님의 도래와 함께 세상 속으로, 또 우리 삶 속에 들어온 하나님의 통치는 결정적이면서도 극적인 것입니다. 갑작스레 예수님을 믿든 믿지 않든, 그분이 우리 마음과 삶 속에 들어온 날과 그 순간까지 정확하게 말할 수 있든 없든 혹은 중생한 이후부터 예수님의 말씀은 우리가 하는 결정들에 영향을 미칩니다. 그분의 삶을 이해하면 하나님이 누구신지 그리고 하나님이 우리를 어떻게 쓰시고자 하는지 바로 알 수 있습니다.

 마가복음은 우리의 영적성장을 위해 쓰여 진 책입니다. 하나님의 아들 예수 그리스도를 믿고 자신의 십자가를 지고 따르라고 초청하며, 우리의 삶 속으로 침투해 들어오십니다. 이 복음서는 우리의 영적성장의 향상을 위해 손쉽고, 논리 정연한 결론을 제공하지는 않을 것입니다. 그러나 마가복음 안에서 우리 역시 빈 무덤과 대면하면서 우리가 어디로 가며, 무엇을 말하며, 지금 여기에서 무엇을 해야 할지 결정하면서 영적성장을 위한 여정을 계속해 나가게 될 것입니다.

3. 누가복음

주제:

예수님의 계보, 출생, 공생애 사역, 죽으심, 부활 승천까지의 이야기를 자세하고 생생하게 다루고 있으며, 누가복음은 복음서 가운데 가장 문학적이며 예수님의 인성을 최고의 통찰력으로 풀어냄.

목적:

예수님의 생애를 역사적으로 자세히 밝히면서 데오빌로에게 예수님이 인류의 참된 구속자이심을 소개하기 위해서 기록함.

내용요약:

누가복음은 데오빌로에 대한 헌정사로 시작하여, '차례대로 써 보내는'글을 우리에게 제공할 요량임을 알려 줍니다. 예수님이 '인자(사람의 아들)'이심을 강조합니다. 아울러 성령의 사역과 기도 또한 강조합니다(눅 1:35, 2:25-27,4:1,14, 21,31-44). 성육신 하신 예수님은 종종 인자(사람의 아들)로 묘사됩니다.

누가복음의 첫 네 절은 이 복음서의 내용을 요약해서 보여 줍니다. 누가복음은 마태복음과 내용이 비슷하지만 연대기적으로 정리되어 있고 또 그리스도의 출생 이전의 사건들을 포함합니다.

누가복음은 마태복음과 달리 다윗과 아담까지 이르는 마리아의 계보를 보여 주며 또 그리스도의 기도의 삶(3:21,5:12-16), 가난한 자들의 배려 (6:20-25,12:16-21), 등도 담고 있습니다. 누가는 예수님의 탄생에 관한 배경 자료들을 먼저 제시함으로써, 우리로 하여금 예수님의 탄생을 준비하게 해줍니다. 또한 자신의 복음서와 사도행전을 통해 예수님의 탄생부터 초대 교회의 설립에 이르는 역사를 잘 정리해서 보여 주고 있습니다.

누가복음은 그리스도가 '근본적인 출애굽'을 이루시기 위해 모든 장벽과 경계에까지 다가가시는 강력한 사랑을 베푸셨음을 알려 주고 있습니다. 선한 사마리아인의 비유, 탕자에 관한 비유 등 다른 복음서에 기록되지 않은 16개의 비유가 등장합니다. 바리새인과 세리가 기도하는 이야기, 또 부자와 나사로의 이야기, 사악한 재판장과 포기하지 않는 과부의 이야기, 음식을 구하기 위해 한밤중에 찾아온 친구 이야기 그리고 건강한 자들과 부자들이 초대를 거절한 후에 저는 자들과 가난한 자들이 초청받는 큰 잔치 이야기 등 널리 알려진 비유들이 있습니다.

예수님의 변화무쌍한 상상력에서 나오는 신선하고, 대담하며, 비극적인, 놀랍고도 재미있는 이야기들을 통해 진리를 전해 듣지 못한다면, 어떻게 깊고 넓고 무조건적인 하나님의 변함없는 사랑을 우리가 깨달을 수 있겠는가?

그리스도가 지도자이시오, 촉매자이실 뿐만 아니라 산 제물이시기도 한 '출애굽'이 있었기에 하나님의 사랑과 정의를 세상에 증거하는 회중들의 공동체인 교회가 탄생할 수 있었습니다. 누가복음은 교회의 성격을 폭넓게 설명하기 위해 수많은 단어들을 사용합니다.

어떻게 사람들이 이 커다란 공동체로 들어오게 되는가? 그들이 이 거대한 공동체의 일원이 되고나서 그들의 영적성장은 어떻게 향상되는가? 그 과정에서 기도와 예배는 가장 중요한 역할을 담당합니다. 그렇지만 십자가를 지고 예수님을 따르는 것 역시 중요합니다. 궁극적으로는 모든 것이 영성을 형성합니다. 우리에게 영향을 주는 모든 사건과 모든 언어가 우리를 변화시킵니다.

한 번의 손길, 손에 박힌 못 하나, 얼굴에 가한 일격, 자정과 정오의 태양 등 그 모든 것이 우리를 변화 시킵니다. 모든 성경은 우리이 실제 삶에 기여 합니다. 다만 우리의 신앙에 따라서, 일부는 더 많이 기여하거나 덜 기여하기도 합니다. 메사아를 낳은 마리아의 다음 고백이 우리의 고백이 되도록 해야 합니다. "능하신 이가 큰 일을 내게 행하셨으니 그 이름이 거룩하시며"(눅 1:49).

4. 요한복음

주제:

공관복음과 구별되는 요한복음은 그리스도의 신성과 성육신, 하나님과 예수님의 관계 등에 대한 심오한 내용을 담고 있습니다 특히 그리스도의 신성을 강조하는 '나는 ... 이다'라는 표현이 여러 차례 나옴.

목적:

하나님의 아들 예수님이 어떤 분이신지 알고 그분을 믿어 영생을 얻도록 하기 위해 기록함

내용요약:

요한복음은 작은 속삭임으로 시작하여 은혜와 진리가 충만한 하나님의 말씀을 우렁찬 목소리로 선언합니다(요 1:1). 결말에 이르러서 다시 한 번 반복됩니다(요 20:28). 하나님의 아들 예수 그리스도를 믿는 자마다 멸망하지 않고 영생을 얻게 되는 것이 기독교의 핵심입니다(요 3:16). 이 책은 또한 예수님의 신성과 인성을 증언하고 있습니다. 예수님은 많은 기적을 행하셨으며 인간의 아픔과 슬픔과 고통을 몸소 체험하셨습니다.

특히 성령 하나님에 대한 약속을 기록하고 있습니다. 성령은 예수님을 영접한 자들에게 오셔서 거듭나게 하시며 회개케 하시며 위로하시고 지혜를 주시며 능력을 주십니다.

예수님은 창세전부터 계셨다가, 인간이 된 영원한 말씀이십니다. "영원한 생명"을 얻기 위해서는 그분을 믿어야 합니다. 예수 그리스도께서는 항

상 하나님과 함께 계시며 참 하나님이십니다. 요한복음은 하나님의 아들이신 그리스도의 출생 전 존재, 출생 후의 삶, 사역, 죽음, 부활 그리고 부활 후의 나타나심 등을 기록하고 있습니다.

요한복음은 "나는 … 이다"라고 표현하는 그리스도를 지칭하는 은유를 7개의 명칭과 함께 인용하고 있습니다. 예수님 자신이 '생명의 떡'(요 6:35,48), '세상의 빛'(요 8:12,9:5), '문'(요 10:7,9), '선한 목자'(요 10:11,14), '부활과 생명'(요 11:25), '길, 진리, 생명'(요 14:6), '포도나무'(요 15:1,5) 라고 말씀하십니다.

이 모든 영상들(pictures)은 우리를 구원하시고, 회복시키시며, 세우시고, 내주하시고, 빛을 비추시며, 인도하시고, 보호하시며, 일으켜 주시는 삼위일체적인 은혜를 더욱 확실하게 알려 주기 위한 수단으로 확장되고 있습니다. 하지만 거의 모든 영상은 예수님이 말씀하시는 것과 그분에 대해 오해하고 있는 대적들과의 갈등을 일으킵니다.

요한복음은 예수님이 어떤 분이신지에 대하여 몇 개의 구분을 지어 보여 주고 있습니다. 이 사실은 오늘날에도 동일합니다. 어떤 이들은 단지 예수님을 착한 사람으로, 모범이 되는 분으로, 교사나 선지자 혹은 설교자 정도로 생각합니다. 그러나 "나는 … 이다"라는 질문을 우리로 하여금 계속적으로 "예수님은 정말 그분이 주장하는 그런 분인가?" 라는 질문을 하게 만듭니다. 예수님은 '나의' 생명의 떡인가? 나는 '그분의' 빛에 의지하여 살아가고 있는가? 나는 구원의 문이신 그분을 통해 구원받았는가, 아니면 나는 스스로 구원하려고 애쓰고 있는가? 나는 그분이 나의 목자가 되시도록 그분을 신뢰하고 있는가? 나는 그분의 부활을 의지하며 살고 있는가, 아니면 스스로 부활하려고 애쓰고 있는가? 나는 그분이 나의 길이 되도록 하고 있는가, 아니면 나 자신이 계속 길을 찾고 있는가? 그분은 유일한 진리가 되시는가? 그분은 나의 생명이신가? 포도나무 가지가 나무에 붙어 있는 것처럼 나는 그분 안에 거하며 영적인 영양분을 그분으로부터 공급받고 있는가?

5. 사도행전

주제:
사도행전은 누가복음의 후편에 해당하며 땅 끝까지 복음을 전하라는 지상 명령을 실천한 선교의 기록이라는 면에서 '선교 행전'으로, 원동력이 성령이시라는 면에서 '성령 행전'으로 불림.

목적:
데오빌로에게 기독교 신앙에 대한 확신을 주고 유대인의 박해, 로마의 압제, 헬라 사상으로부터 위협 가운데 복음을 반증하기 위해서입니다. 또한 성령의 능력으로 복음이 땅 끝까지 전파되고, 교회가 세워지며, 신자와 교회의 풍성한 복과 성장이 이뤄진다는 사실을 전하기 위해서 기록함.

내용요약:
사도행전은 성령의 역사와 사역을 강조하고 있으며 복음은 모든 열방을 위한 것이며, 인간을 향한 하나님의 관심은 제한이 없음을 의미합니다. 예수님이 약속하신 성령 하나님은 오순절에 제자들에게 임하셨습니다. 성령은 그들을 거듭나게 하시고 그들을 인도하시며 그들로 하여금 예수 그리스도의 복음을 증거 하게 하셨습니다. 또한 예수님을 따르는 제자들에게 능력과 은사를 주실 뿐만 아니라 성령 충만한 삶을 살게 하십니다.
성령님은 신자들을 인도하시고 보호하시며 위로하실 뿐만 아니라, 신자들에게 확신과 힘을 주십니다. 또한 사도행전은 교회의 수와 힘과 지적 능력이 어떻게 성장해 나가는지 포괄적으로 잘 설명해 주고 있습니다.

사도행전은 성령님의 강림과 유대인들 가운데 기독교가 확고히 세워진 것(1-7장), 사마리아와 땅의 맨 끝 지역까지 복음이 선포되어 이방인들의 교회가 세워진 것(8-28)을 기록합니다. 동시에 이 일을 위해 사도들과 초대교회 성도들이 당한 핍박과 그것을 극복하기 위한 인내와 용기 등을 보여 주고 있습니다.

복음서에는 그리스도의 삶에서 드러난 그분의 생명이 제시되어 있고 사도행전에는 그리스도의 제자들의 삶에서 일하시는 그분의 생명이 제시되어 있습니다. 행 1:10-11은 요 21:21-23에 언급된 그리스도의 재림의 진리를 확증해 주고 있습니다.

사도행전은 기독교 역사상 가장 흥미진진한 영적 일대기라 할 수 있습니다. 그리스도인 공동체가 하나님의 행동의 요체가 됨을 보여 줍니다. 하나님은 성령을 통해 교회를 이끌어 가시며 기록된 사건들은 하나님이 행하신 일을 보여 주기 위함입니다.

성령의 인도하심과 능력 가운데 복음이 어떻게 예루살렘에서 로마까지 전파되었는지 그리고 어떻게 복음의 문화적 구심점이 옮겨지게 되었는지 알려 줍니다. 또한 우리 성도들이 영적 지체로서 서로 연합하기를 힘쓰며, 모든 사람들에게 구제를 힘쓰며, 서로 존경하기를 쉬지 않는 자들이 되기를 말씀합니다(행 2:47,5:13).

초대교회 성도들과 그들의 사명, 곧 예수 그리스도의 복음을 이방인에게 전해야 하는 사명으로 말씀합니다. 예수님에 대해 "이방을 비추는 빛이요 주의 백성 이스라엘의 영광"이라고(눅 2:32) 했던 시므온의 예언은 사도행전에서 성취됩니다. 교회는 구성원들이 서로의 경제적인 필요를 채워주는 교제 공동체로 초대교회 성도들이 말씀을 듣고, 떡을 떼고, 기도하기 위해 어떻게 서로 함께 모였습니다. 다른 한편으로는 외부인들을 기독교 공동체 안으로 데려오기 위해 이들을 어떻게 밖으로 퍼져 나갔는지 보여 줍니다. 우리가 "가서 이와 같이 행하기를" 말씀합니다.

바울 서신

사도 바울의 서신들은 매우 독특한 성격을 가지고 있습니다. 그리스도의 십자가 처형에 대한 복음서의 설명에 이르기까지 모든 성경은 십자가를 내다보며 주로 이스라엘과, 메시아 왕국을 통한 땅에서의 복에 관점을 두고 있습니다. 하지만 한 가지 계시되지 않은 사실(그리스도께서 십자가에 처형되셨다가 부활하신 때와 그분이 영광중에 다시 돌아오실 때 사이의 시간 간격)과, 한 가지 계시되지 않은 목적(에클레시아, 즉 그리스도의 몸 된 교회를 불러내시는 것)이 "하나님 안에 감추어져"있었습니다(엡 3:9). 마태복음 16장에서 우리 주님께서는 그 목적을 알리셨지만, 어떻게 언제 무엇이 모여 교회가 세워질 것인지, 또 그 지위와 관계와 특권과 의무가 무엇인지에 대해서는 전혀 설명하지 않으셨습니다.

이런 모든 것은 바로 바울 서신이 다루는 영역을 구성합니다. 그 서신들은 교회의 교리를 진전시킵니다. 이 방의 일곱 교회(로마, 고린도, 갈라디아, 에베소, 빌립보, 골로새, 데살로니가)에 보내는 그의 편지들에서는 "하나님 안에서 세상이 시작될 때부터 감추어져 왔던 신비"(엡 3:9)인 교회가 완전히 계시되며, 하나님의 계획과 목적 안에서 교회가 가지는 독특한 위치에 대해 완전하게 가르쳐 줍니다.

우리는 바울을 통해서만 교회가 어떤 단체 조직이 아니라 유기체, 곧 그리스도의 몸이라는 것을 알게 됩니다. 이 몸은 그분의 생명으로 차고 넘치며, 부르심과 약속과 소망에 있어서 하늘에 속해 있습니다. 또 바울을 통해서만 지역 교회들의 본질과 목적, 조직 형태와 그러한 모임들이 해야 할 올바른 행동에 대해 알게 됩니다.

역시 그를 통해서만 「우리가 다 잠잘 것이 아니요」, 주님께서 돌아오실 때 "그리스도 안에 죽은 자들이 먼저 일어나고" 살아남아 있는 성도들은 "변화"되어 공중에서 주와 만나기 위하여 끌려 올라갈 것임을 알게 됩니다.

바울에게는 또한 예수 그리스도의 가르침 안에 숨겨져 있던 은혜의 교리들을 펼쳐 내는 일이 위임되었습니다. 바울은 율법의 본질과 목적, 믿는 자가 의롭게 되고 거룩하게 되고 영화롭게 되는 기반과 그 방법, 그리스도의 죽으심의 의미, 그리스도인의 지위와 행함과 기대와 섬김에 대한 모든 것을 펼쳐냅니다.

열한 사도가 아브라함과 다윗의 아들로서 육신을 입으신 그리스도에 대한 증인이듯이, 영광중에 계신 주님의 개인적인 사역으로 회심하게 된 바울은 특별히 영화롭게 되신 예수 그리스도, 곧 만물 위에 머리가 되셔서 그의 몸 된 교회에 주어지신 분에 대한 증인입니다.

바울 서신의 연대적 순서는 다음과 같은 것으로 믿어집니다. 데살로니가 전·후서, 고린도전·후서, 갈라디아서, 로마서, 빌레몬서, 골로새서, 에베소서, 빌립보서, 디모데전서, 디도서, 디모데후서, 히브리서는 독특한 위치에 있으므로 그 책의 순서는 바울 서신들 가운데에 뚜렷하게 고정시킬 수 없습니다.

두 가지의 침묵

바울의 회심 후 그의 삶 속의 두 기간에 대해서는 침묵을 지키고 있는데 그 침묵 자체가 의미가 깊습니다. 그 두 기간 중 하나는 아라비아로 갔던 기간인데 사도 바울은 갈라디아서와 로마서에서 보여 주는 것과 같은 복음에 대한 완전한 설명을 가지고 거기서 돌아왔습니다. 다른 한 기간은 예루살렘 성전에서 체포된 후 로마로 이송된 다음부터 가이샤라 감옥에 갈 때까지의 2년간입니다.

모세 율법주의를 확신하는 신봉자로서 다마스커스 길에서 회심하기까지 그리스도인 신앙의 열렬한 반대자였던 바울 같은 훈련받은 지식인이, 복음의 밑바탕에 깔린 원리들을 찾으려고 애쓰는 것은 필연적인 것이었습니다. 그는 회심한 후 즉시 예수님께서 메시아이심을 전파했습니다. 하지만 그리스도인 신앙이 단지 신조가 아니라 합리적인 믿음이라면, 복음과 율법과의 관계, 작게는 복음과 유대인에게 주어진 위대한 약속들과의 관계가 분명하게 정리될 필요가 있었습니다.

바울은 그것을 알고자 했고 아라비아에서 성령께서 주신 계시를 통해 알게 되었습니다. 그 계시에는 구원에 대한 교리적 설명이 나왔는데, 바로 구원은 전적으로 율법과는 별개로 믿음을 통해서 은혜로 구원 받는다는 것이었고, 갈라디아서와 로마서에 구체적으로 기록되어 있습니다.

복음은 믿는 자를 위대한 관계(아버지와 다른 믿는 자들과, 예수 그리스도와, 하나님께서 가지고 계신 미래에 대한 목적들과의 관계)속으로 이끌어 주십니다. 그것은 죄와 죄의 결과들로부터의 구원일 뿐만 아니라 하나님의 계획 속에 있는 놀라운 위치에 들어가는 것입니다. 더구나 교회라는 새로운 것은 그 다양한 면과 그 임무에 있어서 분명한 계시가 필요했습니다. 이것들이 바로 바울이 로마에서 기록한 서신들, 곧 보통 옥중서신이라고 불리는 에베소서, 빌립보서, 골로새서의 주요한 주제들입니다.

이러한 최고의 계시들이 고요함을 요하는 깊은 묵상과 진지한 탐구가 없이 이루어졌다고 상상하는 것은 바울 자신이 설명한 영감의 방법에 모순됩니다. 이 위대한 계시들은(종종 소모된 시간이라고 이야기되는) 가이샤라에서 보낸 기간 동안 받은 것이라고 가정하는 것이 바울의 생애에 있었던 사건들에 가장 잘 어울리는 것으로 보입니다.

6. 로마서

주제 :
모든 사람은 죄로 인해 하나님으로부터 분리되었으며 이 문제는 누구도 스스로 해결할 수 없으므로 이를 해결하는 길이 오직 믿음으로 우리를 의롭다고 여겨 주시는 하나님의 은혜뿐임을 강조합니다.

목적 :
그리스도인의 삶, 곧 예수 그리스도 안에서 성령이 형성하시는 삶을 살아가고 있던 그리스도인들을 격려하고 지도하기 위함입니다. 또한 로마 교회 성도들이 복음의 핵심인 "믿음을 통해 은혜로 구원받아 의롭게 된다."는 기독교의 기본 진리를 이해하도록 하며 이단으로부터 교회를 보호하고 교회 내에 있는 유대인들과 이방인들이 화합과 일치를 이루도록 하기 위해서 기록하였습니다

내용요약 :
세상에서 가장 위대한 복음 전도지인 로마서 전체 내용 요약입니다.
로마서는 모든 사람이 죄인이지만(롬 3:23) 죄에서 벗어나 의인이 될 수 있다고 말씀합니다. 곧 믿음으로 의롭게 될 수 있다는 것입니다. 죄의 대가로 죽어야할 사람이 예수 그리스도를 믿음으로 의롭게 되는 것입니다.
뿐만아니라 삶에서 하나님의 거룩한 백성으로 살아가도록 성령의 인도하심을 받습니다. 바울은 우리의 죄 때문에 하나님과의 관계가 파괴 되었고, 오직 하나님의 아들이신 예수 그리스도를 믿어야 구원을 받을 수 있다고 분명하게 제시합니다.

이방인들에게 자연의 빛이나 그것에 순종하기 위한 행위에 의해서가 아니라 믿음에 의해 의롭게 되는 칭의 교리를 가르칩니다. 또 유대인들에게 모세의 율법의 행위에 의해 구원받을 수 없음을 보여 줍니다.

로마서는 유대인과 이방인의 죄악과 사악함 그리고 비참함을 보여 주고 하나님의 의가 오직 그리스도 예수님을 믿는 믿음에 의해 그들에게 은혜로 전가될 수 있음과 구원의 효과로 나타나는 화평과 기쁨(5장), 거룩한 삶(6장)을 보여줍니다. 그럼에도 불구하고 그리스도 안에 있는 자들에게 정죄함이 없음(8장)과 자신의 친족인 육적 이스라엘을 향한 구원의 열망과 하나님의 계획(9-11장) 그리고 그리스도인의 삶 속에 나타나는 성령님의 권능(12-16)을 보여 줍니다.

로마서를 통해 "성경에 대한 순종, 신비의 수용, 은유적 언어, 공동체에 대한 강조"는 바울의 삶을 통해 형성해 주었던 것이며, 또한 우리의 삶을 형성해 주기 위한 것입니다.

바울의 모든 사고는 성경에 기록된 하나님과 그분의 목적에 대한 계시에 기초를 두고 있으며, 그의 모든 정신적 활동은 성경에서 계시로 받은 것에 굴복하고 순종합니다. 성경적 계시의 말씀은 그가 생각하고 기도하는 도구였습니다.

바울이 예수님을 만나 그리스도인이 된 후에는 성령께서 그의 안에 그리스도를 형성하기 위해 성경을 이용하도록 하셨습니다.

성경은 바울에게 어휘를 제공해 주고, 상상력을 구체화하며, 그의 삶을 형성했습니다. 실로 성경은 바울에게 광대한 존재인 것입니다.

바울이 끌어안은 신비는 인간이 그 안으로 들어가야 하는 빛의 신비입니다. 하나님과 그분의 역사는 우리가 설명할 수 없을 뿐 아니라, 재생산할 수 있는 어떤 것으로 축소될 수도 없습니다.

이 신비를 끌어 안으려는 '겸손'이 필요합니다. 왜냐하면 진리 앞에서는 그 어떤 것을 통제하거나 결과를 예측하거나 사람들을 조종할 수 없기 때문입니다.

7. 고린도전서

주제:

고린도전서는 가장 두드러진 주제는 첫번째로 하나님만이 성령으로 사는 삶의 근원이 되신다는 것입니다. 두번째로 그리스도인의 삶이 '신앙 공동체 안에서 가장 온전하게 드러난다는 것입니다. 세번째로 교회의 내재된 죄성에도 불구하고 모든 것을 변화시키는 '복음의 능력을 소유한 공동체'가 되도록 부단히 노력해야 한다는 것입니다.

목적:

글오에의 집 사람들의 말을 통해 고린도 교회 내의 분쟁에 대한 소식을 듣고, 그 문제를 바로 잡으려는 데 있습니다(1: 1-6:20). 또 고린도 교회에서 온 편지에(7:1) 제기되어 있는 질문에 대한 답변을 주기 위해서 기록하였습니다.

내용요약:

고린도전서는 교회 내에서 발생하는 여러 가지 윤리 문제들과 당파, 불륜, 소송, 혼인 우상의 제물, 성찬, 은사, 부활 등의 다양한 문제들을 다루고 있습니다.

고린도 교회 문제들은 현대 교회에도 적용할 수 있는 문제로 우리에게 많은 교훈을 줍니다. 바울은 그리스도께서 십자가의 사랑으로 하나 되게 하신 것처럼 서로 사랑함으로써 문제를 해결하라고 권합니다.

특별히 고린도전서에서는 그리스도인들에게 위로와 소망을 주는 부활에 대해 언급하고 있습니다. 곧 부활의 확실성과 그에 대한 믿음과 소망을 강조하고 있습니다.

바울은 본서의 가장 첫 부분에 기록된 감사의 글에서부터 믿음의 삶 가운데 주어지는 모든 은혜를 하나님의 은혜의 주도권(saving initiative)에 근거한 것으로 돌립니다.

하나님은 우리에게 믿음을 주시기 위해 우리를 부르시고 은혜를 주시며 강하게 하실 뿐 아니라 하나님과 함께하는 삶을 살도록 은사를 주십니다. 그리스도와 성령은 은사를 주시는 대행자십니다(1:1-9,2: 4,10; 6:14, 8:6,12:4-7). 바울은 고린도 교인들이 자신들의 지혜, 통찰력 혹은 영적능력을 자신들이 본래부터 소유했던 능력이라고 생각할 때마다, "이는 아무 육체도 하나님 앞에서 자랑하지 못하게 하려 하심이라"는 (고전 1:29) 말씀을 통하여 은사의 근원이 하나님이심을 깨닫게 합니다.

하나님은 십자가를 통해 아주 분명하게 그분을 나타내셨습니다. 그러기에 십자가는 하나님의 능력이 되는 구원의 메시지입니다. 하나님은 그리스도 안에 있는 생명의 근원이시며(1:30), 세상의 지혜와 반대되는 참된 지혜가 무엇인지 결정하는 분입니다(1:21-25). 또한 교회를 성장케 하시는 분이며(3: -7), 교회 밖에 있는 자들을 심판하시는 분이고(5:13), 모든 영적 은사들이 사람들 안에서 역사하도록 주장하시는 분입니다(12:6).

바울은 믿지 않는 자들에게 죽은 자들의 부활에 관해 말하면서 부활을 부인하는 것은 죽은 자 가운데서 그리스도를 살리신 하나님을 잘못 전하는 것임을 상기시켰습니다.

하나님은 생명의 창조자이시며 생명의 시작과 끝을 주관하시는 분이십니다. 사실 고린도 교인들의 행위로 인해 그들의 방종과 잘못된 행동이 사람들로 하여금 하나님의 참된 본성을 분별하지 못하도록 가로막고 있다고 말합니다.

하나님만이 성령으로 사는 삶의 근원이 되신다는 것과 그리스도인의 삶이 '신앙 공동체'안에서 가장 온전하게 드러난다는 것입니다. 교회는 단순히 개개인의 집합체로서 존재해서는 안되며, 교회의 신실성은 공동체의 삶의 질에 달려있다고 말합니다. 교회에 내재적 죄성에도 불구하고 모든 것을 변화시키는 '복음의 능력을 소유한 공동체'가 되도록 부단히 노력해야 한다는 것입니다.

복음에 합당한 삶은 새로운 사회적 조정을 의미하는 것이며, 참된 기쁨은 고난과 사랑을 경험할 때 절로 우러 나온다고 말씀합니다. 우리는 배우고, 논쟁하고, 경청하고 그리고 바울의 열정을 가지고 말씀에 응답하고자 하는 자세로 고린도전서를 대해야 합니다.

8. 고린도후서

주제:

고린도후서는 바울의 자전적 서신으로 개인의 경험과 견해가 많이 들어 있으며, 고린도전서에 비해 감정적인 면이 강하며, 바울의 인간적인 모습과 복음을 위한 그의 고난의 생애가 잘 나타남.

목적:

아직 성숙하지 못한 고린도 교인들을 가르치고, 교육하고, 훈계하기 위해 그리고 바울 자신의 사도직의 정당성을 변호하기 위함입니다. 고린도 교회 내의 분쟁을 해결하고, 기근으로 인해 어려움에 처한 예루살렘 교회를 구제하기 위한 헌금을 모으고, 바울이 고린도 방문 계획을 바꾼 이유를 설명하기 위해서 기록함.

내용요약:

고린도후서는 하나님의 선하심이 사탄의 세력을 이기고 있음을 보여 줍니다. 사탄은 온갖 방법으로 성도를 유혹하고 혼란을 일으키지만, 하나님과 예수 그리스도 그리고 성령의 인도하심을 의지할 때, 사탄을 이길 수 있음을 보여 줍니다.

또한 구제는 교회의 사명이자 의무임을 강조합니다. 그리스도의 몸된 교회는 복음을 전하고, 하나님께 예배를 드리며, 가난한 형제들에게 사랑을 나누어 주어야 하는 것이라고 말씀합니다.

자신의 행위와 직분에 대한 설명과 예루살렘의 성도들을 위한 헌금을 권고하며, 자신의 사도적 권위에 대한 변호를 다루고 있습니다.

바울은 고린도전서를 쓰면서 마케도니아를 지나가며 고린도를 방문할 의사를 보였는데, 이것은 에베소에서 배를 타고 곧장 고린도로 가려던 이전의 계획과 다른 것이었습니다.

교회들이 율법교사들에 반대하여 은혜를 유지하기 위함과 유대인들과 유대인 그리스도인들이 그를 향해 느끼는 불신으로 인하여 고린도 교회는 바울의 사도직과 사역에 대해 진솔하게 편지를 썼습니다.

여기에는 사도의 인간적 연약함, 영적 능력, 뜨거운 사랑, 상처받은 감정, 책망, 연약한 자들을 위한 열정, 예수 그리스도의 교회의 진보와 고린도 교회 지체들의 성장을 위한 바람 등이 강한 호소와 함께 묘사되어 있습니다.

바울은 고린도 교인들이 어려운 난관을 성공적으로 극복할 수 있도록 신학적 원리를 가르치며, 공동체가 세상에 손색이 없도록 알려지도록 고린도 교인들을 돕습니다.

바울과 그의 새로운 개종자들이 사소한 다툼을 지혜롭게 극복하고 높은 차원의 영적인 영역으로 나아가도록 돕는 신학을 담고 있습니다.

전문적 목회사역이란, 영적으로 긴장이 연속되는 사역일 뿐만 아니라 영적인 위험도 있음을 보여 주며 자신을 의의 병기인 깨끗함, 지식, 오래 참음, 자비함, 성령의 감화, 거짓이 없는 사랑, 진리의 말씀 그리고 하나님의 능력 등으로 무장하기 위해 노력합니다(고후 6 : 6-7).

하나님의 복된 소식인 복음은 우리 안에서 다양하게, 다른 모습으로 역사함으로 예수 그리스도의 의미, 특별히 주님의 죽으심과 부활은 한마디로 설명할 수 없으며, 더 풍성하게 세분화할 수 있는 의미들을 함축하고 있는 사건입니다.

예수 그리스도의 진정한 의미가 오늘 우리의 삶의 여정에서 불가피하게 생기는 분열과 불화와 상황을 화해로 돌이키는 이정표가 됩니다. 우리는 마침내 하나님의 영광의 광채로 변화될 것입니다.

9. 갈라디아서

주제:

율법적으로 전락해 가는 성도들에게 복음을 수호하고, 성령을 쫓는 삶을 살도록 가르치고 있으며 복음, 율법, 의에 관해 진술한 로마서와 함께 종교개혁의 근거가 된 성경임.

목적:

의롭게 되기 위해서 유대인의 율법을 반드시 지켜야 한다고 주장하는 거짓 교사들을 대적하고 '오직 믿음으로 의롭게 됨'을 변증하기 위함입니다. 바울 자신의 사도권의 정당성을 밝히고 자신이 전한 복음을 확증하기 위해서 기록함.

내용요약:

갈라디아서는 사람이 오직 예수 그리스도를 믿음으로써만 의롭게 된다고 말씀합니다. 또한 사람은 율법적인 행위가 아니라 성령의 은혜와 능력으로 성화된다고 말씀합니다. 바울의 사도 자격에 대한 변호와 유대주의자들의 도전에 대항하여 이신 칭의 복음만을 주장하고 성령으로 말미암은 새 생활을 강조합니다. 우리는 하나님의 값없는 은혜로 말미암아 의롭게 되고 하나님과 올바른 관계를 다시 회복할 수 있게 됩니다. 또한 그리스도께서 우리를 대신해서 죄 값을 치러 주셨기 때문에 우리는 이것을 누릴 수 있게 된 것입니다. 따라서 이 자유를 가지고 죄를 지을 것이 아니라 성령님의 인도를 받아서 하나님의 뜻을 행해야 합니다.

이방인 신자들을 유대교로 복귀시키려는 자들이 갈라디아의 교회들에 와서 율법의 의식 법을 지켜야 하고 특히 할례를 받아야 한다고 가르쳤으며(5:2; 6:12) 또 바울의 사도직에 의문을 던졌습니다(1:1-12). 이에 사도는 자신을 변호하고 율법의 행위와 무관하게 오직 믿음으로 의롭게 되는 것과 그리스도인의 자유를 굳게 지킬 것을 가르치고 거짓 교사들의 특징을 잘 묘사해서 성도들이 그들의 유혹에 넘어가지 않게 했습니다. 갈라디아서는 구원에 관한 한 '율법에서의 독립을 주장하는 독립선언서 혹은 대헌장'이라 할 수 있습니다. 루터는 행위 구원을 가르치는 로마 카톨릭 교회와의 고독한 싸움을 하면서 갈라디아서를 통해 큰 영감과 위로를 받았습니다.

그리스도인들에게 성장과정의 이미지를 제공하는 갈 4:19은 그리스도 안에서 우리가 성장하는 것이 아니라 우리 안에서 그리스도가 성장하는 것이라고 하며 삶 가운데 임재하시는 그분의 은혜에 반응할 때 성령의 능력으로 그리스도가 우리 가운데 형성됩니다. 이 일은 우리의 직업, 여가생활, 대인관계 등 모든 삶의 속에서 '하나님의 임재를 경험할 때' 일어납니다.

우리는 '나는 누구인가, 나는 누구에게 속한 사람인가'를 고백하면서 마음 가운데 계시는 성령의 도우심으로 생활하고, 나아가 하나님께 '아바 아버지'라고 부르짖습니다.

그리스도께 우리 자신을 산 제물로 드릴 때 그리스도는 우리 가운데 살아계십니다. 이는 주님의 제자들이 사랑으로 반응하는 것이며 더욱더 그분과 같이 생각하고, 느끼고, 믿고, 봉사하고 살아가는 우리 자신을 발견합니다. 예수님을 닮아 갈 뿐만 아니라 점점 더 인간적이고 진정한 자아를 찾게 되는 것입니다. 복음을 체험하고, 이야기를 나누고, 믿음이 성장하며, 성령이 역사하는 곳은 바로 모든 사람을 포용하시는 하나님께서 창조하신 사랑의 공동체입니다.

10. 에베소서

주제:

에베소서는 옥중서신 가운데 하나이며 전반부에서는 하나님의 선택, 화해, 교회론 등에 대한 교리적 내용들을 체계적으로 다루고 있습니다. 후반부에서는 그리스도인의 실제 삶의 기본 원칙들을 제시해 주고 있음.

목적:

감옥에 갇혀 있어서 에베소에 직접 갈 수 없었기에 서신으로 권면의 말씀을 전하기 위함이며 당시 아시아의 교회들에는 이방인과 유대인이 섞여 있어 늘 분열의 위협이 있었습니다. 그리스도의 몸인 교회의 비밀과 성도들에게 주어진 풍성한 복을 알도록 하기 위해서 기록함.

내용요약:

교회는 본서 전편에 흐르는 주제로서, 교회를 '그리스도의 몸', '그리스도의 신부', '성령의 전'이라고 묘사하고 있습니다. 그 가운데서도 가장 잘 정의한 것은 '그리스도의 몸'된 교회인데, 그리스도는 바로 몸의 머리시다. 교회의 하나 됨에 대해서도 강조합니다.

예수 그리스도 안에 있는 교회와 교회 안에 거하는 성도의 생활, 즉 모든 신자들은 예수 그리스도 안에서 그리스도의 부요함과 은혜와 영광을 상속받을 상속자들입니다. 에베소서는 주님도 한 분이요, 믿음도 하나요, 세례(침례)도 하나라는 사실을 강조함으로써 연합의 중요성을 강조합니다. 에베소서는 어떤 특별한 필요에 의해 기록되지 않았고 사도는 자신이 회심시킨 그리스도인들에 대한 뜨거운 사랑의 표현으로 이 편지를 기록하였습니다.

그는 성도들이 믿음에서 굳건히 자라고 주 예수님 안에서 하늘의 모든 특권을 얻기를 간절히 바랐습니다. 엄청난 규모의 다이아나 신전을 늘 접하던 그곳의 성도들에게 그리스도의 몸 즉 그분이 모퉁잇돌이 되는 건물이 그것보다 훨씬 더 웅장하고 중요함을 보여 줄 필요를 느낀 사도는 건물의 비유를 사용하여 이것을 잘 묘사합니다(2: 19-22).

에베소서는 은혜, 영원한 선택, 그리스도의 구속, 그분의 피로 말미암아 화평과 용서, 효능이 넘치는 은혜의 능력에 의한 회심, 행위와 무관하게 주어지는 하나님의 은혜의 구원, 교회의 신비, 성도들의 생활 등과 같이 중요한 교리를 일목요연하게 제시하고 있습니다.

에베소서는 대부분의 다른 서신들과 마찬가지로 보내는 자와 받는 자 모두를 밝히는 관례적인 인사말로 시작합니다. "하나님의 뜻으로 말미암아 그리스도 예수의 사도 된 바울"이 보내는 자요 "에베소에 있는 성도들과 그리스도 예수 안에 있는 신실한 자들"이 받는 자들입니다(엡 1:1). 에베소서를 어떻게 읽어야 할지 관해 '성도'(saints)로서, 우리가 마치 '에베소'에 있던 것처럼, 우리는 '신실한 자'의 모습으로, 우리는 '그리스도 예수 안에서' 에베소서를 읽어야 합니다.

11. 빌립보서

주제:

빌립보서에는 기독론의 핵심이 잘 드러나며 교리적 설교나 공식적인 권면보다는 개인적인 성격을 띠고 있으며 하나 됨, 낮아짐, 순종, 거룩함, 견고함, 주 안에서 기뻐함 등의 영적 지침을 담고 있음.

목적:

빌립보 교인들이 베풀어 준 호의에 감사하고 에바브로디도로 인해 근심하는 빌립보 교인들을 안심시키기 위함입니다. 유대주의적 율법주의자와 반도덕주의자들이 위협하고 있다는 소식을 전해 듣고 빌립보 교회에 필요한 영적 지침을 주기 위해서 기록함.

내용요약:

본서 2:5-11은 하나님의 아들의 성육신에 대한 것입니다. 그리고 "떠나서 그리스도와 함께 있는 것이 훨씬 좋은 일이라"고(빌 1:23) 하는 바울의 말씀은 이 세상을 떠난 성도들이 천국에서 행복하게 살 것을 암시하는 것으로 신학적으로 매우 중요합니다.

하나님과 다른 사람들과의 관계에서 복음의 중요성을 역설하며 "예수 그리스도의 몸"으로서의 교회를 다루면서 은혜를 통하여 높아진 성도들의 위치, 예수 그리스도의 몸에 관한 진리, 합당한 행함을 말합니다. 빌립보 교회에는 가난하고 핍박 받는 성도들뿐만 아니라 논쟁에 빠지려 하는 사람들과 영적 우월감에 빠진 사람들이 있었습니다. 에바브로디도가 빌립보 성도들이 모은 사랑의 선물을 가지고 왔다가 돌아갈 때에 사도는 그들에게 편지를 써서 감사를 표시했습니다.

이 편지에는 빌립보 사람들을 향한 바울 사도의 애정과 로마 감옥에서의 그의 행적이 묘사되어 있습니다. 그들이 자기를 격려하고 지원한 것에 감사하며 사도는 그리스도로 인한 그들의 핍박을 보면서 소망을 주고 또 모세와 그리스도 그리고 율법과 은혜를 접목시키려 하는 자들을 향한 경고를 줍니다. 사도 바울의 개인적인 상황과 권면 그리고 동역자들에 대한 소식과 사도 바울의 영적인 열정 그리고 그리스도인의 미덕을 권면하며 헌금에 대한 감사의 표시와 문안하고 있습니다.

빌립보 교인들에게 섬김과 겸손을 권면하고(빌 2:14) 이런 삶 속에서 그들의 '높아진' 지위를 '세상에서 빛들'로(빌 2:9,15) 나타내는 소명에 연결시키며 영적으로 개발된 삶은 그리스도 안에서 형성됩니다. 그것이 십자가에 못 박히시고 높임을 받으신 아들의 순종을 일상생활에서 구체화하는 삶입니다. 우리를 그리스도 중심의 삶으로 이끄는 그리스도 안에서 우리를 형성하는(개인 혹은 공동체로)생각과 감정 그리고 삶의 습관들을 발견하는 것입니다. 우리는 어떤 상황에서든지 그리스도로 충만한 삶의 부요함을 배울 수 있습니다.

12. 골로새서

주제:

골로새서는 뛰어난 기독론을 전개하면서 만물보다 뛰어난 그리스도의 우월성을 강조하고 있으며 또한 혼합주의 이단을 경계하는 내용과 성도의 바른 삶에 대해 다룸.

목적:

골로새 교회에 침투한 이단 사상을 배격하기 위함입니다. 골로새 교인들이 그리스도 안에 뿌리를 내리고 세움을 받아 믿음에 굳게 서서 감사하는 생활을 하도록 돕기 위해서 기록함.

내용요약:

본 서신은 1:15-20의 내용을 중심으로 기독론을 묘사하고 그리스도에 대해 완벽하게 서술함으로써 로마서와 고린도전서의 기독론보다 뛰어난 기독론을 보여 주며 본서에 나오는 기독론은 그리스도의 신인 양성을 부정하는 이단 사상을 불식시키고자 예수님의 신성과 인성을 함께 말씀합니다.

골로새서는 그리스도인의 생활, 즉 헛된 세속의 철학들로 혼란스러워진 골로새 교회에 보낸 서신서입니다. 예수 그리스도께서 그의 몸 된 교회의 머리이실 뿐만 아니라 모든 영역에 있어서 지존하심을 강조합니다.

바울 사도는 골로새의 에바브라 목사의 방문을 통해 그곳 교회의 상황을 보고받았고 또 오네시모에 관하여 골로새에 있던 빌레몬에게 글을 써야 했으므로 이 서신과 빌레몬서를 기록하여 두기고를 통해 그곳으로 보냈습니다. 사도는 에바브라로부터 골로새 교회에 할례, 신비주의, 금욕을 통한 구원, 천사 숭배 등의 잘못된 풍습과 가르침이 있다는 이야기를 듣고 그리스도의 중보자 되심과 그분께서 모든 것보다 뛰어나심을 부인하는 자들에게 경고를 주는 내용을 담은 본 서신을 기록하였습니다. 궁극적으로 그리스도께서 모든 것의 으뜸이 됨을 보여 주고자 했습니다(1:18). 1장은 그리스도의 신성, 충분하심, 우월성을 다루며 2장은 거짓 교사들을 향한 변증을 담고 있고 3,4장은 그리스도인들의 삶과 기도 요청을 담고 있습니다.

  오직 그리스도 안에서만 온전한 구원이 있습니다. 따라서 믿는 자들은 하나님 앞에 거룩하고 흠이 없으며 책망할 것이 없는 자로 설수 있게 됩니다(골 1:22). 그리스도인들은 말씀, 곧 그리스도 안에서 뿌리를 내리고 세움을 받음으로써, 주님을 온전히 기쁘시게 하는 데까지(골 1:10) 성장하는 성숙한 사람들입니다(골 1:28). 사역으로 인한 고난 곧 "하나님의 말씀을 이루려 함이니라"는(골 1:25) 사명에 대한 확신에서 나오는 고난입니다.
  예수 그리스도 안에서, 예수 그리스도를 통해, 예수 그리스도처럼 하나님을 올바로 알게 될 때, 믿는 자들은 확신있게 '위에 것'을 찾을 수 있습니다(골 3:1). 구원의 좋은 소식을 안다면(직설법), 믿는 자들은 사랑으로 옷 입은 삶을 살아야 합니다(명령법, 골 3:14). 명령은 복음선포 다음에 이어지는데, 조건이 아닌 결과로서 따라옵니다. 순서가 바뀌어서는 안됩니다. 순서를 바꾸면 복음은 율법으로 변질되고 맙니다.

13. 데살로니가전서

주제:

데살로니가 교회는 박해 가운데서도 믿음을 지켰으나 잘못된 종말론으로 인해 위기에 봉착했으며 바울은 성도들에게 재림을 소망하며 현재의 삶에 충실하라고 권고함.

목적:

믿음으로 박해를 견디고 있는 데살로니가 교인들을 격려하기 위함입니다. 그릇된 종말론을 가지고 있는 이들에게 그리스도의 재림에 관한 바른 이해를 주기 위해서 기록함.

내용요약:

본서에 나타난 핵심적인 사상은 종말에 있을 그리스도의 재림입니다. 그리스도의 확실한 사실이며 신자들은 생계를 버리는 극단적인 종말론자들처럼 되지 말고, 그리스도의 재림을 사모하고 예비하는 삶을 살아야 합니다.

헬라의 이교도적인 배경에도 신앙 안에서 흔들리지 말고 견고히 서라고 명령합니다. 그리고 재림에 대한 올바른 교리를 가르치고 있습니다. 베레아에서 다시 아테네로 피신한 바울은 디모데를 만나서 그를 데살로니가로 보내어 그곳의 성도들을 위로하게 하였습니다.

사도가 고린도에 있을 때에 디모데는 데살로니가에서 바울에 대한 인신공격이 있고 죽은 성도들로 인한 염려가 있음을 알려 왔습니다. 이에 사도는 그들에게 먼저 자신을 변호한 뒤 박해에도 불구하고 충성을 다할 것을 말하며 이미 가르친 적이 있는 진리를 확증하고 거룩한 삶을 살 것을 권면

하였습니다. 이것은 사도 바울이 모델 교회에 보낸 첫째 편지였는데 이 교회는 나무랄 데가 거의 없는 순전한 교회였습니다. 이 교회는 믿음의 행위와 사랑의 수고와 소망의 인내를 가진 교회였습니다. 그는 그들의 선택, 성령의 사역, 확신, 삼위일체, 재림, 성화, 부활과 휴거, 주의 날, 사람의 삼위일체 등을 가르쳤습니다.

바울은 데살로니가 교인들에게 그가 알고 있는 놀라운 복음을 다음과 같이 선포했다. "메시아가 악의 광포함과 죽음의 고통과 고독을 스스로 짊어지심으로써 악과 죽음을 정복하셨습니다. 예수님은 악과 죽음이라는 강력한 힘을 무력하게 만드시고, 원수들의 무장을 해제하셨습니다. 그분은 실제로 죽음의 고통을 당하셨을 뿐 아니라 부활이라는 진정한 승리를 통해 죽음을 정복하셨습니다. 의의 대적들, 곧 악과 죽음과 관련해서 예수님은 사람들이 죽음 앞에서 당하는 고독을 체험하셨을 뿐 아니라 그들을 대신해 죽기까지 하셨다"

데살로니가전서에는 세 가지 쟁점이 있었는데 첫째, 예수 그리스도께서 죽음을 이기신 후에 약속하신 재림의 시기에 대한 것, 둘째, 그리스도인들의 윤리적 행동, 특히 부부생활에 관한 것입니다. 셋째, 세상에서 그리스도인들이 해야 할 역할에 관한 것입니다. 이런 세 가지 쟁점은 당시에도 중요한 관심사였고, 오늘날에도 마찬가지입니다.

그렇다면 현대를 사는 우리가 예수 그리스도의 제자로서 해야 할 일은 무엇인가? 바울서신을 읽고, 바울의 권면에 귀를 기울이는 것입니다. 바울이 1세기의 친구들을 위해서 그렇게 했듯이 우리를 위해서도 모든 것을 새롭게 할 것입니다.

14. 데살로니가후서

주제 :

데살로니가 교회는 바울의 편지를 받은 후 재림에 대해 오해하여 어떤 성도들은 종말이 왔다며 일을 하지 않았으며 이에 바울은 재림에 대한 오해를 불식시키기 위해 본서를 다시 씀.

목적 :

그릇된 종말론을 가지고 있는 이들에게 그리스도의 재림을 바르게 이해시키고, 종말을 핑계로 성실하지 않았던 사람들을 바로잡기 위해, 박해의 상황에서 더욱 인내하도록 격려하기 위해 기록함.

내용요약 :

종말의 시기와 종말에 있을 여러 가지 현상 가운데 배도에 관한 내용입니다. 예수님도 종말이 되면 기독교를 배도하거나 적그리스도가 나타날 것에 대해 말씀해 주셨습니다.

핍박받는 성도들을 격려하고 그리스도의 재림에 대한 가르침과 교인들을 위한 권면의 내용으로 하나님의 말씀에 굴복하지 않는 율법주의적 유대인들이 새로 개종한 그리스도인들을 핍박하였습니다. 또 그리스도께서 곧 재림하신다고 믿고 아무런 일도 하지 않는 사람들도 있었는데, 이런 이유로 게으르지 말고 인내와 부지런함으로 열심히 일하라고 권면 합니다.

그리스도의 재림의 임박성에 대해 잘못 알고 있던 데살로니가 교회의 성도들이 일도 하지 않고 무질서하게 사는 것을 보고 사도는 이 문제를 바로 가르쳐 주기 위해 먼저 그들이 복음으로 인해 핍박과 고난을 당하고 있음을 상기시키면서 위로를 줍니다. 주의 재림에 관하여 다시한번 설명해서 그들의 잘못된 생각을 바로 잡아 주며 무질서하게 걷는 자들을 지목하고 그런 사람들에게 떠날 것을 권면합니다. 데살로니가후서 2장은 특히 주님의 재림과 관련해서 유대인들의 예루살렘 성전 건축, 적그리스도의 출현, 그때의 세상 풍조 등을 잘 보여 주고 있습니다.

기독교가 생생한 삶의 현장에서 실제로 살아가는 사람들과 관련이 있음을 확증합니다. 데살로니가 교인들도 다른 사람들과 똑같이 자신들이 속한 시간과 문화 속에서 살아갑니다. 기독교 신앙은 역사적이며 구체적입니다.
예수님 안에 있는 그리스도인이라고 해서 노동과 휴식, 고통과 기쁨, 삶의 시작과 끝이라는 일상적인 삶과 동떨어져 있지 않습니다. "우리가 예수께서 죽으셨다가 다시 살아나심을 믿을진대"(살전 4:14). 예수님은 우리의 삶의 여정에서 그리고 심지어 홀로 죽음에 직면하는 고독의 순간에도 변함없이 함께하시면서 전적으로 그분 자신을 우리와 동일시하는 분이십니다. 또한 그분은 죽음을 이기신 승리를, 나약하고 어리석은 우리와 함께 나누는 분이십니다.

15. 디모데전서

주제 :

디모데전서는 바울이 에베소에 목회를 하고 있던 디모데에게 보낸 목회 서신으로 개인에게 보낸 편지이기에 이단 사상이나 성도의 신앙생활 등 교회의 공적인 문제에 대해서도 다루고 있음.

목적 :

디모데가 목회 사역의 책임을 합당하게 감당하도록 일깨우기 위함이며 거짓된 영지주의의 이단 교리를 배격하고 성도들이 바른 신앙을 갖도록 하기 위해서 기록함.

내용요약 :

목회의 본질과 올바른 방향을 제시하고 있으며 이원론적인 영지주의의 이단 사상에 대항하여 올바른 교리를 말씀합니다. 이에 대해 성도들은 성경적 세계관과 복음적인 교회론에 입각하여 올바른 신앙을 가져야 할 것입니다.

거짓 교훈에 대한 경계와 주의 은혜가 바울에게 넘치도록 풍성함과 디모데에게 주는 교훈과 교회의 행정적인 지침들 그리고 거짓교훈을 다루는 방법 교회 내의 여러 계층에 관한 것과 기타 문제에 대한 지침을 말씀해 주고 있습니다.

디모데에게 하나님의 진리 안에 거하며 다른 헛된 교리들을 따르지 말라고 권면합니다. 바울은 디모데와 함께 에베소에 갔다가 그를 사역자로 남겨

두고 떠났으며 후에 이 젊은 목사의 사역을 위해 조언을 줄 필요가 있어 이 글을 기록하였습니다. 사도는 그에게 자기의 교리와 생활 방식 등에 주의를 기울이며 하나님의 집에서 바르게 처신하는 법을 가르쳐 주었습니다.

또한 사도는 교회의 유일한 두 직분인 목사와 집사의 자격에 대해 가르치고 과부를 돌보며 모든 사람의 귀감이 되는 목사가 될 것을 권면하였습니다. 루터는 이렇게 말하였습니다. "사도는 목사들을 위한 모델로서 이 편지를 기록하여 그들이 무엇을 가르칠지 또 모든 상황에서 어떻게 교회를 다스릴지 알려줌으로써 그들이 사람의 지식으로 다른 성도를 인도하지 못하게 하였다."

디모데전서를 자세히 읽다보면, 교회란 혼란스러운 것이며 예전에도 그랬음을 알 수 있습니다. 교회를 향한 복음은 수많은 허물을 가진 우리가 바로 그리스도의 몸이라는 것입니다. 교회는 세상에 드러난 그리스도의 형상이며 허물 많은 세상에 대한 하나님의 해답이기도 합니다(고전 12:27).

예수 그리스도는 우리가 저지른 끔찍한 죄로 인해 우리를 버려두지 않으시며 우리가 신앙에 실패했다고 해서 우리를 포기하지 않으십니다. 하나님은 우리와 함께 일하시고, 우리를 바로잡으시고, 우리를 가르치시고, 우리를 참을성 있게 이끄시며, 우리를 향해 손을 내미십니다. 지난 2천 년간의 교회역사 동안 디모데전서와 같은 격려의 말씀 속에서 그렇게 해오셨습니다.

16. 디모데후서

주제:

디모데후서는 바울이 임종 직전 사랑하는 후계자 디모데에게 주는 유언과 같은 편지로 디모데전서보다 더 개인적인 내용이며, 신실한 사역자의 특징 및 바울의 회고담이 잘 나타나 있음.

목적:

디모데로 하여금 다가올 박해에 대해 대처하여 복음과 신앙을 다시 고백하고 자신의 직무에 충실하도록 하기 위함입니다. 디모데를 만나 위로와 사랑의 교제를 나누기를 원한다고 전하고, 또 디모데가 올 때 드로아에 두고 온 겉옷과 책들을 가져오도록 하기 위해서 기록함.

내용요약:

현명하고 경험 많은 그리스도인 리더가 젊은 그리스도인 목회자에게 조언을 해주는 것입니다. 성령의 사역에 대해 언급합니다. 성령께서는 하나님의 자녀들을 거듭나게 하시고 사랑하시며 훈련시키십니다(1:7). 또한 성경이 임의로 쓰인 것이 아니라 성령께서 각 저자들의 마음을 감동시키셔서 오류가 없도록 기록하게 하신 것임을 강조하고 있습니다. 바른 교훈을 지키고 가르치고 교훈 안에 거할 것과 전파할 것에 관해 말씀합니다. 교회 내의 여러 계층에 관한 지침과 기타 문제에 대한 지침에 관해 언급합니다.

자신이 감옥에 갇혀 있는 동안에도 강건하게 지내는 것처럼, 예수 그리스도의 선한 군사로서 디모데에게 닥칠 모든 시련들을 잘 견디라고 권면합니다. 바울은 자기가 에베소서에 가지 못한 이유와 자신의 어려운 상황을 알려

주고 디모데가 자기를 방문해 줄 것을 바라며 이 서신을 기록하였습니다.

그러면서 사도는 디모데가 복음의 사역자로서 신실하게 의무를 감당할 것을 촉구하며 복음을 위해 늘 고난당할 준비를 하고 있어야 함을 가르쳤습니다. 또한 말세에 있을 거짓 가르침과 교사들의 특성 등에 대해 자세히 설명해 주고 끝으로 그가 속히 로마에 와서 자기와 함께 있어 줄 것을 요청했습니다.

디모데후서는 매우 사적인 서신으로서 25명의 인물이 이 안에서 언급이 됩니다. 서신의 전반적인 분위기는 사도의 어려운 환경으로 인해 어둡지만 그 가운데서도 주님으로 인한 승리와(4:17) 죽음을 앞둔 사도 자신의 확신에 찬 소망이 담겨 있습니다(4:6-8).

디모데후서는 어떻게 인내할지, 우리의 신앙을 어떻게 계속 유지할지, 교회에 대해 참기 힘들 때에도 어떻게 그리스도인으로 변함없이 남아 있을 수 있는지, 시시때때로 우리를 크게 실망시키는 신앙 공동체와 어떻게 가까이할지 등의 영적성장 문제와 씨름하는 사람들을 위한 훌륭한 지침서입니다. 디모데에게 자신의 '교훈', '행실', '의향', '믿음', '오래 참음', '사랑' 그리고 '인내'를 관찰하라고 주저 없이 말씀합니다(딤후 3:10).

누가 우리의 스승이며 신앙의 본보기인가? 그리스도인이 추구하는 신앙은 혼자 이루기에는 너무 어렵습니다. 우리에게는 훌륭한 본보기가 있어야 합니다. 우리는 다른 사람들에게 본보기가 될 만한 삶을 살고 있는가? 다른 이들이 우리의 영적 훈련과 실천 속에서 우리가 말하는 길과 행하고 있는 길 사이의 '건강한 일치'를 발견할 수 있는가? 믿음이 행함을 통해서 증명된다는 것을 가르치고 있습니다.

17. 디도서

주제:

디도서는 바울이 그레데 섬에서 목회하는 디도에게 목회 지침을 주고자 쓴 편지로 짧은 내용이지만 신학적인 논조가 짙고 그리스도의 재림과 구원론을 명확하게 제시하고 있음.

목적:

그레데 섬에 있던 교회들을 조직하고 감독하는 디도의 목회사역을 격려하기 위함입니다. 거짓교사의 가르침과 이단 사상을 경계하고 그레데 교회를 진리 가운데 바르게 세우기 위해 기록함.

내용요약:

지혜로운 사도바울이 그의 보살핌 아래 있는 다양한 그룹, 곧 늙은 남자, 늙은 여자, 젊은 여자, 젊은 남자, 그리고 종들의 구체적인 필요에 맞추어서 목회 형성(pastoral formation)의 지침을 조언했다는 점은 매우 가치가 있으며 기독교 신앙의 중요한 교리를 다루고 있습니다. 예수 그리스도를 믿음으로써 얻는 영원한 생명, 하나님의 절대주권에 따른 선택, 성육신, 구원의 보편성, 종말과 재림 등을 언급하고 있습니다.

디도서는 교회 행정에 관한 지시와 교회 각층에 대한 교훈 그리고 사회생활에 관한 교훈을 알려 주고 있습니다. 그리스도인들은 순결한 삶을 살 뿐만 아니라 그 마음의 동기도 순결해야만 합니다. 오순절에 예루살렘에 온 크레테 사람들 가운데 베드로의 설교를 듣고 회심한 이들이 고향에 돌아가 교회를 세운 것으로 추정됩니다(행 2:5,11). 사도는 크레테 교회의 사정을 알리는 소식을 듣고 디도를 보내어 모든 일을 정돈하고 모든 도시에 장로 곧 목사를 임명하게 하였습니다. 디도서에서 사도는 목사의 자격과 교회가 목사를 선임하고 임명하는 것에 대해 말하고 그가 목회하고 있는 지역 사람들의 특성을 말해 주며 거짓 교사들과 싸워서 그들의 이단 교리를 부수고 또 율법에 관한 논쟁으로 발생하는 어리석은 일들을 피하라고 조언을 합니다. 끝으로 사도는 크레테 사람들에게 선포해야 할 복음에 대해 말하고 있습니다.

장로들은 흠이 없고 손님을 잘 대접하며 신중하고 의롭고 거룩하고 절제하며 선행을 좋아하고 바른 가르침과 교훈을 할 수 있도록 말씀을 그대로 지켜야 합니다(딛 1:6-9). 또한 교만하거나 급히 화를 내거나 술에 탐닉하거나 폭력적이거나 이득을 탐하지 말아야 합니다(딛 1:7).

디도서는 이제 막 그리스도인이 된 사람들에게 구체적인 도덕적 지침을 주며 그리스도를 따르는 길이 정말 참되다면 우리의 말과 행동을 통해 그것이 실현되는 것을 볼 수 있어야 하며 그러한 그리스도를 따르는 길로 우리를 안내합니다.

18. 빌레몬서

주제 :

빌레몬서는 바울이 빌레몬에게 그의 노예였던 오네시모를 대신해 쓴 짧은 편지로 오네시모의 허물을 형제의 사랑으로 용서해 줄 것과 오네시모가 자신의 동역자로 사역하도록 허락해 줄 것을 부탁함.

목적 :

빌레몬이 너그러운 마음으로 오네시모를 용서하도록 하기 위함이며 빌레몬의 허락을 받고 오네시모를 바울의 동역자로 삼기 위해서 기록함.

내용요약 :

짧고 개인적인 편지인 빌레몬서는 바울 서신 전체의 결말이라고 할 수 있습니다. 본서는 죄에 대해 언급하고 있는데 그 가운데서도 사람과 사람과의 관계에서 범한 죄에 대해 말씀합니다. 또한 교회 공동체의 교제에 대해 언급하는데, 특히 그리스도의 사랑 안에서 서로 용납하고 교제를 나눌 때 사회적, 경제적 장벽이 허물어진다는 사실을 보여 주고 있습니다.

바울은 1:11에서 빌레몬의 노예인 오네시모란 이름이 의미하는 '유익함'이란 말을 사용하여 오네시모의 변화된 모습을 알려주고, 그를 형제로서 받아들이라고 권면합니다. 빌레몬의 종이었던 오네시모는 로마로 도망갔다가 바울의 복음 선포로 회심하였습니다. 바울은 두기고와 함께 오네시모를 빌레몬에게 보내면서 그가 그를 친절히 대우해 줄 것을 부탁합니다. 그 당시 로마 제국의 삼분의 일 이상이 종이었다는 사실을 기억하면 이 편지를 쉽게 이해할 수 있을 것입니다. 바울은 회심한 오네시모를 자기의 협력자로 두고 싶었으나 먼저 그를 빌레몬에게 보내는 것이 합당하다고 느꼈습니다. 하지만 도망친 종이 주인에게 돌아가면 죽을 수밖에 없으므로 사도는 오네시모를 대신해서 간곡하게 그를 용서해 줄 것을 간구합니다.

바울은 빌레몬에게 오네시모를 받아들이라고 명령할 수도 있었으나 그러나 그는 예수 그리스도와 형제자매들을 향한 빌레몬의 믿음 안에서의 자발적인 사랑에 근거하여 호소합니다. 이것은 마치 "믿음, 소망, 사랑, 이 세 가지는 항상 있을 것인데 그 중의 제일은 사랑이라"(고전 13:13)는 가르침을 떠올리게 합니다.

바울의 간구는 권위를 내포하고 있습니다(19절). 명백하게 그것은 사랑 안에서 이루어진 반박할 수 없는 요청입니다. 바울은 "너 역시 나에게 빚을 졌으니 내 요청을 들어 달라, 받을 것을 바라지 말아라. 애가 곧 너를 방문하겠다"라고 말합니다. 이것은 그리스도인 상호 간에 교제에 대한 약속과 빌레몬이 따르는 지속적인 제자도에 대한 바울의 위탁이 표지로서 우리에게 다가옵니다.

19. 히브리서

주제 :

히브리서는 유대교에서 개종한 그리스도인들이 다시 유대교로 돌아갈 것을 염려하여 예수 그리스도의 위격과 사역의 우월성을 증명하고 있음.

목적 :

박해로 인해 배교 위험에 처해 있던 유대인 그리스도인들을 격려하기 위함입니다. 그리스도의 인성과 사역의 우월성을 증명함으로써 유대교에 대한 기독교의 우월성을 확증하기 위해서 기록함.

내용요약 :

히브리서는 태만한 신자들에게 복음의 위대함과 이 복음에 대한 충성심을 다시 한 번 일깨워 주기 위해 조심스럽게 기록한 신학적 논문인 기독론입니다. 천사와 모세보다도 더 높으신 예수 그리스도의 우월성, 십자가의 보혈로 인간의 죄를 속죄하신 것 그리고 구약의 제사보다 우월하여 어떠한 죄인도 용서할 수 있는, 단 한 번의 영원한 제사를 통해 하나님과 인간을 화목하게 하신 대제사장으로써의 그리스도를 말씀합니다.

예수 그리스도 자신을 직접 드린 희생 제물은 유대인의 제사 제도에서 드릴 수 있는 어떤 희생 제물과도 비교 불가한 것입니다. 그 당시에는 여전히 유대교가 큰 영향을 미치고 있었으며 유대인 교사들은 기독교로 회심한 형제들에게 손을 뻗어 그들을 다시 유대교로 복귀시키려 하였습니다. 이에 사도는 유대인 교사들의 주장을 무력화하기 위하여 먼저 예수 그리스도가 천사와 모세와 여호수아와 아론과 그의 아들들과 레위의 제사장 체계와 그 안의 모든 희생물보다 우월함을 증명합니다.

그리고 이것을 확증하기 위하여 사도는 율법의 신비를 아는 것과 그 안의 의식 법들이 제정된 목적과 용례 그리고 이제는 그것들이 실체가 옴으로써 완전히 폐기된 것 등을 논리적으로 보여 주고 있습니다. 또한 사도는 극심한 핍박을 당하는 성도들을 향해 예수 그리스도로 인해 고난당하는 것을 참으라고 권면하고 배도의 물결에 휘말리지 말 것을 촉구합니다.

그러면서 사도는 구약시대 영웅들의 믿음 열전을 보여 주며 '구약과 신약의 동일한 참된 믿음'이 무엇인지 가르쳐 주고 우리의 참 소망이 하늘에 있음을 상기시켜 주고 있습니다. 유대인들을 대상으로 한 글이지만 히브리서는 신약시대의 모든 성도들에게 적용됩니다.

이 서신은 신자들에게 예수 그리스도 안에 있는 하나님의 숭고한 계시와 모세 언약에 대한 그리스도의 완전한 우월성을 상기시켜 줍니다. 영적인 무관심과 기독교 신앙을 포기하려는 위험성에 대하여 언급하므로 어려서부터 기독교 신앙 안에서 성장했지만 신앙에서 점차 멀어져 가는, 그래서 결국 믿음에서 떨어져 버린 혹은 회심의 경험이 이미 시들어 버린 성도들, 여기서 더 나아가 다른 종교나 다른 영적 세계를 경험해 보기 위해 기웃거리는 신자들에게 꼭 맞는 서신입니다.

히브리서는 복음의 약속을 버리고(히 4:4, 10:35) 구원의 빛을 외면하여(히 6:6) 신학적으로 표류하는 자들에게(히 2:1) 경고하고 있습니다. 옛 언약의 본문들과 모형들을 거듭 언급하면서 새 언약의 주체가 되시는 예수님이 완전하고 충족한 구원자이심을 증명합니다. 자신의 노력으로 하나님과 바른 관계를 맺을 수 없던 사람들이 처음이자 마지막 대제사장이신 예수님으로 말미암아 하나님과 영원한 관계를 맺을 수 있게 되었습니다(히 12:1-2).

20. 야고보서

주제:

야고보서는 신약의 잠언이라고 불리며 예수님의 형제인 야고보 사도는 그리스도인의 실천적인 믿음을 강조하여 행함이 없는 믿음은 죽은 믿음이라고까지 말하고 있음.

목적:

환난과 시험에 처해 있던 성도들이 시험을 통해 잘 연단되고 인내하도록 격려하기 위함입니다. 이신칭의 교리에 대한 잘못된 이해로 현실을 등한시하는 경향을 바로잡기 위해서 기록함.

내용요약:

기독교적 신앙과 삶에 모두 충실할 것을 요구하며 믿음으로 구원을 얻지만 그 믿음을 온전케 하는 것은 바로 행함에 있습니다. 그러나 행함으로 구원을 얻는 것은 결코 아닙니다. 오직 하나님의 은혜로 말미암아 구원을 얻을 수 있습니다. 시련과 시험, 말씀의 경청과 행함, 사회적인 차별을 금지, 믿음과 행함, 혀의 절제, 참 지혜와 거짓 지혜, 세속성에 대한 경고, 압제하는 무리들을 경고, 권고하는 내용을 다루고 있습니다.

인내가 흠 없는 주의 자녀가 되기 위하여 갖추어야 할 경건한 성품이며 순수한 신앙이란 하나님 앞에서 올바르게 행동할 뿐만 아니라 세상에서도 모범이 되는 삶을 사는 것이라고 말합니다. 야고보는 초기 사도 시대에 팔레스타인 지역 밖에 거하던 유대인 그리스도인들의 영적 성장을 위해 구약성경을 인용하여 실제적으로 어떻게 그리스도인의 삶을 살아야 할지 가르치고 있습니다.

 야고보서는 로마서처럼 상세하게 구원의 도리를 가르치는 책이 아니라 구원받은 신자의 삶에서 어떤 행위가 나와야 하는지를 보여 주는 실제적인 생활지침서입니다. 먼저 야고보는 성도들이 고통과 핍박 중에서 인내하며 주님의 재림을 기다릴 것을 권면하고 있습니다. 또 믿음을 고백하는 신자들 가운데 바르지 못한 사람들의 악한 행습을 지적하고 그들의 위선을 비판합니다. 그는 행위가 없는 믿음이 죽은 믿음임을 확증하며 그래서 어떤 이는 야고보서를 신약성경의 잠언이라 부릅니다. 유대인 그리스도인들을 대상으로 한 글이지만 야고보서는 신약시대의 모든 성도들에게 적용되어집니다.

 그리스도인이 된다는 것은 '단지 듣기만 하는 자가 아니라 말씀을 행하는 자'(약 1:22)가 되는 것이라고 말씀합니다. 또한 "하나님 아버지 앞에서 정결하고 더러움이 없는 경건"을(약 1:27) 나타내는 삶을 통해 완전한 헌신을 말씀합니다. 이 서신은 듣고 행할 것에 대한 그리고 아는 것을 실천할 수 있도록 요구하는(약 1:22-25) 학습서입니다.

 신자들이 이미 잘 알고 있는 삶의 공통된 문제들을 다루고 있으며, 최선의 삶을 사는 데 필요한 지혜에 대하여 깊은 관심을 가지고 또한 그렇게 실천할 것을 강력히 요청합니다. 개인의 종교적 성실성, 영적 성숙을 강조하고, 인간관계에서의 이기주의를 배격하며, 교회와 세상에서 어떻게 책임 있게 살 것인지에 관하여 분명한 메지지를 전달하고 있습니다.

21. 베드로전서

주제:

베드로전서는 고난 받는 성도들에게 소망과 위로를 주는 책으로 그리스도인은 세상 속의 나그네임을 기억하고 핍박 가운데서도 권위에 순종하고 믿음과 사랑 안에서 강건해질 것을 권면함.

목적:

박해를 받고 있던 성도들이 현재의 고난을 극복하고 다가올 영원한 영광을 바라보도록 위로하고 격려하기 위함이며, 이 세상에서 성도가 그리스도와 같이 순종하고 순응하는 태도를 가지도록 하기 위해서 기록함.

내용요약:

A.D. 64년 로마 시에서 시작된 네로 황제의 기독교 대박해가 로마 제국 전 지역으로 점점 확산되어 소아시아 교회에까지 미치게 되었습니다. 이에 사도 베드로가 소아시아 교인들에게 소망을 가지고 인내할 것을 당부하고 격려하라고 쓴 편지가 베드로전서입니다. 당시 예수를 믿는 다는 것은 핍박과 고통, 죽음까지도 감수해야 하는 일이었습니다. 당시의 그리스도인들은 예전에 섬기던 우상과 세상의 즐거움, 정욕을 비롯한 모든 죄악을 버렸기 때문에 가족이나 친구 사이에서 오해와 비난을 받아야만 했습니다. 극심한 핍박을 받고 있던 그들은 예수와 명예, 예수와 물질, 예수와 친구, 예수와 가족 중의 하나를 선택해야 하는 고통스러운 상황에 처했습니다. 이때 베드로는 이런 핍박과 고난을 받을 때에도 서로 축복하면서 어려움을 이기라고 권면하고 있습니다.

본서는 고난, 영광, 소망, 순례, 용기 등의 주제와 더불어 하나님의 은혜를 강조하고 있습니다. '고난 중의 산 소망'을 중점적으로 다루고 있습니다. 신자들은 하나님 안에 있는 산 소망을 통해 시련과 환난을 극복할 수 있는 것입니다.

산 소망을 주신 하나님을 찬양, 산 소망에 합당한 생활을 위한 권면, 고난에 대한 교훈을 기록하였습니다. 신자들이 겪는 고통과 시련이 그들에게 영적인 영광을 안겨다 주는 축복의 기회라고 강조합니다. 베드로는 먼저 구속과 중생과 성화와 보존의 은혜를 말하고 성도들이 은혜와 믿음과 소망과 사랑 등을 드러냄으로써 다른 사람들에게 하나님의 은혜의 교리를 입증할 것을 촉구하였습니다.

순례자들이 여행하면서 만나는 생소하고 위험한 환경에 대처할 수 있도록 세 가지 삶의 기술을 가르칩니다. 첫째, 고난을 견뎌 내며 본향을 향해 가고, 마귀의 농간을 이겨 내기 위해서는 복음의 진리를 마음에 깊고 또렷하게 담아 그 말씀이 행하시는 능력대로 따라야 합니다. 둘째, 유랑 중에 있는 교회는 그들이 통과해야 할 땅에 거하고 있는 주민들을 건드리거나 혼란을 일으키거나 적대시하는 등의 미련한 짓을 하지 말라고 말씀합니다. 셋째, 예수님은 그분의 백성이 거룩하고 순종하기를 바라시며 순결의 결실인 사랑으로 살라고 부르십니다(벧전 1:22,4:8).

만약 우리가 고난을 받아야 한다면, 그것은 바로 교회가 자신의 왕 되신 분을 닮아야 하기 때문입니다. 고난은 깨끗한 양심과 정화된 믿음이라는 행복한 결과를 낳습니다(벧전 1:6-7,3:16).

22. 베드로후서

주제:

베드로후서는 성도들이 말씀 안에서 영적인 성장을 이루도록 구체적인 덕목을 제시하고 있습니다. 또한 주님의 재림 시 심판이 있을 것이므로 거룩하고 흔들림 없는 삶을 살도록 권유하고 있음.

목적:

향락주의, 재림을 부인하는 이단 사설, 거짓 교사 등 내부적인 위기에 처한 성도들을 권면하기 위함이며 재림에 대한 소망과 확신을 갖게 하기 위해서 기록함.

내용요약:

본 서신은 창조, 예언, 율법, 저주, 심판, 속죄 그리고 구원의 단계 등 기독교의 모든 내용을 담고 있습니다. 예수 그리스도를 진리의 권위자이자, 신자들의 구원자요, 영원한 왕으로 소개하고 있으며, 재림은 단순한 지식이 아니라 그리스도의 구속과 분리될 수 없는 실제적인 개념임을 강조하고 있습니다. 그리스도를 아는 지식 안에서 성장하라는 권면, 거짓 선생들에 대한 경고와 그리스도에 대한 지식을 근거로 거짓된 가르침을 반박하며 자신들의 행위에 따라 심판을 받게 될 마지막 날에 대한 깊은 이해를 갖도록 해주고 있습니다.

이 서신은 베드로의 유언이라 할 수 있습니다. 그는 먼저 성도들이 은혜와 영적 지식에서 자랄 것을 촉구하고 거짓 선지자들에 대해 경고를 주며,

그리스도의 재림과 그 후에 있을 새 하늘과 새 땅에서의 소망을 말해 주고, 성도들이 믿는 바를 계속해서 실천할 것을 권면하고 있습니다.

우선, 그리스도인이 신성한 형상으로 온전하게 자라고 말과 행실이 일치하도록 삶의 순전함을 유지하는데 필요한 '모든 것'을 하나님이 이미 다 주셨다는 점을 독자들에게 각인시킵니다(벧후 1:3-9). 우리는 "정욕 때문에 썩어질 것을" 피하여(벧후 1:4) 하나님의 성품에 참여하도록 창조되었습니다.

우리가 하나님의 성품에 참여함으로써 하나님의 '보배롭고 지극히 큰 약속'이 더 빨리 이루어진다는 것과 '덕', '절제', '인내', '경건', '형제 우애', '사랑'으로 이어지는 덕목과 결합한 지식은 우리의 믿음을 뒷받침해 줍니다(벧후 1:5-7). 과거의 죄는 이미 우리의 것이 아닙니다. 단지 제대로 훈련받지 못한 사람들이나 "맹인이라 멀리 보지 못하는(벧후 1:9-12) 사람들만이 과거의 죄를 통해 얻은 교훈을 잊어버리거나 소홀히 할 것입니다.

베드로후서는 성령의 능력에 힘입어 사람을 외모로 판단하지 말아야 할 것과 하나님의 약속을 기대하며 사는 사람들에게는 복과 격려가 있을 거라고 가르칩니다. 반면 안일을 구하고 방탕하게 살면서 진리와 오류를 분별하지 못하는 사람들에게는 날카롭게 경고합니다. 하나님이 안 계신 것처럼 보이고 예수님의 재림이 늦춰지는 것 같지만 분명히 이 우주의 구조는 신성하고 도덕적이며, 결국 사랑과 심판 안에서 다시 창조될 것입니다. 현재 '영원에 이르는 길'을 놓치고 있다면 미래에 재난을 맞이하게 될 것입니다.

23. 요한일서

주제:

요한일서에서 요한은 성도들을 향한 하나님의 사랑을 언급하면서 성도들 또한 그분의 사랑으로 서로 사랑하는 삶을 살 것을 강조하고 있음.

목적:

잘못된 교리로 성도들을 혼란에 빠뜨리는 영지주의 이단을 경계하기 위함입니다. 공동체 안에서 참된 죄 사함, 빛 가운데 거함, 사랑에 근거한 영적 교제 등을 독려하기 위해서 기록함.

내용요약:

본서는 삼위일체 하나님의 사역과 더불어 생명이시고 빛이시며 사랑이신 하나님이 강조되고 있습니다. 또한 모든 죄를 하나님께 회개할 때, 그리스도께서 보혈로 그 죄를 사해 주신다는 사실을 약속하고 있습니다. 하나님은 빛이시다, 의로우시다, 사랑이시라고 말씀합니다. 우리 그리스도인들이 하나님과 아름다운 교제를 하기 위해서는 순종하고 진리를 추구하는 삶을 살아야하며, 다른 사람들과 사랑의 교제를 나누어야 합니다.

만년의 요한은 그리스도의 몸을 가족으로 생각하면서 하나님의 모든 성도를 '내 어린 자녀'라고 부릅니다. 그는 그리스도인들을 미워하는 세상 속에서 모든 성도를 향한 하나님의 사랑과 고난과 박해를 뛰어넘는 성도의 기쁨을 강조합니다. 특히 그 당시에는 그리스도가 육신을 입고 오지 않았다는 영지주의가 널리 파급되었으므로 그는 성도들이 이런 이단 사상에 빠지지 않게 교리적인 안내 지침을 주고 있습니다(4:1-2). 그는 성도들 안에 죄가 없다는 것과 성도들이 세상과 육신과 마귀를 사랑하면서도 여전히 그리스도인이 될 수 있다는 것 등을 강하게 정죄했습니다. 또한 그는 그리스도의 신성과 삼위일체를 부인하는 자들의 논리를 강하게 논박합니다(5:7).

하나님의 자녀들은 하나님과 친밀한 관계를 이어 가면서, 하나님의 사랑을 닮기 위해 변화하는 과정 중에 있습니다. 빛과 사랑의 근원되시는 하나님은, 우리가 그 빛과 사랑 안에 거하도록 허락하고 초청하고 계십니다. 하나님은 예수님의 죽음이 온 세상을 위한 선물임을 알게 하셔서 그 선하신 빛을 다른 사람들에게도 나누도록 우리를 능력으로 덧입혀 주십니다.

그리스도인 역시 주변에 있는 사람들에게 하나님의 사랑을 나타내야 합니다. 예수님이 다른 사람들을 위해 자신을 주심같이 "우리도 형제들을 위하여 목숨을 버리는 것이" 마땅하다고 말씀합니다. 그것은 가난한 사람들에게 자신의 소유를 나눠 주는 것을 의미하며, 말로써만 아니라 행함과 진실함으로 다른 사람을 사랑하는 것을 의미합니다. 이처럼 자신을 주는 사랑은 그리스도인 공동체가 하나 될 수 있게 합니다. 하나님의 명령을 따르고 예수님과 같이 되려고 애쓰는 삶은, 하나님의 자녀들 속에 지속성과 신실함과 서로에 대한 헌신을 불러일으킬 것입니다.

24. 요한이서

주제:

요한일서의 축소판으로, 사랑을 따라 살 것을 강조하는 동시에 그리스도에 관한 진리를 변질시키는 거짓 교사들의 주장에 동조하거나 사귀지 말 것을 경고하고 있음.

목적:

하나님의 계명인 사랑을 실천함으로써 진리와 사랑 안에서 행하도록 하기 위함입니다. 잘못된 교리로 성도들을 혼란에 빠뜨리는 거짓 교사들을 경계하도록 하기 위해서 기록함.

내용요약:

본서는 하나님이 진리이시기 때문에 그분의 말씀인 성경 역시 진리이며 그리스도인들은 이 말씀에 따라 살아야 한다는 것을 강조합니다. 또한 예수님의 명령인 서로 사랑하라는 말씀을 강조하고 있습니다. 사랑의 계명, 미혹하는 자에 대한 경계와 진리 안에 있는 신자는 사랑과 참된 지식과 기쁨 가운데서 생활해야 합니다. 요한은 그리스도의 인성을 부인하는 거짓 교사들의 영향에 대해 경고를 주고 그리스도인들이 진리 안에서 서로를 사랑할 것을 권고합니다.

진리는 사랑 속에서 나타나며, 흔들리는 감정이 아닙니다. 오직 하나님에게서 비롯되는 영생으로부터 흘러나오는 행동(actions)과 관계(relationships)로 이루어집니다. 직접만나 교제하는 것은 어떤 대화나 인간관계보다도 사랑을 더욱 성숙하게 합니다. 이것이 바로 우리가 갈망하는 완전한 기쁨이며 하나님이 예수 그리스도 안에서 우리에게 주신 사랑의 본질입니다.

25. 요한삼서

주제 :

요한삼서는 진리 안에서 행하는 가이오의 신실한 사랑을 칭찬한 후, 으뜸 되기를 좋아하고 순회 전도자들을 접대하지 않는 디오드레베를 고발하고 있음.

목적 :

순회전도자들을 후원하고 격려함으로써 하나님의 나라를 확장하는 데 동참하도록 하기 위함입니다. 진리를 증거 하는 전도자를 선한 마음으로 영접하지 않는 무리들을 바로잡고 교회 내부의 질서를 바로 세우기 위해서 기록함.

내용요약 :

본서는 하나님의 말씀인 진리에 거할 것을 권면하고 있고 그 진리에 기초하여 실천적인 삶을 살 것을 권면하고 있습니다. 또한 하나님의 일을 함에 있어서 교만을 버리고, 하나님의 일을 행하는 사역자들을 대접하고 후원해야 하며, 교회 안에서 자신을 내세우지 말 것을 권고하고 있습니다.

가이오를 칭찬함, 디오드레베를 책망함, 데메드리오를 칭찬함. 진리 안에서 꾸준히 신앙생활을 잘하고 있는 가이오와 다른 신자들의 모습을 보고 기뻐하며, 그들이 순회 설교자들과 다른 믿는 형제들에게 베풀었던 친절과 대접이야말로 온 교회가 계속해서 감당해 나가야 할 귀한 사역이라고 말합니다. 요한은 가이오에게 이 서신을 보내어 교회의 분열을 가져온 사람을 지목하고 사랑하는 성도들에게 그를 조심할 것을 권고합니다.

26. 유다서

주제:

유다서는 처음 인사와 마지막 찬양을 제외하면 가인, 발람, 고라 등 구약의 배교자들을 예로 들어 영지주의자들의 특성과 미래의 심판을 말하고 있음.

목적:

영지주의 이단의 특성과 그들의 결말을 명확히 알도록 하기 위함입니다. 영지주의 이단에 대해 성도들이 믿음에 굳게 서서 강력하게 대항하도록 하기 위해서 기록함.

내용요약:

본서에 나타난 그리스도의 모습은 지금도 살아 계시며 활동하시는 분으로 묘사되고 있습니다. 예수 그리스도는 거짓된 가르침으로부터 우리를 지키시고 인도하시며 보호하십니다. 그리고 예수 그리스도의 진리와 그분께 대한 믿음이 변치 않도록 도우십니다. 거짓교사에 대한 경고, 성도들을 위한 교훈, 축복을 비는 송영, 신자들이 대항해야 하는 죄목들을 상세히 열거하며 경건하지 않은 모든 자들은 분명히 심판을 받는다고 확신합니다.

유다는 모든 사람에게 공통으로 필요한 구원에 관하여 기록하려 했으나 성령님은 경건치 않은 자들이 그리스도인의 자유를 남용하는 것을 강하게 지적하기 원했습니다. 그래서 유다는 주님을 부인하고 마음대로 죄를 짓는 거짓 교사들에 대해 말하고 구약성경의 배도의 예를 보여 줍니다.

그는 짧은 서신에서 삼위일체, 구약성경의 확실성, 천사들의 존재, 사탄의 존재와 그의 권능, 심판과 보복, 그리스도의 재림, 그리스도의 신성 등과 같은 기독교의 핵심 교리를 일목요연하게 제시합니다.

그리스도인은 거짓교사들의 교만과 이색적인 모습에 대항해 말씀으로 단단히 무장하고 있어야 합니다. 일찍이 사도들은 후대에 이같이 잘못된 사고와 삶이 팽배할 것이라고 예언해 왔습니다(유 17절). 유다는 우리들이 하나님의 믿음과 사랑 안에 기초를 닦고, '성령으로' 기도하며, '영생에 이르도록 우리 주 예수 그리스도의 긍휼을 기다리라'고 권면합니다(20-21절).

27. 요한계시록

주제:

요한계시록은 일곱 교회에 대한 책망과 칭찬을 언급한 후 심판, 대 환난, 재림, 천년왕국 등 장차 종말의 때에 되어 질 일들을 자세하게 기록하고 있음.

목적:

박해를 받고 있는 상황 속에서도 좌절하지 않고 소망을 품으며 믿음을 지키도록 하기 위함입니다. 예수님의 재림과 최후의 심판 그리고 택함 받은 자가 거할 새 하늘과 새 땅이 있음을 알도록 하기 위해서 기록함.

내용요약:

본서는 예수 그리스도를 교회의 주님이시오, 역사의 주인으로 선포하고 있습니다. 예수 그리스도는 적그리스도를 무찌르고 승리하셨으며, 새 하늘과 새 땅의 주인으로(20-22장), 심판주로(14:15) 다시 오실 것입니다.

일곱 교회에 보낸 편지들, 하늘 보좌 환상, 일곱 인, 일곱 나팔, 그리스도와 용과의 싸움, 일곱 대접의 준비, 진노의 일곱 대접, 바벨론 심판, 최종 완성, 예수 그리스도의 온전한 인격에 대해서 철저하게 밝히 드러내 주고 있습니다.

계시록은 하나님의 백성이 외부의 원수들에 의해 핍박을 받고 또 미지근한 성도들이 세상의 것을 추구하는 상황에서 위로와 경고 메시지로 모든 교회에 주어졌습니다. 이 책은 또한 신구약 성경의 진리를 요약하며 아직 성취되지 않은 예언들의 성취를 보여주고 특히 창세기와 함께 완전하게 진리의 사이클을 구성합니다.

요한은 자기가 본 것들과 지금 있는 것들과 이후에 있을 것들을 기록하면서(1:19), 먼저 예수 그리스도의 환상(1장), 교회의 심판(2-3장), 교회의 휴거 이후에 이 땅에 남는 이스라엘과 이방 민족들을 향한 7년 환란기(4-19장), 천년왕국(20:1-6), 하나님의 최후의 승리와 사탄의 패배(20: 7-15), 새 하늘과 새 땅과 새 예루살렘(21-22장)을 차례대로 기록합니다.

요한의 환상은 하나님의 영원 속에서 승리를 거두게 될 것임을 알려 주며 여전히 맹렬하게 계속되고 있고, 앞으로도 승리를 거두게 될 것임을 알려줍니다. 우리의 두려움과 걱정은 마술을 부린 듯 일순간에 없어지지 않습니다. 오히려 시간에 얽매인 이 땅에서의 우리의 삶이, 영원을 향해 열린 문틈 사이로 비취는 조명을 받고 있음을 봅니다. 그 빛은 우리의 인식을 바꾸고 우리의 기대를 정결하게 해줍니다. 우리가 할 일은 기억하고 견디며 기대를 갖는 것입니다.

과거에 우리의 삶을 다스리고 있던 것들이 무엇이든지 영원의 빛이 그 위에 비취게 되면 그것들은 오래 진열되어 퇴색한 가짜 상품들처럼 보입니다. 따라서 지상에서의 시간이 흐를수록 우리들은 더욱더 그 문틈으로 새어 나오는 빛을 향해 다가갑니다. 지금까지 우리가 기반을 두고 치열하게 살아오던 삶의 헛된 소망을 뿌리 뽑고 각 사람에게 비취는 참 빛에(요 1:9) 우리 몸을 맡겨야 합니다.

예수 그리스도의 제자로 살아가는 것은 하나님 안에서 살아가는 가장 확실한 길입니다. 그 제자도의 길을 통하여 믿음에서 더 큰 믿음으로, 은혜에서 더 큰 은혜로 나아가게 되며 하나님의 거룩하심과 권능을 체험할 수 있습니다.

결론적으로 하나님의 말씀인 성경 66권을 주제, 목적, 내용요약으로 구분하여 살펴보았습니다. 성경을 가리키는 영어 'Bible'은 마 1:1에서 '책'을 지칭하는 그리스말 'Biblos'에서 유래되었으며 5세기 이후부터 영어권에서 '하나님의 계시를 담은 책'을 지칭할 때 사용되었습니다.

  성경은 약 1600년 동안 다양한 문화와 배경과 경험과 학식을 가진 40여 명의 인간 기록자들, 왕, 농부, 어부, 의사, 정치가, 학자 등이 성령의 영감을 받아 기록한 '한 책'입니다. 구약과 신약 사이에는 400년간의 침묵기가 있었으며 이때에 나온 외경은 하나님의 영감을 받은 글이 아닙니다.

  하나님께서 구약시대에는 선지자들을 통하여, 신약시대에는 자신의 아들을 통하여 말씀하셨습니다(히 1:1-2). 그러므로 신구약 성경 기록자들과 하나님의 아들 예수 그리스도는 성경이 하나님의 말씀임을 보여 주는 증인입니다.

  성경은 66개의 작은 책들로 구성되어 있고 예수 그리스도의 출생을 기점으로 해서 39권의 작은 책들로 구성된 구약성경과 27권의 작은 책들로 구성된 신약성경으로 구분됩니다. 구약성경은 아람어로 기록된 일부(스4:8-6:18,7:12-26;렘 10:11;단 2:4-7:28 등)를 제외하고는 모두 히브리어로 기록하였으며 크게 율법서와 선지서 그리고 사복음서와 사도행전, 사도들의 서신서 그리고 미래 일을 담고 있는 계시록으로 구성되어 있습니다.

  성경은 우주가 만들어지면서 시간이 들어오기 전의 '과거의 영원'과 주전 4000년경에 시작된 하나님의 특별 창조로부터 현 세상의 멸망 그리고 앞으로 임할 새 하늘과 새 땅에서의 '미래의 영원'까지의 모든 일을 기록합니다.

  성경의 궁극적인 주제는 하나님의 영광과 인간을 구속하실 주 예수 그리스도입니다(요 20:30-31, 요일 5:20). 구약성경은 신약성경의 예표와 그림자로서 만물의 기원과 사람의 창조와 타락, 죄, 이스라엘, 희생 제도를 보여 줍니다. 신약성경은 예수 그리스도를 통한 구약성경의 성취와 교회의 설립, 천년왕국과 그 이후의 미래의 일을 담고 있으며 구약성경의 실체라고 할 수 있습니다.

성경은 과학, 역사, 문학, 철학, 시, 예언 등에서 단 하나의 오류도 없이 100% 진리만을 담은 완전한 하나님의 책이며(롬 3:4) 또한 시, 역사, 드라마, 사랑이야기, 증오 이야기, 전쟁 이야기, 철학, 논증 등을 담은 문학 책입니다. 성경은 편견이 없는 책으로서 사람의 죄와 실수를 적나라하게 보여 주며 하나님, 사탄, 사람, 죄, 구원, 생명과 사망, 천국과 지옥 등을 권위 있게 선포합니다.

또한 성경은 초자연적인 책으로서 사람의 몸을 입고 오신 예수님 안에 드러난 하나님의 속성과 영광, 거룩함을 보여 주는 유일무이한 책입니다. 그래서 성경은 '기록된 말씀'이요, 예수님은 '살아있는 말씀'입니다(요 14:1-9).

기독교는 성경이 100% 하나님의 말씀이요 신앙과 생활의 유일한 법칙이라는 불변의 원칙 위에 서있습니다. 로마가톨릭처럼 교회의 유전(전통)이나 교회 자체의 권위 같은 조건과 여러 심각한 문제를 내포하는 많은 교리들을 성경의 권위에 비견됨을 허락하지 않습니다. 종교개혁자들은 "오직 성경"을 종교개혁의 확실한 원리로 삼았습니다.

그런데 오늘날 이 원리가 철저히 지켜지지 않고 있습니다. 성경을 100% 하나님의 감동으로 된 책으로 인정하지 않는 신학자들이나 설교자들이 있기 때문입니다. 사도 바울은 분명히 말합니다. "모든 성경은 하나님의 감동으로 된 것으로 교훈과 책망과 바르게 함과 의로 교육하기에 유익하니"(딤후 3:16)라고 말씀합니다.

사도바울은 성경에 관해 두 가지 근본진리를 제시합니다. 그 기원과 목적에 관한 것입니다. 첫째, 성경은 하나님의 감동으로 기술된 것입니다. 하나님께서 숨을 불어넣으신 것입니다. 이것이 성경의 탁월성입니다. 그렇기에 성경을 절대적인 진리로 믿고 의지할 수 있습니다. 성경 말씀은 모든 계시의 함축이며 중심은 그리스도 십자가 대속의 피의 복음입니다. 따라서 우리들은 그리스도 복음 안에 모든 것이 다 들어있다고 믿는 것입니다.

성경은 하나님의 영감에 의해 기록된 것이 사실일까요? 성경에 나타나는 요소들을 통해 증명되기에 충분합니다. 둘째, 성경의 목적은 우리에게 유익을 주는 것입니다. 성경이 기록된 목적은 두 가지로 볼 수 있습니다. 성경은 능히 예수 그리스도 안에 있는 믿음으로 말미암아 구원에 이르는 지혜가 있게 합니다. 성경은 우리를 영생으로 인도하는 참된 안내자라는 것입니다(딤후 3:15). 성경은 또 교훈과 책망과 바르게 함과 의로 교육하기에 유익하며 하나님의 사람으로 온전하게 해줍니다.

바울사도는 성경이 혼란으로부터 우리를 고쳐주는 해독제라고 언급하며 디모데후서 3장 전체를 결론짓고 있습니다. 성경의 중심은 예수 그리스도이며, 십자가의 대속의 피의 복음이 치료제라는 것입니다.

예수님은 하나님의 아들 그리스도라는 증거로 십자가에서 우리 죄를 대신해 피 흘려 죽으시고 묻히셨다가 장사한지 사흘 만에 죽은 자들 가운데서 다시 부활하셨습니다.

그리스도의 복음, 그리스도 십자가 대속의 피의 복음으로 깊이 뿌리내리기를 바랍니다. 이 복음은 모든 믿는 자에게 구원을 주시는 하나님의 능력입니다(딤후 3:15).

〈기도〉

살아계신 하나님 아버지 은혜를 감사드립니다. 우리가 성경을 하나님의 말씀으로 믿고 성경의 중심인 예수 그리스도 십자가의 보혈의 복음만을 믿으며 인생 문제의 답을 얻고 살아가게 해 주옵소서. 주 예수님의 이름으로 기도합니다.

2부

성경을 통해 알 수 있는 주요한 진리들

6장. 창세기와 요한계시록의 비교

요한 계시록은 성경의 마지막에 놓여 있습니다. 왜냐하면 계시록은 성경 나머지 65권에 나와 있는 일들의 결말을 보여주기 때문입니다. 마태복음에는 구약성경으로부터 인용이나 언급이 92번 나와 있으며 히브리서에는 102번 나옵니다. 반면 계시록에는 무려 285번이 등장합니다. 창세기와 계시록은 하나님께서 인간을 어떻게 다루시는가에 대해 하나님께서 기록해 놓으신 책의 위대한 결론인 것입니다.

창세기 / 계시록

창세기- 하늘과 땅을 창조(1-2장) / 새 하늘과 새 땅의 창조- 계시록

창세기- 첫 번째 아담이 땅을 다스림 / 마지막 아담이 영광 가운데 다스릴 것임(21:5)- 계시록

창세기- 태양은 낮을 주관하고자 만들어졌음(1:16)- 태양이 존재할 필요가 없음(21:23)- 계시록

창세기- 밤이 창조되었음(1:10) / 더 이상 밤이 존재하지 않을 것임(21:25)- 계시록

창세기- 바다들이 창조되었음(1:10) / 더 이상 바다가 없을 것임(21:1)- 계시록

창세기- 신부가 아담에게로 데려와짐(2:18-25) / 신부가 예수 그리스도께로 데려와질 것임(19:7)- 계시록

창세기- 에덴에 생명나무가 있었음(2:9, 3:22) / 생명나무가 새 창조 때 있을 것임(22:2)- 계시록

창세기- 인간이 하나님의 얼굴로부터 쫓겨 감(3:23-24) / 인간이 영광중에 주님의 얼굴을 볼 것임(22:4)- 계시록

창세기- 믿는 자들이 한 도시를 바라봄(12:1-4, 히 11:10) / 믿는 자들이 그 도시에서 살게 될 것임(21:1-3)- 계시록

창세기- 어린양이 어디에 있나이까?(22:7) / 어린양이 영원토록 다스릴 것임(22:3)- 계시록

창세기- 사탄이 첫 번째 거짓말을 하였음(3:1) / 거짓말 하는 자는 없을 것임(21:27)- 계시록

창세기- 니므롯이 바벨론을 세웠음(10:8-10) / 적그리스도와 바벨론은 파괴될 것임(17-19장)- 계시록

창세기- 죄가 사망을 가져왔음(3:14-19) / 더 이상 사망이 없을 것임(21:4)- 계시록

창세기- 첫 번째 살인자가 등장함(4:1-10) / 살인자들은 불 못으로 추방될 것임(21:8)- 계시록

창세기- 최초 세계가 저주 아래 놓이게 됨(3:14-19) / 저주가 제거될 것임(22:3)- 계시록

창세기- 사탄이 인간을 속이는 자로 등장함(3:1-4) / 사탄은 영원히 추방될 것임(20:10)- 계시록

창세기- 슬픔과 고통이 들어옴(3:17) / 더 이상 슬픔이 없을 것임(21:4)- 계시록

창세기- 인간의 고향은 강가에 있었음(2:10) / 인간의 영원한 고향도 강가에 있을 것임(22:1)- 계시록

창세기- 문화와 예술이 하나님을 대체함(4장) / 문화와 예술은 파괴되고 하나님에 의해 대체됨(18장)- 계시록

창세기- 그룹들이 하나님과 인간을 갈라놓고 있음(3:24) / 그룹들이 하나님과 인간을 연합시켜 줄 것임(4:6)- 계시록

창세기- 문들이 닫힘(3:24) / 문들이 열려 있게 될 것임(21:25)- 계시록

창세기- 낙원의 상실(3:6, 23) / 회복된 낙원(21:1)- 계시록

창세기- 첫 번째 안식(2:2) / 마지막 안식(22:21)- 계시록

창세기- 창세기는 이집트(세상)에서 "관"(사망)으로 끝남(50:26) / 계시록은 하늘에서의 기쁨으로 끝남(22장)- 계시록

7장. 신약과 구약의 차이

구약과 신약 중에서 대표적으로 두 가지만 그 차이점을 살펴보고자 합니다. 우리들이 일반적으로 구약과 신약의 차이점은 어느 정도 알고 있습니다. 레위기 11장에는 깨끗한 음식과 더러운 음식이 다 구분되어 있는데 디모데전서에 의하면 하나님께서 거룩하게 하시면 아무 문제없다고 하십니다. 이러한 차이점을 좀 더 명확하게 올바로 나누어 볼 수 있도록 하겠습니다.

첫째로, 성령님께서 역사하시는 방법입니다.
신약에서는 예수 그리스도를 믿어 하나님의 자녀가 되면 하나님께서 하나님의 아들의 영을 보내신다고 하셨습니다. 우리는 다음과 같은 갈4:6, 롬8:16, 롬 8:9, 롬 8:26 성경말씀을 통해 예수 그리스도를 믿는 사람 안에는 성령님께서 들어와 계십니다. 그런데 많은 사람들이 이 사실을 잘 모르고 성령을 달라고 계속 기도하는 사람들이 있습니다. 이런 사람들은 사도행전 19장에서 "너희가 믿은 이래로 성령님을 받은 적이 있느냐?"라는 구절은 과도기적 구절입니다.

사도행전은 이스라엘에서 교회시대로 넘어가는 과도기적 상황입니다. 이 구절 또한 유대인을 대상으로 이야기하고 있는 것입니다. 이들은 성령이 있는 줄도 모르고 요한의 침례를 받았기 때문에 이야기하는 것입니다. 믿은 후에 성령을 받았는지를 묻는 것은 교회시대에 말이 되지 않습니다. 그런데 이런 구절을 인용해서 성령을 받으라고 하는 것은 교회시대에 옳지 않은 이야기입니다. 예수 그리스도를 믿으면 그 순간에 성령을 받은 것입니다.

성령을 받았다고 하면 또 뭐라고 속입니까?

그 증거가 뭐냐고 묻는 사람이 있습니다. 그러면 여러분들은 답변할 수 있어야 합니다. 예수 그리스도를 믿으면 하나님의 자녀가 됩니다. 하나님의 말씀에 하나님의 자녀가 되었기 때문에 하나님의 아들의 영을 마음속에 보냈다고 하십니다. 그래서 그 안에서 성령과 더불어 내가 하나님의 자녀인 것을 증언한다고 하십니다(롬 8:16). 그리스도의 영이 거하지 아니하면 하나님의 자녀가 아니라고 했습니다(고전 3:16). 고린도교회에는 방언은 줄줄 하면서 자기 안에 성령이 계신 것을 모르는 사람들이 수두룩했습니다. 우리는 우리 체험을 믿는 것이 아닙니다.

기록된 하나님의 말씀을 믿는 것입니다. 에베소서 4:30에 보면 성령을 슬프게 할 수도 있습니다. 또는 성령의 역사를 중단시킬 수 있고, 사도행전 5장 아나니아와 삽비라처럼 성령을 시험할 수도 있습니다. 여러 가지 성령님께 안 되는 일을 그리스도인들이 행하는 경우가 있습니다. 그래서 성령 충만하지 못하고 열매를 맺지 못하는 경우가 있습니다. 그러나 성령님께서는 일단 한 번 들어오시면 절대로 떠날 일이 없습니다. 이것은 신약의 특징입니다. 그러므로 구원을 잃어버릴 염려는 절대 없습니다.

에베소서 4:30 경우 구약시대 같으면 "하나님의 영을 슬프게 하지 말라. 그분으로 말미암아 너희가 구속의 날까지 봉인 되었느니라"와 같이 되어야 합니다. 다윗은 큰 죄를 짓고 성령을 거두어가지 말라고 시편 51편에 기도했습니다.

구약에서는 내가 죄를 지으면 거룩하신 하나님께서 나가십니다. 그러나 신약의 경우는 탄식하시고, 슬퍼하시고, 중보기도 하시고, 계속해서 인내하십니다. 한 번 들어온 성령께서는 나가실 수가 없습니다. 주와 합하는 자는 한 영이라고 되어 있습니다(고전 6:17). 분리될 수 없습니다. 반면 구약의 경우에는 사례별로 다릅니다. 삼상 10:10에서 하나님의 영이 임하는 장면입니다. 그러나 삼상 16:14에서는 하나님의 영이 떠나는 장면입니다. 위 구절을 이용해서 하나님을 믿고 구원을 받았어도 잘못하면 악한 영이 괴롭힌다고 하면서 당신은 지금 악령에 사로잡혔다고 속이는 사람이 있습니다. 신약과 구약을 제대로 구별하지 못하는 사람은 이 속임수에 넘어가서 헤어나지 못하게 됩니다. 다윗의 경우는 하나님의 영이 떠나지 않고 기도응답을 받습니다(시 41:11).

어떤 부흥사는 시 41:11을 인용해서 죄를 짓고 있는 그리스도인에게서 하나님의 영이 떠나지 않도록 기도하자고 외치는 사람이 있습니다. 언뜻 들으면 논리적으로 맞는다고 생각합니다.
"당신 지금 죄를 지었죠? 지금 더럽습니다."
"그럼 거룩하신 성령께서 견디실 수 있겠어요?"
"그럼 떠나신 것입니다!"
그러나 이 논리는 신약에 적용되지 않습니다. 삼손은 성령이 떠났다 다시 임해서 기도를 응답 받은 경우에 해당됩니다. 사사기입니다. 엄청난 권능으로 임하십니다(삿 14:6). 사사기 16:19-20 경우 성령이 떠난 경우입니다. 사사기 16:28-30 이제는 삼손의 기도에 응답해서 성령이 다시 임하는 장면입니다. 이와 같이 성령의 역사 방법이 다릅니다. 성령의 힘이 아니면 할 수 없는 일이 있습니다.

둘째로, 예배에 관한 구약과 신약의 차이점을 살펴보겠습니다.

구약에는 하나님께서 지정하신 장소에서만 예배를 드려야지 다른 곳에서는 예배를 드릴 수 없게 되어 있습니다. 신명기 12:11에 내 이름을 둘 장소가 정해져 있다고 되어 있습니다(신 12:11-14). 신약은 우리 몸이 성전이기 때문에 자신이 자유롭게 선택한 지역교회에서 예배드릴 수 있습니다. 열왕기상 12:27을 보면 하나님이 정하지 않은 곳에서 예배를 드리는 장면이 나옵니다. 북왕국 남왕국이 갈라져 있는 상태에서 여로보암이 생각할 때 북왕국 사람들이 예배를 드리러 예루살렘으로 가서 마음이 빼앗기면 자신의 왕국이 위험해질 거라고 생각합니다. 그래서 계략을 꾸밉니다(왕상 12:27-30). 분명히 다른 곳에서 예배를 드리지 말라고 했는데, 금송아지 둘을 만들어서 백성들에게 뭐 하러 힘들게 예루살렘에까지 내려가느냐며 가까운 곳에 다른 예배당을 마련합니다.

만약 이 말씀을 영적으로 요즘 적용하면, 텔레비전만 켜면 유명한 목사님들의 설교를 들을 수 있는데 무엇 때문에 예배당에 나가느냐고 핑계를 대는 것과 같다고 할 수 있습니다. 벧엘과 단 두 군데에 단을 만들었습니다. 그래서 하나님께서 두고두고 여로보암의 죄를 거명하십니다. 요한복음 4장에 보면 사마리아 여인에게도 이 사고 방식이 머리에 각인되어 있습니다(요 4:20-24). 20절에서 사마리아 사람들도 예루살렘에서 예배를 드려야 하는데, 그것을 어겼습니다. 여로보암이 단과 벧엘에 제단을 만들어 놓고 자신의 말을 듣게 했습니다.

게다가 사마리아 인들은 북왕국 이스라엘 중에서도 아시리아인들과 혼혈이 된 혈통입니다. 사마리아 여인은 그것을 알고 있었습니다. 예수님께서 사마리아 여인의 질문에 대해서 하나님의 경륜이 바뀔 것을 이야기하고 계십니다. 예수 그리스도가 죽으시고 부활하시면 영과 진리로 자유스럽게 예배를 드릴 때가 온다고 말씀하셨습니다.

구약의 예배의식과 방식은 레위기를 살펴보면 아주 복잡합니다.
그러나 그리스도인들은 영과 진리로 드리면 됩니다. 구약의 제물은 짐승의 피를 바쳐야 하는데, 우리는 예수 그리스도의 보혈을 의지해서 담대하게 나아가야 합니다. 뿐만 아니라 영적 제물(찬양, 선행, 열매 등)을 드리게 됩니다. 전도서에서 말씀합니다. 사람의 영은 구약이든 신약이든, 구원받았든 안 받았든 모두 하나님께서 회수해 가십니다
(전 3:18-20). 사람이나 짐승이나 별반 다를 것이 없다는 것을 알고 있습니다. 짐승이나 사람이나 육체적으로 죽는 것은 같습니다. 하나님께서 같은 재료를 사용하셨기 때문에 해부학적으로 짐승과 사람이 유사하다는 것을 알 수 있습니다.

하지만 그 안에 담겨있는 영은 사람과 짐승이 다릅니다. 하나는 하늘로 올라가고 다른 하나는 땅으로 내려갑니다. 의학적으로는 심장이 멎어야 죽는 것으로 인정하고 있지만, 성경적으로는 호흡이 끊어지면 죽습니다(전 12:7). 다원은 신학생이었지만 정확히 공부를 하지 않았기 때문에 잘못된 이야기를 한 것입니다. 이처럼 몸과 영은 구약과 신약의 차이점이 없습니다. 그럼 무엇이 차이점인가? 바로 혼입니다.

그럼 혼에 관해서 살펴보겠습니다.
시편입니다. "사악한 자들은 지옥으로 들어가고 하나님을 잊어버리는 모든 민족들도 그리하되"(시 9:17). 여기서 지옥으로 가는 것은 육이 아니고 영도 아니고 혼입니다. 누가복음 16장을 보면 그 사람의 혼이 거기(지옥)

에 가 있었습니다.

여기서는 아브라함의 품으로 옮겼습니다. 이 시점은 아직 예수 그리스도께서 피를 흘리지 않으셨기 때문에 신약의 구원받은 사람처럼 곧바로 셋째하늘로 못갑니다. '아브라함의 품'은 구약에만 적용됩니다. 아브라함 품은 낙원이라는 곳을 상징적으로 표현한 것입니다. 이 구절에서 부자가 묻혀 장사되었다고 되어 있고, 다음 절에서 눈을 들어 보았다는 표현이 있습니다.

이것으로 미루어 보아 지옥에 있는 것은 육이 아니라 혼인 것을 알 수 있습니다. 혼이 눈을 갖고 볼 수도 있다고 했습니다(눅 16:23). 나머지 구절에서 혼이 고통을 느끼고, 혀가 있고 소리도 지릅니다. 여호와의 증인은 영과 혼이 인간의 육과 함께 무덤에서 소멸된다고 믿습니다. 그래서 이 구절을 보면 받아들이기 힘들어합니다.

만약 모두 소멸 된다면 우리가 예수님을 믿어야 하는 이유가 무엇이겠습니까? 여호와의 증인은 영혼이 소멸되거나 지옥은 없다고 합니다. 그들은 혼과 육이 같다고 봅니다. 민수기에서 사람과 짐승을 같은 혼으로 표현하고 있는 구절입니다(민 31:28). 짐승의 혼을 언급하는 구절입니다. 혼과 몸을 같이 사용합니다(레 22:6). 몸이 더럽혀졌다고 해야 할 것을 혼이 더럽혀졌다고 표현합니다. 구약에서는 혼과 몸이 붙어 있기 때문에 동일하게 사용합니다. 로마서 7장에서 옛 남편(몸)과 아내(혼)이 혼인을 했기 때문에 둘은 하나입니다.

그럼 왜 신약시대에는 죄를 지어도 구원이 보장되는가?

그것은 바로 영적할례 때문입니다. 육과 혼이 떨어져 있기 때문입니다. 신약시대에는 육이 죄를 지어도 혼이 더럽혀지지 않습니다. "또한 그분 안에서 그리스도의 할례로 말미암아 육신의 죄들에 속한 몸을 벗어 버림으로 손으로 하지 않은 할례로 할례를 받았느니라"(골 2:11). 하나님의 말씀의 칼로 우리의 혼을 육신으로부터 나누어 놓으셨습니다(영적 할례). 구약에는 혼과 몸이 붙어 있다가 죽는 순간에 혼이 분리됩니다.

하지만 우리는 예수님을 믿는 순간에 혼과 육이 분리됩니다. 창세기 35장에서 라헬의 죽음을 말할 때 혼이 떠났다고 합니다(창 35:18). 우리는 예수 그리스도를 믿을 때 혼과 육의 분리가 생깁니다. 구약과 신약이 완전히 다른 이야기입니다. 구약에서는 사람이 죽으면 예수 그리스도의 피흘림이 없기 때문에 아브라함의 품으로 갑니다. 하지만 우리는 곧바로 천국(셋째 하늘)으로 갑니다. 아브라함의 품에 있던 혼이 역사적으로 딱 한번(주님께서만) 하늘로 올라간 적이 있습니다. 그 외에는 없었습니다.

혼은 절대로 떠돌아다닐 수가 없습니다. 죽으면 혼은 지옥이나 낙원 즉 천국(셋째 하늘)으로 곧바로 가게 됩니다(삼상 28:15). 사무엘의 혼을 불러올린다는 표현이 되어 있습니다. 이때는 아브라함의 품이 지하세계에 있다는 것을 알 수 있습니다. 신약과 구약에 있어서 우리가 가는 곳이 다르다는 것을 보았습니다.

8장. 하나님의 이름

"하나님이 또 모세에게 이르시되 너는 이스라엘 자손에게 이같이 이르기를 너희 조상의 하나님 여호와 곧 아브라함의 하나님, 이삭의 하나님, 야곱의 하나님께서 나를 너희에게 보내셨다 하라 이는 나의 영원한 이름이요 대대로 기억할 나의 칭호니라"(출 3:15).

하나님의 이름은 여호와로 번역됩니다. 그러나 히브리어로는 "야훼"로 발음되며, 이는 "I am"에 해당하는 단어로 되어 있습니다. 여호와 혹은 야훼라는 하나님의 이름은 "I am"에 해당하는 단어로 형성된 이름이며 이는 하나님이 다른 모든 존재하는 것들과는 다른 절대적으로 존재하는 분이라는 의미를 담고 있습니다. 야훼 I am라는 이름은 하나님에 대해 적어도 10가지를 말하고 있습니다.

첫째, 하나님은 결코 시작이 없습니다. 모든 아이들은 묻습니다. 누가 하나님을 만들었나요? 모든 지혜로운 부모들은 이렇게 대답합니다. '그 누구도 하나님을 만들지 않았어. 하나님은 그저 존재하시지. 그리고 언제나 존재하셨단다. 시작이 없는 분이지.'

둘째, 하나님은 끝이 없습니다. 만약 그분이 존재의 시작이 없다면 그 존재에서 벗어나는 일도 없을 것입니다. 왜냐하면 하나님은 being(존재하는 것)이십니다.

셋째, 하나님은 절대적인 실재이십니다. 하나님을 앞서는 다른 실재는 없습니다. 하나님 바깥에 다른 영원한 실재는 없습니다. 하나님이 뜻하시거나 만드시지 않는 한 오직 하나님만이 존재합니다. 영원히 존재했던 실재는 하나님밖에 없습니다. 영원 전에는 공간도, 우주도, 공허도 없었습니다. 오직 하나님만 계셨습니다.

넷째, 하나님은 전적으로 독립적이십니다. 하나님은 그 존재에 있어서 누구에게도 의존하지 않으십니다. 또한 누구의 도움이나 누구의 조언에도 의존하지 않으십니다.

다섯째, 하나님이 아닌 모든 것은 전적으로 하나님께 의존합니다. 전 우주는 철저하게 하나님께 의존합니다. 그것은 하나님에 의해서 존재하게 되었고, 그 존재를 유지함에 있어서도 매 순간 하나님의 결정에 의존합니다.

여섯째, 모든 우주는 하나님과 비교하면 아무 것도 아닙니다. 의존적인 실재와 절대적이고 독립적인 실재의 차이는 그림자와 실물의 차이와도 같습니다. 혹은 메아리와 천둥소리간의 차이와도 같습니다. 우리가 이 세상에서 그리고 은하계 내에서 놀라워하는 모든 것은 하나님께 비하면 아무 것도 아닙니다.

일곱째, 하나님은 변치 않으십니다. 하나님은 어제도, 오늘도, 그리고 영원히 동일하십니다. 하나님은 개선되거나 보완될 수 없습니다. 하나님은 무언가로 becoming하는 존재가 아닙니다. 하나님은 becoming하는 존재가 아니라 be 하는 존재입니다. 하나님은 영원히 절대적으로 동일하게 존재하십니다.(He is who he is)

여덟 번째, 하나님은 진선미의 절대적 기준입니다. 하나님은 무엇이 올바른지 찾아볼 법전이 필요 없습니다. 사실들을 확실히 기록해 두기 위한 연감이 필요치 않습니다. 무엇이 탁월하고 아름다운 것인지 결정하기 위한 지침이 필요 없습니다. 하나님 자신이 무엇이 옳고, 무엇이 참되고, 무엇이 아름다운지에 대한 기준이십니다.

아홉 번째, 하나님은 그가 기뻐하시는 것은 무엇이든지 행하시며, 이는 언제나 옳고 언제나 아름답고 언제나 진리에 부합합니다. 하나님 밖에 있는 모든 존재는 하나님이 창조하셨고 다스리고 계십니다. 따라서 하나님은 자신의 뜻에서 비롯된 것이 아닌 다른 어떠한 것에도 구속되거나 제한되지 않으시며 완전히 자유로우십니다.

열 번째, 하나님은 우주에서 가장 중요하고 가장 소중한 실재이자 인격이십니다. 하나님은 전 우주의 어떤 존재보다 더 우리의 흥미와 주목과 찬양과 즐거움을 얻으시기에 합당하십니다.

하나님의 이름 30가지

1. 하나님은 창조주 이십니다. / **엘로힘(Elohim)**

2. 하나님은 스스로 계신 분이십니다. / **여호와(Jehovah)**

3. 하나님은 나를 살피시는 분이십니다. / **엘 로이 (El Roi)**

4. 하나님은 전능하신 분이십니다. / **엘 샤다이(El Shaddai)**

5. 하나님은 영원하신 분이십니다. / 엘 올람(El Olam)

6. 하나님은 위로하시는 분이십니다. / 나함(Naham)

7. 하나님은 모든것 다해 사랑하시는 분이십니다. / 엘 칸나(El Kanna)

8. 하나님은 의로우신 분이십니다. / 치드케뉴(Tsidkenu)

9. 하나님은 미리 준비하시는 분이십니다. / 여호와 이레(Jehovah Jireh)

10. 하나님은 가장 높으신 분이십니다. / 엘 엘리온(El Elyon)

11. 하나님은 어디든지 계시는 분이십니다. / 여호와 삼마(Jehovah Samma)

12. 하나님은 은혜 주시는 분이십니다. / 챈(Chen)

13. 하나님은 승리케 하시는 분이십니다. / 여호와 닛시(Jehovah Nissi)

14. 하나님은 거룩하게 하시는 분이십니다. / 여호와 카도쉬(Jehovah Kadesh)

15. 하나님은 샬롬이십니다. / 여호와 샬롬(Jehovah Shalom)

16. 하나님은 우리의 왕이십니다. / 여호와 멜렉(Jehovah Melek)

17. 하나님은 치료자이십니다. / 여호와 라파(Jehovah Rapha)

18. 하나님은 부드러운 분이십니다. / 알룹(Al lup)

19. 하나님은 목자이십니다. / 여호와 로이(Jehova Roi)

20. 하나님은 능력이십니다. / 여호와 체바오트(Jehova Sebaot)

21. 하나님은 우리의 반석이십니다. / 여호와 추리(Jehova Tsuri)

22. 하나님은 내 삶의 주인이십니다. / 아도나이(Adonai)

23. 하나님은 우리와 함께 하시는 분이십니다. / 임마누엘(Immanuel)

24. 하나님은 말씀이십니다. / 로고스(Logos)

25. 하나님은 용서 하시는 분이십니다. / 암노스(Amnos)

26. 하나님은 영원히 목마르지 않는 생명수이십니다. / 자오 히도르(Zao Hydor)

27. 하나님은 빛이십니다. / 포스(Phos)

28. 하나님은 거룩한 영이십니다. / 프뉴마(Pneuma)

29. 하나님은 사랑이십니다. / 아가페(Agape)

30. 하나님은 침묵하시는 분이십니다. / 하사(Hasah)

9장 천국의 신비 11가지

신비란 전에는 감추어졌으나 이제는 하나님께서 밝히 드러내 주신 진리를 말한다. 하지만 이제는 그 안에 있는 초자연적인 요소들은 그 신비가 드러났음에도 불구하고 여전히 남아있습니다. 천국의 위대한 신비 11가지입니다.

1. 천국의 신비들(마13: 3-50)

2. 현 시대 동안 이스라엘이 눈 감겨진 신비(롬 11: 25)

3. 이 시대의 끝에 살아있는 성도들이 변화되는 신비(고전15: 51-52, 살전4: 14-17)

4. 유대인과 이방인이 결합하여 한 몸을 이루는 신약교회의 신비(엡3: 1-11,롬16: 25, 엡6: 19, 골4: 3)

  5. 그리스도의 신부로서의 교회의 신비(엡5: 28-32)

  6. 내주 하시는 그리스도의 신비(갈2: 20, 골1:26-27)

  7. 하나님이신 그리스도의 신비, 즉 성육신하시어 신격의 모든 충만함이 몸의 형태로 거하시는 그리스도, 그 안에 하나님의 모든 지혜가 있다(골2:2,9, 고전 2: 7)

  8. 인간으로 오셔서 들려 올라가시는 전체과정의 경건의 신비(딤전3: 16)

  9. 불법의 신비(살후2:7, 마13:33)

  10. 일곱별의 신비(계1: 20)

  11. 큰 바빌론의 신비(계17: 5,7)

10장. 이스라엘을 상징하는 세 나무
(Three trees symbolize lsrael)

성경에는 이스라엘을 상징하는 세 가지 나무가 있습니다. 이는 성경에 가장 많이 나타나는 나무임과 동시에 이스라엘의 민족성을 가장 잘 나타내는 것이기 때문에 선민을 상징하는 나무로도 알려져 있습니다.

1) 포도나무

포도나무는 성경에 가장 많이 기록된 나무입니다. 그만큼 포도나무의 특성이 선민의 특성을 잘 나타내고 있기 때문입니다. 예수님도 자신을 포도나무에 비유하셨고 우리는 그 가지이며 포도원 지기는 하나님 아버지시라고 하였습니다(요한복음 15장). 포도나무는 특별히 이스라엘 백성들의 공동체를 가장 잘 나타내는 나무입니다. 한 줄기에 수십 개의 알이 맺혀 하나의 덩어리가 된 것과 같이 이스라엘 공동체가 한 하나님 안에서 아름다운 연합을 이루는 것을 나타내기 때문입니다. 기부츠 공동생활이라든지 또 어디서든지 유대인들이 두 세 사람이 모이면 공동체를 이루고 말씀을 읽고 전합니다. 뿐만 아니라 유대인들은 서로 도와주기 때문에 세계에서 가장 단단한 경제 공동체를 형성하고 있습니다.

2) 무화과나무

무화과나무의 특징은 꽃이 없지만 열매자체를 통해 꽃이 됩니다. 사실 무화과나무는 별 특징이 없습니다. 그러나 광야에서 요긴한 열매를 맺히기 때문에 없어서는 안 되는 나무입니다. 마찬가지로 유대인들은 세계에서 흩어져 살면서 눈에 띄지 않는 것은 무화과와 같이 화려하지 않지만 알찬 삶을 살기 때문입니다. 그들은 비록 6백만 명에 불과 하지만 가장 탁월한 민족으로 노벨상을 가장 많이 수상하였고 과학자나 사회의 엘리트층에 가장 많이 형성되어 있습니다. 이스라엘 6백만이 수억의 중동 이슬람에 둘러싸여 있지만 당당한 것은 세계 곳곳에 유대인들이 요긴한 역할을 하기 때문입니다.

3) 감람나무

감람나무는 그 열매로 사람들을 유익하게 합니다. 감람나무 열매로 즙을 얻기 위해서 갯세마네 즙 짜는 기계를 통해 깨어지고 으스러지므로 유용하게 하는 즙을 생산하게 됩니다. 그래서 예루살렘 동편에 감람나무가 많은 동산을 갯세마네 동산이라고 합니다. 그곳에는 지금도 1600년 이상 되는 감람나무들이 많습니다. 감람열매는 고난과 아픔의 역사로 얼룩진 이스라엘을 상징적으로 잘 나타내줍니다. 예수님은 예루살렘에 오실 때마다 감람원이라 하는 이 동산에서 기도하셨고 잡히실 때도 이곳에서 잡히셨습니다. 그래서 감람나무는 우리들에게 더 가까이 느껴지는 것입니다.

백향목 이야기

성경을 보면 나무의 왕은 백향목입니다. 백향목은 어떤 나무일까요?

첫째, 백향목은 악조건 속에서도 잘 자라는 나무입니다. 사막지대에서도 잘자라는 나무입니다. 대낮 사막의 극심한 뜨거움을 잘 이기고 꿋꿋이 자라나는 나무입니다. 의인도 어떤 어려움에도 굴하지 않고 목표를 향해 잘 자라는 나무입니다. 이 때문에 시편기자는 의인을 백향목에 비유한 것입니다.

둘째, 백향목은 꾸준히 줄기차게 자라는 나무입니다. 사람은 보통 20년을 자라면 성장이 멈춥니다. 모든 생물들은 성장기간이 있고 보통 나무들도 자라다 일정한 기간이 지나면 한순간 고목이 되고 맙니다. 그러나 백향목은 느리지만 줄기차게 자라납니다. 버드나무처럼 순식간에 자라는 것이 아니고 오이 자라듯 쑥쑥 성장하는 것도 아닙니다. 의인도 꾸준한 사람입니다. 결코 무엇이 안 된다고 조급해하거나 서두르지 않습니다.

셋째, 백향목은 끊임없이 활동하는 나무입니다. 백향목 속에는 언제든지 수액이 끊임없이 흐르고 있습니다. 뿌리에서 빨아올린 액은 줄기로, 또 가지로 올라와 잎을 움직이게 합니다. 계속 움직입니다. 움직이지 않는 사람은 곧 죽은 사람입니다. 의인에게도 성령의 역사가 이처럼 계속 일어납니다.

넷째, 백향목은 엄청나게 크고 장대하게 자라는 나무입니다. 조그만 씨앗이 자라 36m나 되는 나무가 된다는 것은 경이로운 일입니다. 그래서 솔로몬은 성전을 지을 때 담군 7만명과 백향목을 베는 이 8만명을 산으로 올려 보냈습니다. 성전을 짓는데 가장 좋은 나무는 백향목입니다. 둘레는 9m에서 12m나 되는 것도 있습니다. 제목감으로는 최고의 목재입니다. 의인도 이러한 좋은 제목감입니다.

다섯째, 백향목은 향기가 있는 나무입니다. 백향목이라는 말만 들어도 향기가 맴도는 것 같습니다. 백향목을 발목하기 위해 찍는 도끼에서조차 향기가 나는 나무입니다. 그래서 성전 중에 최고의 성전은 백향목으로 지은 성전이라고 말합니다. 마찬가지로 그리스도의 향기가 나는 사람이 의인입니다.

여섯째, 백향목은 줄기에 옹이가 없는 나무입니다. 백향목은 옹이가 없이 매끈하게 자라는 나무입니다. 즉 매우 상품의 가치가 높은 버릴 것 없는 나무입니다. 의인도 이렇게 매끄러운 사람입니다. 결코 남과 원수가 되지 않습니다. 의인은 누구나 다 포용하는 사람입니다. 우리도 이러한 백향목같은 의인이 되도록 노력해야 하겠습니다.

"의인은 종려나무 같이 번성하며 레바논의 백향목 같이 발육하리로다 여호와의 집에 심겼음이며 우리 하나님의 궁정에서 흥왕하리로다 늙어도 결실하며 진액이 풍족하고 빛이 청청하여 여호와의 정직하심을 나타내리로다 여호와는 나의 바위시라 그에게는 불의가 없도다"(시 92:12-15).

"내가 이스라엘에게 이슬과 같으리니 저가 백합화 같이 피겠고 헤바논 백향목 같이 뿌리가 박힐 것이라 그 가지는 퍼지며 그 아름다움은 감람나무와 같고 그 향기는 레바논 백향목 같으리니"(호 14:5-6).

11장. 성경의 숫자들

성경을 자세히 읽어본 사람은 4, 7, 10, 12, 40과 같은 수들이 자주 사용되고 있다는 것을 알 수 있을 것입니다. 이 수들은 구약과 신약 모두에서 자주 나타나고 있습니다. 그러한 이유는 성경에 이 숫자들의 상징적 의미에 근거를 둔 "수의 체계"가 있기 때문입니다.

하나님께서는 "위대한 수학자"이시며, 무슨 일을 하시기 전에 미리 숫자, 무게, 도량형 단위 등으로 계획을 세우신 후 그 계획대로 일을 하십니다. 만일 하나님께서 참으로 이 세상의 창조주이시며 또한 성경의 저자이시라면, "하나님의 말씀"과 "하나님의 사역"은 서로 조화를 이루어야 합니다.

성경은 일곱으로 이루어진 시간 체계를 보여 주고 있습니다. 그것은 다음과 같은 일곱 종류로 이루어져 있습니다.

1. 일곱 "날들"
2. 일곱 "주들"
3. 일곱 "달들"
4. 일곱 "해들"
5. 일곱 "7년들"
6. 일곱 "천년들"
7. 일곱 "시대들"

이러한 "일곱 체계"는 자연에서도 흔히 볼 수 있습니다. 2주 동안 알을 낳은 후 암탉은 3주. 비둘기는 2주 동안 알을 품습니다. 연어의 알은 29주 만에 부화되고 129종의 포유류 중 대부분의 임신 기간이 정확한 7의 배수입니다. 인간도 마찬가지입니다. 또한 어떤 질병은 발병 7일째, 14일째, 21일째 가장 심하게 앓습니다.

그리고 음악에는 7음계가 있으며, 무지개와 프리즘을 통과한 빛도 7가지 색으로 나타나며, 나뭇잎 대부분 7가지 법칙을 기초로 하여 모양이 만들어집니다. 이와 같이 성경과 자연 현상이 일치하는 것은 우연한 일이 아니라 자연이 "하나님의 계획"따라 만들어진 것임을 나타내 주는 것입니다.

1. 하나 : 일치의 수

하나님의 일치성을 상징합니다. 한 몸, 한 성령, 한 소망, 한 분 주, 한 믿음, 한 침례, 한 하나님인 것입니다.

2. 둘 : 연합의 수

둘은 혼인을 통한 연합을 상징합니다(창 2:24). 그리스도와 교회의 연합(엡 5:31-32), 그리스도 안에서 "두 성품의 연합"(눅 1:35), "두 마리의 새"(레 14:4-7), "두 마리의 염소"(레 16:5-22) 등이 있습니다.

3. 셋 : 하나님의 수

셋은 거룩한 것과 관련해서 자주 쓰이기 때문에 "하나님의 수"라고 불립니다. 성부, 성자, 성령의 삼위일체와 영, 혼, 몸의 세 부분, 유월절과 오순절과 초막절의 주요 세 절기, 아버지와 아들과 성령의 이름으로 침례를 베푸는 것 등이 있습니다.

4. 넷 : 세상의 수

우선 봄, 여름, 가을, 겨울의 4계절을 들 수 있습니다. 나침반에는 동서남북의 네 방위가 있고, 물질의 4대 요소는 흙, 공기, 불, 물 등이 있습니다.

5. 다섯 : 분리의 수

이 숫자는 자주 나타나지 않습니다. 지혜로운 다섯 처녀와 어리석은 다섯 처녀의 비유, 보리빵 다섯 개로 오천 명을 먹이심, 다윗의 물맷돌 다섯 개, 다섯 손가락과 발가락, 모세오경 등이 있습니다.

6. 여섯 : 인간의 수

아담은 제 6일에 흙으로 만들어 졌고, 엿 세 동안 일하라는 명령을 받음 등입니다.

7. 일곱 : 완전함, 혹은 계시의 완성을 나타내는 수

이 수는 3과 4의 합이며 하나님의 수인 동시에 세상의 수로서 성경에서는 다른 어떤 수보다도 많이 사용되고 있습니다. 하나님은 창조를 마치신 후 마지막 날인 일곱째 날에 안식하셨는데 이는 육천 년간의 이 세상 역사가 끝난 뒤에 올 천년의 의 안식을 상징하기도 합니다.

안식일은 한 주의 마지막 날인 제 칠 일이었고, 에녹은 아담의 제 칠 대 손이었습니다. 노아가 방주에 들어간 후 칠 일간의 은혜 기간이 있었으며,

야곱은 라헬을 얻기 위하여 칠 년간 봉사하였습니다. 이집트에서 칠 년씩의 풍년과 흉년이 들었었고, 이스라엘 자손이 여리고 성을 무너뜨릴 때 일곱 나팔을 가진 일곱 제사장이 백성들 앞에 서서 행진했으며, 모든 사람들은 그들을 따라서 성을 일곱 바퀴 돌았습니다.

성막 안에는 일곱 가지가 있는 금 촛대가 있었으며, 땅은 육 년간 경작한 후 칠 년째에는 휴경했습니다. 솔로몬이 성전을 짓는 데 칠 년이 걸렸으며, 건물 완성 후 칠 일간 잔치를 열었습니다. 욥에게는 일곱 아들이 있었으며, 욥을 방문한 친구들은 아무 말도 하지 않고 칠 일 낮과 칠 일 밤을 땅바닥에 앉아 있었습니다. 후에 욥의 친구들은 하나님으로부터 일곱 마리의 수송아지와 일곱 마리의 숫양을 번제물로 드리라는 명령을 받았습니다. 나아만은 요단강에 일곱 번을 씻었습니다. 제물의 피는 속죄소 위에 일곱 번 뿌렸고(레 16:14), 주 하나님이 명하신 일곱 절기 가운데 몇은 칠 일간 계속되었습니다. 우리의 구주 예수님은 십자가상에서 일곱 마디의 말씀을 하셨습니다. 초대 교회에서는 성령과 지혜가 충만한 자 일곱을 택하여 교회의 구제 사업을 맡겼습니다. 그러나 일곱이란 수의 깊은 뜻은 계시록을 보지 않고서는 알 수 없을 것입니다.

계시록은 일곱 금 촛대 사이에 계신 주님이 그의 보좌 앞에 있는 일곱 영으로부터 아시아에 있는 일곱 교회에 쓴 편지로서 일곱 교회의 천사인 일곱 별에 보내는 것입니다. 보좌에 앉으신 이의 오른손에 있는 책은 일곱 인으로 봉하였는데, 그 봉인들은 일곱 뿔과 일곱 눈을 가진 어린양에 의해 떼어졌습니다. 일곱 천사가 일곱 나팔을 받았고 또 다른 일곱 천사는 마지막 일곱 머리와 일곱 뿔을 가졌습니다. 계시록에는 일곱이란 숫자가 50번 이상 나타나고 있습니다. 계시록은 이 세상에 대한 하나님의 계획과 목적을 일곱이란 숫자로 계시해 놓고, 새 하늘과 새 땅과 예루살렘으로 인도하는 책이므로 "일곱의 책"이라 부르기도 합니다.

8. 여덟 : 새로운 질서의 수

제 팔일은 새 주간의 시작입니다. 유대인의 안식일은 일주일의 마지막 날인 제 칠일(토요일)이었고, 예수님께서는 안식일 다음에 시작되는 새 주의 첫날인 팔일 째(일요일)에 무덤에서 부활하셨습니다. 주의 부활은 새로운 질서를 가져왔는데, 이는 그리스도인의 안식과 "새 창조", 즉 영의 거듭남을 가져왔으며, 천년왕국 다음에 오는 여덟 번째 시대, 곧 새 하늘과 새 땅을 가리킵니다.

9. 아홉 : 세상의 완성의 수

이 숫자는 세상을 나타내는 수 4와 인간의 숫자 6을 합한 것입니다. 이것은 아마도 열 손가락이나 열 발가락으로 암시되는 십진법에 근거를 두고 있는 것 같습니다. 이 숫자는 완전수로 간주되어 십계명 등에 사용되었습니다.

10. 열 : 영원한 완성의 수

이 숫자는 하나님의 수인 3과 세상의 수인 4의 곱으로 되어있습니다. 이스라엘의 열두지파 등이 있습니다.

11. 사십 : 시험의 수

노아의 홍수 때 비가 땅에 사십 일 낮과 사십 일 밤을 내렸습니다. 모세는 이집트에서 사십 년, 사막에서 사십 년, 그리고 이스라엘과 자손과 함께 광야에서 사십 년을 지냈습니다. 열 두 정탐꾼은 가나안 땅에 들어가 사십 일 동안 정탐했으며, 이스라엘 민족은 광야에서 사십 년 간 방황하였습니다. 사울 왕과 다윗 왕, 솔로몬 왕은 각각 사십 년 간 이스라엘을 통치하였습니다. 블레셋의 장군 골리앗은 사십 일 밤낮으로 음식을 먹지 못했고, 예수님께서도 사십 일 금식하신 후에 광야에서 시험을 받으셨습니다. 또 부활하신 후 하늘로 올라가시기까지 사십 일 동안 이 땅에 계셨습니다. 채찍질을 가하는 것은 사십에 하나를 뺀 서른아홉으로 제한하였습니다.

12장. 성경에 나오는 화폐단위와 무게 단위

1. 달란트(talent)

(마 25:14~ 또 어떤 사람이 타국에 갈제 그 종들을 불러…)

고대 서아시아와 그리스에서 질량과 화폐의 단위, 화폐의 단위로 사용될 때의 달란트는 금 1달란트(은 달란트를 쓰기도 함)의 가치를 말합니다. 전문가들에 의하면 한 달란트는 20kg에서 40kg정도이며 보통은 34kg정도 라고 합니다. 2009년의 금의 국제가격은 1그램당 약 46,500로서 이 가격을 적용하면 1달란트(34kg 적용)는 약 15억8천만원이라는 엄청 난 금액으로 환산됩니다. 금 1 달란트의 가치는 당시 장정 한사람이 약 20년 동안 받을 품삯에 해당하는 액수입니다(2009년 기준 약 15억8천 만원). 또 다른 의미로 "타고난 재능과 소명"이라는 뜻도 있습니다.

2. 세겔(Sheqel)

(마 17:24, 가버나움에 이르니 반 세겔 받은 자들이…)

이스라엘의 화폐 단위, 유대에서 쓰던 무게의 단위로 1세겔은 11.42g에 해당합니다. 1달란트는 3,000세겔. 1세겔의 가치는 당시 노동자의 4일 품삯에 해당하는 액수(2009년 기준, 약 320,000원).

3. 데나리온(denarius)

(눅 7:41, 가라사대 빚 주는 사람에게 빚진자가 둘이 있어…)

고대 로마제국에서 통화되던 은화로 무게가 약 3.88g입니다. 1데나리온의 가치는 당시 노동자의 하루 품삯에 해당하는 액수(2009년 기준, 약 80,000원).

4. 드라크마(drachma)

(눅 15:8, 어느 여자가 열 드라크마가 있는데…)

그리스의 화폐(은화)단위로 무게는 약 4.3g입니다. 한 드라크마는 노동자의 하루 품삯으로 (2009년 기준, 약 80,000원), 유대인 사회 풍습에서는 결혼할 때 남자가 여자에게 사랑의 증표와 지참금의 형태로 드라크마 10개를 꿰어 머리에 둘렀습니다. 신약시대에 데나리온은 그리스에서 드라크마와 같았습니다.

5. 앗시리온(Assarius)

(마 10:29, 참새 두 마리가 한 앗시리온에…)

로마 화폐의 일종으로 소액 동화, 원래는 34g에 가까운 무게의 청동호화였는데 차츰 감량되어 14g이 되었습니다. 1 앗시리온은 약 1/16 데나리온 (2009년 기준, 약 5,000원).

6. 고드란트(kodrantes)

(막 12:42 한 가난한 과부는 와서 두렙돈 곧 고드란트…)

로마 화폐의 최소 단위로 무게는 대략 3.5g정도입니다. 그리스의 가장 작은 화폐 단위인 렙돈 보다 두 배의 높은 가치(2009년 기준, 약 1,250원).

7. 렙돈(Lapton)

(막 12:42, 눅 21:2, 또 어떤 가난한 과부의 두렙돈 넣는 것을 보시고…)

그리스와 로마의 화폐단위 중 가장 작은 단위로 무게는 약 1.7g정도입니다. 1렙돈은 약 1/128 데나리온(2009년 기준, 약 625원).

13장. 성경을 통해 기억해야 할 주요한 언약들

　언약은 사람과 사람 또는 하나님과 사람 사이에 이루어지는 합의 내지는 계약이라고 말할 수 있습니다. 일반적으로 언약은 쌍방의 합의 위에서 이루어지는 것입니다. 그러나 때때로 하나님과 사람 사이에 맺어지는 언약은 무조건적이고 절대적일 수 있습니다. 사람과 맺은 하나님의 언약은 하나님 편에서 먼저 체결하신 것으로, 대개 어떤 조건들을 충족시키는 것을 전제로 하는 약속으로 이루어집니다.

　하나님은 사람과 일곱 번의 언약을 체결하셨는데, 그 언약들은 모두 땅과 관련된 것이었고 각각의 언약 때마다 그것은 새로운 세대를 이루게 되었음을 알 수 있습니다. 일곱 번의 언약 가운데 여섯 번은 아담, 노아, 아브라함과 같은 대표적인 인물들에게 개인적으로 주어졌으며, 예수 그리스도의 탄생으로 성취되는 다윗의 언약을 제외하고는 모두 그들이 살아 있던 당대에 성취되었습니다. 각 언약은 일정 기간 동안 지속되다가 어느 때가 되면 효력을 상실했으며, 그 언약들 가운데 네 번은 표적으로 구별되었습니다.

I. 에덴의 언약

이 언약(창 1:28-30,2:15-17)은 인간이 타락하기 이전 에덴동산에서 아담과 이브에게 주어졌던 언약입니다. 이 세대를 순종에 전제된 "무죄 시대"라고 부르기도 합니다.

에덴에서 체결된 언약의 전제인 일곱 가지 조건은 다음과 같습니다.

1. 땅을 다시 채우는 것(replenish, 창 1:28).
2. 땅을 정복하라는 것(창 1:28).
3. 동물들에 관한 지배권을 갖는 것(시 8:3-9).
4. 음식물을 식물로 한정하는 것(창 1:30에서부터 타락 이전까지).
5. 하나님께서 주신 동산을 경작하는 것(창 2:15).
6. 동산 중앙에 있는 선과 악의 지식의 나무에서 나는 실과를 먹지 말 것(창 2:17).
7. 불순종에 대한 대가는 "죽음"이었습니다(창 2:17).

그러나 하나님께서는 은혜로 아담과 이브에게 "아담의 언약"으로 알려진 새로운 언약을 맺으셨습니다.

II. 아담의 언약

이 언약(창 3:14-19)은 아담과 하와가 추방되기 전에 동산에서 하나님과 체결한 것입니다. 이 언약에는 조건이 없었고 저주와 약속으로 구성되어 있습니다.

1. 저주

저주는 네 개의 대상에 대하여 내려졌습니다.

1) 뱀과 관련하여(창 3:14-15)

뱀은 사탄의 도구로서, 가장 아름다운 피조물이었지만 지금은 가장 혐오스러운 파충류가 되었습니다. 그러나 뱀은 아직까지도 이전에 지녔던 아름다움의 흔적을 갖고 있습니다.

2) 여자와 관련하여

1) 임신이 크게 늘어 남.
2) 해산의 고통을 갖게 됨.
3) 남자의 지배를 받게 됨.

여자는 남자를 "돕는 자"로 창조되었다. 그러나 여자는 타락의 원인이 됨으로써 남자의 지배를 받게 된 것입니다(창 3:16).

3) 남자와 관련하여

땅은 남자로 인해 저주를 받았으며, 동산을 지키는 것은 남자에게 즐거운 일이었으나 이제는 얼굴에 땀을 흘리고 열심히 일을 해야만 땅으로부터 소득을 얻어 삶을 유지할 수 있게 되었으며, 그러한 노동으로 그의 신체는 점차 노쇠해져서 죽음을 겪게 되었습니다(창 3:17-19).

4) 땅과 관련하여

저주를 받은 이후 땅은 가시와 엉겅퀴를 내게 되었습니다. 이것은 지구상의 모든 경작에 어려움을 주었습니다(창 3:17-18).

2. 약속

약속의 내용은 여자의 씨(예수 그리스도)가 뱀의 머리를 상하게 할 것이고 뱀의 씨는 그리스도의 발꿈치를 물 것이라는 것입니다(창 3:15). 이것은 예수 그리스도께서 세상을 사탄의 권세로부터 구해내시고, 땅과 인류를 타락 이전의 상태로 회복시킨다는 약속입니다. 이 언약은 땅이 불로써 새롭게 되는 때까지 지속됩니다.

III. 노아의 언약

양심 시대 아래에서 인간은 그 자신의 악함을 증명하였습니다. 하나님은 홍수를 보내어 지상에 있는 모든 인류를 멸하셨고 노아와 그의 가족만을 구하셨습니다. 홍수 이후 노아는 하나님을 매우 기쁘시게 하는 제사를 드렸고 하나님은 노아와 무조건적인 언약을 맺으셨습니다. 이 언약(창 8:20-9:17)으로 "인간 정부 시대"가 열리게 됩니다. 이 언약의 내용은 다음과 같습니다.

1. 하나님께서 더 이상 땅을 저주하지 않고 생명이 있는 것들을 모두 물로 멸 하시지는 않겠다고 하셨습니다. 그리고 낮과 밤과 계절이 끊이지 않을 것이라고 하셨습니다(창 8:21-22).

2. 노아와 그의 자손에게 다산하고 번성하며 땅을 다시 채우라고 말씀하셨습니다(창 9:1).

3. 그들은 이전처럼 동물을 다스리게 되었습니다(창 9:2-3).

4. 이때부터 사람들은 식물만 먹지 않아도 되었습니다. 그러나 피 째 먹는 것은 금지되었습니다(창 9:3-4).

5. 사형에 해당하는 법이 제정되었습니다(창 9:6). 사형제도는 어느 시대에서나 폐기된 적이 없으며, "도피성"은 오히려 이 제도를 더욱 강화하기 위한 것이었습니다(민 35:1-34).

6. 지구는 홍수에 의해서는 결코 다시 멸망하지 않을 것입니다(창 9:11-16). 이 언약의 표적은 무지개이고 이것은 땅이 불로써 새롭게 될 때까지 지속될 것입니다.

IV. 아브라함의 언약

바벨탑 사건은 인간 역사의 전환점이 되었습니다(창 11:1-9). 이전의 인간은 한 종족이었습니다. 유대인도 이방인도 없었습니다. 그런데 인간들은 우상을 숭배하게 되었고, 이것을 바로 잡기 위해 하나님께서는 셈의 씨를 개인적으로 불러내셔서 한 분리된 백성과 국가를 만드시기로 결정하셨습니다. 이때에 선별된 사람이 바로 아브라함이었습니다.

이 부르심은 아브라함에게 그의 본토인 갈데아 우르에서 나오는 것이었고 그는 이 부르심에 순종했습니다. 그와 맺은 언약은 그의 아들 이삭에게 확정되었고(창 26:1-5) 손자 야곱(이스라엘)에게로 계속 이어졌습니다(창 28:10-15). 이 언약은 무조건적인 것이었고, "족장 시대"로 이어졌습니다. 이 언약(창 17:2)은 7가지 약속들을 포함합니다.

1. "내가 너로 큰 민족을 이루게 할 것이며" 이 약속은 이중적으로 성취되었습니다.
 1) 육체적 자손: "땅의 티끌처럼", "바닷가의 모래처럼"(창 17:20). 이것은 이삭과 이스마엘을 통해 성취되었습니다.
 2) 영적 자손: "하늘의 별들처럼"(갈 3:6,7,29).

2. "네게 복을 주고" 이것은 양떼와 가축과 땅에 대한 실제적인 복으로 성취되었습니다(창 13:14-18,15:18-21,24:34-35). 아브라함은 물론 영적인 복도 받았습니다(창 15:6).

3. "네 이름을 위대하게 하리니" 예수 그리스도 다음으로 아브라함은 성경에서 위대한 이름이 되었습니다.

4. "너는 복이 되리라" 아브라함의 씨를 통해 약속된 씨가 오기 때문에 아브라함은 이 세상의 복이 된 것입니다(갈 3:14).

5. "너를 축복하는 자들에게 내가 복을 주고"

6. "너를 저주하는 자를 저주하리라" 5,6번의 약속들은 유대민족의 역사에서 놀랍게 성취되었으며, 미래에는 더욱 놀랍도록 성취될 것입니다. 그들에게 선하게 대한 모든 민족들은 복을 받을 것이며, 그들에게 악하게 대했던 민족들은 하나님의 저주를 받을 것입니다.

7. "네 안에서 모든 족속들이 복을 받을 것이라" 이 약속은 예수 그리스도 안에서 영적으로 성취되었으며, 천년왕국에서는 이방 민족들이 이스라엘의 복에 참여함으로 문자적으로 성취될 것입니다(신 28:8-14;사 60:3-5,11,16).

아브라함이 이삭을 제물로 드리는 일에서 그의 믿음을 시험받은 후 이 언약은 재확인 되었고 확정되었습니다(창 17:9-14). 이것은 영원한 언약이었습니다(창 17:1-8). 이 언약의 표적은 할례였습니다(창 17:9-14). 그리고 이 언약은 새 하늘과 새 땅이 도래할 때 까지 계속됩니다.

우리는 아담, 노아의 언약이 아브라함의 언약에 의해 폐지되는 것이 아니라는 사실을 기억해야 합니다. 아브라함의 언약은 이방인의 때에 해당되는 기간 동안 히브리 민족에게 제한되는 것입니다. 양심 시대와 인간 정부 시대는 아직도 이방인들에게 계속되어 오고 있습니다.

V. 모세의 언약

모세의 언약은 출애굽 이후 시내 산에서 모세에게 주어진 언약이며, "율법 시대"를 여는 언약입니다. 이 언약은 순종을 전제로 하고 세 부분으로 구분됩니다.

1. 도덕법(출 20:1-26): 이것은 십계명으로 이루어져 있습니다.
2. 민법(출 21:1-24;18).

3. 의식법(출 25:1-40:38): 이것은 성막, 제사장직, 예식의 절차 등을 포함합니다.

이 언약은 계속 지켜지다가 A.D. 70년에 예루살렘의 멸망으로 중단되었으며, 이스라엘이 개심하고 그늘 땅으로 돌아올 때(1948년) 다시 지켜지게 됩니다. 그 때부터 이 언약은 "팔레스타인의 언약"으로 알려질 것이며, 땅이 불로써 탈 때 끝나게 될 것입니다.

VI. 다윗의 언약

이 언약(삼하 7:4-17)은 예루살렘에서 나단 선지자를 통하여 다윗 왕에게 주어진 언약입니다. 이 언약은 눅 1:32-33의 말씀대로 메시야 예수 그리스도께서 다윗의 씨로 오신다는 것입니다. 이것은 유대인과 관계되어 있으며, 이스라엘의 실제적인 회복과 관련되어 있는데, 이것은 실제적이며 문자적이고 눈에 보이는 다윗의 보좌에서 메시야가 실제적으로 이 땅을 다스린다는 땅에 속한 언약입니다. 이 언약은 네 가지 약속들을 포함합니다.

1. 다윗의 집(삼하 7:13): 다윗의 자손은 결코 멸망하지 않을 것입니다.
2. 다윗의 보좌(삼하 7:13): 다윗의 왕국은 결코 멸망당하지 않을 것입니다. 다윗의 집에서 나온 한 왕이 면류관을 쓰고 보좌에 앉으실 것입니다.(마 27:29). 그분은 왕국을 받아 이스라엘의 형벌이 끝났을 때 다시 돌아오실 것입니다. 그때에 다윗의 아들이신 그분이 왕국을 회복시키실 것입니다(눅 1:30-33).
3. 다윗의 왕국: 다윗의 아들이 지상에서 다스리실 통치 영역은 천년왕국 전체가 될 것입니다(시 72:8).
4. 영원히 견고하리라: (삼하 7:16).

이 언약의 표적은 한 아들입니다(눅 1:30-33; 2:12). 이 언약은 시간이 끝날 때까지 계속됩니다.

Ⅶ. 팔레스타인의 언약

이 언약(신 30:1-10)은 모세를 통해 이스라엘에게 주어졌으며, 이스라엘의 회개를 전제조건으로 합니다. 이 언약은 이스라엘이 팔레스타인으로 돌아오고 회개할 때 효력이 발생합니다. 이 언약은 "천년왕국 시대"를 여는 언약이며, 천년왕국과 함께 끝이 납니다.

Ⅷ. 새 언약

이 언약(히 8:7-13)은 이스라엘 집과 유다 집과 더불어 맺어질 언약입니다(히 8:8). 예레미아 31:31-37에 약속되어 있는 이 언약의 성격은 무조건적인 것으로 천년왕국, 새 하늘과 새 땅을 포함시킬 것입니다. 이 언약에서 주님은 이스라엘과 유다 집의 죄를 다시는 기억하지 않을 것이라고 하셨습니다(히 8:12). 그리고 이 언약이 실행되는 천년왕국 때에는 모든 사람이 주님을 알기 때문에 더 이상 복음 전파가 없을 것입니다(히 8:11). 이 언약은 교회와는 아무런 상관이 없고 오직 유대인과만 관련이 됩니다. 교회는 이 언약에 속하지 않습니다.

하나님의 약속은 광야 인생의 나침반입니다. "내가 너와 함께 있어 네가 어디로 가든지 너를 지키며 너를 이끌어 이 땅으로 돌아오게 할지라 내가 네게 허락한 것을 다 이루기까지 너를 떠나지 아니하리라 하신지라"(창 28:15). 형 에서의 장자권을 탈취한 야곱이 어머니 리브가의 도움으로 간신히 도망치게 되는데 이는 야곱이 형을 속여 차지한 '장자권'은 우리가 흔히 아는 '재산권'과는 거리가 먼 것입니다. 실제로 야곱은 거부였던 아버지 이삭의 재산은 하나도 얻지 못하면서 혈혈단신으로 형의 위협에서 빠져나옵니다. 형과 아버지를 속여 장자권을 얻은 대가는 참혹했습니다.

부잣집 막내아들이었던 야곱은 졸지에 광야의 노숙자로 전락하여, 벧엘 광야의 한 구석에서 돌베개에 의지해 잠을 청합니다. 황량한 광야의 밤은 어린 야곱이 감당하기에 버거웠을 것입니다. 칠흑 같은 밤, 두려움에 지쳐 잠든 야곱에게 하나님은 당신의 사자를 보내 주셨습니다. 아무것도 의지할 것 없는 처량한 순간, 하늘의 사닥다리를 놓아 주심으로, 세상의 방법은 다 막혀도 하나님의 방법과 길은 열려 있음을 보여 주셨습니다.

그리고 야곱에게 놀라운 약속을 하십니다. "내가 너와 함께 있어 너를 이끌어 이 땅으로 돌아오게 할지라 내가 네게 허락한 것을 다 이루기까지 너를 떠나지 아니하리라"(창 28:15). 절체절명의 위기 속에서 야곱은 하나님의 조건 없는 약속을 꽉 붙잡았습니다. 그곳에서 하나님을 경배하며 베고 누웠던 돌베개를 세우고 기름을 부어 벧엘의 서약을 합니다. 그렇게 그는 약속을 믿고 의지하면서 고난을 극복한 하나님의 사람으로 성장합니다.

결론적으로, 지금도 하나님의 언약은 우리 모두에게 말씀으로 유효합니다. 그러나 그 약속은 오직 믿는 자에게 능력이 됩니다. 야곱이 하나님의 약속을 믿고 나아갈 때, 그의 인생은 하나님의 자녀라는 정체성으로 충만하여졌습니다. 마찬가지로 하늘의 약속을 붙잡은 사람은 어떠한 환경 속에서도 하나님의 축복의 자녀로 능력 있게 살아갈 수 있습니다. 위대한 약속을 품었기 때문입니다. 이것이야말로 하늘의 축복권이며 진정한 장자권이 아닐까요?

스티브 도나휴의 저서 「사막을 건너는 여섯가지 방법」 중에 '지도를 따라가지 말고 나침반을 따라가라.'는 지침이 있습니다. 지도만 보고 가면 불쑥 나타나는 사막 지형의 변화에 당황할 수 있지만, 나침반을 보며 방향을 따라가면 어떤 상황에서도 목적을 잃지 않는다는 것입니다. 하나님이 우리에게 주시는 약속의 말씀이 바로 우리 인생의 광야를 건너는 나침반입니다.

성경은 언약의 책입니다. 하나님은 언약을 거치지 않고 바로 축복을 주신

적이 거의 없습니다. 항상 약속하시고 그것을 신뢰로 받아들여 순종하는 자들에게 약속대로 이루어 주셨습니다. 그 언약의 성취를 통해 우리의 믿음을 훈련시키셨습니다. 왜냐하면 우리 믿음의 궁극적 지향점은 이 땅에 오실 메시야, 오신 메시야, 또 다시 재림하실 재림 주를 영접하기 위해서는 절대적 신뢰가 필요로 하기 때문입니다. 그러나 대부분의 이스라엘 사람들은 이 긴 시간 믿음의 훈련을 잘 받고도 정작 메시야가 오셨을 땐 영접하는 데 실패하고 맙니다.

 하나님은 아담 부부를 내 쫓으면서 가죽 옷을 지어 입히심으로 언젠가 저들의 죄 문제를 해결해 주실 것을 암시 하셨고 결국 수천 년이 지나 독생자 예수 그리스도를 보내셔서 인간 구원의 약속을 지키셨습니다. 하나님은 아들 예수를 죽여서 까지라도 우리와의 약속을 지키신 것입니다. 하나님은 한 번도 약속을 어기신 적이 없습니다. 기드온 삼백 명으로도 미디안 십만 대군을 물리치실 때 말도 안되는 전쟁 방법을 지시하셨지만 그래도 순종하자 거짓말 같은 승리를 거두게 하십니다. 반드시 약속을 지키신 것을 보여주십니다. 여리고 성 함락도 그렇고 다윗의 숱한 전쟁사에 나타난 승전보도 모두 하나님의 언약을 믿고 전쟁에 나갔을 때 어김없이 이기게 하셨지만 믿지 않는 자들에게는 백전백패케 하셨습니다. 약속을 믿는 자에게 하나님은 무한 능력을 베푸시고 성취해 주셨습니다.

 바울 사도는 성경을 관통하고 있는 핵심 진리를 짚을 수 있는 몇 안되는 영성의 소유자였고 성경 전반에 흐르고 있는 언약 사상에서 예수 그리스도의 심정을 가장 잘 헤아렸던 하나님의 종입니다. 그러기에 그는 로마의 시민권, 공회원, 가말리엘 학파의 문화생, 유대인 중에 유대인, 그의 명예와 소유와 자신의 생명까지도 다 내 던져버리고, 사십에 하나 감한 매를 다섯 번 맞고, 강의 위험 짐승의 위험 사람의 위험을 마다하지 아니하고, 복음의 협곡을 곡예 하듯 선교사의 길을 간 것은 하나님의 나라를 위한 불붙은 주님의 심장을 그도 가졌기 때문입니다.

3부
그리스도인의 성장하는 신앙생활

14장. 하나님의 뜻에 합당한 신앙생활의 네 가지 원칙

　하나님께서 자연 만물을 창조하신 것은 기쁨을 얻기 위함입니다. 인간은 하나님의 기쁨을 위해 존재할 때, 행복과 기쁨을 누릴 수 있도록 창조 되었습니다(계 4:11).

　예수님의 보혈의 공로를 믿어 구원받아 하나님의 자녀가 된 우리들은 바로 그분이 우리들의 아버지 창조주 하나님이신 것을 깊이 깨닫는 순간, 우리들은 엄청난 내적 충격과 함께 새롭게 구원받은 그리스도인의 삶에 큰 변화가 몰려오는 것은 어쩌면 너무나 당연하다 하겠습니다. 어떤 작은 물건, 간단한 물건 하나도 만든 사람이 있습니다. 우리가 구원받기 위해 하나님과 예수 그리스도를 믿는 순간에 우리의 혼은 구원을 받습니다. 지옥을 면하게 된 것은 구원의 본질은 아니며 구원으로 말미암은 당연한 결과입니다.

구원의 본질, 예수 그리스도를 믿음으로 생명을 얻고 이 생명으로 살아가면서 주님을 자발적으로 섬기는 가운데 성령의 열매를 맺는 것입니다. 그리고 점진적이고 적극적인 영적 성장 과정을 통하여 예수님의 형상으로 변화함으로 하나님을 기쁘시게 해드리는 것이 바로 구원의 본질인 것 입니다. 즉 구원의 본질은 구원자이신 '주 예수 그리스도'이십니다.

구원의 목적, 구원받은 이후 예수 그리스도께서 내 안에 잉태되어서 내 안에서 자라나시고, 형성되시고, 그분을 통해 하나님을 배우고, 내 안에 계신 예수 그리스도를 알아가고, 사랑하는 것입니다. 결국 하나님의 뜻대로 우리가 예수 그리스도처럼 되어서 많은 사람들에게 유익을 가져다주고, 성령의 열매를 맺는 삶을 통해 하나님을 기쁘시게 해드리는 것입니다.

하나님의 뜻에 합당한 신앙생활을 위한 네 가지

첫째로, 예수 그리스도 '안에' 있는 생명입니다. 'in Jesus Christ' 예수 그리스도를 통해 하나님과 사귐, 교제가 필요합니다(요 20:31; 3:16; 17:3, 요일 5:9-13, 골 3:4, 고후 4:7-12, 빌 3:7-11). 레오나르드 다빈치(Leonardo da Vinci, 1452.4.15.~1519.5.2.)는 15세기 이탈리아가 낳은 유명한 화가이고, 조각가이며, 건축가이자 과학자입니다. 그의 나이 43세 때 일입니다. 화가로서 완숙했을 때 이탈리아 밀란의 두도빙코공이 예수님의 마지막 만찬의 모습을 화면으로 그려 달라고 부탁을 했습니다. 부탁을 받은 그는 온갖 정성과 심혈을 기울여 예수님의 마지막 만찬을 완성했습니다.

12제자를 세 사람씩 무리지어 놓고 중앙에는 예수님이 손을 들고 있는 모습을 그렸습니다. 오른손에 잔을 들고 계신 예수님의 양쪽에는 제자들이 셋씩 그러니까 예수님 오른쪽에 제자 6명, 왼쪽에 6명 그려 놓았습니다. 작품이 완성되었을 때 늘 그랬듯이 절친한 친구를 불러 그림을 보여주며 의견을 들어보았습니다. 그림을 본 친구는 깜짝 놀랐습니다. 최대의 걸작품 이었기 때문입니다. 더욱이 예수님 손에 들려진 은컵은 어찌나 섬세한지 그 컵에서 눈을 뗄 수가 없었다고 하는 것이었습니다. 그 말을 듣는 순간 레오나르드 다빈치는 붓을 들고 컵을 지워버리는 것이 아닙니까? 그러면서 하는 말이 이 그림에서 예수 그리스도 이외에는 어떤 것도 중심이 될 수 없어.

그렇습니다. 예수 그리스도가 중심이 되어야 합니다. 우리의 신앙의 중심과 삶의 중심은 오직 예수 그리스도가 되어야 합니다. 이것이 그리스도인의 자세입니다. 우리들의 몸에서 예수 그리스도를 바라 보지 못하게 하는 것이 무엇입니까? 학식입니까? 미모입니까? 실력입니까? 재주입니까? 재물입니까? 명예입니까? 권력입니까? 그것이 무엇이든, 그를 위해 얼마나 공을 많이 들여서 이룬 것이든 다빈치처럼 주저하지 말고 지워버려야만 합니다. 예수 그리스도만 존귀하게 나타나야 합니다. 예수 그리스도를 나타내려 할 때 우리들의 삶의 목적이 이루어지고 하늘의 기쁨이 충만하게 될 것입니다.

우리들의 삶에서 물질이나 정욕이 중심이 되면 안됩니다. 우리의 삶의 중심은 오직 우리를 구원하시기 위하여 십자가에서 피를 흘리시고 죽으시기까지 우리를 사랑하신 우리 주 예수 그리스도가 되어야 합니다. 생사화복의 주인 되시는 주님을 중심으로 신앙생활하여 하나님의 기쁨이 되어야 합니다.

많은 그리스도인들이 주님을 알고 신뢰하고 사랑하지만, 정작 주님을 자신의 주인으로 여기지 않습니다. 그들에게 주님은 일종의 조력자이실 뿐입니다. 어려움이 생기면 주님을 찾고 죄를 지으면 주의 보혈로 씻어달라고 기도합니다. 어둠 속에 갇혀 어디로 가야 할지 모를 때 그들은 주께 부르짖습니다. 하지만 평소에는 자기들 뜻대로, 자기 힘으로 살아갑니다. 당신의 영적 삶은 어떠한가? 당신의 영적인 집, 즉 하나님이 거하시는 당신의 마음속 성전은 어떠한가? 혹시 당신의 마음이 옛 예루살렘 성전 같지는 않은가? 당신의 마음이 장사꾼들의 집이 되고 강도의 굴혈이 되지는 않았는가? 당신의 마음이 분노로 가득하지는 않은가? 당신은 어쩌면 마음을 바로잡으려고 최선을 다했을 것입니다. 사람들에게 도움을 청하고, 돈을 들여서라도 문제를 해결하려고 했을 것입니다.

그러나 이 문제는 당신의 주인이신 분이 당신의 마음속에 들어오셔서 주관하셔야 해결될 수 있습니다. 주 예수께 당신의 모든 문제, 마음의 집착과 생각, 그리고 당신의 존재 자체를 의탁하십시오. 주님은 그것들을 능히 책임지고 관리해주실 것입니다. 우리가 주님께 의탁한다고 할 때, 우리는 어느 정도까지 의탁해야 하는가? 주께 "예수님, 저의 모든 것과 제 영혼의 모든 힘을 주님께 바칩니다"라고 고백하고 당신의 마음을 전부 드리십시오. 그러면 주님이 받으실 것입니다. "아비나 어미를 나보다 더 사랑하는 자는 내게 합당치 아니하고"(마 10:37)라고 준엄하게 말씀하셨습니다. 그러므로 오늘 주께 이렇게 말씀드리십시오.

"주 예수님, 아버지와 어머니와 아내와 자식과 형제와 자매를 향한 제 모든 사랑을 주께 맡겨드립니다. 주님을 사랑하는 방법을 가르쳐주소서. 제 소원은 오직 주님을 사랑하는 것뿐입니다. 제 온 마음을 드리오니 주님의 사랑으로 가득 채워주소서." 그런데 당신의 마음을 드렸다고 해서 다 끝난 것이 아닙니다. 즉 온갖 생각으로 가득한 당신의 머리도 드려야 합니다. 당신은 세상의 읽을거리에 푹 빠져 있느라 하나님의 말씀을 외면하고 있지는 않은가?

하나님께서 이 고상한 능력, 즉 하늘의 것과 영원하고 무한한 것을 생각할 수 있는 능력을 당신에게 주셨으니 그 능력을 예수님의 발 앞에 바치십시오. 그리고 주님께 "주 예수님, 제 모든 능력을 주께 맡겨드리기를 원합니다. 제가 무엇을 생각해야 할지, 주님과 주의 나라를 위해 어떻게 생각해야 할지를 가르쳐주소서"라고 말씀을 드리십시오. 세상 속에서 관계를 맺을 때에도 모든 것을 주께 맡겨야 합니다. 자신의 돈과 시간과 일을 모두 주님의 손에 맡겨드려야 합니다. 이런 의탁이 얼마나 복된 것인지 체험하기 전에는 결코 미리 알 수 없습니다(고전 6:19-20, 고후 5:15).

우리 안에 예수 그리스도께서 들어와 계셔서 그 영원한 생명이 있기 때문에 그 생명을 통해서 우리는 하나님을 알지만 생명이 없는 사람들은 하나님을 알 수 없다는 것입니다. 그래서 우리는 생명을 얻었고 이 생명이 점점 성장해 가는 것입니다. 마치 엄마 뱃속에 잉태된 그 태아가 점점 성장하여 나중에 한 아이로 탄생하여 그 아이가 엄마 뱃속에서 나와서 성장해 가듯이 그와 같은 과정을 걷는 것입니다. 그것이 바로 신앙생활입니다. 성경은 그것을 영적성장이요 성숙이며, 완전함에 이르는 것이라고 말씀하고 있습니다.

우리 안에 숨겨진 생명은 어떤 생명입니까? 온 우주의 지혜를 다 가지고 계신 생명입니다. 온 우주를 창조하신 능력입니다. 죽음을 이기신 부활의 생명입니다. 이 생명력은 그 무엇과도 비교 할 수 없습니다. 생명에는 속성이 있습니다. 짐승에게는 짐승의 속성이 있듯이 하나님의 속성들은 여러 가지가 있습니다. 그 많은 것 중에서 다만 우리들은 평생에 걸쳐서 하나님의 말씀을 통해 하나님의 생명의 속성들이 무엇인지 열심히 공부하며 알아가고 있는 것입니다. 예수님을 믿기 때문에 무언가 선한 행동이 나오고 또한 고통과 고난 속에서도 기쁨과 소망을 잃지 않는 모습을 보인다는 것은 그 사람 안에 예수님의 생명이 있다는 것을 나타내 보여주고 있는 것입니다.

둘째, 예수 그리스도와 '함께'하는 교제입니다. 'with Jesus Christ' 하나님께서는 우리들을 왜 구원하셨습니까? 단지 영원한 고통이 없는 하늘나라로 보내주기 위해서만이 아니고(그것은 구원받고 결과적으로 가는 것입니다.) 예수님과 사귐을 갖기 위해서입니다(고전 1:9). 예수님께서 우리를 초청하시는 목적은 우리와 사귀는 것입니다. 하지만 죄가 덕지덕지 붙어있고 더럽고 추해서 도저히 어울릴 수가 없어서 예수님께서 우리들의 죄 들로 인해 대신 죽으시고, 자기 피로 씻기시고 깨끗하게 만들어서 "지금부터 사귀어 볼래?" 하십니다(요일 1:1-7). 그런데 우리는 '아니요, 저는 세상이 좋아요.' 이렇게 주님의 프로포즈를 단번에 거절해 버리고는 '저는 이 세상에서 내 뜻대로, 멋대로 살 테니 나중에 하늘에서나 만나요'라고 말하고 있지는 않습니까? 하나님께서는 자신의 아들 예수님과 우리를 사귈 수 있게 해주셨습니다. 사귀면 사귈수록 그분이 어떠한 분이심을 알게 됩니다. 그분을 알아가는 기쁨을 놓친다면 우리는 신앙생활의 큰 기쁨을 놓치는 것입니다. 우리가 제일 기쁠 때가 언제입니까? 친구나 애인 등을 사귈 때 사귀면서 그 사람과의 신뢰를 쌓아가면서 서로가 주고받는 가운데 점점 우정과 사랑이 깊어가고 그리고 만날 때마다 기쁘고 더 만나고 싶고 헤어져도 또 생각나는 이런 것들이 가장 큰 사귐의 기쁨입니다. 그런데 예수 그리스도를 만나서 그와 같은 사귐이 얼마만큼 진행되었느냐는 것입니다. 신앙의 초점을 어디에다 두고 있습니까? 그분과 제대로 사귀고 있습니까? 점점 사랑이 깊어지고 있습니까? 점점 새로운 면을 보고 있습니까? 이와 같은 것들을 가슴에 손을 얹고 진지하게 생각해 보아야 하지 않겠습니까?

우리 안에 들어와 계신 예수님과의 사귐이 항상 달콤하지는 않습니다. 우리가 그분을 사귈 때는 보이지 않으시는 분이기 때문에 말씀(성경)을 듣고, 읽고, 기도를 통해서 사귐을 가져야 합니다. 그런데 그분의 말씀이 항상 우리를 달콤하게 하고, 만족하게 하는 게 아니라는 것입니다. 성경 말씀에 '고난의 교제'라고 하였습니다. 하나님의 말씀은 '내 입에서 꿀처럼 달았는데 즉시 배로 들어가더니 쓰더라.' 라고 했습니다. 이와 같이 사귐이 마냥 달콤하고 좋지만은 않다는 사실을 기억하시기 바랍니다. 그분과의 사귐은 구원받은 형제, 자매들과의 사귐을 전제로 하고 있습니다. 우리들 각자 안에 계신 주님을 우리가 배우는 것입니다(히 10:19-25).

그분을 경배하고 사귀면서 우리 마음속에 있는 것을 다 쏟아내고 알려드리면서 인격이시고 살아 계신 내 안에 계신 예수님과의 사귐을 통해서 그분을 점점 더 깊이 알아가고 배워가면서 믿음의 경주를 해나가는 것이 바람직한 신앙생활입니다. 반면 종교생활처럼 단지 교회만 왔다 갔다 하고 성경도 안 읽고 기도도 하지 않는 것은 신앙생활이 아니라는 것입니다.

예수님과의 수직적인 교제만 하는 게 아니라 당연히 수평적인 교제도 하도록 말씀하십니다. "서로 돌아보아 서로 사랑과 선행을 격려하며"(히 10:24). 나는 예수님이 좋고 그래서 예수님하고만 교제하겠다고 하는 것은 올바른 사귐이 아닌 것입니다. 예수님과 제대로 사귀는 사람은 당연히 지체들과도 사귀게 되어 있습니다. 형제 자매들도 주님의 사랑의 대상이라는 것입니다. 또한 마음이 힘들고 고통가운데 있는지 살피고 격려하게 되어 있습니다. 그리고 모이는 것을 폐하지 말라고 하셨습니다. 서로 권면하면서 모이기를 힘쓰고 교제와 사귐이 있어야 올바른 사귐이고 바른 신앙생활이 되는 것입니다.

1912년 4월 14일, 세계의 이목이 집중된 가운데 대서양 횡단을 목적으로 영국을 떠나 첫 항해를 시작한 초호화 유람선이 있었습니다. 수많은 승객을 싣고 대양을 향해 물살을 헤치며 나가던 그 배의 이름은 타이타닉이었습니다. 높이 30m, 너비28m, 길이 270m, 무게 46,000t으로 당시 지구상에서 첫째가는 큰 배였습니다. 이런 타이타닉이 항해를 시작한지 5일째, 캐나다 동부해안에 이르렀을 때입니다. 해안통제소에서 빙산이 내려오고 있으니 방향을 바꾸라는 무전이 전달되었습니다. 그러나 항해사는 타이타닉호를 너무 신뢰한 나머지 무전을 무시하고 항해를 계속했습니다. '전방에 빙산이 있다지만 설마 이 큰 타이타닉호가 빙산 따위에 무너지겠습니까?' 선장도 항해사의 말에 맞장구치며 계속 항해할 것을 명령했습니다. 그리고 얼마 지나지 않아 타이타닉호는 우리가 알고 있는 대로 비참한 최후를 맞았습니다.

교만은 이처럼 자신의 한계를 바르게 보지 못하게 하며, 상황 판단을 제대로 할 수 없게 만들어 결국 패망으로 이끕니다. 교만이 우리의 삶의 한 가운데 자리 잡게 해서는 결코 안 됩니다. 교만을 인생의 안내자로 삼는다면, 우리 마음은 날로 높아지고 뜻은 강퍅하여 파멸의 길을 벗어나지 못한 채 걸려 넘어지고 맙니다.

"너희가 거듭난 것은 썩어질 씨로 된 것이 아니요 썩지 아니할 씨로 된 것이니 살아있고 항상 있는 하나님의 말씀으로 되었느니라"(벧전 1:23). 너무나 많은 그리스도인들이 말합니다. 말씀도 좋고 예수님도 좋고 다 좋은데 예수 믿는 사람들 즉 그리스도인들은 골치 아프고 싫다고 하는 것입니다. 그래서 예배 시작하고 3~4분후에 참석했다가 3~4분전에 싹 빠져나간다고 합니다. 참 불쌍한 사람입니다. 좋아하는 친구와만 놀러 가고 영화를 보면 되는 것인가요? 우리 각사람 안에 와 계신 예수 그리스도끼리 함께 다 모여서 교제하는 것입니다. 그러기 위해서 만나는 것입니다. 그리스도가 아닌 아담의 성품인 육신의 성품을 바라보면서 비판하고 실망하고 그러는 것은 잘못된 것입니다. 성령님은 예수님에 대해서만 이야기 합니다. 따라서 예수님이 아닌 사람을 높이거나 섬기며 말하는 것은 성령님이 아니라는 것입니다. 사람을 높일 때는 대부분 마귀의 영이 나오게 됩니다(요일 5:1).

셋째, 그리스도를 '위한' 섬김입니다. 'for Jesus Christ' 구원은 세 번째로 예수 그리스도를 위한(for)섬김입니다. 영화나 드라마를 보면 주인공과 그 외 여러 사람들의 이름이 자막으로 나옵니다. 극이 시작될 때 올리는 이름을 오프닝 타이틀이라고 합니다. 주로 주인공과 그에 버금가는 연기자 이름이 나옵니다. 그리고 극이 끝날 때 올리는 이름을 엔드 타이틀 이라고 합니다. 여기에는 미술, 조명, 무대와 같이 극에 필요한 모든 소품과 필요한 것들을 만들고 조달한 사람들의 이름이 깨알 같이 올라갑니다. 사람들은 오프닝 타이틀에 나오는 이름들은 모두 기억하지만 엔드 타이틀에 나오는 이름들은 아무도 기억하지 않습니다.

 심지어 TV드라마 같은 경우에는 엔드 타이틀의 이름이 나오면 다른 방송국의 드라마 끝부분이라도 볼려고 잽싸게 채널을 돌려버리기도 합니다. 그러나 드라마나 영화는 엔드 타이틀에 나오는 수많은 사람들의 수고로 만들어 집니다. 그들이 작품에 맞는 배경과 무대를 만들이 내면 배우가 와서 연기를 하는 것입니다.

 교회의 경우 담임목사가 대표자로서 이름이 올려져 있고 모든 교인이 바라보고 있는 강단에 서서 설교를 하며 스포트라이트를 받습니다. 그러나 정작 교회를 만들고 지켜가는 자들은 엔드 타이틀에 속하는 수많은 교인들입니다. 주방에서, 현관에서, 주차장 같이 드러나지 않는 곳에서 헌신하는 이들이 있습니다. 구역을 맡아서 가정과 개인의 신앙을 살피는 구역을 섬기는 사람들이 있습니다. 누구보다 일찍와서 아이들을 가르치는 교사들과 모든 일을 마친 뒤에도 남아서 연습하는 성가대원들과 쓰레기 분리수거를 하며 마무리 하는 많은 재직들이 있습니다.

 이들 모두는 교회의 엔드 타이틀에 이름이 올려져 있는 분들입니다. 바로 이 분들이 하나님의 몸된 교회를 세우고 지켜가는 분들입니다. 그리고 먼 훗날 하나님 앞에 섰을 때 잘했다 칭찬 받을 영화로운 분들입니다. 하나님의 은혜로 값없이 구원받은 하나님의 자녀들에게 자신의 생애에서 가장 귀한 것은 주를 알아가며 사랑하고 섬기는 것입니다. 그분께 모든 것을 드리는 삶을 살고 싶다는 것입니다(고후 5:12-17).

 자기 자신을 위해 살아간다는 것이 인생을 얼마나 낭비하고 허비하는 것이며, 아무것도 남지 않는 것인지를 솔로몬은 그의 인생 말년에 그의 왕으로서의 삶을 돌아보며 탄식하며 고백한 바 있습니다. "헛되고 헛되며 헛되고 헛되니 모든 것이 다 헛되도다." 또한 바울은 이제는 내가 더 이상 나를 위하여 살지 아니하고 그리스도를 위하여 살겠다고 고백하였습니다. 예수님을 만나 그분을 진정으로 사귀면 다 그렇게 되는 것입니다. 절대로 강요해서 되는 것이 아닙니다.

  예수님을 섬기지 않고 믿지 않으면 무슨 일이 생기거나 불행하게 되는 것은 아닐까? 그런 것이 아니고 그분을 섬기지 않고 믿지 않는다는 것은 다 헛되고 의미 없는 삶을 산다는 것을 깨닫고 진정으로 주님을 섬기며 살아가야 한다는 것입니다. 그것이 주님으로만 충만한 사람이 이 땅에 사는 동안 최선의 삶임을 뼈 속 깊이 깨닫고 알기에 기꺼이 우리는 예수 그리스도의 종이 되어 살아가기로 결단하는 것입니다. 옛날에는 나 자신을 섬기고 내가 왕이고 주인이고 모든 게 나 중심적으로 살아갔지만, 이제는 예수 그리스도가 주인이고 왕이 된 것입니다(롬 12:1-2).

  유명한 운동선수에서 선교사로 헌신한 찰스 스터드선교사의 이야기입니다. 그는 대학시절 영국에서 가장 위대한 크리켓 선수라는 극찬을 받은 10대의 우상이었으며, 재벌가의 아들이었습니다.

  그런 그가 예수님을 믿고 평생 복음을 위해 살기로 결단했습니다. 그래서 그는 23세부터 중국에서 10년, 인도에서 6년, 아프리카에서 18년 동안 선교사로 헌신했습니다. 그가 그의 선교의 방향을 아프리카로 전환하게 된 것은 1908년 리버풀에서 그는 길을 가다가 '식인종들도 선교사를 기다린다?'는 이상한 광고 문구를 보게 되었습니다. 그것은 칼컴박사라는 외국인이 붙인 것이었습니다. 스터드는 그를 통해서 '수십만의 중앙 아프리카 사람들이 복음을 들어본 일이 없이 죽어가고 있습니다. 상인, 무역상들이 황금을 찾으로 몰려오지만 예수 그리스도를 전하러 간 사람은 아무도 없습니다'는 말을 듣게 되었을 때, 그 순간 그는 '부끄러움이 마음속에 가득찼다'고 회고하였습니다.

  그는 주님께 물었습니다. "왜 그리스도인들은 아무도 가지 않습니까? 하나님의 대답은 "네가 가는 게 어떠냐?"는 것이었습니다. '의사가 가지 못하게 할 겁니다'라고 말씀드렸더니 하나님의 답변은 이러하셨습니다. "내가 좋은 의사가 아니더냐" 내가 너와 함께 하지 않겠느냐? 그곳에서도 내가 너를 지켜주지 않겠느냐?" 변명의 여지가 없었습니다.

　스터드는 마침내 아프리카로 가고자 결단하였습니다. 이때 그의 나이는 50세 였습니다. 그는 병약하여 의사로부터 아프리카로 가면 반드시 죽을 것이라고 경고를 받았고 재정적이 뒷받침도 없었습니다. 게디가 아내 브리스길라도 심장쇠약으로 병중에 있었기 때문에 주위사람들은 강력히 반대했습니다.

　그는 다음과 같이 이야기 하며 마음을 정했습니다. '황금을 찾기 위해 아프리카에 도박하듯 가는 불신자들도 있는데, 나는 하나님을 위하여 도박을 하겠습니다' 고 결심했습니다. 그는 하나님을 위해서, 복음을 위하여 대학시절에는 자신의 미래를 걸었고, 젊어서는 자신의 직업을 걸었고, 중국에서는 자신의 전 재산을 걸었으며, 이제는 목숨을 건, '위대한 믿음의 도박사'였습니다.

　그때 그는 이미 50살이며 병들고 후원자도 없었지만 죽음을 각오하고 아프리카로 갔습니다. 식인종이었던 사람들은 그를 가리켜 '위대한 하얀 추장' 이라고 부르며 존경했습니다. 그는 '만일 예수 그리스도가 하나님이고, 나를 위해 죽으셨다면, 내가 그분을 위해 하는 어떤 희생도 결코 클 수 없습니다' 라고 했습니다.

　그리고 그는 콩고에서 그의 생을 마감할 즈음에 이렇게 말했습니다. '내가 세상을 떠날 날이 가까이 온 것 같다. 이제 돌아보니 즐거웠던 몇 가지 일이 생각나는구나! 하나님이 내게 중국에 가라고 말씀하셨을 때, 우리 가족은 모두 반대했다. 그럼에도 하나님의 명령이었기에 결단하고 중국으로 건너간 것, 지금 생각하면 얼마나 기분 좋은 일이고 즐거운 추억인지 모른다. 그리고 그때 하나님이 내게 명령하신 것이 있다. 부자 청년에게 주님이 말씀하신 그대로 "네가 가진 것을 가난한 자에게 다 나눠주고 나를 좇으라"고 말씀하셨다. 그래서 나는 유산으로 받은 것을 선교를 위해, 가난한

사람들을 위해 다 나눴는데, 지금 생각하면 얼마나 즐거운 추억이고 감사한 일인지 모르겠구나.'

스터드는 자기 자신을 돌아보지 않고 주를 위해서 사역하다가 71세를 일기로 콩고에서 주님 품에 안겼습니다. 이때 7천명이나 되는 아프리카인들이 그의 장례를 보러왔습니다. 그는 영국 최고의 크리켓선수로서 세상의 인기와 명예와 부를 거절하고 하나님을 위하여 자신을 삶을 온전히 주님께 드렸습니다. 이런 그에게 하나님은 상급을 주셨습니다. 하나님은 그의 이름을 창대케 하셨습니다.

찰스 스터드 선교사 한 사람으로 말미암아 중국과 인도와 미국 그리고 그리고 아프리카의 수많은 영혼들이 구원을 받고 생명을 얻었습니다. 또한 그의 영향력으로 수많은 젊은이들이 하나님을 위하여 헌신하고자 결단하였고 자원하여 선교사가 되었습니다. 오늘을 사는 우리 한 사람 한 사람에게도 찰스 스터드 선교사에게 있었던 이러한 역사가 있어야만 합니다.

몸을 주님께 내어드리십시오. 우리 모두가 지금 주님께 몸을 드리지 않는다면 함께 하나님의 말씀을 공부할 아무런 이유가 없는 것입니다. 또한 우리는 지금 눈과 마음을 주님께 내어드려서 보고 느끼고 깨달으며 그러는 가운데 배우고, 주님을 알아가고 있는 것입니다. 구체적으로 예수님에 관해 설명을 한다든지, 전도지를 나누어 주든지, 교회에 가서 다른 지체를 위해서 기도 한다든지, 휴지를 줍든지 모든 것이 다 주님을 위해서 하고 있는 것입니다. 밥을 먹든, 공부를 하든, 일을 하든, 취미생활을 하든, 여행을 하든, 무엇을 하든지 그것이 하나님의 영광을 위해서 한다면 우리는 자유롭게 무엇이든 다 할 수 있습니다(고전 10:31). 그러나 하나님의 영광을 위한 것이 아니라 나 자신의 욕망을 위해서 하는 거라면 내려놓아야만 합니다(골 3:22-24).

하나님께서는 교회에서 하는 일이나 직장에서 하는 일에 구분이 없습니다. 우리가 돈을 버는 목적도 하나님의 영광을 위해서 버는 것입니다. 가정

일이든 무엇이든 모든 게 하나님의 영광을 위해 하는 것이고 주님이 기뻐하시기 때문에 하는 것이어야 합니다.

성경에 의하면 그리스도인들은 죽는 것이 이 땅에서 살아가는 것보다 이익이라고 말씀하고 있습니다. 그러나 우리가 이 땅에서 살아야 될 의미가 있고 목적과 계획이 있기 때문에 살아가는 것이지 그것이 주님의 영광을 위한 것이 아니라면 우리는 차라리 이 땅을 떠나 빨리 하늘나라로 가는 것이 낫습니다. 이 땅에서 주님의 영광을 가리고, 욕되게 하고, 주님을 아프게 할 거라면 이 땅에서 살아갈 이유가 없는 것입니다.

물론 어린자녀들도 대부분 부모 속을 썩이고 어쩌다 기쁨과 즐거움을 주기도합니다. 점점 성장하고 자라나면서 부모가 흐뭇해 할 정도로 장성하게 되어 부모를 섬기고, 기쁘게 해드리고, 행복하게 해드리는 것을 볼 수가 있습니다. 우리는 순수하게 내적 동기를 살펴보아야 합니다. 하나님을 섬기는 자는 하나님만 섬기는 것이 아니라 우리들 옆에 있는 지체들도 당연히 섬기게 되어 있습니다.

눈에 보이는 형제를 사랑하지 아니 하는데 눈에 보이지 않는 하나님을 어떻게 사랑할까요? 다시 말하면 우리들 옆에 계시는 분이 하나님이라고 할 수 있는 것입니다. 사람을 섬기고 우상숭배를 하라고 하는 것이 아닙니다. 우리 각 사람의 지체들 안에 예수 그리스도가 계시기 때문에 그렇게 말하는 것이니 이해하시기 바랍니다(빌 2:17).

내 인생을 희생물로 바쳐서 너희의 믿음이 자라나고 너희를 섬길 수만 있다면 나는 기꺼이 내 생명과 돈과 시간을 모두 다 바친다는 것입니다. 우리들 곁에 있는 형제자매에게 그렇게 하고 계십니까?

주님과 교제하고 사귀면 그런 사람이 되는 것입니다. 예수님께서 말씀하시기를 선한 목자는 양들을 위해 자기 생명을 주신다고 말씀하셨고 실제로 그렇게 하셨다고 쓰여 있습니다. 다시 말해서 성경을 많이 알고 지식을 많이 갖추고 있다고 해서 그것이 곧 영적 성장이 아니라는 것입니다.

예수님께서 성경은 나(예수님)에 대하여 증언한다고 말씀하셨습니다. 성경을 알아 가면 알아 갈수록 예수님을 더 닮아 가고 예수님처럼 변해가야 하는 것입니다. 그런데 그렇게 되고 있지 않기 때문에 너무나 많은 사람들이 실족하고 괴로워하고 아파하며 상처를 받게 되는 것입니다.

어떤 분이 고백했습니다. 우리 남편은 '교회가면 천사가 되는데 집에 오면 악마가 된다' 극단적인 이야기 같지만 오죽하면 그렇게까지 이야기가 나왔을까요(엡 5:1-2). 섬김은 희생을 전제로 하고 있습니다. 내가 내 시간, 돈, 마음, 내 육체를 모두 희생해야 다른 사람이 섬김을 받을 수 있는 것입니다.

넷째, 예수 그리스도에 '의한' 열매 맺음입니다. 'by Jesus Christ' 예수 그리스도에 의하여 내 안에서, 이제는 사망에 이르는 열매가 아닌 생명에 이르는 열매가 맺힌다는 것입니다. 속일 수가 없습니다. 아무리 얌전하게 겸손한 척하고 성경을 읽고 기도한다고 해도 나중에 다 드러나게 됩니다. 열매로 모든 것이 드러나게 되어 있습니다(롬 7:1-5).

우리 그리스도인의 삶에서 실패는 결코 좌절의 자리가 아닙니다. 고통은 결코 우리의 무덤이 아닙니다. 고된 시련은 결코 낙담할 자리가 아닙니다. 그 모든 것은 우리에게 더 많은 것을 주시기 위한 하나님의 축복의 자리입니다. 예수님 안에서는 고난이 축복으로 가는 징검다리입니다. 그리고 그 축복의 자리로 건너갈 수 있는 방법이 감사입니다. 감사는 오늘의 실패의 자리에서 내일의 축복의 자리로 건너가는 징검다리입니다. 감사는 힘들고 고된 오늘의 삶에서 소망 가득한 내일로 건너가는 징검다리입니다. 감사는 고통의 땅에서 축복의 땅으로 건너가는 징검다리입니다. 믿음은 그 축복을 바라보게 하고, 감사는 징검다리가 되어 그 축복의 세계로 건너가게 만들어 줍니다. 그러므로 힘들고 어려운 문제를 만날 때 그 때는 원망하고 불평해야 하는 때가 아닙니다. 오히려 감사해야 하는 때입니다. 왜냐하면 축복이 멀지 않았기 때문입니다. 감사는 하나님의 사랑을 아는 사람만이 할 수 있는 신앙고백입니다. 그리스도 안에서 죄를 용서받고 새로 태어난 기쁨과 감격을 갖고 있는 사람만이 할 수 있는 일입니다. 이런 사람은 비록 세상에서 환난을 당해도 주님에 의한 소망에 찬 삶을 살아가게 되는 것입니다.

신앙생활을 잘 하기 위한 7가지

첫째, 사람에게 말하기 전에 먼저 하나님께 말하라. 어떤 문제든 주장이든 먼저 하나님께 기도로 시작하라는 것입니다. 그래서 기도가 차서 이야기 할 만하면 그때 이야기 하라는 것입니다.

둘째, 다른 사람이 내게 다가오기를 기다리지 말고 내가 먼저 다가가라. 교회 모인 사람들이 다 남입니다. 그래서 누가 먼저 다가가기가 쉽지 않습니다. 내가 먼저 다가가면 됩니다. 내가 누구인지 스스로 말하는 것입니다.

셋째, 많은 말을 줄이고 잘 들어주라. 누구든 잘 들어주는 것이 관계의 시작입니다. 듣기는 속히 하고 말하기는 더디 하면 됩니다.

넷째, 상대방을 지적하기 전에 자신의 잘못부터 고백하라. 사람들은 누구도 지적당하는 것을 좋아하지 않습니다. 그러나 혹시 상대방이 자기를 낮추고 겸손히 나오면 지적을 받아들일 수도 있습니다. 지적하기 전에 자기 고백이 선행되어야 합니다. 자기도 못하는데 누가 누구를 훈계하는가?

다섯째, 사람을 공격하지 말고 그가 가진 문제점을 이야기하라. 문제와 문제를 가진 사람은 다릅니다. 사람은 문제를 가진 존재지 그 사람 자체가 문제는 아닙니다. 문제와 문제를 가진 사람을 구분해야 합니다. 문제는 고치되 사람에게 상처를 줘서는 안 됩니다.

여섯째, 다른 사람을 성공시키는 일이 내가 성공하는 일임을 알라. 사람과의 관계에서 상대방이 잘되는 목적으로 대해야 합니다. 내가 그에게 하는 것이 그를 위한 것임을 믿게 해야 합니다. 그래야 설득이 됩니다.

일곱째, 문제의 해결보다는 관계를 더 중요시 하라. 문제가 잘 안 풀려도 사람을 잃어서는 안 됩니다. 사람이 먼저고 사람이 우선입니다. 이것이 하나님의 가족인 우리가 지켜야 할 태도입니다.

좀 더 성경적으로 자세히 살펴보도록 하겠습니다. 예수 그리스도께서 우리를 신부로 맞이하실 때 우리의 옛 남편을 '하나님의 말씀의 칼로 죽이셨다'라고 하시는 것입니다. 우리가 예수 그리스도를 믿는 순간에 그 전 남편을 죽이셨다는 것입니다. 성경 말씀이 살벌 합니까? 즉 "내가 그리스도와 함께 십자가에 못 박혔나니"라는 말씀은 예수님을 믿는 순간에 나의 옛 사람, 나의 주인, 나를 노예로 부려먹고, 속박하던 그 옛사람 즉 죄의 몸이 죽었다는 것입니다.

내 사망의 몸이 십자가에 못 박혀 버린 것입니다. 더 이상 나를 부려먹지 못하도록 그리하셨습니다. 그리고 나서 예수님께서는 아주 좋은 남편으로 우리에게 오셨고, 좋은 만남을 통해서 열매를 맺게 되는 것입니다.

하나님께서 이루신 큰 일 뒤에는 언제나 하나님께서 쓰시는 사람이 있었습니다. 구약에서는 믿음의 조상 아브라함이나 이스라엘의 구원자 모세나, 위대한 임금 다윗이나, 능력의 사람 엘리야 같은 사람이 그러합니다. 신약에서는 열 두 사도나 바울 같은 사람이 그러합니다. 그렇지만 그들이 그렇게 위대한 일에 쓰임 받은 사람들로 나타나기까지, 하나님께서는 그들을 혼자 일하게 하신 것은 아니었습니다. 위대한 신앙의 인물 뒤에는 언제나 이름도 없이 빛도 없이 그의 그늘 아래서 자신의 이름이 잊혀지는 것을 마다하지 않고 섬겼던 위대한 신앙의 인물들이 있었습니다.

우리들 안에 성령의 열매가 맺히는 것은 예수님에 의해서 이루어지게 되는데 내가 맺는 것이 아닙니다. 내가 내 자신을 주님께 내어 드리면 주님께서 내 안에서 맺으시는 것입니다. 이것을 성경에서는 성령의 열매라고 합니다(갈 5:22-23). 그런데 나를 통해서 맺으신다는 것입니다. 내가 허락하지 않으면 성령께서는 성령의 열매를 맺으실 수가 없습니다. 나의 동의 없이 내가 순종하지 않은 상태에서는 성령님께서 내 안에서 강제로 열매를 맺지 않는다는 것입니다.

따라서 성령의 열매는 예수님에 의해서 맺게 되는 열매인 것입니다. 이러한 과정이 하나님의 뜻에 합당한 신앙생활입니다. 또한 주님께서 우리에게 마련하신 풍성한 구원이라는 것입니다. 우리의 삶을 통해 이 구원을 마음껏 누리시길 바랍니다.

예수님은 우리의 해질녘을 새벽녘으로 바꾸십니다. 극한 절망 가운데서도 하나님만 바라보고 위대한 믿음의 발자취를 남긴 스탠리 존스(E Stanley Jones)선교사님이 계십니다. 그는 인도를 서구화하기보다 그리스도화 시키려고 65년이나 인도 땅을 헤집고 다니며 선교한 뛰어난 목사님입니다. 마하트마 간디의 친구로서 그와 정신적으로 깊이 교제했고, 인도의 독립을 위해 크게 공헌하고, 인도와 파키스탄의 분열을 막기 위해 애쓴 선교사입니다.

1928년에 감리교 총회에서 감독(bishop)으로 선출되었지만, 그는 취임예배를 앞두고, 나는 복음전도자이지 감독이 아니라고 말하며, 감독직을 사임하였습니다. 그는 '자신의 부르심'은 선교사라고 선언하고 인도로 떠났습니다.

그렇게 유명한 인도 선교사의 길을 걸었던 그는 1901년 열일곱 살 때의 성령체험 때문이었습니다. 그는 어려서부터 예수님을 믿었지만 17세 때, 순회 설교자 로버트 J.베이트먼(Robert Bateman)이 인도하는 집회에 참석했다가 셋째 날 밤, 집회에 참석하기 전, 침대 곁에 무릎 꿇고 자기가 이제껏 드렸던 기도 가운데서 가장 신실한 기도를 바쳤습니다. 예수님, 오늘 밤 저를 구원하소서 … 마음속에서 뜨거운 사모함이 일어나자 교회로 달려갔습니다. 교회 맨 앞좌석에 앉았습니다. 전에 한 번도 해보지 않은 일이었습니다. 설교가 끝났을 때, 기도의 제단에 가장 먼저 달려 나갔고, 무릎을 꿇기 전에 천국이 자신의 영속으로 뛰어들었다고 고백했습니다. 마음에 놀라운 변화가 생겼습니다.

'하나님께 용서받았다는 느낌', '본향에 있다는 느낌', '나의 그곳으로 돌아왔다는 느낌을 받았고', '삶의 목표와 방향을 잡고 목적을 찾았다는 느낌', '혼자가 아니라는 느낌', '내게는 나와 늘 함께하시는 분이 있어 어엿한 사람이 되었다는 느낌', '온전해졌다는 느낌', '은혜를 받았다는 느낌'에 사로잡혔습니다. 그는 그 은혜에 감격하며 "세계를 부둥켜안고, 기쁨을 모든 사람과 함께 나누면서, 나의 남은 생을 보내리라"고 결심하게 됩니다.

그리고 에즈버리 대학을 졸업한 후, 1907년 24살 젊은 나이로 인도 선교사로 파송되었습니다. 그는 그리스도의 증인으로, 그리스도를 높이는 일 이외에는 무엇에나 양보했습니다. 어떤 힌두교인은 그를 "매우 포용력 있는 사람이라"했고, "인도의 길을 걷고 있는 예수 "(The Christ of the Indian Road)라는 평가를 받는 분입니다.

50년 넘게 인도에서 사역을 하셨는데, 평생 6만 번 이상 설교를 했다고 합니다. 그런데 1971년 12월, 69세 새벽 2시 뇌졸중으로 쓰러집니다. 새벽 2시부터 사람들에 의해서 발견된 아침 7시까지 다섯 시간동안, 전신이 마비되어 꼼짝도 할 수가 없었습니다. 혼자 힘으로는 아무것도 할 수가 없는 절망적인 상황이 됐습니다. 눈의 초점이 흐려져서 책을 읽을 수도 없고, 손에 마비가 와서 손을 들어 글을 쓸 수도 없습니다. 또 걸을 수도 없는 그런 처지가 되었습니다.

딸 유니스 매튜가 병원에 도착하자, 스탠리 존스목사는 간신히 이렇게 말했습니다. "나는 지금 죽을 수 없다. 마지막으로 해야 할 일이 남아 있다." 스탠리 존스목사는 왜 이런 말을 하였을까요? 더 살고 싶었기 때문일까요? 그의 믿음의 고백을 보십시오. "변한 것은 아무것도 없다. 참으로 감사한 사실은 나의 믿음은 조금도 흔들리지 않았다는 것이다. 하나님께 모든 것을 맡기고 기도하는 것, 그것이 바로 승리다. 미국 최고의 의사들은, '당신은 이제 걸을 수 없습니다.'라고 말했고, 인도 최고의 안과 전문의들은 '나를 위해 해줄 수 있는 것은 아무것도 없다고 말했다.' 그러나 나는 아무 걱정이 없다. 나는 전적으로 하나님의 손 안에 있다는 것은 삶의 어떠한 순간에도 해답이 되시는 그리스도 안에 있다는 것을 의미하기 때문이다!"

스탠리 존스 선교사님은 그 절망적인 상황에서 불평하지 아니하고 감사했고, 믿음으로 매시마다 하나님께 기도를 드렸습니다. 중풍으로 보스턴 병원에 입원하여 누워있으면서 간호원에게 부탁했답니다. "내가 잠에서 깰 때 "나사렛 예수이름으로 말하노니 일어나라!" 그렇게 자신에게 명령해 달라고 말입니다.

나사렛 예수 그리스도의 이름으로 일어나 걸으라! 그런데 기적은 일어났습니다. 스스로 걷기 시작한 것입니다. 미국의 의료진들이 평생 이제 걷지 못할 것이라고 그렇게 말했는데, 믿음으로 일어나 걷기 시작하고, 스스로 1km 이상을 걷게 되고, 오르막길과 내리막길도 다닐 수 있게 되었습니다.

이제 더 이상 설교를 할 수 없을 것이라고 했는데, 다시 인도로 돌아가 그 후 20년 동안을 선교사로 큰 역사를 이루다가 89세에 인도에 묻혔습니다. 그리고 그 기간 중에 영적 유언장과 같은 책, [하나님의 긍정] (The Divine Yes)남기고, 평생 사역지인 인도에서 주님의 부르심을 받았습니다. 그의 사위가 그의 모습을 보면서 이와 같이 회고했습니다. "그는 노년의 에녹처럼 하나님과 함께 걷고 있었고, 하나님께서 그를 데려가셨다!" 그가 남긴 책에서 그는 이렇게 말합니다. "만일 당신의 삶이 조각조각 부서졌다면, 그 조각들을 모두 모아 하나님께 드려보라. 그러면 하나님께서 그 조각들로 아름다운 무엇인가를 만들어 내실 것이다. 갑자기 나를 엄습한 뇌졸중 발작은 장애와 슬픔을 견디는 것이 어떤 것인지 알려주었을 뿐만 아니라, 장애와 슬픔을 긍정적으로 이용하는 것을 삶으로 보여줄 기회가 되었다. 예수님은 우리의 해질녘을 새벽녘으로 바꾸신다!" 그는 임종의 자리에서도 "나의 구세주를 당신에게 추천합니다"라고 말하며 숨을 거두었답니다. 스탠리 존스 목사님이 이 일을 통하여 깨달은 말씀이 (고후 1:20)말씀입니다. "하나님의 약속은 얼마든지 그리스도 안에서 예가 되니, 그런즉 그로 말미암아 우리가 아멘 하여 하나님께 영광을 돌리게 되느니라."

지금 어떤 절망적인 상황 속에서 힘들어 하고 계신가요? 스탠리 존스 목사님은 하나님의 영광을 위해서 살았는데, 절망적인 상황이 왔지만, 더욱 큰 믿음으로 담대히 예수 그리스도의 이름으로 외치며 일어나서 다시 선교현장으로 간 것입니다. 그는 1938년에 미국의 타임지에 의해 '세계에서 가장 위대한 선교사' 소개되었고, 1961년에는 '간디 평화상'을 받았으며, 인도의 독립과 제 2차 세계대전 중에 펼친 평화 운동으로 인해 두 차례 노벨 평화상 후보자로 선정되기 까지 했습니다.

하나님의 뜻에 합당한 나의 신앙생활의 체크 포인트 네 가지 확인해 보세요.
첫째로 예수님 안(in)에 있는 생명이 내게 있는가?
둘째로 예수님과 함께(with)사귀고 있는가?
셋째로 예수님을 위해(for)섬기고 있는가?
넷째로 예수님에 의해(by)열매가 맺히고 있는가?

하나님께서는 주 예수 그리스도를 만남으로 예수 그리스도의 생명을 얻고 우리들이 성장하여 하나님의 말씀을 붙들고 마귀와 세상을 물리치고 승리함으로 영적 군사가 되어서 어디에 가든지 하나님이 누구신지를 사람들에게 잘 준비하여 알려주고 증언하기를 바라고 계십니다.

15장. 예배(Worship)

하나님의 위대하심과 아름다우심과 선하심을 말, 음악, 의식, 침묵 등의 경배로 표현하는 것이며, 이를 통하여 우리는 하나님의 영광인 쉐키나(shekinah)의 초자연적인 실체로 들어감을 의미합니다. 참된 예배는 주일 예배시간의 종료 후에 시작된다고 합니다. 이 말은 교회 안에서의 예배는 이것으로 마치고 이제는 하나님을 섬기기 위해 세상으로 나가서 삶으로 예배를 드리라는 말입니다.

"형제자매 여러분 하나님의 자비가 이토록 크시니 나는 여러분에게 권고합니다. 여러분 자신을 하나님께서 기뻐하시는 산 제물로 바치십시오. 그것이 여러분이 드릴 진정한 예배입니다(롬 12:1).

우리가 교회당 안에서 기도하고 찬송하고 설교를 들으면서도 예배를 드리지 못하는 사람도 있고, 직장이나 사업장에서 일을 하면서도 하나님이 기뻐하시는 참 예배를 드릴 수 있습니다. 그렇다고 교회의 회중예배에 참석하지 말라는 이야기가 아닙니다. 성경이 제시하는 예배는 의식 혹은 예전으로 드리는 예배(요 4:23-24)와 삶으로 드리는 예배(롬 12:1-2)가 있으며, 성경은 이 두 예배를 우리가 하나님께 드려야 할 예배로 제시하고 있습니다. 예배란 하나님께 최상의 가치를 돌리는 것입니다. 교회 안에서 온 마음과 정성을 다해 회중예배를 드리며 산 제물이 되는 것처럼 세상에 나가서도 산 제물로 살라는 것입니다. 사도 바울이 "나는 날마다 죽노라"는 고백처럼 우리의 생각과 뜻을 죽이고 주님께 최고의 가치를 돌려드리는 예배의 삶을 살아야 합니다.

그리스도인이 성장하기 위해서는 어떠한 신앙생활을 해야 하는가에 대하여 알아보기로 합니다. 가장 중요한 점은, 무엇보다 참된 경건을 원한다면 나 자신의 문제점을 발견하는 것에서 출발해야 합니다. 내 안에 거룩하지 못한 부분을 발견하고 회개하는 일이 우선돼야 합니다. 그리고 교회의 모든 모임에 참석해야 합니다. 모임에 참석하는 것은 단순한 선택사항이 아니라 하나님의 명령입니다. 특히 주님이 다시 오심이 가까워질수록 더욱 그리해야 합니다(히 10:25). 그리스도인들이 예배드리러 교회에 가는 사람들 중에 예배의 목적을 "설교를 듣는 것"으로 생각하는 사람이 많습니다. 그러나 설교를 듣는 것이 예배의 중요한 부분이기는 하지만 그것이 예배의 목적이 될 수는 없습니다. 근본적으로 예배는 나를 위한 것이 아니고 하나님을 위한 것입니다. 그리스도인이 공동체에 모여서 하나님을 예배(롬 12:1-2)드리는 데 예배의 의의가 있습니다.

1. 예배의 의미를 바르게 깨닫기 위해서는 먼저 경배의 의미를 알아야 합니다.
경배(worship)란, 마음이 온전히 하나님으로 채워진 성도가 예수 그리스도의 피로 인하여 믿음의 온전한 확신 가운데 하나님께 나아가, 진실한 마음으로 경의와 존경을 표하며 하나님을 합당하게 높여드리는 것입니다.

동시에 모든 권세와 부귀와 지혜와 힘과 존귀와 영광과 찬송을 하나님께 합당하게 돌려드리는 것입니다(창 22:5,12;막 12:29-30;히 10:19-22;계 5:12-14).

2. '경배'는 영과 진리로 드리는 것입니다(요 4:23-24).

1) **"영"으로,** 성령으로 난 것은 영(요 3:6), 성령으로 인도함을 받습니다(롬 8:14;요 16:13). 사람이 성령으로 다시 태어나지 않으면 성령 안에 있지 않는 것이며, 그러면 하나님을 영과 진리로 경배할 수 없습니다. 예수 그리스도를 통해 그 "영"이 거듭남으로써 성령께서 내주하시는 그리스도인은 성령을 통하여 자신의 영으로 하나님과 영적인 접촉을 갖게 되고, 이 영적 접촉 가운데서 하나님께 올바른 경배를 드리게 됩니다. "영으로 경배를 드린다."는 것은 "성령"을 무슨 도구로 사용하여 경배를 드린다는 뜻이 아닙니다. 우리 안에 내주하시는 성령님으로 말미암아 우리가 하나님과 영적인 관계를 맺게 된 상태에서 경배를 드린다는 뜻입니다.

2) **"진리"로,** 진리의 영이신 성령께서 진리의 말씀에 역사하십니다(요 17:17; 16:13). 찬송의 가사와 기도의 한 마디 한 마디가 진리의 말씀에 일치되는 것이어야 합니다. 선포되는 말씀이 진리의 말씀이어야 합니다. 경배에 성령님의 역사가 있기 위해서는 "성령님께서 영감으로 기록하신" 진리의 말씀이 있어야 합니다. 예수 그리스도에 관하여 기록된 진리의 말씀이 있을 때 주님께서 온전히 선포되실 수 있습니다.

3) **경배의 대상:** 아버지 하나님(요 4:22-24), 아들 하나님(요 9:38;계 5:12-14).

(1) 하나님께서는 자신 외에 다른 신에게 경배하지 말라고 말씀하셨습니다(출 34:14). 베드로는 "나도 사람이라"고 말하며 경배를 거절했습니다

(행 10:25-26). 예수 그리스도께서는 "너는 주 너의 하나님을 경배하고 오직 그분만을 섬기라"(마 4:10)고 말씀하셨는데, 자신이 바로 그 하나님이 시기에 이 땅에서 친히 경배를 받으셨으며, 복음서 여러 곳에서 경배 받으시는 것을 기록하고 있습니다(마 8:2,9:18,20:20;막 5:6).

(2) 성령님께 경배하라는 말씀은 성경에 없습니다.

성령님의 지상사역은 예수 그리스도를 높이고 그분을 영화롭게 해드리도록 인도해 주십니다(요 16:13-14).

4) 예배의 의미 예배는 성도가 자신의 몸을 하나님께서 기뻐하시는 산 제물로 드리는 것으로 시작됩니다. 이삭이 번제로 드려지는 상황에서 "경배"라는 표현이 처음 사용되었듯이, 우리 자신의 몸을 하나님께서 기뻐하시는 거룩한 산 제물로 드리는 것이 가장 기본적인 예배입니다. 우리는 우리 자신을 거룩한 산 제물로 하나님께 드리고, 그런 헌신된 자세로 예배에 모여야 합니다. 그리스도인은 주일마다 예배를 드립니다.

예배에는 세 가지 의미가 있습니다.

첫째, 하나님과의 만남입니다. 하나님과 만나서 하나님께 찬송으로 영광을 돌리고 그분과 기도로 대화도 나누고 감사로 헌금하며 자신을 드리는 것입니다.

둘째는 말씀에 대한 굴복입니다. 하나님 앞에서 내가 죽는 것입니다. 예배 전의 내가 아니라 예배 후의 변화된 내가 되는 것입니다. 세상의 육적인 때를 벗겨내고 영적으로 갈아입음입니다. 나를 죽이고 그리스도가 다시 살아나는 것입니다.

셋째는 하나님의 만져주심입니다. 말씀에 내가 죽어버리면, 그때 하나님께서 나를 만져주십니다.

연애 중인 연인들은 상대방이 늦어도 기쁘게 기다립니다. 그만큼 소중하고 사랑스럽기 때문에 기다리는 시간도 즐겁습니다. 그러나 권태기에 빠지고 사랑이 식게 되면 5분만 늦어도 표정이 굳고 목소리가 높아집니다. 생텍쥐페리의 '어린 왕자'에는 이런 명언이 나옵니다. "네가 오후 4시에 온다면 난 3시부터 행복할 거야."

매주 예배를 기다리는 나의 모습에 이런 행복한 기다림이 있어야 승리의 신앙생활을 하게 될 것입니다. 늘 함께 하시는 주님이시지만 주님이 세우신 교회에서 주님의 말씀을 따라 공적으로 함께 예배드리는 귀한 연합의 시간을 고대하며 기다려야 합니다.

따라서 성도는 예배를 계기로 죄에서 성별하며 자신을 점도 없고 흠도 없이 드려지는 제물이 되도록 하는 자세가 필요합니다. 예배 전에 하지 못했다면, 예배를 마치기 전 헌신의 시간을 통해 죄들을 자백하고 거룩함을 회복해야 합니다. 예배에 신실하지 못하면 신앙생활 전반이 온전할 수 없습니다. 예배는 성도의 기초이자 신앙의 핵심입니다.

5) 예배는 어떻게 드려져야 하는가? 예배는 경건의 모양만 있는 형식적인 의식이 아니라 품위 있고 질서 있는 집회여야 합니다(고전 14:40, 딤후 3:5). 우리가 잘못 드리는 헛된 예배, 즉 하나님께서 받지 않으시는 예배는 어떤 예배일까?

(1) 회개(참회)치 않는 마음으로 드리는 예배

하나님께 나아갈 때 구원받은 성도라면 우리는 참회하는 마음으로 나아가야 합니다. 거룩하신 하나님 앞에 예배를 드리면서 반드시 죄의 문제가 해결되어야 하기 때문입니다. 지극히 거룩하신 하나님과의 교제에 들어갈 수 있는 사람이란 죄의 문제를 깨끗이 해결한 사람입니다. 만일 우리가 예배드리는 것이 어렵게 느껴지고, 하나님께서 가까이 계심을 느끼지 못한다면 분명 우리의 삶에는 나 자신이 모르고 그냥 지나쳐 버린, 하나님만 알고 계시는 어떤 영역이 있을 것입니다. 우리는 이 영역을 깨닫게 해달라고 하나님께 기도해야 합니다. 그리고 그것이 깨우쳐지면 상하고 뉘우치는 심령으로 하나님께 잘못을 자백해야 합니다(요일 1:9). 그럴 때 하나님께서 우리를 정결케 해주시고 우리를 예배자로 삼아 주셔서 예배드리기에 합당한 사람으로 만들어 주십니다.

(2) 구원의 은총에 감격과 감사로 응답하지 않는 예배

오늘날 많은 그리스도인들이 예배는 사람들이 먼저 하나님을 찾아 헤매는 것이라고 오해합니다. 그러나 예배는 먼저 우리를 찾아주셨고, 지금도 찾고 계시는 하나님의 사랑에 감사함으로 응답하는 것입니다. 요한복음 4장에 사마리아여인에게 먼저 찾아가신 예수님의 모습이 나옵니다.

당시 유대인들은 상종도 하지 않았던 사마리아의 이 여인을 예수님께서 직접 찾아가신 것입니다. 여기서 우리는 죄인을 먼저 찾아주시는 하나님의 사랑과 은혜를 깨닫게 됩니다. 바로 이러한 사랑에 응답하는 행위, 그것이 바로 예배입니다.

오늘날 예배 현장에서 이런 감격스런 응답의 행위가 점점 사라져 가고 있다고 이구동성으로 말합니다. 우리가 하나님 앞에 나아와 예배드리는 가장 중요한 이유는 그것은 바로 죄인을 먼저 찾아주시는 하나님의 사랑과 십자가를 통해 주어진 구원의 은총에 있습니다. 구원의 은총에 아무런 감격과 감사 없이 습관적으로 드리는 예배에 어떤 감격과 감사가 있겠습니까?

(3) 항상 무엇인가 받으려고만 하는 예배

우리는 많은 순간에 하나님의 복을 받아내고자 하는 인간적인 행위를 예배라고 생각하고 있습니다. 많은 그리스도인들이 무엇인가를 받으려고 교회에 나오고 있습니다. 그러나 이것은 예배가 아닙니다. 예배는 하나님께 우리 자신을 감사함으로 산 제물로 드리는 것(롬 12:1)이지 받는 것이 아니기 때문입니다.

반드시 깨달아야 할 것은, 우리는 하나님께 감사와 감격으로 예배드리러

나오는 것이지, 복을 구하고 영육 간에 복을 받아 나와 자기가정만 잘 먹고 잘살기 위한 복을 받기 위해 예배드리는 것이 아닙니다. 하나님 나라의 의를 구해야 합니다(마 6:33). 지금의 예배는 과연 누구를 향해 있는 예배인가. 하나님인가? 나 자신인가?

(4) 잘못된 태도로 드리는 예배(막 12:33; 말 2:11-13)

이것은 동기의 문제입니다. 과연 우리는 어떤 마음으로 매일, 그리고 주일마다 예배드리고 있는 것인가? 그저 습관적으로 예배드리지는 않는가? 혹 헌물을 드릴 때 인색한 마음으로, 내가 이 만큼 바치니까 하면서 더 큰 것을 받기 위해 드리고 있지는 않은가? 진정 우리가 알아야 할 것은 예배를 드리는 우리의 몸과 마음의 자세가 참으로 올바르지 못하다면 그 예배는 하나님께 열납될 수 없는 헛된 예배가 되고 만다는 사실입니다.

예배시간 10대 꼴불견

①예배시간에 번번히 지각하는 교인입니다. 예배시간이 7시 30분 일 때 7시 40분에 오는 교인은 8시로 늦추면 8시10분에 옵니다.

②기도시간을 남 몰래 볼일 보는 시간으로 여기는 교인입니다. 기도 시작할 때 있던 교인, 기도 끝나면 안보이고 기도할 때 없던 교인, 기도 끝나면 보입니다.

③찬송시간을 음악 감상 시간으로 착각하는 교인입니다. 남이 찬송 부를 때 눈만 감고 있습니다.

④성가대에 앉아서 원맨쇼하는 교인입니다. 성가대는 교인석에서 보면 무대와 같습니다. 머리 만지는 것, 거울 보는 것, 책장 넘기는 것, 주보 탐독하는 것, 교인들 두 눈동자 카메라에 전부 포착됩니다.

⑤예배시간을 취침시간으로 착각하는 교인입니다. 예배중 취침해야 할 순서가 있다면 침대를 준비해 놓았을 것입니다.

⑥예배시간에 눈감고 안조는 척하는 교인, 팔짱끼고 앉아있는 교인, 다리 꼬고 앉은 교인, 설교가 맘에 안드는지 헛기침하는 교인, 옆 사람과 잡담하

는 교인, 남이 데리고 온 아이 쳐다보며 눈이나 맞추는 교인…

⑦아이들을 인질(?)로 삼는 교인입니다. 아이 핑계로 예배는 아예 뒷전입니다. 유아실은 아이들 데리고 예배드리라고 만든 곳이요. 재롱잔치 벌이고 너스레 떨라고 만든 장소가 아닙니다.

⑧헌금시간이 돼서야 호주머니 뒤지는 교인입니다. 성경에 헌금을 일년 전부터 준비했다고 하지 않았는가.

⑨통성기도 하라는데 입 다물고 있는 교인입니다. 입을 열어 기도하지 않으면 마음 문마저도 닫힌다고 하였습니다.

⑩축도가 끝나기 무섭게 나가버리는 교인입니다. 하나님께 드리는 순서는 끝났지만 이웃과 교제하는 시간은 지금부터 시작입니다.

예배시간 내내 하나님의 마음에 들도록 해야만 합니다. 예배드리는 시간이 십자가의 수직적인 막대라면 예배 끝나고 교제하는 시간은 십자가의 수평적인 막대일 것입니다. 이 둘이 합하여 십자가의 삶이 이루어지는 것이 아니겠는가?

(5) 두 마음으로 드리는 예배(약 4:8)

구약성경을 통해 우리는 하나님께서 자신의 백성들이 마음으로는 하나님으로부터 멀리 떠나 있으면서도 겉으로만 예배를 드리고 있다고 여러 번 책망하시는 것을 볼 수 있습니다. 이스라엘 백성들은 매번 하나님 앞에 나아와 예배를 드렸지만, 실상 그들의 마음은 다른 곳에 있었던 것입니다. 진실한 마음, 하나님 앞에 감격스런 마음으로 나아와 일치된 마음으로 드리는 예배가 없었던 것입니다.

과연 우리는 하나님만을 향한 일치된 마음으로 예배드리고 있습니까? 사실 우리는 예배의 현장에서 나뉘진 마음을 경험하고 있습니다. 예배시간마다 '이제 기도하면서 하나님과 시간을 보내야지' 하면서도 정작 예배가 시작되면 우리의 마음은 다른 종류의 생각들로 넘쳐납니다. 우리는 항상 우리의 계획들과 행동, 필요들에 대해 생각하고 있기 때문에 예배의 자리에서도 우리의 마음은 하나님을 향하기보다 예배드린 후의 약속이나 집안일, 또는 사업 등에 온통 사로잡혀 있는 경우가 많기 때문입니다.

왜 예배에 감격이 없는가? 왜 예배드림으로 변화되지 않는가? 그 원인이 과연 누구에게 있다고 생각하는가?

(6) 예배의 장소와 시간

예배 장소(요 4:21), 예배 시간: "그 주의 첫날" 아침과 저녁 언제든지 드릴 수 있습니다(행 20:7;고전 16:2).

(7) 예배의 요소

① 찬송(엡 5:19-20;히 13:15;시 146:2;렘 17:26) - 찬양의 제물
② 기도(골 4:2;딤전 2:8;눅 19:46) - 대표(회중) 기도
③ 헌금(고전 16:2;고후 9:5-7,8:1-6) - 신앙고백
　ⓐ 헌금은 하나님을 향한 신앙고백입니다. 헌금을 드리는 것은 지극히 성경적이며, 성도들이 하나님께 드려야 할 감사의 표현입니다.
　　"아무도 내 앞에 빈손으로 나오지 말지니라"(출 23:15,34:20;신 16:16).
　ⓑ 매주 첫날(고전 16:2) 준비된 헌금을 드려야 합니다(고후 9:5).
　ⓒ 인색함이나 억지로가 아닌 기쁨으로 드리고, 가능한 한 넉넉하게 드려야 합니다(고후 9:6-7).
④ 설교 "말씀"
주일날 예배에서 설교가 한밤중까지 오랫동안 계속되었습니다(행 20:7). 선포되는 말씀을 사람의 말이 아니라 하나님의 말씀으로 믿어야 합니다. 그래야 그 말씀이 믿는 그 사람에게 효과적으로 역사합니다(살전 2;13).
⑤ 헌신(고전 6:19-20;고후 4:15;롬 12:1).
⑥ 교제(행 20:11;몬 1:6)

3. 예배의 중요성

세상에는 창조의 원리가 있습니다. 새는 공중에서 살고, 물고기는 물에서 살고, 나무는 흙에서 살고, 소는 풀을 먹고 살아야 합니다. 소는 초식동물임에도 불구하고 소에게 육식을 시키자 광우병이 나타나 소와 사람을 고통스럽게 하고 있습니다. 하나님께서 사람을 만드시고 창조의 원리를 따라 살게 하셨는데, 그 원리 중의 하나가 예배를 드리는 것입니다.

예배가 얼마나 중요한지 보여주는 역사적인 사례가 있습니다. 프랑스 혁명의 주체세력은 무신론자들이었습니다. 그들은 주일예배를 방해하기 위해 일주일을 10일로 바꾼 적이 있었습니다. 그러자 모든 산업의 생산량이 40%나 급격히 감소했습니다. 러시아 혁명 당시의 일입니다. 레닌이 주일을 없애기 위해서 전격적으로 일주일을 8일로 늘렸습니다. 그러자 이상하게 생산량이 30%나 감소했습니다. 당황한 나머지 반대로 1주일을 6일로 바꿉니다, 주일예배를 방해하고 노동자들에게 환심을 사려고 했던 것입니다. 그래도 생산량이 30% 감소하자 다시 7일로 되돌려 놓고 말았습니다.

정말 신기합니다. 예배는 이렇게 놀라운 것입니다. 예배는 모든 것의 근원입니다. 그러므로 주일에는 만사를 제쳐놓고 꼭 예배를 최선을 다해 드려야 합니다. 1주일을 7일로 정한 것은 인간의 아이디어가 아닙니다. 하나님께서 6일 동안은 일하고 7일째는 쉬면서 예배드리라고 하였습니다. 주일에는 모든 것을 멈추고 하나님을 예배해야 합니다. 사람은 영적인 존재이므로 예배를 드려야 영이 살고 영이 살아야 육이 삽니다. 예배에 실패하고 있다면 이미 실패한 인생을 살고 있는 것입니다. 핸드폰은 사람이 만들었는데 배터리를 정기적으로 충전해야만 쓸 수 있도록 만들었습니다. 자동차도 연료를 정기적으로 채워야 합니다. 사람도 1주일에 하루, 주일 날 하나님을 예배하면서 육체와 정신과 영혼을 재충전하도록 창조된 것입니다. 그러므로 주일예배는 영육의 탈진의 예방책이며 스트레스가 가득한 이 세상을 이기기 위한 예방약으로 하나님께서 주신 것입니다. 우리의 인생에 최고의 우선순위는 하나님을 사랑하는 것입니다. 하나님을 사랑하는 표현은 예배입니다. 하나님은 지금도 영과 진리로 하나님을 예배하는 자를 찾고 계십니다. 우리 모두가 하나님이 찾으시는 그 예배자가 되십시오. 만약 우리가 하나님이 찾고 계시는 그 예배자가 된다면 최고의 인생이 될 것입니다.

예배와 삶의 일치입니다. 믿는 것과 생활이 일치한다는 뜻입니다. 예배와 삶이 일치된 삶을 살려면 내안에 예수 그리스도의 생명과 인격을 회복하는 것이 필수입니다. 그것이 나의 신앙의 현주소가 되어야 합니다. 주님께서 내 삶의 현주소가 될 때 올바른 성도의 삶이 가능합니다. 성도는 올바른 주소를 가지고 살아야 합니다. 주소가 잘못되면 우편물을 제대로 받을 수 없는 것처럼 하나님의 뜻을 제대로 분별할 수가 없습니다. 우리의 현주소는 항상 주님과 연합이며 주님의 생명과 인격으로 살아가는 것입니다.

주님이 나의 현주소가 될 때 주님과 동행이 가능합니다. 주님과 날마다 동행할 때 우리의 삶은 하루하루 기쁨과 평화를 누리게 될 것입니다. 예배를 위한 예배는 하나님께서 받으시지 않습니다. 예배와 삶이 분리되지 않을 때, 예배드리는 삶과 예배로 사는 삶이 연결될 때, 우리는 하나님께서 원하시는 열매를 맺을 수 있습니다. 예배와 삶을 분리시키지 않고 삶 속에서 예배를 드리고, 예배를 통해서 삶이 바뀔 수 있기를 바랍니다.

"내 안에 거하라 나도 너희 안에 거하리라 ... 너희가 내 안에 거하고, 내 말이 너희 안에 거하면…"(요 15:4,7).

4. 예배의 자리

하나님은 빚쟁이가 아닙니다. 오히려 우리는 하나님께 꾸어주기는커녕 목숨까지 빚진 우리의 모든 것을 다 주어도 갚을 수 없는 사랑의 빚진 자들입니다. 하나님으로부터 그 무엇인가를 항상 받으려고만 하는 예배를 기뻐하지 않으십니다. 하나님 앞에 나올 때마다 아쉬운 사정을 한 아름씩 가지고 와서 몸부림치고 기도하지만 그것은 예배가 아닙니다.

예배란 우리 자신을 감사함으로 드리는 것이지 받는 것이 아니기 때문입니다. 예배란 본질적으로 드리는 것입니다. 그것이 왜 우리가 그리스도인으로서 주일에 함께 모이는가에 대한 이유입니다. 우리는 하나님께 영광을 돌리려고 모이는 것입니다. 따라서 그리스도인이 무엇인가 얻기 위해서 예를 들어 '축복'을 받기 위해 교회에 나간다면 그것은 예배의 동기부터 잘못된 것입니다.

우리가 주님께 예배를 드리려고 모였다면 우리의 초점은 하나님께로부터 무엇을 받는 것이 아니라 하나님께 자신을 드린다는 것에 맞추어져야 합니다. 예배는 자신의 전부를 하나님께 드리려는 타오르는 열망이며 그것은 우리 자신과 마음의 태도와 우리의 모든 소유를 드리는 것까지가 다 포함됩니다. 우리가 반드시 깨달아야 할 것은 우리는 하나님께 감사와 감격으로 예배드리러 나오는 것이지 복을 받기 위해 나오는 것이 아니라는 사실입니다. 혹시 복이 있다면 그것은 우리가 하나님 앞에 나아와 영과 진리로 예배드림의 결과로 뒤따라 올 수 있는 하나님의 은혜의 선물이지 그것 자체가 예배의 목적이 될 수 없습니다.

왜 우리 예배에 감격이 없습니까? 그것은 우리 예배의 근본적인 방향성이 잘못 되어 있기 때문이 아닙니까? 우리의 예배는 과연 누구를 향하여 드려지는 예배입니까? 하나님입니까? 우리 자신입니까? 우리가 하나님께 예배드리는 이유는 하나님께서 죄로 말미암아 죽을 수밖에 없는 우리를 하나뿐인 아들까지 아끼지 아니하시고 내 죄를 대속해 십자가에서 내 대신 죽어주신 십자가의 사랑에 대한 감격과 감사로 나아가는 것입니다. 감격해 마음까지 다 바치고 감사해 내 전부를 다 주어도 부족한 우리가 하나님께 '이것도 좀 주시고 저것도 좀 주세요.' 하는 것은 예배가 아니라 구걸이요 욕심을 채우려는 이기적 행위일 뿐입니다. 예배는 내가 죽는 자리요. 하나님께서만 영광 받으시는 자리입니다.

16장. 기도

　기도(영적 호흡)에 관하여, 그리스도인의 영적인 생활이 얼마나 올바르며, 강건한가는 기도 생활에 달려 있습니다. 기도란 하나님과 직접적으로 교제하는 것이요 성도의 호흡이기 때문입니다. 그리스도인이 성경을 읽을 때는 하나님께서 그에게 말씀하시는 것이며, 기도할 때는 그가 하나님께 말씀드리는 것입니다. 주 하나님과 그리스도인의 관계는 적절한 의사소통이 없이는 성장할 수가 없습니다.

　시편 안에 있는 각각의 그리고 통합적인 규례의 제정을 통해 공적 형식의 삶이 구체화됩니다. 실제로 하나님과 그 안에 살고 있는 인생을 바르게 표현하는 기도서요, 영적 지침서라 할 수 있습니다. 이러한 이유로 시편은 유대교 안에서 실제로 큰 역할을 했으며 그 이후의 교회 시대에서도 동일한 역할을 담당했습니다.

존 낙스는 스코틀랜드의 종교개혁을 일으킨 하나님의 도구로서, 오늘날 장로교회가 든든히 서게 한 일꾼입니다. 그러나 존 낙스가 불굴의 투지를 가지고 헌신적인 사역을 감당해 나갈 때, 뒤에서 그를 위해 헌신적으로 기도하던 그의 장인 존 웰치가 있었습니다. 존 웰치는 하루에 삼천 명의 이름을 부르며 기도했다고 합니다. 그는 수많은 영혼들의 무거운 짐을 지고 하나님 앞에 나아갔습니다. 한밤중에 잠을 자던 그의 부인이 눈을 떠 보면, 남편은 어느새 침대 아래에서 가슴을 쓸어안고 흐느끼면서, 사람들의 이름을 부르며 기도하고 있었다고 합니다. 부인이 "여보, 빨리 잡시다. 밤에는 자야 하지 않겠어요?"라고 하자, 그는 "여보, 내 기도가 아니면 쓰러질 것 같은 수많은 영혼들의 얼굴이 눈에 아른거리는데 어찌 그렇게 할 수 있다는 말이오?"라고 답했다고 합니다.

1. 기도란 무엇인가?

1) 기도는 인간이 하나님과 갖는 대화이며, 하나님과의 모든 의사소통을 통칭하는 일반적인 용어입니다. 갓 태어난 아기는 부모의 특별한 보살핌이 필요합니다. 이 때 아기는 얼굴 표정이나 울음 등으로 자신의 의사를 표현합니다. 영적으로 새로운 출생을 한 그리스도인도 아버지 하나님께 자신의 의사를 밝히고 구해야 할 많은 것들이 있는데, 바로 기도가 아버지께 말씀드리며 구하는 방법인 것입니다(요 14:13).

2) 기도는 성령 안에서(엡 6:18), 예수 그리스도의 이름으로(요 14:13, 16:24), 하나님 아버지께(행 12:5;살전 5:23)드리는 것입니다. 기도는 성령의 능력 안에서 예수 그리스도의 이름으로 아버지께 드리는 경배입니다. 기도는 우리의 구주이며 주이신 예수 그리스도의 중재와 공로를 통해서, 우리가 구하는 것을 얻으리라는 겸손한 확신을 가지고, 합당하고 필요한 모든 것을 위해, 아버지 하나님께 우리의 원하는 바를 알리는 것입니다. 그리스도인은 예수 그리스도를 통해 하나님께 직접 나아갈 수 있습니다

(딤전 2:5, 엡 2:18).

3) 기도는 온갖 온전한 선물을 주시는 하나님께서(약 1:17) 충만한 은혜로 채우시는 현실을 이해할 수 있는 시작이기 때문입니다. 공동체에 속해 있는 지체들에게 환란과 시련에 대한 믿음에 관해 설명하고 있는데, 그것은 시험은 연단으로 연결되고, 연단은 인내로 나아가며, 인내는 소망으로 이어지고, 결국 온전함에 이르게 된다는 것입니다(약 1:2-4). 그리스도인은 기도를 통해 하나님께서 자신의 필요를 채워주시는 것을 경험하게 됩니다. 하나님께서는 그리스도인의 삶의 모든 세밀한 부분에까지 역사하시며, 그가 무엇을 구하기도 전에 필요한 것이 무엇인지 정확하게 아십니다(마 6:8). 하나님께서는 그리스도인에게 채워지지 않은 어떤 필요들이 생기는 것을 허락하심으로써 그가 하나님께로 더 가까이 오게 하시며 문제를 해결해 주십니다(시 50:15). 따라서 우리는 낙심하지 말고 꾸준히 기도해야 하며(눅 18:1), 또 어려운 문제가 있을 때뿐만 아니라 언제든지 하나님께 기도해야 합니다(살전 5:17).

2. 기도의 네 가지 구성 요소

기도는 최소한 네 가지로 구성되어야 합니다. "ACTS"란 단어를 통해 그 네 가지를 배울 수 있습니다.

1) 찬양(Adoration) : 기도는 하나님을 찬양하고 경배하는 것입니다(시 95:6). "경배의 자세"로 먼저 무릎을 꿇습니다. 그리고 하나님의 존귀와 은혜와 자비와 능력과 그분의 모든 위대하심과 영광을 합당하게 높여 드리는 말씀을 먼저 드려야 합니다(왕상 8:22-23).

2) 자백(Confession) : 필요를 간구하기에 앞서 알려진 모든 죄와 연루된 모든 죄들을 자백해야 합니다(요일 1:9). 죄를 자백하면 자비를 얻고(잠 23:18) 기도응답을 받을 수 있습니다(사 59:1-2).

3) 감사(Thanksgiving) : 그 어떤 것에 대해서도 하나님의 베푸심에 감사

하는 것, 우리에게 주어진 모든 것에 대해 감사하는 것입니다(빌 4:6).

4) 간구(Supplication) : 아버지께 다른 성도들을 위해 중보하고, 그 뒤 자신이 원하고 필요로 하는 것을 말하는 것입니다(엡 6:18;딤전 2:1).

3. 기도에 대한 위대한 약속들

1) 하나님께서는 우리가 기도하는 것들을 무엇이든지 받는 줄로 믿으면 주시겠다고 약속하셨습니다(막 11:24;마 21:21-22;요 15:7;요일 5:14-15). 그리스도인은 진실로 기도의 능력을 믿는 사람입니다. 지상에서 우리가 발휘할 수 있는 최대의 능력은 기도를 통해서 나타납니다. 여호수아는 태양을 멈추게 했고(수 10장), 엘리야는 3년 6개월 동안 비를 오지 않게 했으며(약 5:17), 엘리사는 수넴 여인의 아들을 살렸고(왕하 4:36), 히스기야는 15년 동안 생명을 연장 받았습니다(왕하 20:6). 믿음으로 구하면 하나님께서 들어주십니다.

2) 주 예수 그리스도께서 그분의 이름으로 구하면 들어주시겠다고 약속을 하셨습니다(요 14:13-14,16:23-24).

3) 하나님께서는 우리가 구하는 것이나 생각하는 모든 것보다 훨씬 풍성하게 행하심으로써 우리의 기도에 응답하실 수 있습니다(엡 3:20-21).

4) "아무것도 염려하지 말고" 모든 것을 하나님께 구하면 하나님께서는 그분의 평강은 물론, 우리의 모든 필요를 채워주십니다(빌 4:6-7;마 6:27,31,33).

5) 하나님 아버지께서는 자녀인 우리가 구하면 좋은 것들을 주실 것이라고 약속하셨습니다(마 7:7-11;눅 11:9-13).

6) 우리가 기도하면, 하나님께서는 그분의 자비와 필요한 때에 도우시는 은혜를 주십니다(히 4:16).

3. 성경적 기도의 개념은 각 개인보다는 하나님의 거룩, 하나님의 목적, 하나님의 지혜로우신 작정이 이루어지는 데에 있습니다. 기도의 본질은

하나님의 능력으로 하나님의 뜻을 이루는 것입니다. 기도함으로 하나님의 능력으로 내 욕심을 채우는 것이 아닙니다. 대부분의 사람들은 이해할 수 없는 일들과 자신의 한계를 넘어서는 일을 당할 때에야 진정으로 기도하게 됩니다.

바른 기도를 하게 되면 개인적인 야망은 멈추어 집니다. 자신의 야망으로 바쁜 사람은 기도할 시간이 없습니다. 하지만 기도하지 않으면 육신이 고통스러운 것이 아니라 그 사람 안에 있는 하나님의 아들의 생명이 고통을 당하게 됩니다. 하나님의 아들의 생명은 음식이 아니라 기도에 의해 영양분을 섭취하기 때문입니다.

만일 기도를 자기개발 수단으로 여긴다면 이는 비성경적이며 또한 절대로 그렇게 되지도 않습니다. 기도는 묵상(meditation)이 아닙니다. 기도는 하나님과 우리를 연결하여 하나님의 은혜를 공급받는 생명줄입니다. 사람이 위로부터 거듭나면 성령님(하나님의 아들의 생명)이 그 사람 안에서 거하게 됩니다. 이때 그 사람은 이 생명을 굶주리게 할 수도 있고 영양분을 공급할 수도 있습니다.

4. 기도는 내안에 하나님의 생명이 영양분을 공급받는 수단입니다.

우리 예수님께서도 우리처럼 주님 안에 있는 하나님의 아들의 생명에게 기도를 통해 영양분을 공급하셨습니다. 기도를 통해 하나님 아버지와 계속적으로 연결되어 있었습니다. 우리는 일반적으로 기도를 통해 우리 자신을 위하여 뭔가를 얻기 위한 수단으로 여깁니다. 위에 언급한 기도의 개념과 본질을 정확히 이해하는 것이 중요합니다. 일반 사람들이 가진 기도에 대한 관점인 인간 자신의 소원을 성취하는 수단으로 여기는 것은 성경을 잘못 이해하는데서 비롯된 것입니다.

어떤 사람에게 정말로 난관이 닥치면 그는 이리저리 따지지도 않고 기도하게 됩니다. 기도를 해야 한다는 논리적인 생각을 한 후에 기도하는 것이 아니라 저절로 터져 나오는 것입니다(시 107:13). 우리가 정말 힘든 상황에 처하게 되면 우리의 논리는 바람처럼 사라지고 자신도 모르게 은연중에 기도하게 됩니다(마 6:8).

5. 그렇다면 기도는 왜 합니까?

분명히 마태복음 6장 8절 "그러므로 너희는 그들과 같이 되지 말라. 너희가 아버지께 구하기 전에 그분께서 너희에게 필요한 것을 아시느니라."의 말씀은 우리의 기도의 개념과 예수 그리스도의 기도의 개념이 같지 않다는 것을 보여 주고 있습니다.

그렇다면 예수님의 기도의 개념은 무엇입니까? 예수님의 기도의 개념은 기도란 하나님으로부터 뭔가를 얻기 위한 수단이 아니라 하나님을 알기 위한 수단이었습니다. 예수님처럼 우리의 기도도 자신의 유익을 얻기 위함이 아니라 하나님의 임재를 체험하기 위함이어야합니다. 철없는 어린아이가 자신이 원하는 모든 것을 얻기 위해 떼를 쓰는 그러한 수단이 기도가 아닙니다. 기도의 목적은 어디서나 모든 상황 가운데 하나님의 임재를 드러내는 것입니다. 마태복음 7장 7절을 함께 보겠습니다. "구하라, 그러면 너희에게 주실 것이요. 찾아라, 그러면 너희가 찾을 것이요. 두드리라, 그러면 너희에게 열릴 것이니."

우리가 구해야 할 것은 무엇입니까? 세상 부귀가 아닙니다. 육신의 축복이 아닙니다. 건강과 자녀의 취직이 아닙니다. 하나님의 나라를 구해야 합니다.

우리가 찾아야 할 것은 무엇입니까? 세상 영화와 명예가 아닙니다. 돈 많이 벌 수 있는 투자처도 아닙니다. 아름다운 관광지도 아닙니다. 하나님의 뜻을 찾아야 합니다.

우리가 두드려야 할 것은 무엇입니까? 출세의 구중궁궐 문이 아닙니다. 럭셔리한 아파트 문도 아닙니다. 고급 외제차 문도 아닙니다. 하나님의 나라의 문을 두드려야 합니다. "너희는 먼저 하나님의 나라와 하나님의 의를 구하라. 그리하면 이 모든 것을 너희에게 더하시리라"(마 6:33).

하나님의 나라'는 무엇인가? '하나님의 나라'는 하나님아버지와 그 아들과 그 아들을 통해 거듭남으로 자녀가 된 자들의 나라입니다. 하나님의 나라는 하나님의 은혜가운데 이루어지는 평화의 니리입니다. 이 나라가 마음속에 이루어진 사람들이 소망으로 다다르는 곳이 바로 천국입니다. 천국백성을 향한 주님의 음성을 들어보세요.

"하늘나라가 네 삶에 들어 왔구나. 네가 지금 살고 있는 세상에서 나와 연합한다는 건 나를 경험하는 것이 아니란다. 또는 나에게서 오는 축복에 기대는 것도 아니야. 제대로 산다는 건 네가 어떤 상황에 처해 있건 네 감정이 어떠하건 상관없이 너의 삶을 통해 내 아들의 생명을 흘러 보내는 거지. 그리하여 너도 내 아들이 되는 거지. 되돌려 주는 사람이 없을지라도 네 것을 나눠 주고 사랑을 되갚는 사람이 없더라도 계속 사랑하며 용서받을 자격이 없는 자를 용서하고 고난 받아야 할 사람 대신 네가 고난 받는 것이란다."〈레리 크랩〉

하나님의 의'를 구한다는 것은 무엇인가? '하나님의 의'란 자신이 예수 그리스도를 믿어 하나님 앞에 의롭다고 인정받으며, 다른 사람들에게 복음을 전하여 하나님의 의를 힘입게 하는 것입니다. 하나님의 나라와 하나님의 의를 구하면 구한 것을 다 응답해 주시고 구하지 않은 이 모든 것, 즉 세상의 부귀, 건강, 물질, 자녀의 형통까지 보너스로 더 주신다는 하나님의 약속의 말씀입니다.

6. 기도할 때 어떤 역사가 일어납니까?

첫째, 기도는 기도하는 사람을 변화시킵니다. 기도의 영광스러운 열매는 '기도하는 자신이 변화되는 일'입니다. 자녀의 문제로 기도를 드릴 때, 우리 스스로가 하나님의 마음을 얼마나 아프게 했던 자녀임을 깨닫게 됩니다. 남편과 아내를 위해 기도하다 보면 신랑 되신 주님 앞에 자신이 순결하지 못했던 신부라는 사실을 깨닫게 되며, 사업 문제를 놓고 기도하면 하나님의 도움 없이는 아무것도 할 수 없다고 고백하는 자신의 연약한 모습을 발견하게 됩니다. 신앙의 가장 위대한 복은 '회개'입니다. 회개는 막힌 담을 무너뜨려 하나님을 만나게 해 주며 하나님 앞에서 자신을 세워 줍니다. 그래서 기도는 가장 먼저 나를 변화시키는 능력입니다.

둘째, 기도는 환경을 변화시킵니다. 기도는 우리가 해결할 수 없는 문제를 전능하신 하나님의 손에 맡기는 행위입니다. 인간이 마주치게 되는 위기의 순간은 언제나 하나님이 역사하실 기회입니다. 바다의 깊은 심연을 향해, 끝을 알 수 없는 절망의 나락으로 질주하는 상황조차도 기도는 전능하신 하나님의 손이 어그러진 부분을 새롭게 빚으시는 거룩한 창조의 시간이 되도록 만들어 줍니다. 새 생명 탄생의 문을 여는 것이 기도입니다.

셋째, 기도는 사건을 해결할 수 있는 능력을 나에게 부여해 줍니다. 물이 깊은 것이 문제가 아니라 수영을 못하는 것이 문제입니다. 어려운 것이 문제가 아니라 그것을 풀 수 있는 실력 없음이 문제입니다. 기도는 그 문제를 풀어헤쳐 이길 수 있는 힘을 줍니다.

넷째, 마음이 즐거운 사람에게 기도는 찬송을 가져다줍니다. "너희 중에 …즐거워하는 자가 있느냐 그는 찬송할 지니라"(약 5:13). 찬송은 가장 영적 차원이 높은 기도요. 곡조가 붙은 기도입니다. 인생의 시간에는 고난의 순간도 있고, 즐거움의 순간도 있습니다. 고난 중에 믿음의 기도를 잊지 않듯이, 즐거움의 순간에 찬양을 잊지 말아야 합니다. 고난에서 벗어난 사람들은 감사와 찬양을 잊어버리곤 합니다. 고난 중에 기도해야 한다는 사실과 더불어 잊지 말아야 할 것은 즐거움 중에 찬양하는 일입니다.

어떻게 기도해야 합니까? 성령 안에서 기도하라(엡 6:18) 기도 시간에 연연해 하지 말고 짧든지 길든지 성령의 은혜 가운데 기도생활이 이루어 져야 합니다. 하나님의 뜻대로 구하라((요일 5:14). 욕심을 따라 기도 하지 않도록 해야 합니다. 하나님의 말씀대로 살면서 기도하라(잠 28:9). 말씀대로 살지 않으면서 기도하지 않도록 유의합니다. 온전히 하나님의 말씀에 순종하는 삶을 살며 기도하도록 합니다. 응답받을 때까지 끈기 있게 기도하라(눅 18:1-8). 또한 특별히 중요한 기도제목을 놓고는 금식하며 기도하도록 합니다. 성결함을 유지하며 입을 다물고 기도만 하도록 합니다. 문제가 생길 때마다 조용히 기도의 무릎을 꿇도록 해야 합니다.

 내 기도로 말미암아 이웃의 부족함을 채울 수 있다면, 주님을 발견하고 어둠에서 빛으로 돌아올 수 있다면, 절망의 구렁텅이에서 소망의 길로 인도할 수 있다면, 눈물을 씻어내고 행복의 웃음을 웃을 수 있다면, 우리 교회의 부흥에 초석을 놓을 수 있다면, 교우들의 사랑이 더 뜨거워 질 수 있다면, 시험에 빠져 방황하던 형제가 주님의 품으로 다시 돌아올 수 있다면, 질병이 치유되고 영혼이 구원을 확신할 수 있다면, 우리 목회자가 설교의 깊은 우물을 퍼 올릴 수 있다면, 염소들 때문에 지친 목자의 쉼에 그늘이 되어 줄 수 있다면, 사명만을 바라보며 주님처럼 십자가에서 승리를 찬양할 수 있다면, 우리나라가 통일의 물꼬를 틀 수 있다면, 굶주린 내 동포에게 생명의 떡이 공급될 수 있다면, 이 나라의 위정자들이 하나님의 뜻대로 통치하는 나라가 될 수 있다면, 내 사랑하는 자녀들이 난관의 절벽에서 희망의 통로를 뚫을 수 있다면, 자녀들이 유혹의 단꿈에서 깨어나 믿음을 지켜낼 수 있다면, 지혜를 더 하사 말씀의 초장에서 푸른 꼴을 배불리 뜯을 수 있다면, 게으름과 무절제를 이기고 형통의 주의 길로 나갈 수 있다면, 나로 더 겸손의 낮은 자리로 흘러 갈 수 있다면, 하나님의 보좌를 움직이는 능력의 응답을 불러올 수 있다면, 간절함이 응답의 폭포로 쏟아지게 할 수 있다면, 하나님과 나 사이, 예수의 고속도로를 개통하여 그곳을 거칠 것 없이 질주할 수 있다면 주님, 나로 주님의 머리가 되어 하나님의 뜻을 생각하고, 주님의 눈이 되어 믿음으로 바라보며, 주님의 발이 되어 부르시는 곳에 빨리 달려가며, 주님의 손이 되어 사랑을 베풀게 하옵소서. 주 예수님이름으로 기도합니다. 아멘.

아프리카 초누아에서 선교하던 리빙스턴의 이야기입니다. 가뭄이 계속되자 토인들은 기우제를 드렸습니다. 그러나 리빙스턴은 하나님께 기도를 했습니다. 기도 중에 자꾸 이런 생각이 들었습니다. "하늘로부터 비를 기다리지 말고 땅에서 물을 찾아라." 리빙스턴은 토인들을 설득시켜서 정글을 뒤지기 시작했습니다. 그러다가 정글 속을 흐르고 있는 큰 코오뱅 강을 발견하게 되었습니다. 그때부터 강이 있는 곳으로 집단 이주가 시작되었습니다.
 살다보면 어렵고 힘들 때가 있습니다. 그러나 낙심하지는 말아야 합니다. 우리 주변에는 반드시 하나님이 예비해 놓으신 은혜가 있습니다. 모리아 산으로 올라가는 아브라함을 위해서 양을 예비하셨듯이 하나님의 예비하신 은혜는 내 가까이 반드시 있습니다. 역시 상황이 문제가 아니라 우리의 믿음이 문제입니다.

우리의 기도의 검을 의심의 칼집 안에 그대로 녹슬게 놔둘 작정입니까?

존 번연(John Bunyan)의 책, 「천로역정」을 보면, 주인공 크리스천이 절망 거인에 의해 의심의 성에 갇히는 장면이 나옵니다. 이 크리스천이 그 성에서 나올 수 있는 방법은 약속의 열쇠를 사용하는 것이었습니다.

그렇다면 지금 우리는 약속의 열쇠인 기도의 열쇠를 사용하고 있는가?

대부분의 그리스도인들은 여러 가지 일을 추진하다가 길이 막히면 더 이상 전진하지 못하고 그 자리에 주저앉고 맙니다. 개인이나 가정이나 교회나 선교단체가 대부분 그렇습니다. 그리스도인들이 발목을 잡고 있는 족

쇄를 끊을 수 있는 방법이 있는데, 그것은 하나님께 기도하는 것입니다.

헨리 나우웬의 '작은 죽음이 되게 하소서'

사랑의 주님, 극심한 내적 근심과 혼란 속에 있을 때 제가 느끼거나 이해하지 못하는 방법으로 주님이 제 안에서 일하시리라는 생각이 저에게 위로를 줍니다.

주님에게 집중할 수 없고, 마음의 중심이 흔들리고 마치 주님이 저를 버려두고 떠나신 것 같은 의심에 빠집니다. 그러나 믿음 안에서 주님을 붙잡습니다. 주님의 영은 제 마음과 생각보다 더 깊이, 더 멀리 닿는다는 것을 제가 알기 때문입니다. 하오니 주님, 도망가지도, 포기하지도, 기도를 멈추지도 않겠습니다. 그 모든 일이 소용없고, 의미없고 시간과 노력을 낭비하는 것처럼 보일 때에도, 그만두지 않겠습니다.

주님의 사랑을 느끼지 못할지라도 제가 주님을 사랑하고 있다는 것을, 제가 때로 실망하더라도 여전히 주님에게 소망을 두고 있음을 아셨으면 합니다. 이것이 저보다 더 고통받는 수백만의 인류와 연대하게 하는, 주님과 함께, 주님을 위해 당하는 작은 죽음이 되게 하소서.

사도 바울의 기도를 살펴보면 특징을 발견할 수 있습니다. 항상 감사와 기도가 동반된다는 점입니다. 바울 서신 전체에 여덟 차례 이상 기도와 감사가 나옵니다. 기도와 감사가 이렇게 많이 등장하는 이유는 간단합니다. 이 두 가지가 성도들의 삶에서 가장 중요한 일이기 때문입니다. 성경 전체에서 가장 많이 인용되는 "쉬지 말고 기도하라 범사에 감사하라. 이는 그리스도 예수 안에서 너희를 향하신 하나님의 뜻이니라"(살전 5:17~18)는 이 말씀은 하나님께 의지해 기도하는 마음으로 생활하라는 걸 의미합니다. 또한 어떤 상황에서도 합력하여 선을 이루시는 하나님께 감사하라는 말이죠. 바울의 기도가 그렇습니다.

바울은 로마 감옥에 갇혀서 고통 가운데 있으면서도 2차 선교 여행 때 개척한 빌립보교회의 성도들을 위해 감사하며 중보기도를 하고 있습니다. 기도 내용이 이렇습니다. "내가 너희를 생각할 때마다 나의 하나님께 감사하며 간구할 때마다 너희 무리를 위하여 기쁨으로 항상 간구하였다"(빌 1:3~4). "바울은 하나님의 신실하심을 확신했습니다. 감옥에 갇힌 바울의 입에서 어떻게 감사의 기도가 나올 수 있었을까요. 그것은 바울이 빌립보교회에 선한 일을 시작하신 이가 그리스도 예수의 날까지 이루실 줄 확신했기 때문입니다. 그렇기에 빌립보교회를 위해 기도할 때도 항상 감사하는 마음을 잃지 않았던 것입니다.

"세상에서 가장 지혜로운 사람은 배우는 사람이고, 세상에서 가장 행복한 사람은 감사하며 사는 사람"이라고 말합니다. 우리는 행복한 상황 때문에 행복해하기보다는 감사하기 때문에 행복한 것입니다. 크고 작은 어려움이 있을 때, 원망과 불평 대신에 감사와 찬송을 부릅니다. 찬송이 시작될 때, 비로서 주님께서 예비하신 기적이 일어납니다. 감사와 찬송은 고난을 이기는 승리의 비결입니다.

"그 노래와 찬송이 시작될 때에 여호와께서 복병을 두어 유다를 치러 온 암몬 자손과 모압과 세일 산 주민들을 치게 하시므로 그들이 패하였으니 (대하 20:22)

누구든지 행복한 상황에서는 쉽게 감사할 수 있습니다. 하지만 어려운 상황에 직면하게 되면 행복의 정도가 낮아집니다. 연약한 인간의 모습입니다. 범사에 감사하는 삶은 누구나 할 수 있는 것은 아닙니다. 하지만 범사에 감사하며 사는 사람은 반드시 범사를 통해 행복을 경험하게 됩니다. 감사하는 마음은 기도하는 사람의 가장 중요한 성품일 뿐만 아니라 필요한 자세입니다. 바울은 "아무것도 염려하지 말고 다만 모든 일에 기도와 간구로, 너희 구할 것을 감사함으로 하나님께 아뢰라. 그리하면 모든 지각에 뛰어난 하나님의 평강이 그리스도 예수 안에서 너희 마음과 생각을 지키시리라(빌 4:4~6)"고 말합니다.

"감사는 우리 안에 있는 성삼위 하나님을 경험하는 한 가지 방식입니다." 감사는 인간이 이 세상을 살면서 하나님을 경험할 수 있는 가장 좋은 방식입니다. 감사는 그 자체만으로도 가장 좋은 기도라고 할 수 있습니다. 우리는 우리가 처한 환경과 지금 바로 눈앞에 닥친 문제 때문에 기도하게 되는 경우가 대부분입니다. 하지만 기도는 환경을 바라보고 하는 것이 아니라 하나님을 바라보고 해야 합니다. 하나님이 아닌 환경을 바라보면 불안하고 절망하는 경우가 많습니다. 그러나 하나님을 바라보면 달라집니다. 우리 안에 선한 역사를 이루실 하나님을 믿는 믿음으로 나아갈 수 있고, 그러기에 감사할 수 있게 됩니다. 기도의 다른 이름은 감사라 할 수 있습니다. 기도와 감사는 떼려야 뗄 수 없는 관계입니다.

감사가 없는 기도는 마치 열매가 없는 나무와 같습니다. 기도가 없는 감사는 뿌리가 없는 나무와 같습니다. 감사와 기도는 서로 떼려야 뗄 수 없는 관계라고 할 수 있습니다. 그러므로 기도로 충만한 사람은 범사에 감사가 충만한 사람입니다. 매사에 감사가 충만한 사람은 기도하는 사람일 것입니다. 우리들의 삶은 어떠십니까. 범사에 감사한 삶을 살고 있는지 살펴보시길 바랍니다.

그리스도인은 쉬지 말고 기도해야 합니다.
그리스도인은 현재 상태에 안주하려는 마음을 깨뜨리기 위해 기도해야 합니다. 그리스도인은 신자들이 세상에 대한 관심을 버리게 기도해야 합니다. 기도의 무한한 가능성에 가슴 설레게 하는 기도가 우리에게 필요합니다. 전능한 구원의 능력을 가지고 높은 곳에서 다스리시는 하나님을 볼 수 있게 하는 기도가 우리에게 필요 합니다.

불가능을 비웃으며 하나님께서 틀림없이 이루신다 라고 외칠 수 있는 기도가 필요 합니다. 만물이 하나님의 발 아래 있다는 사실을 철저히 인정하는 기도가 있어야 합니다. 하나님의 영광을 갈망하는 기도가 우리에게 있어야 합니다. 신자의 기도가 습관적으로 행하는 의식이 되어서는 안 됩니다. 기도의 장소가 단지 우리의 불안과 조바심과 두려움을 쏟아버리는 쓰레기 처리장이 되어서는 안 됩니다. 기도의 자리가 우리에게 필요한 것을 무한히 공급하는 전능하신 하나님께 우리의 쇼핑 목록을 제출하는 자리가 되어서는 안 됩니다.

전 세계적으로 하나님의 계명을 어기는 악한 일이 뻔뻔스럽게 자행되고 있는 이 시대에 우리에게 필요한 것이 바로 믿음입니다. 우리는 우리의 기도의 검을 의심의 칼집 안에 그대로 녹슬게 놔둘 작정인가? 다양한 이유로 기도의 응답이 지연될 수 있지만, 그 어떤 것도 하나님의 계획을 막을 수는 없습니다. 기도의 응답이 지연될지라도 우리는 끝까지 기다려야 합니다.

기도의 첫째 조건이 믿음이라는 사실을 꼭 기억하십시오.

하나님이 계신 것과 또한 그가 자기를 찾는 자들에게 상주시는 이심을 (히 11:6)믿으십시오. 하나님이 살아 계시기 때문에 능력을 베푸실 수 있다는 것을 믿으십시오. 하나님은 사랑이시기 때문에 하나님의 사람들을 돌보신다는 것을 믿으십시오. 하나님께서 전능하시기 때문에 어떤 능력도 하나님을 대적할 수 없다는 것을 믿으십시오. 하나님은 진리이시기 때문에 거짓말을 하실 수 없다는 것을 믿으십시오. 하나님은 만왕의 왕이시기 때문에 하나님의 보좌를 결코 포기하지 않으시며, 하나님의 약속을 어기지 않으십니다.

기도의 장소는 우리의 짐을 내려놓는 장소이면서 동시에 새로운 짐을 지는 장소가 되어야 합니다. 하나님께서 우리의 짐을 지시고, 우리는 주님의 짐을 나누어서 집니다. 주님은 "내 멍에는 쉽고 내 짐은 가벼움이라"(마 11:30)라고 말씀하셨습니다. 그리스도인들은 사탄과 사탄의 계획에 대항하는 거룩한 전쟁에 참여해야 합니다.

우리가 마음이 내킬 때에만 순종하고 그렇지 않을 때는 불순종한다는 것은 있을 수 없는 일입니다. 우리는 기분 내킬 때만 기도하는가? 성령 충만을 원하는 마음이 생길 때에만 성령을 구하는가? 그렇지 않습니다. 지금 하나님께서 새 일을 시작하시려고 한다는 확신이 든다면, 우리는 과거의 선례에 집착하지 말아야 합니다. "너희가 내게 부르짖으며 내게 와서 기도하면 내가 너희들의 기도를 들을 것이요 너희가 온 마음으로 나를 구하면 나를 찾을 것이요 나를 자기에게 간구하는 모든 자 곧 진실하게 간구하는 모든 자에게 가까이 하시는도다"(시 145:18).

아버지 되신 하나님을 온전히 신뢰합니까? 그렇다면 누구보다 당신의 형편과 처지를 잘 아시는 그분께 맡겨야 합니다. 그리고 먼저 구하라고 하신 그분의 나라의 의를 구하십시오. 그러면 하나님께서 당신의 인생을 책임지실 것입니다(마 6:27-33). 우리의 삶은 이제 제 목숨 연명하기에 급급한 인생이 아닙니다.

"너희가 내 이름으로 무엇을 구하든지 내가 행하리니…"(요 14:13). 기도는 내가 하는데 일은 하나님께서 하신다는 것입니다. '사람이 일하면 사람이 일할 뿐이지만, 사람이 기도하면 하나님께서 일하신다.' 기도할 때 내 자격, 내 이름으로 하는 것이 아니라 하나님의 아들 된 자격, 예수 그리스도의 자격으로 하면 하나님의 수준의 일이 됩니다. 그러기에 예수 그리스도 이상의 삶이 가능한 것입니다(요 14:12). 어떤 것에도 제한 받지 않으시는 전능하신 하나님께서 일하십니다. 예수 그리스도의 복음이 실제가 되고 내가 아닌 예수 그리스도로서 살아가는 삶이 구체적으로 드러나는 원리가 바로 기도인 것입니다.

  기도의 자리에 나아가서 하나님의 나라와 의를 구할 때(마 6:33) 하나님께서는 우리의 연약함과 부족함에 고정되어 있는 시선을 들어 하나님의 나라를 바라보고 소망하게 하십니다. 그리고 나의 노력이 아닌 성령하나님이 주시는 힘으로 예수 그리스도의 증인된 삶을 살아가게 하십니다. "너희가 내 안에 거하고 내 말이 너희 안에 거하면 무엇이든지 원하는 대로 구하라 그리하면 이루리라"(요 15:7).

  기도의 무릎을 꿇으면 하늘 문이 열립니다. 답답했던 삶에 환한 빛이 들어오기 시작합니다. 기도하면 신기하게도 불가능한 일들이 가능해 집니다. 꼬였던 것들이 풀어지기 시작합니다. 기도의 시간에 온갖 해결책이 떠오릅니다. 기도하면 신비한 섭리가 일어납니다.

  기도하면서 걷다보면 어느덧 내가 함정도 지뢰밭도 무사히 지나갔음을 알게 됩니다. 기도하면 감추었던 내 미래와 축복들이 나타납니다. 기도하면 내 인생을 향한 크고 놀라운 계획이 펼쳐지기 시작합니다. 기도하면 천사의 손길이 돕습니다. 기도하면 나를 위하여 누군가가 움직입니다.

  둘이서 기도하면 하늘 문이 열립니다. 부부가 마음을 합해서 기도하면 그 가정에 불가능한 일이 사라집니다. 그래서 기도하는 부부는 가장 강하고 부요한 사람들입니다. 기도하면 문제가 작아집니다. 문제를 내려다 보게 됩니다. 기도하면 사람들의 인기와 인정에서 자유하게 됩니다. 기도하면 용서의 힘이 생깁니다. 기도하면 상처가 치유됩니다. 기도하면 마음이 넓어집니다.

  이 놀라운 약속에도 불구하고 여전히 어렵고 힘이 드십니까? 기도하며 행동하면 더 깊은 은혜의 사람, 더 놀라운 능력의 사람이 될 수 있습니다. 이 상에는 단 하나의 빈곤이 있을 뿐입니다. 그것은 바로 기도의 빈곤입니다.

탕자의 기도

하나님, 아버지의 임재에 대한 감각이 둔해졌습니다. 하지만 제 마음 깊은 곳에서 저는 압니다. 이런 느낌에 빠진 것은 아버지께서 저를 떠나셨기 때문이 아니라 제가 아버지를 떠나 방황했기 때문임을! 우리는 다 양 같아서 그릇 행하여 각기 제 길로 갔거늘, 그 길로 가 보았더니 어렵고 힘들었습니다. 돌아다니느라 발은 아프고 길을 잃었다는 생각 때문에 상심에 빠졌습니다. 이제 아버지께 돌아가 이끄시는 길로 가겠습니다. 그러면 길의 방향이 잡히고 앞길이 환히 보일 것입니다. 오 아버지시여, 탕자 같은 저를 받아 주소서. 아버지를 떠나 먼 곳으로 떠났던 저, 아버지를 잊고 살았던 저, 모든 복을 당연하게 여기고 살았던 저는 탕자와 같은 사람입니다. 아버지 앞에 무릎 꿇고 이 모든 것을 시인합니다. 나의 아버지시여, 이제 일어나 돌아갑니다. 아버지께서 달려나오시어 제 어깨에 사랑의 옷을 덮어 주시고 손가락에 용서의 가락지를 끼워 주시고 다함없는 사랑의 입맞춤을 해주시기를 바랍니다. 제가 아직 죄인이었을 때 제게 주셨던 그 사랑, 예수님을 갈보리로 이끄셨던 그 사랑! 그 사랑에 감사드립니다. 이렇게 회복시키심에 감사드립니다. 하나님께서 아직도 저의 아버지시고 제가 아직도 하나님의 자녀인 것에 감사드립니다. / 피터 마샬(Peter Marshall)

성경적인 기도에 관하여 살펴보면, 야베스가 이스라엘 하나님께 이렇게 간구하였습니다. "나에게 복에 복을 더해 주소서. 내 영토도 넓혀 주소서. 주님의 손으로 나를 도우시어 불행을 막아 주소서. 나를 이 고통에서 벗어나게 하소서"(대상 4:10). 하나님께서 야베스의 기도를 듣고 그가 구한 것을 이루어 주셨습니다. 야베스의 두 눈에 눈물이 펑펑 쏟아졌습니다. 땅을 치며 두 무릎 사이로 고개를 처박았습니다. 하늘로 두 손을 높이 들며 하나님께 간절히 울부짖었습니다.

야베스에게는 뒤를 대줄만한 든든한 빽이나 배경도 없었고, 재물이나 남 다른 능력도 없었습니다. 그러나 야베스는 자신의 절박한 인생의 구렁텅이에서 탈출하게 해달라고 하나님께 기도하고 있는 것입니다.

"주님, 제 인생이 쉽지 않았다는 것을 주님은 아십니다. 태어날 때부터 핸디캡이 많았습니다. 나는 가난합니다. 배경도 없고 공부도 많이 못했지만 주님이 축복하신다면 내 인생의 돌파구를 만들겠습니다. 나를 살려 주십시오, 못 본 척 마시고 불쌍히 여겨 주십시오." 이것이 야베스의 엄청난 기도입니다.

성경에서 축복이라고 할 때 자기가 조금만 열심히 하면 되는 그런 인간적인 업그레이드를 말하는 것이 아닙니다. 내가 듣도 보도 못한, 상상도 못하는 내 능력 밖의 그 어떤 축복을 붙잡는 것입니다. 야베스의 기도를 하면서 하나님의 손을 붙잡을 때 하나님은 그것보다 더 큰 것을 준비하고 계십니다. 사람이 주는 복은 무리수를 두면 부작용이 많지만, 하나님의 복은 아무리 커도 안전하고 부작용이 없습니다.

주님의 편지

네가 힘이 들 때 하늘을 한 번 더 보아라. 끝도 없는 창공 그곳에서 나는 너를 보고 있단다. 웃고 있는 너를 보는 내 마음은 기쁨이고, 울고 있는 너를 보는 내 마음은 가슴이 찢어지는 듯한 아픔을 느끼고 있단다. 내가 너를 위하여 고통을 없이 해 주고 싶어도 그건 인생에게 주어진 숙제로서 네가 넘어야 할 山이며 한 번은 네가 지나야 할 고난의 江이란다.

그로인해 너의 오만함의 돌덩이를 깎아내어 나의 귀한 보석으로 만들어 내 한 사랑으로 보듬어 주려함이니라. 너무 슬프다고만 말고, 너무 아프다고만 말고, 너의 마음과 생각을 더욱 굳건히 지켜 내 귀한 열매가 되어 주기를, 나는 간절히 바라고 있다. 네가 태어나기 전 너는 이미 내게 선택되었고, 이 길로 오기까지 내가 너를 인도하였단다. 내 사랑아! 내 보배야! 내 아들을 피 흘리기까지 너무나 아팠던 천 갈래 만 갈래의 가슴 아림의 그 십자가! 네가 모르는 罪까지도 씻어 주려는 나의 간절한 바람! 수 천 년 속의 기다림 속에 너는 분명히 내게서 준비된 열매였단다. 너에게 주어진 貴한 생명과 바꾸는 罪 어리석은 사탄의 놀림에서 헤어나지 못하면, 나는 너와 함께 있지 못하고 멀어질 것이다. 끝까지 주어진 그날을 强하게 버티고 이겨서 내가 너를 부른 내 사랑을 확인하려무나. 너는 세상의 어느 것과도 견줄 수 없는 나의 소중한 보배 첫 열매이니라. 나 또한 너를 위한 그 아픔을 모른 채 하고 있지 않다는 것을 꼭 기억하고, 빛이 찬란한 하늘에서 너를 지키고 있음을 잊지 마라. 나는 어디에서도 너를 向한 눈길을 놓지 않고 있단다. 사랑 한다 꼭 이겨 내거라. 내가 너와 만나는 그날까지… 아멘.

드와이트 D. 아이젠하워(Dwight D. Eisenhower)장군은 2차 대전 당시 연합군의 노르망디 상륙작전을 승리로 이끈 전쟁영웅이자 미국의 34대 대통령입니다. 그러나 그가 독실한 기독교 신자였다는 사실을 아는 이는 드뭅니다. 아이젠하워는 1891년 10월 14일 Texas에서 태어났습니다. 드와이트(Dwight)라는 그의 이름은 독실한 기독교였던 그의 부모가 19세기 최고의 복음전도자인 드와이트 무디(Dwight Moody)의 이름에서 따온 것입니다.

집안형편은 매우 궁핍했기 때문에 아이젠하워와 그의 형제들은 어릴 적부터 심한 노동을 해야 했지만 강한 신앙심을 가지게 되었습니다. 아이젠하워는 어린 시절부터 부모의 가르침에 따라 매일 가정예배를 드렸습니다. 그의 가정생활은 교회생활과 일치가 되었기 때문에 아이젠하워의 믿음은 삶 가운데서 온전히 실천될 수 있었습니다. 아이젠하워는 어린 시절부터 반드시 매주 한 번씩 '메이플라워 공약(Mayflower Compact)'읽었다고 합니다. 이 공약은 미국의 선조인 청교돌에 의해 1620년에 체결된 것으로 미국을 건국한 취지를 밝힌 것입니다. 그 취지란 하나님께 영광을 돌리고 성경의 진리를 퍼뜨리는 것입니다. 이는 나라에 충성하고 하나님을 경외하는 그의 일관성 있는 기독교 정신을 보여주는 것입니다.

그는 청년 시기에 급성 패혈증이 걸려서, 곧 수술을 해서 다리를 절단하지 않으면 생명이 위험했습니다. 그러나 아이젠하워는 기도를 한 후, 하나님께서 반드시 치료해 주실 것을 확신했고 따라서 수술을 하지 않겠다는 의지를 가지고 있었습니다. 그는 자신이 잠든 사이 의사가 강제로 마취를 시키지 않을까 염려하여 그의 형제에게 방문을 지켜 줄 것을 부탁했다고 합니다. 이렇게 하여 그는 수술로 다리를 잃는 것을 면했습니다. 만일 그가 믿음이 없어 먼저 기도하지 않았더라면, 아이젠하워는 불구가 되어 훗날 세계의 역사를 뒤바꿀 만한 공헌을 하지 못했을지도 모릅니다.

  집안이 넉넉하지 못했던 그는 美육군사관학교(웨스트포인트)로의 입학을 선택했으며 1915년 졸업 후 보병 소위로 임관했습니다. 맥아더 장군과 달리 1차 세계대전에 참전하지 못했던 그는 47살이 되도록 만년 소령으로 제자리걸음을 하는 바람에 적은 군대 월급으로 가족들을 부양하느라 무척 고생을 했습니다. 그는 결코 좌절하지 않고 묵묵히 인내하면서 때를 기다렸습니다. 실제로는 당시 그의 상관이었던 맥아더 장군이 품성 좋은 아이젠하워가 언젠가는 큰 인물이 될 것을 내다보고 7년씩이나 놓아주지 않고 있었던 것뿐입니다.

  제 2차 세계대전이 일어나자 3년이라는 짧은 기간 동안 그는 5성 장군으로 도약, 유럽 연합군 최고사령관 직책을 맡게 됩니다. 아이젠하워는 2차 대전의 결정적인 분기점이 됐던 노르망디 상륙작전의 수립과 집행을 1943년 지중해 말타(Malta) 섬에서 비밀리에 준비했습니다. 상륙작전이 있기 며칠 전 그는 항구가 내려다보이는 산언덕에 올라 작전수행을 준비하고 있는 군인들을 내려다보고 있었습니다.

  그때 갑자기 아이젠하워는 무릎을 꿇고 모자를 벗었습니다. 그리고 하나님께 기도를 드렸습니다. 기도를 마친 아이젠하워는 이렇게 말했다고 합니다. '이제 운명의 시간이 다가왔습니다. 우리의 모든 지식과 훈련받은 것을 동원할 시간이 다가온 것입니다. 그리고 이 모든 것은 하나님의 손안에

있습니다. 하나님 손에 모든 것을 맡겼으니 우리는 행동으로 들어갑시다.'

노르망디 상륙작전은 '사상 최대의 작전'이었습니다. 믿음의 사람 아이젠하워는 마침내 하나님의 역사 속에 2차 대전 승리의 발판을 마련한 노르망디 승리의 주역이 되었습니다. 이 작전은 결국 패배를 인정한 히틀러가 1945년 4월 30일 총통관저에서 자살함으로써 전쟁은 막을 내렸습니다.

그는 대통령 8년 동안 빌리그래함 목사와 한 약속을 지키며 철저히 주일을 지켰습니다. 한번은 당시 소련수상이었던 후루시초프가 미국을 방문했을 때였습니다. 그날은 주일이었는데, 같이 교회가자는 요청을 후루시초프가 거부하여 아이젠하워는 혼자 주일예배를 마치고 돌아왔습니다.

화가 난 후루시초프에게 아이젠하워가 말했습니다. 예배드리는 것보다 더 중요한 것이 없습니다. 아무리 당신을 제가 초청해서 귀한 손님이지만 예배보다 더 귀할 수는 없습니다. 믿음의 사람 아이젠하워는 주일성수의 중요성을 알고 하나님께 예배드렸던 것입니다. 아이젠하워는 성경 한 구절을 늘 가슴에 품고 있었습니다. 날마다 외우는 성경이 있었습니다. 그것이 바로 스가랴 4:6 "이는 힘으로 되지 아니하며 능으로 되지 아니하고 오직 나의 신으로 되느니라."

대통령 재직기간 동안 아이젠하워는 소련의 팽창을 막았으며 공산주의에 의해 정복된 사람들을 해방시키기 위해 매우 과감한 정책을 추진했습니다. 한편 그는 1953년 7월 27일 한국전쟁을 휴전으로 끝냈습니다. 당시 이승만 대통령은 아이젠하워에게 국군과 미군이 함께 북진통일을 해야 한다고 요구했으나 수많은 사상자를 낸 한국전쟁을 종결시키겠다는 선거공약을 지켜야만 했던 그로서는 어쩔 수 없는 결단이었습니다. 그러나 전후 아이젠하워는 이승만 대통령을 도와 피폐해진 한국 경제를 복구시키기 위해 노력했습니다. 그는 美의회에 국방 예산 절약분을 이용해 한국에 원조할 수 있도록 우선 2억 달러를 사용케 해달라고 요청했고 이 요청은 특별법의 형식으로 의회를 통과했으며 결과적으로 북한과 대치상태인 한국경제를 최단 기간 6.25직전의 수준으로 회복시키는데 사용되었습니다.
 한 사람의 헌신된 기도는 역사를 바꿉니다. 우리의 기도가 이런 아이젠하워의 기도같이 역사를 바꾸는 기도가 되어야 하겠습니다.

 우루과이의 한 교회당 벽에 다음과 같은 글이 적혀 있다고 합니다. 세상일에 빠져 있으면서 하늘에 계신 아버지라고 부르지 마라. 너 혼자만 생각하며 살아가면서 우리 아버지라고 부르지 마라. 자기 이름을 빛내기 위해 안간힘을 쓰면서 아버지의 이름이 거룩히 여김을 받으시라고 기도하지 마라. 물질만능의 나라를 원하면서 아버지의 나라가 임 하옵시며 라고 하지 마라 내 뜻대로 되기를 기도하면서 아버지의 뜻이 이루어지소소 라고 하지 마라. 누군가에게 아직 노여움을 품고 있으면서 우리의 죄를 사하여 주옵소서 하지 마라. 죄 지을 기회를 찾아다니면서 우리를 시험에 들게 하지 마옵소서 하지 마라. 악을 보고도 아무런 양심의 소리를 듣지 않으면서 다만 악에서 구하옵소서 하지 마라. 주님의 기도를 진정 나의 기도로 바치는 삶을 살지 않으면서 아멘 이라고 하지 마라.
 어느 구절이나 그냥 넘어갈 수 없을 정도로 마음에 깊은 울림이 있습니다. 야고보는 말씀 듣기의 중요성을 이야기하면서 듣는 것으로 끝나지 말고 말씀을 행하는 자가 되라고 강조하고 있습니다.
 말씀을 듣기만 하는 자는 자신을 속이는 자라는 것입니다. 이는 거울을 보면서 자기 얼굴에 무엇이 묻었나를 인식하지만 곧 잊어버리는 사람과 같다고 말합니다. 반면에 말씀을 듣고 실천하는 사람은 자유를 주는 율법을 들여다 보도 있는 사람으로, 그 행하는 일마다 복을 받게 된다고 말합니다.
 이스라엘의 첫 번째 왕이었던 사울은 하나님의 말씀을 듣고도 그대로 행하지 않으므로 버림을 받은 불운의 왕이었습니다. 사무엘을 통하여 아말렉을 진멸하라는 하나님의 분명한 말씀을 들었지만 사울은 자기마음대로 처신했습니다. 그로인해 하나님은 "내 명령을 행하지 아니하였음이니라"(삼상 15:11)고 하시며 마음 아파하셨습니다.

사울이 하나님의 말씀을 들은 대로 따랐다면 그의 나라는 안전했을 것이고, 그렇게 비참하게 전쟁터에서 최후를 맞이하지는 않았을 것입니다. 그가 행한 일들이 결국 그에게 화가 되었습니다. 오늘 나의 모습은 어떻습니까? 말씀을 실천하며 살기 보다는 듣기에만 만족하며 살고 있지는 않은지요? 말씀대로 행하며 사는 것이 진정한 복입니다. "자유롭게 하는 온전한 율법을 들여다보고 있는 자는 듣고 잊어버리는 자가 아니요 실천하는 자니 이 사람은 그 행하는 일에 복을 받으리라"(약 1:25).

기도하는 사람이 누리는 복, 제럴드 싯처(Gerald L. Sittser)는 미국 워싱턴 주에 있는 휫워스 대학(Whitworth University)에서 15년 이상 기독교 역사와 영성을 가르쳐 온 교수입니다. 1992년, 그의 집안에 예기치 않은 재앙이 찾아 왔습니다. 네 살 난 딸 다이애나(Diana)와 아내 린다(Lynda), 그리고 어머니 그레이스(Grace)가 교통사고로 그의 곁을 떠난 것입니다. 제럴드 교수는 사고 직후 병원으로 후송되어 유일하게 실낱같은 생명이 붙어 있던 딸을 살려달라고 하나님께 부르짖고 또 부르짖었습니다. 그러나 그의 기도는 그가 원하는 대로 응답되지 않았습니다. 결국 딸마저 그의 곁을 떠났습니다. 제럴드 혼자만 남겨두고 온 가족이 그의 곁을 떠난 것입니다. 이때부터 제럴드 교수는 왜 하나님이 자신의 기도에 응답하지 않으셨는지, 왜 하나님은 마지막 생명의 불씨가 남아 있던 딸마저 데려가셨는지, '기도에 응답하지 않으시는 하나님'에 대한 연구를 시작합니다. 그리고 자신처럼 애타게 기도하고 또 기도했는데도 응답을 경험하지 못했던 사람들을 찾아다니며, 그들의 상황을 인터뷰하고, 배후에 있던 하나님의 뜻이 무엇이었는지, 그럼에도 불구하고 생긴 유익이 무엇이었는지를 조사합니다. 그래서 나온 그의 책이 『하나님이 당신의 기도에 응답하지 않을 때』

(When God Doesn't Answer Your Prayer) 입니다. 이 책에서 제럴드 교수는 진실한 마음의 기도가 어떤 것인지, 응답되지 않는 기도가 주는 유익이 무엇인지, 지속적으로 하는 기도가 기도하는 사람의 마음에 어떻게 굴착하며, 하나님의 뜻에 맞는 기도가 어떤 것인지, 그리고 그 기도는 궁극적으로 누구를 위한 것인지를 이야기합니다.

그가 내린 결론은 원하는 기도의 응답을 받느냐 그렇지 않느냐가 중요한 것이 아니라, 어떤 상황에 처하든지 진심으로 하나님을 의지하고 기도하느냐 그렇지 않느냐가 더 중요하며, 응답의 내용과 상관없이 기도하는 사람에게 어떤 복이 임하는지를 이야기합니다. 하나님께 끊임없이 부르짖고 또 부르짖는 것, 매달리고, 애쓰고, 떼쓰는 것, 하나님은 바로 그 자체를 원하신다는 것입니다. 어떤 응답이 오느냐가 중요한 것이 아니라, 하나님께 매달리고 떼쓰는 기도가 있느냐 그렇지 않느냐가 더 중요하며, 그 자체가 바로 축복이라고 이야기합니다. 그렇게 매달리는 사람에게 하나님은 구하는 자가 기대하고 생각했던 것 이상의 가장 좋은 것을 반드시 주신다고 말합니다.

자, 기도의 사람인 조지 뮬러를 통해 그의 실제 삶을 통한 실천적 기도생활이 어떠했는지 알아보도록 하겠습니다.

조지 뮬러는 기도의 응답을 많이 받은 사람으로 유명합니다. 그런데 그는 이런 말을 했습니다.

"나는 하나님께서 내가 기도할 때마다 쉽게 응답해 주시지 않는 것에 감사한다. 하나님께서 쉽게 응답해 주셨다면, 분명히 나는 기도를 중단했을 텐데, 하나님께서 바로 응답해 주지 않으셨기 때문에, 나는 기도하고 또 기도하며, 매달리고, 또 매달렸다. 어떤 때는 30년 동안 하나의 기도 제목을 두고 기도하면서 기도하는 즐거움을 알게 되었고, 기도하는 성품을 얻게 되었다." 창세기 32장에는 하나님께 매달리고 떼쓰고 애쓰며 자신을 변화시켜 간 사람에 대한 이야기가 나옵니다. 가족과 재물, 그리고 가축들을 이끌고 20여 년만에 고향으로 돌아가는 야곱의 이야기입니다. 야곱은 형 에서를 만날 생각을 하며 근심하고 있었습니다. 복수의 칼을 갈며 동생이 오기만을 기다리는 형을 어떻게 대면해야 할지 야곱의 걱정은 이만저만이 아니었습니다. 그래서 재물과 가족들을 몇 떼로 나누어 먼저 얍복강을 건너게 했습니다. 야곱은 혼자 강나루에 남아, 하나님의 천사와 밤이 새도록 씨름합니다. 야곱과 씨름하던 그는 결코 야곱을 이길 수 없다고 생각하고, 야곱의 환도뼈를 치고 떠나려 했습니다. 그러자 야곱은 그를 붙들고, 축복해 주기 전에는 결코 보낼 수 없다고 했습니다. 그때 그는 야곱에게 이런 말을 합니다. "네 이름을 다시는 야곱이라 부를 것이 아니요 이스라엘이라 부를 것이니 이는 네가 하나님과 및 사람들과 겨루어 이기었음이니라"(창32: 28). 여기서 "네가 하나님과 겨루어 이겼다"는 말은 야곱과 씨름한 그가 하나님이었거나 하나님의 사자였음을 암시합니다. 그래서 야곱은 그곳의 이름을 하나님을 대면한다는 뜻을 지닌 브니엘로 지었습니다(창32:30).

하나님은 당신의 백성들이 하나님께 매달리며 떼쓰며 지속적으로 기도하기를 원하십니다. 그렇게 기도와 열심과 최선으로 하나님을 갈망할 때, 하나님은 우리에게 해가 되지 않는 이상, 그리고 하나님의 영광을 가리는 일이 아니라면, 반드시 응답해 주십니다. 우리들은 하나님께 얼마나 기도하고 있으며, 얼마나 지속적으로 자신의 마음을 올려드리고 있습니까? "기도를 계속하고 기도에 감사함으로 깨어 있으라"(골 4:2). "소망 중에 즐거워하며 환난 중에 참으며 기도에 항상 힘쓰며"(롬12:12). 얼마나 지속적으로 하나님을 갈망하고 있습니까?

조지 뮐러(George Mueller, 1805-1898): 기도의 사람이라 불리는 조지 뮐러는 1805년 독일의 크로스 펜스타트에서 태어나 1828년 영국에 귀환하였습니다. 그는 고아의 아버지로서 일생을 보내며 기도에 응답하시는 하나님의 위대하심을 모든 이에게 보여준 사람이었습니다. 그의 아버지는 신앙이 없는 세무서 직원이었고 어머니는 그가 어릴 적에 돌아가셨습니다. 일찍 어머니를 여윈 슬픔 속에서 뮐러는 해야 할 공부보다 대중소설이나 저속한 문화, 세속적 쾌락 속에서 자기의 길을 분별치 못하는 문제아가 되고 있었습니다.

그러나 하나님께서는 이러한 조지 뮐러의 인생에도 개입하셨습니다. 뮐러가 20세 되던 어느 날, 우연히 한 기회에 베타라는 친구와 함께 매주 토요일에 열리는 성경공부 모임에 참석하게 되었습니다. 그곳에서 부르는 찬송 소리와 성경공부, 특별히 무릎 꿇고 기도하는 그리스도인들의 진지함은 뮐러의 가슴 속에 사라질 수 없는 깊은 인상을 남겼습니다. 참으로 그 시간은 그 동안 살아온 모든 삶보다 행복했고, 그런 기쁨은 난생 처음 맛보는 것이었습니다.

그의 일생에 베타라는 친구는 하나님의 뜻을 위해 보내진 사람이었습니다. 그를 통해 회개와 새로운 변화(구원받음)가 이루어졌기 때문이었습니다. 그는 이제 과거의 사람이 아니었습니다. 말씀과 기도 속에서 하나님을 만난 청년 뮐러는 올바른 길을 걷게 되었습니다. 말씀을 읽고 묵상하고 기도드릴 때마다 마음속에서 솟구치는 사랑과 기쁨은 말로 표현할 수 없는 것이었습니다. 어찌나 감격이 컸던지 그의 복음의 열정은 다른 이들의 비웃음을 받을 정도였습니다. 이러한 전도의 불꽃은 날로 더해 드디어 세상의 모든 것을 포기하고 자신을 하나님께 맡기며 목사의 직분으로 헌신하게 되었습니다.

하나님께서는 뮐러를 더 연단시키셨습니다. 그것은 그가 오래 앓아오던 병을 재발하게 하신 것입니다. 그는 여러 주일을 병상에 눕게 되었습니다. 하나님께서는 절망해 있는 그를 다시 기도하도록 인도하셨습니다. "오, 주님. 나에게 긍휼을 베풀어 주옵소서." 비록 이 기도의 응답은 늦게 왔지만 오랜 투병생활을 통하여 하나님께서 인도하시는 대로 그의 믿음은 자라갔습니다. 여기서 뮐러는 새로운 교훈을 얻게 되었는데 그것은 '성경을 읽고 묵상하며 주님을 믿고 맡길 때' 하나님은 필요를 채워주신다는 진리였습니다.

이런 후 하나님께서는 뮐러를 믿음의 사도로서 당신의 포도밭으로 보내셨습니다. 마침내 뮐러는 일생의 사역인 고아원의 운영을 놓고 응답을 받을 때까지 기도하였습니다. 그리고 하나님께서 명하신 때를 깨닫자 일순간이라도 늦추지 않고 시작했습니다. 고아의 아버지 뮐러는 그 순간부터 부모도 없고 집도 없는 부랑자의 친구요, 아버지가 되었습니다. 이 중대한 사역은 매일 매순간 뮐러로 하여금 기도하며 주님을 의지토록 했습니다.

이와 같이 막대한 구제 사업을 해 나가야 했지만, 뮐러에게는 일정한 수입도 없었습니다. 오직 기도의 응답에만 의지하였습니다. 그야말로 한 시간 기도 후에 네 시간 일하는 것이 기도 없이 다섯 시간 일하는 것보다 더 많은 일을 할 수 있다고 믿고 그것을 실제로 충실하게 실천한 사람이었습니다.

그는 일생동안 받은 기도의 응답을 노트에 기록해 두었는데 모두 5만 가지가 넘었습니다. 그때마다 그는 기도의 응답으로 주어지는 기쁨보다 하나님의 살아 계심에 대한 감사가 더 컸습니다.

이러한 뮐러의 확고한 신앙은 많은 사람을 회개시켰는데, 그는 늘 이렇게 말했습니다. "가장 중요한 일은 진심으로 회개하고 그 마음을 하나님께로 향하는 것이다. 내적으로 변화되기 전에는 결코 다른 사람을 회개시킬 수 없다. 주 예수를 직접 아는 지식이 없으면 안된다." 그러면 이러한 뮐러에게는 시련과 고통이 없었을까? 그의 전 인생은 가난과 궁핍으로 얼룩졌지만, 그의 영혼은 평화와 안식을 누렸습니다.

그의 일기에는 이렇게 기록하고 있습니다. "지금은 신앙의 시련이다. 그러나 신앙은 승리했다. 내가 커다란 고통을 겪는 동안 나는 주님의 섭리가 따르는 만큼 평화로웠을 뿐만 아니라 불행의 원인에 대해서도 완전히 평화를 느꼈다. 그것은 미지근한 상태로부터 내 영혼을 끌어내어 무한한 지혜와 사랑으로 채워주시기 위해 주어지는 아버지의 회초리였다"라고 고백하고 있습니다.

그의 영혼을 의심과 불안, 시련의 후유증으로부터 하나님의 보좌로 인도하는 대로는 바로 기도였습니다. 그렇습니다. 하나님은 살아계셔서 그 사랑하는 자녀들의 부르짖는 기도에 응답하십니다. 엘리야의 하나님, 조지 뮬러의 하나님, 나의 하나님, 그분은 어제나 오늘이나 영원토록 변함없으신 분이십니다.

믿음과 기도의 사람, 조지 뮬러! 그의 나이 93세, 그는 30세 때보다도 90세에 더욱 더 성경을 사랑했습니다. 그의 성경에 대한 사랑은 나이와 함께 더해갔습니다. 그는 말씀에서 깊고 큰 기쁨을 맛보며 하루하루를 말씀과 기도로 살았습니다. 그는 마지막 찬송을 이렇게 불렀습니다. "우리는 죽은 양을 노래하리라. 우리를 위해 죽은 양을! 지극한 그의 사랑이 시련을 당하나 바위처럼 꿋꿋이 서있도다. 수많은 사람들이 높은 곳에서 예수의 이름으로 노래 부르며 자신의 공로를 다 감추고 예수의 귀하심만을 찬송하네."

그러나 모든 생명에는 반드시 시작과 끝이 있듯이 이 위대한 신앙인의 삶에도 그 끝이 다가와 황금빛 기도의 쇠사슬들이 마침내 덜커덩 멈춰 섰습니다. 그의 생애는 담담하고 은혜롭게 끝이 났습니다. 에녹처럼 하나님과 동행하면서, …….그의 기념비에는 이렇게 기록되어 있습니다. "조지 뮬러, 1898년 3월 10일에 93세의 나이로 잠들다." 화강석보다도 더 영구한 기념비, 그것은 하늘나라의 영구한 뮬러의 기념비였습니다.

헨리 나우웬은 주님의 사역을 감당하는 사람들에게는 다음과 같이 **예수님을 생각나게 하는 사람**이어야 한다고 말합니다.

1. 예수님의 '치유하심을 생각나게 하는 사람'(Healing reminder)라는 것입니다. 죄악을 망각하는 것이 죄를 짓는 그 자체보다도 더 큰 죄입니다. 왜냐하면 잊혀 진 것은 치유 받을 수 없고, 치유 받지 못한 것은 더 큰 악의 원인이 되기 때문입니다. 과거의 악을 잊는 것은 미래의 악을 불러들이는

것을 의미합니다. '조지 산타이나'는 과거를 잊어버리는 자는 그것을 되풀이 하고 만다'고 하였습니다. 과거의 죄악을 기억하는 것은 양심을 고통스럽게 하려는 것이 아니라, 그 기억들을 치유함으로 되풀이하지 않고 미래의 더 나쁜 재난을 막으려는 것입니다.

'상처'는 우리는 많은 것들을 기억합니다. 그러나 그 기억은 고통과 즐거움, 슬픔과 만족감 같은 것들은 어떤 일이 일어났었느냐보다 어떻게 그것을 해석하고 기억하느냐가 중요합니다.

'후회'는 쓰라린 기억이고, '죄책감'은 자신을 고소하는 것이며, '감사'는 즐거운 기억입니다. 이런 모든 감정들은 우리가 어떻게 이해하고 통합하느냐에 따라 우리의 삶에 영향을 줍니다. 과거의 고통들을 직면해야 우리의 마음을 바꾸고 회개하는 가운데 성숙할 수 있게 됩니다. 상처를 직면하는 자만이 치유가 가능합니다.

'치유' 기억해 낸다는 것은 기억하고 있는 일이나 사건들이 갖는 은밀한 힘에서 자유로워지기 시작하는 일입니다. 치유한다는 것은 근본적으로 고통을 없애는 것이 아닙니다. 우리의 고통이 더 큰 고통의 한 부분이며, 우리의 슬픔이 더 큰 슬픔의 한 부분이며, 우리의 경험이 예수 그리스도의 더 큰 경험의 한 부분입니다.

그러나 그 고난의 시간들을 인간적인 삶의 시간을 의미하는 '크로노스'의 시간으로 변화시켜야 합니다. 고난을 어떻게 해석하느냐에 따라 간증이 될 수 있다는 것입니다. 즉 우리의 삶에 경험된 그 사건들의 해석을 하나님의 역사를 찾아내는 기회로 삼는 것입니다.

'치유자' 우리의 모든 삶의 욕구와 생각과 행동들을 끊임없이 주님의 인도를 받는 삶의 방식으로 나아가야 합니다. 그런 사람이 하나님을 생각나게 하는 사람인 것입니다.

예수님의 근본 관심은 아버지에게 순종하며 그분의 임재가운데 계속 살아가는 것입니다. 하나님은 우리의 모든 마음과 모든 생각과 모든 혼을 원하십니다.

따라서 예수님의 치유를 생각나게 하는 사람은 세 가지 강조점이 있습니다. 첫째, 기억하는 일을 통해 성도를 치유합니다. 둘째, 기억하는 일을 통해 개인의 상처를 받아들이고 그 상처들을 고통 받는 모든 인류의 상처와 연결합니다. 셋째, 그들 자신들의 삶이 예수 그리스도 안에서 하나님과 밀접하게 연결되어 있는 것을 통해 일어납니다. 그리스도와 연합된 삶으로서 기도하는 삶이라는 의미에서 기도가 우리의 첫째 되고 가장 중요한 관심사가 될 것입니다.

2. **예수님의 붙드심을 생각나게 하는 사람**(Sustaining reminder)라는 것입니다. 예수님의 제자들은 그분을 기억하는 일을 통해서 주님과 친밀한 관계를 가질 수 있었던 것처럼 우리 역시 주님의 영을 통해 그분을 기억하며 친밀감을 가지게 될 것입니다. 그분과 친밀감의 회복은 그분이 우리를 홀로 내버려 두지 않았다는 것을 알게 됩니다. 이렇게 하나님과 친밀한 교제를 할 때 우리는 사람들과도 더욱더 친밀해질 수 있습니다. 주님의 일을 하는 사역자가 진정한 사역자가 되는 것은 기도로 침묵하고 홀로 있을 때입니다. 그럴 때 우리에게 어떤 가치 있는 일이 일어난다고 해도 그것은 하나님의 일인 것을 알게 됩니다.

3. **예수님의 인도하심을 생각나게 하는 사람**(guiding reminder)라는 것입니다. 주님의 일을 하는 사역자들은 치유자와 붙들어주는 사람일 뿐 아니라 안내자입니다. 우리의 과거의 상처를 치유하고 현재의 우리를 지탱시키는 기억은 또한 우리의 미래를 인도하고 우리의 삶을 끊임없이 새롭게 해 줍니다. 타락한 문화와 비틀거리는 사회와 어두운 세상 한 가운데서 그들을 인도하고 그들에게 희망과 자신감을 주는 것은 예수님을 기억하는 데 있습니다.

따라서 하나님의 일을 하는 사역자는 예수님의 치유하심, 예수님의 붙드심, 예수님의 인도하심을 생각나게 하는 사람이 되어야 한다고 말하고 있습니다. 생명 되시는 하나님의 말씀을 우리가 듣고, 보았고, 상고했고, 만졌기 때문에 우리는 하나님의 살아있는 기억장치로 살아갈 수밖에 없습니다.

우리의 삶이 하나님과 연결되어 있다면 우리는 그분에 대하여 말하길 시작할 것이며, 그분을 찬양할 것이며, 그분의 위대한 일들을 신포할 것입니다.

인생의 행복을 위한 세 가지 기도, 하나님의 사람이었던 모세의 기도입니다. 그는 먼저 하나님의 영원성을 노래하며 그에 비해 인생이 얼마나 허무한가를 고백합니다. 인생의 허무를 극복하고, 행복하고 의미 있으며 보람된 삶을 살기 위해 우리가 하나님께 간구해야 할 세 가지를 제시하고 있습니다.

첫 번째 기도는 '지혜의 마음을 위한 기도'입니다(시 90:12). 행복한 삶을 위해 먼저 우리 인생의 날수를 헤아려 보라는 것입니다. 우리는 천년만년 마냥 사는 인생이 아니기 때문입니다. 제한적인 인생입니다. 우리는 시간, 물질, 재능, 몸의 청지기입니다. 하나님께서 우리에게 주신 소중한 선물입니다. 잘 사용하라는 것은 분주하게 살라는 말이 아닙니다. 하나님을 경외하는 믿음으로 살라는 말입니다(잠 1:7). 하나님의 선한 뜻을 따라 사용하며 살아가야 합니다. 하나님께서 부르시면 하나님 앞에 나서서 인생을 계산할 날이 있기 때문입니다.

두 번째 기도는 '삶의 만족을 위한 기도'입니다(시 90:14). 모세는 '아침에 주의 인자로 우리를 만족케 하사 우리 평생에 즐겁고 기쁘게 하소서'라고 기도합니다. 만족이 있는 인생이 행복합니다. 만족이라는 말은 끝까지 채운다는 뜻입니다. 그러므로 만족하지 못했다는 말은 공허하다는 것을 말합니다. 세상 사람들은 공허한 마음을 채우기 위해 돈과 쾌락, 권력, 명예 등을 추구하고 있습니다. 그러나 그 어디서 진정한 삶의 만족을 얻을 수 있을까요? 많이 가져서 만족합니까? 문제는 마음입니다. 마음에 만족이 없으면 온 세상을 다 가져도 행복하지 않습니다. 인간의 만족은 끝이 없습니다. 모세는 만족의 비밀을 알았습니다. '아침에 주의 인자로'로 만족할 수 있다는 것입니다. 여기서 '인자'란 조건 없는 사랑, 언약에 성실한 사랑 바로 하나님의 사랑입니다. 독생자를 주시기까지 우리를 사랑하신 그 마음 안에서 인생의 만족이 오는 것입니다. 우리는 아침마다 하나님의 사랑을 마음에 새기며 하루하루를 살아갈 때 부족함이 없는 참 만족을 누리며 살아갈 수 있습니다.

세 번째 기도는 '보람된 삶을 위한 기도'입니다(시 90:17). 모세는 또 이렇게 기도합니다. '주 우리 하나님의 은총을 우리에게 임하게 하사 우리 손의 행사를 우리에게 견고케 하소서.' 인생의 허무를 느낄 때가 언제입니까? 열심히 수고했지만 그 모든 일이 부질없는 것으로 드러나는 순간 아니겠습니까? 시편 127편 기자는 이렇게 고백합니다. "여호와께서 집을 세우지 아니하시면 파수꾼의 경성함이 허사로다. 너희가 일찍이 일어나고 늦게 누우며 수고의 떡을 먹음이 헛되도다." 헛되지 않고 수고의 보람을 얻을 수 있는 비결을 시편 128편 기자는 이렇게 노래합니다. "여호와를 경외하며 그 도에 행하는 자마다 복이 있도다. 네가 네 손이 수고한 대로 먹을 것이라 네가 복되고 형통하리라." 우리 일생의 모든 일들을 하나님께서 세워주시고 인도해 주실 때 우리는 삶의 보람을 누리게 될 것입니다. 인생의 행복을 위한 이 기도 속에 우리의 남은 생애가 믿음의 삶을 통해 하나님께 영광 돌리며(고전 10:31) 그분을 더욱 기쁘시게 해드리는 삶(계 4:11)이 되어 순간순간이 더욱 지혜롭고 만족스럽고 보람되시기를 바랍니다.

워싱턴의 기도(Prayer in Washington), 독립전쟁 때 미국의 워싱턴 장군이 가장 고전한 전투라고 생각했던 것은 필라델피아의 밸리 포지 마을에서의 전투였습니다. 군인들은 추위와 굶주림으로 탈진상태였었습니다. 워싱턴이 전쟁에서 승리할 것을 믿는 사람은 거의 없었습니다. 그러나 워싱턴의 비서인 루이스는 '필승'을 확신했습니다. "장군은 하루에 네 번씩 성경을 펴놓고 기도했습니다. 기도를 마치고 나오는 그의 얼굴은 너무나도 평화로웠습니다." 전투는 끝까지 '침착성'을 유지하는 쪽이 승리하는 법입니다. 워싱턴은 성경묵상과 기도를 통해 마음의 평강과 하늘의 지혜를 얻어 대승했습니다. 밸리 포지에는 현재 워싱턴 기념교회가 설립돼 있습니다. 그리고 다음과 같은 기도문이 새겨져 있습니다. "민족의 시도자들이 겸손한 마음으로 백성을 섬기게 하소서." 기도는 신비로운 힘을 지녔습니다. 기도는 절망, 한숨, 눈물을 소망, 찬양, 미소로 바꾸어 줍니다. (찬송가, 주 안에 있는 나에게)

그리스도인의 가장 큰 비극은 기도응답이 없는 것이 아니라 기도하지 않는 것입니다. 그리스도인의 가장 큰 희극은 기도한다고 하면서도 하나님과 연합하지 않는다는 것입니다. 기도는 하나님과 동행하기로 결심하고 모든 상황을 하나님이 지배하시도록 삶을 내어 드리는 순전함입니다.

영국 런던에 있는 케이 미술관에 가보면 프레드릭 왈츠라는 유명한 화가가 그린 소망이란 그림이 있습니다. 이 그림에는 참담한 모습의 한 여인이 가슴에 비파를 안은 채 둥근 지구 위에 외롭게 앉아 있습니다. 그 여인을 자세히 살펴보면 그의 얼굴은 수건에 가려 아무것도 보지 못합니다. 하늘을 보니 해도 달도 별도 간곳이 없습니다. 가슴에 안고 비파를 보니 비파의 줄이 보통 일곱 줄인데 그 중 이미 여섯 줄은 끊겨져 있었고 단 한줄 남은 비파를 손에 잡고 열심히 연주를 하고 있습니다. 그 줄 하나가 소망의 줄입니다.

이 여인이 키고 있는 비파는 그녀의 인생을 의미해 줍니다. 그 비파에 당연히 있어야 할 비파 줄은 그 여인의 인생에 기쁨을 주어야 할 행복과 이 세상에서의 소망들입니다. 그런데 그 비파 줄이 다 끊어졌습니다. 명예라고 하는 비파 줄도 다 끊어졌습니다. 이제 단 하나의 비파 줄만 남았을 뿐입니다.

이 그림에서 말하듯이 우리는 인생에서 햇빛을 잃을 수도 있습니다. 달빛을 잃을 수도 있습니다. 인생의 음조를 맞추어 주는 비파의 줄들이 끊어지는 경험도 할 수 있습니다. 살다보면 사랑하던 아내나 남편 혹은 자녀의 줄이 갑자기 끊어질 수도 있습니다. 불의의 사고로 인생의 줄이 끊어지는 수도 있습니다. 이 여인에게는 하늘에 있는 해도 달도 별도 모두 사라졌습니다. 그의 눈마저 감겼으니 눈에 보이는 이 세상의 그 무엇도 될 수도 없었습니다.

그럼에도 불구하고 이 여인은 자기가 들고 지금 키고 있는 남은 한 가닥 비파 줄만은 결코 끊어지지 않을 것임을 믿고 끝까지 이 한 가닥 비파 줄을 키고 있는 것입니다. 그 줄은 소망의 줄입니다. 그것은 우리 인간이 믿던 모든 줄이 끊어진다고 할지라도 소망의 줄만 끊어지지 아니하면 모든 것을 이기고 나갈 수 있다는 뜻입니다.

끝까지 끊어지지 아니하는 소망의 줄이 어떤 줄입니까? 영원하신 하나님께 둔 소망의 줄입니다. 하나님만 붙드는 줄입니다. 예수님을 붙드는 줄입니다. 이 여인의 인생에는 절망과 좌절뿐이었지만 그러나 사도바울의 말씀과 같이 "누가 우리를 그리스도의 사랑에서 끊으리요 환난이나 곤고나 박해나 기근이나 적신이나 위험이나 칼이랴 기록된바 우리가 종일 주를 위하여 죽임을 당하게 되며 도살 당할 양 같이 여김을 받았나이다 함과 같으니라 그러나 이 모든 일에 우리를 사랑하시는 이로 말미암아 우리가 넉넉히 이기느니라 내가 확신하노니 사망이나 생명이나 천사들이나 권세자들이나 현재 일이나 장래일이나 능력이나 높음이나 깊음이나 다른 어떤 피조물이라도 우리를 우리 주 그리스도 예수 안에 있는 사랑에서 끊을 수 없으리라"(롬 8:35-39)고 말씀하시는 주님의 약속이 자리 잡고 있었기에 그 비파 줄을 끝까지 키면서 살아갈 수 있었습니다.

하나님의 사랑이 우리 안에 있는 한 우리에게는 언제나 소망이 있고 길이 있습니다. 하나님이 우리와 함께 함으로 우리는 절망 속에서도 노래 할 수 있고, 하나님이 계심으로 우리는 십자가의 고통 중에서도 부활의 소망을 가지는 것입니다. 우리가 인생을 사는 동안 이 줄 저 줄이 끊어지는 경험을 할 때가 있습니다. 설혹 믿고 바라던 줄이 다 끊어져 버렸다 할지라도 소망이라는 줄만 끊어지지 않는다면 승리할 수 있습니다.

우리의 인생에 여섯 줄이 끊어졌다면 마지막 한 줄은 무슨 줄입니까?

건강 줄입니까? 돈줄입니까? 세상 권력의 줄입니까? 사랑 줄입니까? 자녀 줄입니까? 그 한 줄이 하나님이 되어야 합니다. 그 한 줄이 예수님이 되어야 합니다.

기도는 하나님 앞에서 가장 낮은 자세로 엎드리는 영적인 낮은 포복이며 세상적인 욕심의 발전소가 아니라 소방서입니다. 기도가 없을 때 마음은 세상 것으로 무거워지고, 기도가 있을 때 마음은 성령과 하늘의 것으로 충만합니다. 세상의 성공에는 후유증이 따르나 기도에는 후유증도 뒤탈도 전혀 없습니다. 세상의 모든 후원에는 용수철처럼 조건이 달려 있지만 기도에는 기도하는 사람을 하나님 아버지께 매어다는 용수철이 달려 있습니다. 기도 없는 곳에 사람만 일하고 기도 있는 곳에 하나님이 일하십니다. 기도는 '노력 더하기 노력'이 아니라 나의 '노력 곱하기 노력'입니다. 기도가 없는 곳은 사탄의 잔치집이고, 기도가 있는 곳은 사탄의 초상집입니다. 하나님은 기도에 응답하시고 기도하는 사람은 삶으로 응답합니다.

우리의 간절한 기도를 통해 하나님은 일하시고 이루십니다. 기도하지 않으면 도우실 수가 없습니다. "기도하여 이르되 여호와여 원하건데 그의 눈을 열어서 보게 하옵소서하니 여호와께서 그 청년의 눈을 여시매 그가 보니 불말과 불병거가 산에 가득하여 엘리사를 둘렀더라"(왕하 6:17). 이래도 기도하지 않으시겠습니까? 기도하는 사람은 하늘의 불병거가 옹위하여 보호해줍니다. 기도의 사람은 하늘 불병거를 보는 눈이 열립니다. 지금 영적으로 포위 공격을 당하고, 시련과 난관에 봉착해 있는가? 목숨 걸고 기도하십시오. 그러면 자신을 둘러싸고 있는 하늘의 불병거를 보게 될 것입니다. 현실의 어려움 앞에 탄식하며, 세 불리를 탓하며 패배의식에 젖어 있는 그리스도인들 마다 기도의 무릎을 꿇는다면 그러면 우리를 위해 파견하신 하늘 불병거를 보게 될 것입니다.

거룩한 불말과 불병거가 우리를 보호하기 위해 쏟아져 내려옵니다. 기도하지 않는 것은 하나님을 멸시하는 것입니다. 기도하지 않는 것은 하나님을 부인하는 것이자 그분의 존재를 부인하는 것입니다. 또한 그 이름을 부인하는 것입니다. 기도에 게으른 사람은 믿음과 사랑을 잃어버리고, 결국 기도 자체를 잃어버립니다. 기도하지 않으면 치명적인 신앙의 퇴보에 빠지고 하나님에게서 멀어지게 됩니다. 기도는 하나님의 뜻이 이루어지는 것을 바라며, 끊임없이 하나님을 바라보고, 절대적으로 그분을 의지하는 것입니다.

기도는 하나님 안에 거하며, 하나님과 함께 행하고, 하나님을 의지하며, 하나님께 순종하는 믿음입니다. 기도는 하나님의 도우심이 필요하다고 느끼고, 그분의 채워주심을 간절히 구하는 것입니다. 기도하지 않는 사람은 하나님의 도우심을 거절하는 것입니다. 이런 사람은 하나님께서 도우실 수가 없습니다. 기도의 불병거는 아무리 높은 곳이라도 다 오를 수 있고, 어떤 문이라도 열 수 있고, 어떤 싸움에서라도 승리할 수 있으며, 어떤 은혜라도 다 받을 수 있습니다. 기도의 골방에서 쟁기질을 열심히 하지 않는 사람은 아무것도 추수하지 못한다는 것을 알아야 합니다.

기도하는 한 사람, 기독교의 역사는 기도하는 한 사람에 의해 시작되고, 기도하는 한 사람에 의해 부흥되고, 기도하는 한 사람에 의해 완성되는 것입니다. 종교개혁자 존 녹스는 스코틀랜드의 "피의 여왕" 메리와 투쟁하며 개혁신학의 자유를 실제로 쟁취해낸 사람입니다. 그가 죽음도 불사하며 오롯이 개혁을 향한 믿음과 용기를 가질 수 있었던 비결은 다름 아닌 기도였습니다. 그가 칼뱅과 함께 제네바에 있을 때 스코틀랜드 교회 개혁에 앞장서달라며 그의 동지들이 찾아왔습니다. 그는 이를 하나님의 부르심으로 알아듣고 "오 하나님, 스코틀랜드를 저에게 주옵소서."라며 간절히 기도합니다. 그리고 스코틀랜드로 돌아와 메리 여왕 앞에서 담대하게 선포합니다. "로마 교회는 창녀다. 교리든 관습이든 온갖 영적인 간음으로 더럽혀져 있다. 만약 회개치 않으면 교황도 왕도 심판을 면치 못할 것이다." 그러나 그의 선포대로 여왕은 중병에 들었고, 결국 그를 옥에서 풀어주며 이렇게 말했다고 합니다. "영국의 100만 군사보다 존 녹스의 기도가 더 무섭다" 이렇듯 하나님은 오늘도 기도하는 한 사람을 찾으십니다. 바로 그를 통해 주의 뜻을 이루시고 주의 나라를 세워 가십니다.

하루의 시작을 감사 기도로 열게 하시고 하루의 일과가 주님께 기쁨이 되고 성령의 열매 맺는 하루하루가 모여 365일이 되게 해 주시오며 날마다 찾아오는 아침이라도 밤마다 이슬같은 꿈을 꾸며 할 수 없는 일보다 할 수 있는 일이 더 많도록 희망과 용기를 잃지 않게 하소서. 어떤 일이든지 결과보다 과정의 소중함을 느끼게 하여 설령 노력의 댓가가 없을지라도 포기하지 않는 꿋꿋함으로 내가 하는 일에 자부심을 갖도록 하게 하소서. 남과 비교하지 말며 크든 작든 나의 삶에 만족하며 나는 나일 뿐이라는 자아를 성찰하는 자세로 일상의 소박한 것들에 감사하게 하소서. 겸손과 친절로써 마음의 꽃잎이 부드럽고 생각의 향기가 아름다워 누구나 함께하고 싶은 사람 누구에게나 환영받는 사람이 되게 하소서. 벗이 슬플 때 함께 슬퍼할 줄 알고 이웃이 아플 때 함께 아파할 줄 아는 사람 그들과 늘 변함없는 우정으로 살게 하소서. 도움을 줄 때엔 말없이 도움을 받았을 때엔 그 감사함을 잊지 않게 하시어 나도 누구를 도와 줄 수 있는 햇살같이 따뜻한 가슴을 지니게 하소서.

우리의 참소망 되신 위대하신 하나님 아버지!
주님이 아닌 다른 것에 소망을 두는 어리석음을 내쫓으시고, 오직 주님만 바라보게 하옵소서. 하나님께만 소망을 두게 하옵소서. 우리를 영원히 부끄럽게 하지 않을 참소망을 주시기 위해 고난을 통해 우리의 속사람을 성숙케 하시는 섭리를 감사합니다. 간절히 구하는 것은 우리의 속사람이 하나님의 거룩한 소망을 품고도 남을 거룩한 그릇이 되게 하여 주시옵소서. 보석 같은 시간을 한 순간이라도 헛되이 보내지 말며 오늘 뿌린 씨앗이 내일의 숲에 나무가 되고 잎이 되어 한 해의 삶이 기쁨의 열매로 가득하게 하옵소서! 나이 드는 것에 감사할 수 있으므로 나의 삶을 기쁨으로 엮게 하소서 뒤를 돌아보면서 덧없음의 눈물만 흘리거나 남을 원망하면서 삶에 대한 허무감에 젖지 않고 지금의 나를 있게 한 주님과 옆에 있는 마음의 지기들에게 고마운 마음을 일구면서 미소를 지을 수 있으므로 정말로 기쁜 웃음을 갖게 하소서.

정직하게 나의 삶을 돌아보면 부끄럼 없이는 떠올리지 못하는 일들이 많고 후회스러운 일들도 많았습니다. 그러나 그런 과거가 있었음에도 불구하고 현재 삶에 자족하게 하시고 나의 미래를 복된 소망의 설레임으로 맞을 수 있게 하소서. 완벽함을 추구하는 빈틈없는 삶보다는 조금 부족하여도 넉넉함으로 삶의 향기를 갖게 하소서. 어차피 인간은 완벽할 수 없는 존재이기에 서로의 모자람을 채워 어울려 사는 삶을 배우게 하소서. 인생의 큰 흐름이 소망과 감사로 이루어져 있기에 얼마간의 슬픔이나 우울 따위는 그 흐름 속에 쉽게 녹아 없어질 수 있음을 알게 하소서.

나의 부족함에도 이런 행운과 함께 삶을 바라볼 수 있는 시야를 갖게 하심을 감사하며 더 나이 들어도 깊어지는 기쁨과 소망의 골짜기에 들 수 있게 하소서. 나이 들었지만 맑고 상큼한 마음으로 현재를 살고 미래를 받는 일에 마음을 다하면서 삶을 감사함으로 소중하게 엮어가게 하소서. 365일 건강하게 하시고 새벽을 깨우는 숫닭처럼 황금알을 낳는 암닭같이 그 어떤 두려움이라도 변하여 내 기도되게 하시고 전날의 한숨 변하여 나의 노래가 되게 하소서. 새벽을 밝히며 풍요로운 믿음의 삶이 되도록 주님을 찬송하면서 하늘의 뜻을 이루는 의의 종이 되어 이땅에서 주님 뜻 이루는 삶 살게 하시옵소서. 주님께서 곧 다시 오셔서 나를 부르실 것을 알기 때문에 주님께서 나를 온전히 다스려 주셔야 비로서 뜻이 이루어짐을 믿습니다.

결론적으로 성공적인 기도를 위해서는

첫째, 성령 안에서 기도해야 합니다. "모든 기도와 간구를 하되 항상 성령 안에서 기도하고 이를 위하여 깨어 구하기를 항상 힘쓰며 여러 성도를 위하여 구하라"(엡 6:18). 성령 안에서 성령과 함께! 짧든지 길든지 구애받지 말고! 성령의 은혜 가운데 기도해야 합니다.

둘째, 욕심을 따라 하는 기도하지 말고 하나님의 뜻대로 구해야 합니다. "그를 향하여 우리가 가진 바 담대함이 이것이니 그의 뜻대로 무엇을 구하면 들으심이라"(요일 5:14). 이러한 기도는 응답을 넘어선 축복입니다.

셋째, 하나님 말씀대로 살면서 기도해야 합니다. "사람이 귀를 돌려 율법을 듣지 아니하면 그의 기도도 가증하니라"(잠28:9). 말씀대로 살지 않으면서 욕심을 따라 기도하는 일은 주님께서 가증히 여기십니다. 순종하려면 사울처럼 적당히 하지 말고 온전히 그리고 끝까지 해야 합니다.

넷째, 응답 받을 때까지 끈기 있게 기도해야 합니다. "예수께서 그들에게 항상 기도하고 낙심하지 말아야 할 것을 비유로 말씀하여 이르시되 어떤 도시에 하나님을 두려워하지 않고 사람을 무시하는 한 재판장이 있는데 그 도시에 한 과부가 있어 자주 그에게 가서 내 원수에 대한 나의 원한을 풀어 주소서 하되 그가 얼마 동안 듣지 아니하다가 후에 속으로 생각하되 내가 하나님을 두려워하지 않고 사람을 무시하나 이 과부가 나를 번거롭게 하니 내가 그 원한을 풀어 주리라 그렇지 않으면 늘 와서 나를 괴롭게 하리라 하였느니라 주께서 또 이르시되 불의한 재판장이 말한 것을 들으라 하물며 하나님께서 그 밤낮 부르짖는 택하신 자들의 원한을 풀어 주지 아니하시겠느냐 그들에게 오래 참으시겠느냐 내가 너희에게 이르노니 속히 그 원한을 풀어 주시리라 그러나 인자가 올 때에 세상에서 믿음을 보겠느냐 하시니라"(눅18:1-8). 하나님의 축복은 언제나 쓰고도 남는 게 있습니다.

다섯째, 특별히 중요한 일에는 금식하면서 기도하되 성결함을 유지해야 합니다. 그릇이 깨끗하면 귀하게 쓰십니다 여섯째, 입을 다물고 기도만 해야 합니다. 문제가 있을 때 자꾸 말하면 안됩니다. 말 할수록 믿음이 약해집니다. 오직 성령께서 해결해 주셔야 합니다.

성공적인 기도 여섯 가지를 바로 알고 실천하는 사람이 되어야 합니다. 열심히 기도하는 사람이 은혜를 받습니다. 하나님께서는 기도하는 자를 매우 기뻐하십니다. 기도하는 자가 하나님의 사랑과 축복을 받습니다. 기도 생활에 성공하려면, 어떤 경우에든지 하나님을 찾고 기도해야 합니다. 믿고 구해야 합니다. 하나님의 자녀에게 권세가 있다는 것을 믿어야 합니다. 예수님의 이름으로 구하면 다 받는다는 것을 믿어야 합니다. 하나님의 전지전능하심과 언약의 신실하심을 믿어야 합니다. 하나님께서는 우리의 기도를 통해 영광 받으시기를 원하신다는 것을 믿어야 합니다.

어떤 죄인이라도 기도하면 소망이 있고 살 길이 있고 회복됩니다. 그리고 오뚝이처럼 일어납니다. 은혜 받게 되고 축복 받게 됩니다. 기도가 성숙할수록 놀라운 변화가 일어납니다. 하나님을 사랑하는 마음이 더욱 커집니다. 얼마나 오래 기도하는가, 얼마나 유창하게 기도하는가는 중요하지 않습니다. 얼마나 열심히 기도하느냐, 얼마나 오래 금식기도 하느냐는 중요하지 않습니다. 하나님을 사랑하는 마음으로 기도하느냐가 중요합니다.

하나님을 사랑하는 마음으로 기도할 때 기도 시간이 길어지고 기도하는 것이 행복해집니다. 하나님을 사랑하는 사람은 끊임없이 기도합니다. 기도하는 사람에게 가장 큰 축복은 큰 응답을 받는 것이 아닙니다. 기도하다가 새 사람으로 변하고 성령 충만하게 되는 것입니다. 그리고 기도하다가 거룩한 자로 변하는 것입니다. 무엇보다 하나님을 사랑하는 마음으로 가득하게 되는 것이 가장 큰 축복입니다.

모든 생명은 영양분을 공급하고 숨을 쉬고 운동을 해야 생명을 유지할 수 있습니다. 우리의 영도 살아있다면 영양분을 공급해야 하고, 반드시 호흡도 해야 하고, 운동도 해야 합니다. 말씀이 영혼의 영양분을 공급하는 양식이라면 기도는 영혼에게 산소를 공급하는 호흡이고, 전도는 영혼의 운동입니다. 그러므로 말씀의 양식과 전도의 운동과 기도의 호흡은 신앙의 삼대요소입니다.

사람에게 영양분을 공급하지 않아도 십여 일은 생명을 유지 할 수 있고, 운동을 하지 않아도 당분간을 건강을 유지할 수 있지만 호흡을 멈춘나년 단 몇 분도 안 돼 생명이 끊어지고 맙니다. 말씀의 섭취도 중요하고 전도를 통한 운동도 중요하지만 기도의 호흡보다 더 급한 일이 없습니다. 기도로 다져진 말씀이 죽은 영혼을 살릴 수 있습니다. 기도로 사명을 받은 자가 전도의 활력이 됩니다.

내 영이 살아 있다면 기도로 숨 쉴 수밖에 없습니다. 기도로 계속 숨을 쉬는 자만이 영의 생명을 유지할 수 있습니다. 기도는 그리스도인에게 단순한 의무가 아니라 생명줄이 됩니다. 기도로 24시간을 호흡하십시오. 기도로 24시간을 단장하십시오. 기도의 생명줄을 붙들고 있는 자만이 자신도 살고 남도 살립니다. "쉬지 말고 기도하라"(살전5;17).

나를 깨뜨려 주소서

끊임없이 내가 불쑥불쑥 살아납니다. 예수님과 함께 십자가에서 죽었다고 하지만 끊임없이 내 자아가 불쑥불쑥 살아납니다.

주님, 내 자아를 무너뜨려주소서. 저는 영적 채찍질을 많이 당하고 책망을 들어야 마땅한 사람입니다. 저는 더러운 죄인이지만 탄식하지 않고, 상처투성이지만 슬퍼하지 않고, 곪을 대로 곪았지만 신음하지 않고, 오염되었지만 씻지 않고, 독이 퍼졌지만 해독제를 찾지 않고, 연약하고 대책이 없지만 위대한 영혼의 의사이신 분의 시의적절한 도움을 구하지 않습니다.

아, 슬픕니다! 사람들의 이야기를 들으면 쉽게 웃음을 터뜨리는 제가 예수님의 말씀과 행하심을 듣고도 아무 감동을 느끼지 못하기 때문에 눈물이 나지 않습니다. 저는 날마다 죄를 짓습니다. 매 순간 어떤 식으로든 저는 잘못을 저지릅니다. 무엇을 하겠다고 말해놓고도 그것을 이행하지 않으며, 그러면서도 즐겁게 생활합니다.

오, 거룩하신 예수님! 이 가련한 죄인을 기억하시고, 저의 이 연약한 몸 안에 거하시어 갖가지 잘못을 저지르는 저를 위해 간구해주소서.

오, 거룩하고 복되신 구주시여! 회개하는 마음과 겸손한 음성으로 주께 간구하오니 이 고해와 같은 인생을 살면서 사망을 통과할 때 저를 도우소서. 그리하시면 잔인한 원수와 싸울 때 원수가 저를 이기지 못할 것입니다. 제 자신을 신뢰하지 말고, 저를 구속하기 위해 십자가 고난을 당하신 그리스도를 온전히 신뢰하는 가운데 저의 믿음이 강해지게 하소서.

오, 은혜로우신 예수님! 제가 성령의 불로 뜨거워진 주님의 눈물을 샘으로 모아 그 샘 안에서 제 영혼을 씻기를 원합니다. 저의 과거 죄와 날마다의 죄를 뼛속 깊이 한탄하고 슬퍼하는 중에 모든 죄의 얼룩을 다 씻어버리고 정결케 되기를 원합니다. 주님은 부활하여 지옥의 권세를 이기셨습니다. 주님은 십자가의 기로 어둠의 세력을 산산조각 내셨습니다. 주님이 세상에서 불러내신 주님의 겸손한 종들의 발로 어둠의 세력의 교만을 밟아 멸망하게 하셨습니다. 마음이 겸손한 자들은 이 부활의 날에 우리 주 예수 그리스도 안에서 기뻐하고 즐거워할 것입니다.

예수님의 부재를 슬퍼하며 예수님의 무덤을 찾은 막달라 마리아를 만나주신 부활의 주님, 수심이 가득하여 엠마오로 가던 두 제자를 찾아주신 부활의 주님, 의심 많은 도마에게 나타나주신 부활의 주님, 디베랴 바다에서 아무 소득 없이 밤새 그물질한 제자들을 찾아오신 부활의 주님, 오늘 허전한 마음과 불안한 눈빛으로 흔들리는 내게도 찾아오사 임마누엘 되어주소서. / 토마스 아 켐피스(주인님, 나를 깨뜨려주소서).

17장. 찬양

하나님을 찬양해야 하는 이유는 크게 두 가지임을 알 수 있습니다. 천지를 운행하시는 하나님의 섭리와 하나님께서 사랑하시는 자들을 위한 행하십니다. 결국 하나님의 자녀들은 그분의 일하심의 섭리 가운데 하나님을 찬양할 수밖에 없음을 이야기합니다(시 147:4,8,9). 신앙의 길을 걷고 있는 우리들에게 감사의 제목을 찾는다는 것은 하나님의 일하심을 재확인하고, 깨닫고, 고백하는 것입니다. 우리는 이것을 '찬양'이라고 이야기 합니다. 내가 원하는 조건과 상황이 주어져야 감사하고, 행복해하는 것이 아니라 하나님이 이미 나에게 주신 것들, 그리고 일하심을 고백하고 찬양하는 것이 행복의 시작임을 알 수 있습니다.

예배당에서 음악 없이 예배를 드린다면 어떨까요? 설교 말씀이 은혜로웠다 하더라도 사람들은 단조롭고 지루하게 여길 것입니다. 하나님은 음악을 만드셨습니다. 그분은 음악을 사랑하십니다. 숲 속에 이는 바람을 위하여 교향곡을 만드시고, 꾀꼬리에게 아름다운 목소리를 주시며, 종달새의 목에 음률을 주신 분은 바로 전능하신 창조주 하나님이십니다. 하나님께서는 천사들의 합창곡을 작곡하셨고 창조의 날 새벽에 천사들은 하나님을 찬양했습니다(겔 28:13). 하나님께서는 별들이 노래할 수 있도록 악보를 만드셨습니다. 그리고 별들이 하나님의 전능하신 모루에서 처음으로 불꽃을 반짝일 때부터 그들은 지금까지 노래하고 있습니다(욥 38:7). 그리스도인인 우리들에게 음악을 사랑하시는 하나님께 소리를 낼 수 있는 악기들로 경배하라고 명령하셨습니다(대하 30:21;시 100:2-4,33:2-3,150:3-5).

하나님은 우리의 찬송 중에 계십니다. 시편에는 각종 예식에 쓰이는 찬양과 기도문이 깊이 있고 성숙한 표현으로 나타납니다. 그 가운데서 포괄적인 공동체를 만들고자 이스라엘 백성을 기르시는 하나님의 섭리를 보고 들을 수 있습니다. 시편은 찬양과 기도의 책입니다. 시편 기자는 하나님이 '이스라엘의 찬송 중에 계시는 주'이시며 '기도를 들으시는 주'이심을 노래하고 있습니다(시 23:3,65:2). 찬양과 기도라고 하는 두 가지 영적인 습관은 하나님과의 근본적인 관계를 분명하게 이어주고 있습니다. 시편은 하나님의 사람들이 영적으로 성장해 가는 과정을 성경의 다른 어떤 부분보다도 더 직접적이면서 완벽하게 보여 주고 있습니다. 역사적이고 통합적인 이스라엘 백성의 공통된 경험 위에 아주 친밀하고 개인적인 경험까지 더했기 때문입니다. 나아가 이 경험들은 깊고 풍성한 내용을 담은 시의 형태로 대중 앞에서 낭독되었습니다.

시편은 광야의 성막에서 시작하여 예수 그리스도 시대의 영광스런 성전에 이르는 건축 양식과 예배형식에 이상적으로 부합합니다. 그들은 다른 악기의 도움 없이 단순하게 시편을 읽거나 암송했음을 알 수 있습니다. 하지만 때로는 악기들을 완벽하게 갖추고 합창과 춤까지 곁들여 시편을 찬양한 기록을 찾아볼 수 있습니다. 시편은 단순히 읽거나 말하는 것으로만 표현할 수 없는 매우 정교하고 열정적인 예술 작품(works of art)입니다. 시편은 기본적으로 회중 예배를 위하여 사용되었으나, 개인들 역시 시편을 자주 애용했습니다. 현재도 시편은 회중 예배와 개인 경건 생활에 사용되고 있습니다. 시편이 전해주는 언어와 이미지는 우리의 영적 성장에 큰 영향을 끼칩니다.

시편은 신앙인의 내적 삶을 형성하는 중요한 도구로 사용됩니다. 또한 내적 삶의 개발 과정이 어떻게 일어나는가에 대한 것도 시편의 효과를 더욱 부각시키고 있습니다. 시편은 직선적이지만 적당한 시적 운율을 살려 하나님과 인간이 상호 작용하여 개인과 공동체의 내적, 외적 삶을 어떻게 만들어 나가는지 말하고 있습니다. 비록 시편이 교훈적인 내용을 담고 있기는 하지만, 내적인 삶과 인격을 형성하는 시편의 힘은 우리의 감정과 육신, 사회적인 관계, 곧 전인격적인 삶을 꿰뚫는 시적 역량과 아름다움에 있다고 하겠습니다. 찬양과 기도는 시편의 박동(pulse)과도 같습니다. 찬양은 종종 선포처럼 들립니다(출 15장의 모세와 미리암의 노래시; 시 1편; 23편). 시적인 선포는 '인간(Person)과 전능하신 주 하나님의 창조(Creation of Lord, the Lord the Almighty)'와 같은 감당 못할 경이로움을 경험했을 때 나오는 자연스런 반응입니다. 우리는 이를 증거하고 선포하며 높은 곳에서 외쳐야 합니다. 이런 행동이야말로 하나님과 연합하고 즐거워하며 신앙을 지키는데 반드시 필요한 부분입니다. 내용면에서 시편은 극단적인 두 상황을 오고 갑니다.

한쪽은 홀로 버려진 인간의 절망적인 상황이며, 다른 한쪽은 하나님의 광대하심과 선하심입니다. 이 두 극단 사이에서 이상하리만큼 아름다운 하나님의 큰 자비하심과 하나님 안에서의 인생 그리고 온 우주를 주관하시는 계획들이 펼쳐집니다. 이는 하나님의 구원과 해방의 결과로서, 시편의 각 편에서 기억되고 찬양되며 또 예상되는 내용입니다. '우리와 함께하시는 하나님'은 어떤 상황 속에서도 구원과 해방을 위해 반드시 있어야 하는 요소가 되십니다.

시편은 인류의 절망적인 상황, 곧 우리의 자연적인 연약성, 한정성, 무의미, 고립, 어리석음, 내적, 외적 사악함, 억눌림과 억압 등 정말로 희망이 없는 우리의 모습을 시각적으로 묘사합니다. 진정 인간 존재에 대한 완전한 현실 그대로의 모습입니다. 시편의 매력은 광대하면서도 분명합니다. 시편은 인생의 드라마를 표현하는 '자연스런' 형식입니다. 불확실한 상황 속에 있는 인간에게 하나님은 생명을 주시기 위해 자신과의 관계를 맺도록 하는 영광스런 제안을 내놓으십니다.

시적인 형식, 역사적인 이야기와 심오한 통찰력이 어우러진 시편은 불신자들조차 매력을 느낄만합니다. 시편에 나타난 폭넓은 식견과 정확하게 반영된 인생의 공통적인 경험은, 인간 존재의 해석을 위한 뼈대를 세우는데 기초가 됩니다. 초대교회 당시 사도 바울은 "오직 성령으로 충만함을 받으라 시와 찬송과 신령한 노래들로 서로 화답하며 너희의 마음으로 주께 노래하며 찬송하며"(엡 5:18-19)라고 함으로써 찬송에 대한 강조를 분명히 하고 있습니다. 종교 개혁 시기 이후 최근까지 기독교의 진보와 개혁은 위대한 찬송의 시기에 이루어졌습니다.

시편과 시편이 주는 삶의 양식들은, 하나님의 사람들은 물론 모든 인류에게 중요한 선물입니다. 우리는 마음을 다해 노래해야 합니다. 시편은 그 자체가 정교하고 섬세하여 우리가 어떻게 "시와 찬송과 신령한 노래를 부르며 감사하는 마음으로 하나님을 찬양"할 수 있는지 정확하게 보여 줍니다(골 3:16).

성경에서 음악 없이 주님께 경배한 경우를 발견할 수 없을 것입니다. 시편 150편은 모두 음악에 맞게 쓰였습니다. 시편을 제외하고 요한계시록이 성경에서 가장 많은 노래와 음악을 포함하고 있습니다.

계시록에서 우리가 들을 수 있는 음악은 천국에서의 음악입니다(계 5:9-

10). 그들은 하나님의 어린양을 찬양하며 경배하고 있습니다. 여러분은 그들이 새 노래를 부르고 있다는 것을 알고 계십니까? 우리는 천국에서 새 노래를 부르게 될 것입니다. 우리는 노래로 예수님께 경배하게 될 것입니다.

찬양의 가치(시 28:7) 찬송 한 곡의 가치가 얼마나 될까요? 하나님의 종이 이 세상 재물을 많이 소유해본 적이 없는 한 늙은 성도에게 말했습니다. "형제님, 오늘 아침 200달러를 주님께 바치셨습니다." "목사님 그게 무슨 말씀이시죠? 나는 그 많은 돈을 바친 적이 없습니다." 나이 많은 그리스도인이 물었습니다. "저는 형제님의 찬송 소리를 들었습니다." 설교자가 대답했습니다. "저는 형제님이 찬양한 다섯 곡의 찬송을 들었습니다. 그런데 시편기자가 말하기를 찬송은 수소보다도 더 주님을 기쁘시게 한다고 했습니다. 암소 한 마리는 최소한 40달러 이상의 가치가 있습니다. 그래서 형제님은 주님께 200달러를 바친 것입니다."

찬송시의 배경은 디모데후서 1장 12 "이로 말미암아 내가 또 이 고난을 받되 부끄러워하지 아니함은 내가 믿는 자를 내가 알고 또한 내가 의탁한 것을 그 날까지 그가 능히 지키실 줄을 확신함이라"는 말씀을 근거로 만들어졌습니다. 사도 바울이 복음전파로 수많은 고난과 역경을 당하면서도 이렇게 고백할 수 있었던 것은 주님께서 책임지고 능히 지키실 줄을 확신했기 때문일 것입니다.

'사랑은 가슴에 새기고 은혜는 바위에 새기라'는 말처럼 고난과 역경조차도 하나님의 은혜와 사랑임을 믿고 의지한 바울의 고백처럼 나를 끝까지 지켜 주실 것을 확신하는 믿음의 그리스도인이 되어야겠습니다. 우리 모두 시편 69편 30-31을 찾아서 읽어봅시다.

1971년 인디애나 주 페어에서 60세 이상 된 분들을 대상으로 좋아하는 찬송가 조사를 했는데, 가장 좋아하는 찬송가 1위는 "주 하나님 지으신 모든 세계, 2위는 저 장미꽃 위에 이슬, 3위는 갈보리 산 위에, 4위는 나 같은 죄인 살리신"이었다고 합니다.

당신이 가장 즐겨 부르는 찬송은 무엇이고, 또 그 찬송 가사를 언제라도 외워서 몇 곡을 부를 수 있습니까? 지금까지 출판됐던 약 500,000곡 이상 되는 기독교 찬송 중에서 일상적으로 사용되는 것은 500곡 미만이고, 그 중에서 150곡만이 교회 성도들에게 잘 알려진 찬송이라고 합니다.

인간에게는 심미적인 욕구가 있으며 예술적인 본능이 있습니다. 저마다 고상하고 우아하며 아름다운 삶을 살기를 바랍니다. 음악과 문화와 예술을 감상하고 인생을 즐기고자 합니다. "마음이 우울한 사람에게 노래를 부르는 자"(잠 25:20)가 아니라면, "아름다운 음성을 지니고 악기를 잘 다룰 수 있는 사람의 아주 사랑스러운 노래"(겔 33:32)를 싫어할 사람은 없을 것입니다. 인간은 노래 부르기를 좋아하고, 음악을 듣기도 좋아합니다. 인간의 본성은 핀잔이나 잔소리나 비난의 말보다는 칭찬 듣기를 좋아합니다.

하나님께서도 찬양받고 경배받기를 원하십니다. 주님은 우리 그리스도인들의 찬송의 대상이자, 주체이며, 우리 찬송의 주제이며, 우리 찬송의 동기가 되시는 분이십니다(찾아보기, 시 118:14, 사 12:1-2, 시 69:12, 시 42:8, 욥 35:10 등).

〈찬송가〉

"주의 영원한 팔에 안기세"(What a Fellowship, What a Joy Divine, 1887년)를 작곡한 안소니 쇼왈터(Anthony J.Showalter) 목사는 두 명의 옛 제자들에게서 사랑하는 아내를 잃었다는 슬픈 소식을 듣고 위로의 편지와 함께 영원하신 하나님이 너의 피난처시니, 그 영원하신 팔이 아래에 있도다. 그분께서 네 앞에서 그 원수를 쫓아내시며, 말씀하시기를 "그들을 멸하라 하시리로다"(신 33:27)라는 말씀을 적어 보냈습니다. 후에 이 말씀을 묵상하며 후렴구를 지어 친구인 호프만(E. A.Hoffman)목사에게 주며 작사를 부탁했습니다.

"죄짐 맡은 우리 구주"(What a Friend We Have in Jesus, 1855년)의 작시자 요셉 스크라이븐(Joseph M Scriven)은 결혼을 이틀 앞두고 약혼자와 사별하게 되었습니다. 깊은 상처로 방황하던 그는 캐나다로 가서 일생을 독신으로 지내며 소외받는 자들을 위해 헌신하기로 결심하였습니다. 캐나다로 떠난 지 10년쯤 되었을 때 어머니가 위독하시다는 소식을 듣고 멀리 더블린에 계신 어머니를 위로하고자 이 찬송시를 썼다고 합니다.

"내 구주 예수를 더욱 사랑"(More Love to Thee, O Christ, 1856년)을 작시한 엘리자베스 프렌티스(Elizabeth P. Prentiss)여사는 1850년 두 자녀를 차례로 잃고 고통과 비탄에 잠겨 있었습니다. 그러던 가운데 성경을 읽다가 야곱의 생애를 묵상하며 고통을 극복하게 해달라고 기도드리게 되었습니다. 그 때 "내 주를 가까이 하려 함은"이라는 찬송가 가사가 생각났는데, 그 내용을 묵상하는 가운데 이 찬송시를 쓰게 되었다고 합니다.

"구주 예수 의지함이"(Tis So Sweet To Trust in Jesus, 1882)의 작시자인 루이자 스테드(Louisa M Stead) 여사는 남편이 물에 빠진 사람을 구하려다 익사해 큰 충격을 받았지만, 기도하는 가운데 놀라운 평안을 체험하게 되었고, 후에 여사는 딸과 함께 남아프리카의 선교사로 가서 사역을 하게 되었습니다.

"주 내 맘에 주신 찬양"(There Comes to My Heart, 1887)의 작시자는 한 노파가 열차에 몸을 던졌다. 그 노파의 모습을 통해 피터 빌혼(Peter P. Bilhom)은 십자가에 달리신 주님의 참혹한 모습을 연상했고, 주님이 당하신 그 고통으로 자신이 참 평화를 누리게 됨을 고백하며 작시했습니다.

리디아 백스터(Lydia Baxter) 여사의 집은 목사, 전도사, 찬양사역자 등 복음 사역에 관련된 일을 하는 사람들의 방문으로 유명했습니다. 백스터 여사는 명랑하고 낙천적인 기질의 소유자였음에도 평생을 병으로 고통 받아야 했습니다. 백스터 여사의 집을 방문하는 크리스천들은 그녀가 어떻게 고통을 이기고 조금도 흔들리지 않는 믿음 생활을 하는지 궁금했습니다. 백스터 여사의 집을 방문하는 사람들은 그녀의 모습에서 큰 은혜와 영감을 받았기 때문이었습니다.

하루는 한 친구가 우리가 당신 집을 방문하는 이유는 '당신을 격려하고 즐겁게 하기 위해서가 아니라 우리 자신이 격려 받고 기쁨을 얻기 위해서 입니다' 라고 말했습니다. 다른 친구들은 그녀에게 물었습니다. 어떻게 고통과 병을 이겨나갈 수 있죠? 백스터 여사는 대답했습니다. 저에게는 특별한 무기가 있답니다. 그러자 친구들은 특별한 처방이라도 있는건 가요? 라고 물었습니다. 백스터 여사는 아닙니다. 특별한 무기는 바로 예수의 이름입니다. 원수 마귀가 나를 유혹해서 우울하고 무기력하게 만들려고 할 때 저는 예수의 이름을 외칩니다.

그러면 마귀는 더 이상 나를 유혹하지 못하고 물러가지요. 고통으로 잠을 이루지 못할 것 같은 밤에도 예수이름을 부르며 기도합니다. '내게 임하셔서 평안을 달라고 그러면 곧 잠이 들곤합니다' 라고 대답을 했습니다. 백스터 여사는 성경지식을 통해 예수이름의 의미와 권능을 깊이 이해하고 자신의 집을 방문하는 친구들과 신학생들에게 예수이름을 가르친 것으로도 유명합니다. 예수이름의 능력을 체험하고, 성경에서 예수 이름의 권능을 깨달아 알면서 리디아 백스터는 1870년 한 편의 시를 씁니다. 백스터 여사의 삶과 신앙이 고스란히 담겨있는 이 시의 제목은 "예수의 이름"(The Name of Jesus)로 후에 WH Doane이 곡조를 담아 우리가 부르는 '슬픈 마음 있는 사람'(Take the name of Jesus with you) 이라는 찬송이 되었습니다.

이 찬송은 예수의 이름을 우리의 방패 삼으라. 환난 시험 당할 때에 주께 기도드리라고 권면합니다. '예수의 이름은 세상의 소망이요 천국의 기쁨' 이라는 백스터 여사의 간증을 후렴에 담고 있습니다.

"내 영혼에 햇빛 비치니"(There's Sunshine in My Soul Today)의 작시자인 히윗(E.E.Hewitt; 1854-1920년)여사는 교사 재직 중 불량 학생의 폭행으로 척추에 중상을 입게 되었습니다. 병상에 누워 봄날에 내리쬐는 햇빛을 보며 하나님의 섭리와 보호하심을 깨닫고 이 찬송시를 지었습니다. 영국의 개관시인 알프레드 테니슨(Alfred Tennyson; 1809.8.6.-1892.10.6)경은 이 찬송을 듣고 "겨울의 싹을 통해 여름을 보며, 종달새의 알에서 종달새의 노래를 미리 듣는다."고 극찬했다고 합니다.

내 주여 뜻대로 하옵소서, 우리가 인생을 살면서 눈앞이 캄캄할 정도로 절망스러울 때가 있습니다. 중병에 걸리거나, 부도가 나거나, 심한 장애를 입어 몸도 움직일 수 없게 될 때는 절망을 넘어 삶을 포기하고 싶은 마음이 들기도 합니다. 그러나 우리는 그런 상황 속에서도 우리의 인생이 절대적으로 선하신 주님의 뜻 안에 있다는 것을 믿고 믿음으로 이겨나가야 합니다. 믿음의 사람은 어떤 상황 가운데서도 절망하지 않습니다.

1618년에서 1648년까지 30년 간 독일에서는 가톨릭과 개신교 사이에 전쟁이 벌어졌는데, 이것이 이른바 30년 전쟁입니다. 이 전쟁으로 독일은 온통 폐허가 되어버렸습니다. 설상가상으로 전쟁 직후에 흑사병이 창궐해 수백만 명이 죽는 참혹한 상황이 벌어졌습니다.

당시 가장 치열했던 격전지 가운데 하나였던 실레지아(Silesia)라는 지역에 벤자민 슈몰크(Benjamin Schmolk, 1672-1737)라는 개신교 목회자가 부임하게 되었습니다. 부임한 교회에는 종탑도 이미 없어졌고 그저 통나무와 흙벽으로 된 예배당 하나만 덩그렇게 서 있었습니다. 가톨릭의 핍박이 심해 종탑도 세울 수 없었고, 심지어 장례식도 허락을 받고야 치룰 수가 있었습니다. 작고 초라한 교회였지만 주위에 교회가 없어, 무려 주변의 36개 마을을 담당하였습니다. 벤자민 슈몰크 목사는 그런 어려운 상황 속에서도 실망하지 않고 복음을 열심히 전했습니다.

그러다 과로로 자주 쓰러졌는데, 급기야는 30대 초반에 중풍에 백내장까지 겹치게 되었습니다. 그렇게 중풍으로 인해 절룩거리고 눈까지 잘 보이지 않았지만, 그의 복음에 대한 열정은 그 무엇으로도 막을 수 없어서 36개 마을을 빠짐없이 심방하며 다녔습니다. 이를 보고 많은 교인들이 감동하게 되었고 교회도 조금씩 성장하게 되었습니다.

슈몰크 목사가 32세 되던 1704년 어느 날이었습니다. 언제나처럼 심방하고 집으로 돌아온 그는, 깜짝 놀라지 않을 수 없었습니다. 통나무로 지은 자신의 사택이 불에 타버렸기 때문입니다. 그 뿐 아니라 두 아들이 부둥켜안은 모습으로 잿더미 속에서 타 죽어 있는 것을 발견하게 되었습니다.

하늘이 무너질 정도로 큰 절망 앞에, 슈몰크 목사 부부는 두 아들의 시신을 앞에 놓고 하염없이 울고 또 울었습니다. 그러나 슈몰크 목사는 눈앞이 캄캄한 그 절망적인 상황에서도 하나님을 원망하지 않고 기도하였습니다. 그 기도한 내용이 바로 새찬송가 549장 찬송입니다.

내 주여 뜻대로 행하시옵소서 온 몸과 영혼을 다 주께 드리니 이 세상 고락 간 주 인도하시고 날 주관하셔서 뜻대로 하소서 큰 근심 중에도 낙심케 마소서 주님도 때로는 울기도 하셨네 날 주관하셔서 뜻대로 하소서 내 주여 뜻대로 행 하시옵소서 내 모든 일들을 다 주께 맡기고 저 천성 향하여 고요히 가리니 살든지 죽든지 뜻대로 하소서

인간이 경험할 수 있는 최고의 고난 속에서도 믿음으로 드린 그 신앙고백이 찬송가 가사가 되었던 것입니다. 얼마나 하나님을 믿었으면 그런 고백을 하였겠는가. 하나님께서는 절대적으로 선하신 분입니다. 우리가 이해할 수 없고 받아들이기 어렵고 납득하기 어려워도 모든 것은 하나님의 뜻대로 이루어집니다.

지금은 안개 속을 보듯 희미하지만 주님 앞에 서는 날 우리가 겪은 기가 막힌 고난에 대해 얼굴을 대면하듯 밝히 알게 될 것입니다(고전 13:12). 그러나 '의인은 오직 믿음으로 산다.'는 말씀을 굳게 붙들어 어떤 상황 가운데서도 절망하지 말고 십자가의 주님을 바라보면서 승리하는 우리 모두가 되어야 합니다.

내 영혼 평안해(it is well with my soul)

작사자 호레이쇼 스패포드(Horatio Spafford)는 '현대판 욥'이라고 불립니다. 그는 시카고에서 성공한 변호사며, 린드 대학교와 시카고 의과대학의 법리학 교수요, 신학교 이사 및 운영위원이었습니다. 그리고 전도자 무디(Dwight L. Moody)와 절친한 친구 사이로서 무디교회의 회계집사였습니다.

그런데 1871년의 시카고의 대화재가 그의 전 재산을 쓸어가 버렸습니다. 이 재난 직전에 그는 아들도 잃었습니다. 엄청난 시련 앞에서 스패포드와 그의 가족은 휴식이 절대적으로 필요했습니다. 그래서 1873년 그는 아내와 네 딸 모두 함께 유럽으로 여행을 가기로 계획했습니다. 그리고 영국에 있는 동안 스패포드는 무디와 생키(Sankey)의 선교사역을 협력하기로 했습니다. 그래서 스패포드는 자신의 출발을 연기했습니다. 그리고 몇 일 후에 뒤 따라 가겠다는 약속을 하고 그의 아내와 네 딸을 계획대로 배에 태웠습니다.

1873년 11월 15일 많은 승객들과 함께 스패포드의 아내와 네 딸들이 탑승한 프랑스 여객선은 뉴욕 항을 출발하여 순항하였습니다. 모두 깊이 잠이 든 22일 새벽 2시, 그 배는 대서양 한 가운데서 영국의 철갑선 '리키언'(Lochesm)호와 정면충돌 하였습니다. 배는 226명의 생명을 안고 바다 속으로 가라앉았습니다. 그 와중에 스패포드의 딸들은 모두 배와 함께 잠기고 부인만 물위에 떠올라 구명정에 의해 구조되었습니다. 다른 생존자들과 함께 웨일즈의 카디프(Cadiff)에 도착한 스패포드의 부인은 "혼자만 구조됨"이라는 짤막한 전문을 남편에게 보냈습니다.

스패포드는 앞이 캄캄했습니다. 그러나 사랑하는 딸들을 잃고 정신없이 헤메고 있을 부인을 걱정하며 배에 올랐습니다. 순항을 하던 어느 날, 선장실에서 차를 같이 마시자는 연락이 왔습니다. 차를 나누는 도중 선장은 잠시 후에 이 배가 딸들이 잠긴 바다 위를 지나게 될 것이라고 말했습니다. 그는 선실로 돌아와 슬픔과 고통으로 밤이 새도록 하나님께 울부짖었습니다. "하나님 왜 이런 시련을 주십니까? 혹시 제가 하나님께 무슨 죄를 지은 것이 있습니까? 만약 있다면 나를 벌하셔야지요. 어린 딸들이 무슨 죄가 있습니까?" 하면서 그는 몸부림을 치며 기도했습니다.

그런데 어찌된 일인가? 새벽 3시쯤에 지금까지 한 번도 체험해 보지 못했던 그 어떤 평안이 그의 마음에 깃들었습니다. 그리고 다음과 같은 고백적인 시가 떠올랐습니다.

"It is well with my soul"(내 영혼은 평안해), 아침이 되자 스패포드는 주님이 주신 영감에 의해 기록한 이 시를 정리해 두었습니다. 그리고 얼마 후 카디프에서 부인을 만났는데 부인의 얼굴은 환히 밝아 있었습니다. 그것은 신앙적인 승리의 결과였습니다. 스패포드 부부가 귀국하려고 리버풀에 왔을 때, 당시 스코틀랜드에서 큰 부흥회를 인도하고 있던 무디와 생키가 위로하러 찾아 왔습니다. 그러나 스패포드가 "내 영혼은 평안해"라고 하는 말을 듣고 그들이 위로를 받았습니다. 이렇게 귀한 찬송은 육신적인 편안함에서 나온 것이 아니라, 영적인 평안함에서 나온 것입니다.

스패포드가 귀국 후 블리스(당시 무디, 그리고 생키와 함께 부흥운동을 주도한 복음찬송 가수)에게 작곡을 의뢰하여 이 유명한 찬송가가 탄생하게 된 것입니다. 모든 슬픔과 비극에도, 1881년 스패포드의 부부는 예루살렘으로 이사하여, 그곳에서 모슬렘(이슬람교도)과 유태교 인들에게 예수님의 사랑을 전하고 나누었습니다.

내 평생에 가는 길(It is well with my soul), 내 평생에 가는 길 순탄하여 늘 잔잔한 강 같든지 큰 풍파로 무섭고 어렵든지 나의 영혼은 늘 편하다 저 마귀는 우리를 삼키려고 입 벌리고 달려와도 주 예수는 우리의 대장되니 끝내 싸워서 이기겠네 저 공중에 구름이 일어나며 큰 나팔이 울려날 때 주 오셔서 세상을 심판해도 나의 영혼은 겁 없겠네 (후렴) 내 영혼 평안해 내 영혼 내 영혼 평안해 이 찬송은 그러한 고통 속에서 하나님을 의지한 영혼의 고백입니다. 어떠한 고난과 역경도 극복하게 하는 것은 바로 "믿음"입니다. 우리들도 인생을 살면서 어렵고 힘들 때 현재 상황은 좋지 않지만, 이 상황 너머에 있는 우리 하나님께서 준비해 주신 진정한 평안을 소망하면서, 오히려 더 큰 소리로 "내 영혼 평안하다"라고 외칠 수 있는 믿음이 넘치기를 바랍니다. "평안을 너희에게 끼치노니 곧 나의 평안을 너희에게 주노라 내가 너희에게 주는 것은 세상이 주는 것 같지 아니하니라 너희는 마음에 근심도 말고 두려워하지도 말라"(요 14:27).

1. 정직한 자의 찬송

성경에 나오는 첫 번째 노래는 이스라엘의 구원받은 자들의 노래였습니다(시 33:1,119:7,64:10). 구원보다 더 위대한 찬송의 제목은 없습니다. 하나님의 자녀들에게는 "새로운 노래"가 있으며(시 4:3), 시와 찬송과 영적인 노래가 있습니다(골 3:16). "폭풍 몰아칠 때와"에 내 영혼을 사랑하시는 우리 구주가 계시다. "내 주는 강한 성이요"를 부를 때 주 예수 그리스도 외에 그 어떤 신도 찬양받아서는 안 됩니다. 이 찬송은 종교 재판 법정에 서기 바로 전날 자신의 지지자들을 격려하기 위해서 지은 시입니다. "예수밖에 누가 돌보랴"를 부를 때 예수 그리스도의 사랑을 찬양해야 합니다.

2. 천사들의 찬송

누가복음 2:8-9,13,14,20을 찾아 읽어 보시기 바랍니다. 인간이 창조되기 전에 천사들의 주된 임무는 하나님을 찬양하는 것이었습니다(눅 2:8-9,13,14,20). "언제 새벽별들이 노래했으며 하나님의 아들들이 모두 기뻐서 소리 쳤느냐?"(욥 38:7). "...네 북들과 관악기들이 만들어짐이 네가 창조되던 날에 네 안에 예비 되었도다"(겔 28:13). 하지만 아무리 아름다운 천사들의 찬송이라 해도 자유 의지를 가진 인간의 찬송에 비할 수 없습니다. 천사들은 구속의 기쁨을 맛보지 못했습니다. 우리 그리스도인들은 구속받은 사람들과 함께 주님을 찬양할 수 있는 특권과 의무를 가지고 있습니다. "회중 가운데서 내가 주를 찬양하리이다"(시 22:22,25,26:12, 111:1,149:1).

3. 대자연의 합창

누가복음 19: 37-40,3:8;마 3:9을 찾아 읽어 보시기 바랍니다. 만일 우리가 주를 찬양하지 않는다면, 자연이 주님을 찬양하게 될 것입니다(사 55:12;시 98:7-9). 이제 곧 자연이 하나님께 찬양하지 않는 불의한 자들에게 복수하는 날이 오게 될 것입니다(계 6:15-17). 신음하던 피조물(롬 8:19-22)과 대자연도, 재림의 기쁨을 노래하고 만물이 새롭게 됨을 찬양하게 될 것입니다(사 35:1-2,4-6,10).
"벙어리의 노래"(사 35:6)와 "불임한 여인의 노래"(사 54:1)와 "종들의 노래"(사 65:14)가 펼쳐질 것입니다. 그리스도인들과 자연이 함께 주를 찬양하는 것입니다. "오 주여, 하늘들이 주의 이적들을 찬양할 것이요, 주의 신실하심도 성도들의 회중 가운데서 찬양 받으리이다"(시 89:5).

우리는 혀로 "주의 의를 말하며, 온종일 주를 찬양"(시 35:28)해야 합니다. 또 우리는 "주의 의로운 명령들로 인하여… 하루에 일곱 번씩 주를 찬양"해야 합니다(시 119:164). "우리가 온종일 하나님을 자랑하며 주의 이름을 영원히 찬양하나이다 셀라"(시 44:8). 우리는 날마다 주를 송축하고, 영원히 주의 이름을 찬양해야 합니다(시 145:2).

왜 그리스도인은 주님을 찬양할 수밖에 없습니까? 성경적으로 그 이유를 집중적으로 살펴보도록 하겠습니다. 우리들이 하나님께 찬송을 부르지 못하도록 가로막는 것이 무엇입니까? 자신의 삶에 염려가 찾아 올 때입니다. "염려란 무엇인가?" "worry"(걱정하다)의 어원적 의미는 "목을 졸라 질식시키다"입니다. 그래서 염려는 육체적으로나 정신적으로 사람들의 목을 조릅니다. 빌립보서 4:6에 나오는 염려와 연관된 "careful"은 헬라어로 "메림나오"입니다. 이것은 "나누다"라는 뜻의 "메리죠"와 "마음"을 의미하는 "누스"가 합쳐져서 생긴 단어입니다.

즉 염려는 "마음이 나뉘는 것"으로서, "두 마음"을 품는 것입니다. 성경은 "두 마음을 품은 사람은 그의 모든 길에 안정이 없느니라"(약 1:8)고 말씀합니다. 이렇듯 마음속에 있는 어떤 두 가지의 생각들이 서로 나른 방향으로 잡아당겨 마음을 찢어 놓을 때 염려가 생기게 되는 것입니다.

그런데 그리스도인은 염려하지 않습니다. 왜냐하면 그 이름이 생명책에 기록되어 있기 때문입니다. 말하자면 참되시고 영원한 생명이신 예수 그리스도께서 성도들 안에 계시는 것입니다. 우리는 각자의 모든 짐을 십자가 밑에 풀어 놓은 사람들이 아닙니까? 또 "내게로 오면 쉼을 주리라"고 약속하신 주님의 초청에 믿음으로 응답한 사람들이 아닙니까? 따라서 어떤 이유에서든 염려할 필요가 없습니다.

찬송가 아 하나님의 은혜로(310장)는 성도들이 모이는 곳이라면 시간과 장소를 가리지 않고 가장 많이 부르는 찬송가 중 하나입니다. 이 찬송을 보면 예수님을 믿기 전의 모습이 1절에 나옵니다. 2,3절에서는 하나님께서 왜 내게 믿음을 주시고 성령을 보내 주셔서 감동을 주시는지, 의문 섞인 고백을 담고 있습니다. 4절에서는 예수님의 다시 오심을 기대하고 바라는 간절함이 진하게 담겨 있습니다. 이 단순한 멜로디와 반복되는 음악 형식을 보여주고 있습니다. 이 찬송을 부르고 들으면서 많은 사람들은 위로와 치유를 받습니다. 이것이 찬송의 힘이고 음악의 힘입니다. 찬양사역자 맥 그라나한(1840-1901)이 작곡을 했습니다.

바다를 항해하는 커다란 여객선의 맨 밑바닥에는 배가 동요하거나 양쪽 옆으로 흔들리는 것을 보완해 주는 "자이로스코프 센서"가 설치되어 있습니다. 이것은 산더미 같은 파도 속에서도 배가 안정되고 평형을 유지할 수 있도록 해줍니다. 노아의 때에 전 지구를 잠그고 격심한 파도를 일으키며 전 지구를 휩쓸고 다녔던 대 홍수 속에서도, 방주가 거센 파도에 부딪혀 두

동강 나지 않고 심하게 흔들려 전복되지 않았던 근본적인 이유는 "그 안에" 주님께서 계셨기 때문입니다.

"방주로 들어오라" (창 7:1). 이렇듯 배에 평형을 유지해 주는 자이로스코프 센서가 있다면, 그리스도인 안에는 완전한 평화를 유지하도록 해주시는 주님께서 계십니다. 그러나 사탄은 지속적으로 두려워하는 영을 집어넣고(딤후 1:7) 그리스도인을 염려로 억누름으로서(눅 8:14) 그의 마음을 질식되게 만듭니다. 목을 조르고 불안하게 만들며, 마음을 쪼개어 버림으로써 하나님을 신뢰하지 못하게 만드는 것입니다.

자, 우리의 마음속에서, 영원한 생명과 풍성한 삶과 천상에 있는 복들을 이 땅에서 향유할 수 있는 특권에 대한 기쁨이 사라지고, 또 영원하신 하나님과의 살아 있는 교제, 기도 응답, 위대한 진리의 말씀들에 대한 사랑, 구원의 감격, 주님을 향한 열정, 재림에 대한 열망 등과 같은 건전한 생각들이 사라지고 염려만 남게 된 이유는 무엇입니까? 그것은 하나님과의 교제가 중단되었고, 더 나아가 그분과의 첫사랑을 잃어버렸기 때문입니다.

자신의 이름이 생명책에 기록되어 있다는 것을 잊었거나 그것을 대수롭지 않게 여겨 버린 것입니다. 그러나 그리스도인은 그 이름이 생명책에 기록되어 있다는 이유 하나만으로도 항상 기뻐할 수 있어야 합니다. 그리스도인은 위대하신 하나님께서 지켜 주시기 때문에 염려하지 않습니다.

어떤 형태의 염려든지 그리스도인에게는 부질없는 것일 뿐만 아니라 "금지"되어있는 일입니다. "아무것도 염려하지 말라"(빌 4:6) 심지어 염려는 "죄"입니다. 왜냐하면 하나님의 신실하심을 믿지 않도록 만들기 때문입니다. 또 하나는 성전 된 몸을 해치기 때문입니다. 실제로 염려로 인해 많은 사람들이 질병을 얻고 또 사망하는 경우도 있습니다. 통계에 따르면, 제2차 세계대전 때 총에 맞아 죽은 젊은이들은 약 35만 명인 데 반해 전쟁의 공포로 염려와 불안 속에 심장마비로 죽은 사람은 약 100만이 넘었다고 합니다.

그리스도인은 기도를 하는 사람이기 때문에 염려하지 않습니다. 조지 뮬러는 "염려의 시작은 믿음의 끝이고, 믿음의 시작은 염려의 끝이다."라고 말했습니다. 성도가 염려하는 가장 큰 이유는 전능하신 하나님께 기도로 맡기지 않기 때문입니다. 시편 55:22에서는 "너의 짐을 주께 맡겨라."고 했습니다. 잠언 16:3에서는 "너의 일들을 주님께 맡기면 생각들이 바로 선다"고 말씀합니다.

은행에 돈을 맡겨 놓고 "은행에 강도가 들면 어떻게 하지?" 하면서 염려와 불안 속에 사는 사람은 없습니다. "무언가를 맡긴다"는 것은 "그 싹을 잘라 내 버리는 것"과 같습니다. 말하자면 맡겨 놓은 것을 다시 끌어들이지 않는 것입니다. 맡겼으면 그것은 우리의 소관이 아닙니다. 그때부터는 하나님께서 맡으십니다. 즉 불가능한 것을 가능하게 하시고 무에서 유를 창조하시는 전능하신 분께서 그 일을 완벽하게 처리하시는 것입니다.

신실하신 하나님께 한 번 맡긴 것을 도로 찾아오는 어리석은 자가 되지 마십시오. 되찾아오는 순간 염려는 다시 시작되기 때문입니다. 이사야 26:3에서는 "생각을 주께 고정시킨 사람을 완전한 평강 속에 지키실 것"이라고 약속하셨습니다. 밀려오는 먹구름을 걷어내고 믿음으로 하나님께 맡기라. 그리하면 모든 지각을 "초월하시는" 하나님의 평강이 그리스도 예수 안에서 우리의 마음과 생각을 지키실 것입니다(빌 4:7).

구름, 비, 눈 등의 기상현상이 일어나고 대기가 불안정한 대류권과 달리, 그 위에 있는 성층권은 항상 쾌청합니다. 이곳에는 태양이 항상 빛나고 시야를 방해하는 지상의 먼지 입자 같은 것도 없습니다. 두렵게 하는 폭풍우도 없습니다. 영적인 생활에도 이러한 영역이 존재하는데, 세상의 먼지, 즉 어떤 "염려"도 침입할 수 없는 공간인 것입니다. 이곳은 사람의 생각으로는 결코 가늠할 수 없는 하나님의 높은 생각과 절대적인 평안이 지배하는 곳입니다. 이 영역에 도달하는 유일한 방법은 하나님께 염려를 맡기고 기도하는 것입니다.

주님의 생각과 우리의 생각이 다르다면 우리의 생각을 하나님께 맞추어야 합니다. 그 높은 생각에 맞추지 않으면 우리의 마음은 둘로 나뉘게 되어 염려는 다시 시작되고 맙니다. 염려한다고 문제가 해결되는 것이 아닙니다. 하나님께서는 아주 하찮은 일인 "키를 늘리는 일"조차 할 수 없으면서 어찌하여 나머지 것들을 염려하십니까!(눅 12:25-26). 그럴 시간이 있다면 기도하십시오. 그리고 나서 주님께 찬양을 드리십시오. 진지한 기도가 염려를 몰아내고 찬양할 수 있는 힘을 준다는 사실을 반드시 기억하십시오.

그리스도인은 왜 찬송을 부르십니까? 사랑의 의미를 알기 때문입니다. 그들 중에서도 왜 노래를 불러야 하는지 아는 성도들이 있습니다(골 3:16). 우리는 찬송을 부를 때 단순한 예배의식으로 여기면 안 됩니다. 그 노래를 작사, 작곡한 그들도 주님에 의하여 쓰임 받은 종들임을 인식해야 합니다.

파니 크로스비(Fanny Crosby, 1820-1915), 1820년 뉴욕 근교에서 태어났습니다. 생후 6주 때 안과 의사의 실수로 실명했습니다. 9살 되던 어느 봄날 오후, 들녘에 나가 자신의 몸을 드리면서 "주님의 선하시고, 순수하고, 고결한 목적에 자신을 사용해 주시라"고 기도했습니다. 그리고 집에 돌아와 처음으로 시를 썼다고 합니다. 36세에 뉴욕 맹아학교 음악교사인 맹인 알렉산더 판 알슈타인(Alexander Van Alstyne)과 혼인 했습니다. 44세에 첫 찬송가 가사를 썼고, 그 후 일주일에 3편씩 50년간 썼습니다. 하나님께서 기도에 응답해 주신 것입니다.

95세에 주님 곁으로 갈 때까지 무려 5천 편이 넘는 찬송시를 남겼습니다(빌 4:13). 인애하신 구세주여, 나의 갈길 다 가도록, 주의 음성을 내가 들으니, 예수를 나의 구주 삼고, 나의 영원하신 기업 등의 주옥같은 찬송들입니다. 누군가 그녀에게 '당신이 처한 상황은 절망할 수밖에 없고, 원망하고 불평할 수밖에 없는데 어떻게 감사의 삶을 살 수 있습니까?' 하고 물었습니다. 감사의 조건들은 아주 많습니다. 제가 그리스도인이라는 단 한 가지 이유만으로도 저는 충분히 감사할 수 있습니다.

한 사람의 헌신된 성도의 기여로, 다른 성도들이 150년 이상 격조 높은 찬송을 불러 주님의 사랑에 보답하고 있습니다. 이것이 주님을 찬양하는 일입니다. 헌신은 결코 일방적인 희생이 아니라, 고귀한 부르심에 순종하는 일입니다(롬 12:1).

그녀가 받을 상이 얼마나 그겠습니까? "인애하신 구세주여 내 말 들으사"라는 찬송을 1868년에 썼는데, 그녀는 이렇게 말했습니다. "나는 이 시를 쓰면서 내 마음속 깊은 데서 나오는 참다운 기도를 느낄 때가지 열중했습니다. 첫 줄을 썼을 때 나는 내가 부르짖는 목소리를 내 구세주께서 들어 주시기를 혼을 다하여 간구했습니다. 나는 자비의 보좌와 내 모든 위로의 힘을 찾았지만 내 혼에는 평안이 없었습니다. 나는 계속 부르짖었습니다. 구세주시여, 구세주시여, 내 겸손한 부르짖음을 들으소서!"

이 찬송과 "주 예수 넓은 품에 나 편히 안겨서"(1868)는 윌리암 돈(William Done)이 작곡했습니다. "주님이 공중에 오시어 나를 부르시면 내가 눈을 떠서 올라갈 텐데, 셋째 하늘에 대한 첫 인상은 어떨 것인가! 나는 나의 구세주의 얼굴을 마주 볼 것입니다." 두 눈을 가지고 볼 수 있는 사람들도 헌신하지 않으면 무의미하게 생을 낭비하며 사는데, 앞을 보지 못하면서도 주님과 깊은 영적 교제를 이루어 주님을 영화롭게 해 드린 아주 신실하고 충성된 자매였습니다.

마틴 루터(Martin Luther, 1483~1546) - 하나님의 말씀: 로마서 1:17. 루터가 45세 되던 해에 코부르크(Coburg)에서 절망에서 헤어날 수 없을 만큼 위약해졌습니다. 그때 그는 자신의 생명을 잃음으로써 다시 얻는 원리를 생각해냈습니다(마 10:39). 또 그때 떠오른 말씀은 마태복음 27:46이었습니다. 그는 하루에 2시간 이상 기도하지 않으면 마귀에게 진다고 말했습니다. 36세 되던 해 늦여름에 그는 시편 46편에서 큰 위로를 받았습니다. "하나님은 우리의 피난처요 힘이시며, 고난 중에 나타나시는 도움이시라" 이 구절을 계속 읊조렸더니 이 말씀이 가슴에서 불타는 것처럼 뜨거워졌습니다. 그래서 찬송 "내 주는 강한 성이요"를 쓰게 된 것입니다. 이 찬송은 1853년 프레드릭 헤지(Frederick Hedge)가 번역하였습니다.

"내 주를 가까이 하게 함은" 영화 타이타닉에도 나와 그리스도인뿐 아니라 비신자들에게도 잘 알려진 곡입니다. 타이타닉호가 침몰하기 직전 악단의 연주와 함께 수많은 승객들이 이 찬송가를 부르며 당당히 죽음을 맞이하는 장면은 장렬한 여운을 남깁니다.

이 곡의 작사자는 사라 아담스(1805-1848)입니다. 아담스는 1830년대 빼어난 미모를 가진 훌륭한 연기자였습니다. 그러던 어느 날 갑자기 무대에서 쓰러졌고, 그녀가 다섯 살이었을 때 돌아가신 어머니와 같은 병인 폐결핵 진단을 받게 됩니다. 그는 연기를 그만둘 수밖에 없었습니다. 힘든 투병생활 중 그녀에게 위로가 된 것은 단 하나, 성경을 묵상하는 일이었습니다.

성경을 배경으로 찬송시를 쓰면서 새로운 인생의 전환점도 맞았습니다. 1841년 창세기 28장 10-22을 읽고 기도하면서 야곱이 벧엘에 있을 때에 시련과 고난이 자신의 상황과 같다고 생각했습니다. 그녀는 시를 쓰기 시작했습니다. 15절 하나님께서 야곱에게 하신 "내가 너를 떠나지 아니하리라"는 말씀에 은혜를 받은 그녀는 "주께 가까워지기를 원합니다"라고 시를 썼습니다. 이 시가 이후에 찬송 '내 주를 가까이 하게 함은'으로 번역돼 지금까지 불리고 있습니다.

아담스는 야곱과 같이 힘든 시련 속에서 하나님께서 떠나지 않고 함께하시겠다는 약속에 병든 몸이지만 자신도 주께 가까이 가겠다는 능동적인 신앙고백으로 답하고 있습니다. 작곡가는 미국 찬송의 아버지 로웰 메이슨(1792-1872)으로 세상을 떠난지 8년 만에 하나님이 주신 영감으로 작곡했습니다.

로웰은 이외에도 유명한 찬송 "시온의 영광이 빛나는 아침"과 "날 대속하신 예수께"등을 작곡했습니다. 이 찬송가는 원제목이 'Nearer, my God to thee(나의 하나님, 당신께 더 가까이)'라는 기도내용입니다. 아담스 처럼 죽음을 앞두고 간절한 마음으로 이 찬송가를 부르며 죽어간 많은 사람들의 일화가 전해져 내려옵니다. 6.25 전쟁 중 적군의 총탄을 맞은 유엔군 병사는 이 찬송을 부르며 죽음을 맞이했다고 합니다. 우리 그리스도인들은 '내 주를 가까이 하는 것이 십자가를 짊어진 시련의 연속일지라도, 숨질 때까지 늘 찬송하면서 주께 더 나아가야 한다'는 것을 꼭 기억하고 고백해야 합니다.

로버트 로빈슨(Robert Robinson 1735-1790), 주님은 다양한 방법으로 사람들을 회개하게 하십니다. 회개하지 않고 예수 그리스도를 믿으려는 사람에게는 구원은 이루어지지 않습니다. 로빈슨은 불량소년으로, 동네 청소년들을 데리고 다니면서 남을 괴롭히고, 해서는 안 될 일들을 하고 다녔습니다. 인도의 선다 싱(Sunder Singh)을 떠올리게 합니다. 사람의 속마음을 훤히 꿰뚫어 보시는 주님께서는 쓰레기통에서 장미꽃을 피우기도 하십니다.

로빈슨이 17세 때, 술 취한 집시 여인을 놀려 줄 양으로 접근했는데, 그 여인이 흐린 눈과 떨리는 손가락으로 로빈슨을 가리키며 이렇게 말했습니다. "젊은이, 자네는 자네의 자녀들과 손자들을 보며 살 것이네." 한 번도 들어보지 못한, 그녀가 했던 말이 온종일 따라다녔습니다. 성령님께서 쓰시는 강박관념인 것입니다. 그림자는 빛이 있어야 생깁니다. 어두움과 빛은 상관관계입니다. 어떤 장애물만 제거되면 어두움도 빛이 될 수 있습니다. 주님은 세상의 빛이십니다.

로빈슨은 "만일 내가 자녀들과 손자들을 보며 살려면 나는 내 생활 방식을 바꿔야 한다!" 속으로 되뇌었던 것입니다. 그 날 밤 부흥회에서 조지 휫필드(George Whitefield)가 설교하고 있었는데, 로빈슨은 습관을 버리지 못하고 그 감리교 설교자를 놀려 주려고 패거리들을 데리고 그곳에 갔습니다.

휫필드는 마태복음 3:7로 설교했습니다. 침례 요한이 요단강에서 침례를 주고 있을 때 그곳을 기웃거렸던 바리새인들과 사두개인들에게 "오 독사의 세대야, 누가 너희에게 다가오는 진노에서 피하라고 하더냐…"라고 한 말을 그는 목사가 자기에게 말하는 줄로 들었습니다. 그 설교를 들은 지 2년 7개월 후, 1755년 12월10일 22세 된 그는 예수 그리스도의 보배로운 피가 자신의 죄를 용서해 주신 것을 알게 되었습니다. 그는 감리교회로 출석했고, 성경을 혼자 공부했습니다. 요한 웨슬리가 그를 3년 후에 칼빈주의 감리교회(Calvinist Methodist Church)에 설교자로 임명했습니다. 3년 후 "복의 근원 내게 오사" 찬송가 가사를 지었으며, 55세 나이로 1790년 6월 9일에 주님 곁으로 갔습니다.

존 뉴턴(John Newton, 1725-1807), 선장 집안의 독자로 태어나 신실한 어머니의 권면으로 어린 나이에 헌신했으나, 11세 때부터 아버지를 따라 지중해를 항해하기 시작했고, 17세 때에 이미 믿음을 완전히 잃은 마귀의 자녀처럼 사는 사람이 되어있었습니다. 그의 생애는 고난의 연속이었습니다. 포루투갈의 시에라리온에서는 잔인한 노예들 가운데서 살기도 했습니다. 셔츠가 하나뿐이라 저녁에 빨아 입고 자면서 말리는 생활을 했습니다. 그때 자살도 여러 번 생각했다고 합니다.

주님께서 한 사람을 쓰시려고 할 때에는 다양한 방법으로 보시고, 부르시고, 역경을 주시고, 시련을 통해서 승리하게 하시고, 실패하면 기다리시는 것입니다. 주님의 그 사랑, 그 자비를 맛본 사람은 주님을 부인할 수가 없습니다. 교회를 떠날 수 없는 것입니다. 천신만고 끝에 영국으로 돌아오는 배를 타고 오면서, "그리스도를 닮아"라는 책을 읽고 있었습니다. 그날 대단한 태풍을 만났는데, 그 폭풍이 그의 양심을 깨워주었습니다(1748년 3월 10일). 그는 "내가 가끔 조롱했던 예수 그리스도를 만난 날이었다"라고 그 날의 일기에 적었습니다.

그로부터 6년 뒤 1745년 8월에 그가 선장으로 일하던 배에 노예들을 실어 가고 있었는데, 주님의 부르심과 헌신에 대해 깊이 생각하였고, 어머니의 기도가 생각나서 모든 것을 주님께 집약시켰습니다. 그는 죽을 고비에서 두 번이나 살아나게 되었습니다. 그 후 몇 년간 열심히 공부하여 4년 뒤 1758년 12월 16일 영국교회 목사가 되었습니다. 6년 뒤 찬송가를 출판했는데, "나 같은 죄인 살리신"(Amazing grace)이었습니다.

그는 런던에서 두 교회를 맡아 죽을 때까지 신실하게 섬겼습니다. 1807년 12월 21일 82세의 일기로 주님 곁으로 갔습니다. 그의 비명에는 "존 뉴턴 목사, 한 때 하나님을 믿지 않던 방탕자였는데, 예수 그리스도의 풍성한 자비로 용서해 주시고, 회복시켜 주시고, 설교하도록 임명해 주셨습니다. 그는 죄인들을 구원시키려고 오랫동안 수고하였다. 올니(Olney)에서 16년, 이 교회에서 28년을 섬겼다."라고 쓰여 져 있습니다. 그리스도인으로 살았으면 이처럼 어떻게 주님을 섬겼는지 간증이 있어야 합니다.

아이작 왓츠(Isasc Watts, 1674-1748)는 자신을 벌레 같은 존재라고 생각했습니다. 키는 5피트(약 150cm)에 불과 했고, 코는 얼굴의 다른 부위보다 두 배 이상이나 크고, 휘어 있었습니다. 게다가 눈은 매우 작고, 피부도 병이 든 것처럼 창백했습니다. 사람들은 '너무나 작은 키에 어울리지 않게 머리가 크고, 눈이 작고 날카로우며, 매부리코 역시 호감을 주지 않는다.'며 놀렸습니다.

그러던 어느 날 성경을 묵상하다가 예수님께서 자신을 위하여 십자가에서 피 흘려 돌아가셨다는 사실을 깨닫게 되었습니다. 그 순간 그는 통곡하고 회개하며 예수님을 구세주로 영접하게 되었습니다. 그리고 목사가 되었습니다. 사람들조차 인정하지 않는 벌레 같은 나를 위해 예수님께서 십자가에서 돌아가셨다는 사실이 그에게는 너무나 큰 은혜였습니다. 그 왓츠 목사가 주님을 향해 가진 헌신의 마음을 시로 옮긴 찬송이 바로 '웬말인가 날 위하여'(143장)입니다. 원 제목은 'Godly Sorrow Arising from the

Suffererings of Christ'(그리스도의 고난으로 인한 신성한 슬픔)입니다.

이 찬송가에 얽힌 유명한 이야기가 있습니다. 시각장애인으로 1만여 편 이상의 찬송시를 작사한 찬송가의 여왕 '페니 크로스비'가 이 찬송가를 듣고 회개하여 예수님을 영접하게 되었다는 것입니다. 페니는 이 찬송의 마지막 소절, '몸 밖에 드릴 것 없어 이 몸 바칩니다'를 듣는 순간, 하나님의 부르심에 항복할 수밖에 없었다고 고백했습니다.

"웬말인가 날 위하여 주 돌아가셨네 이 벌레 같은 날 위해 큰 해 받으셨나 내 지은 죄 다 지시고 못 박히셨으니 웬 일인가 웬 은혠가 그 사랑 크셔라 주 십자가 못 박힐 때 그 해도 빛 잃고 그 밝은 빛 가리워서 캄캄케 되었네 나 십자가 대할 때에 그 일이 고마워 내 얼굴 감히 못 들고 눈물 흘리도다 늘 울어도 눈물로써 못 갚을 줄 알아 몸 밖에 드릴 것 없어 이 몸 바칩니다."

영국 찬송가의 아버지, 4세 때 그는 아버지에게 라틴어를 배웠고, 나중에 히브리어, 헬라어, 프랑스어도 읽을 수 있게 되었습니다. 7세가 되었을 때는 첫 시를 썼습니다. 그러나 천재라고 불릴 만큼 뛰어난 지능을 지녔지만, 영국 국교회에서 요구하는 충성을 거절했기에 케임브리지 대학과 옥스퍼드 대학에 입학하지 못하고, 그리스도인들이 독자적으로 후원하는 학교에서 공부했습니다. 왓츠 목사는 신학을 비롯, 논리학과 문법, 교육학, 윤리학, 천문학, 지리학에 이르는 다방면에 걸쳐 70여권의 책을 저술했습니다. 그리고 총 750여 편의 찬송시를 썼는데, 아직도 세계적으로 유명한 가사들이 많이 남아있습니다. 그의 시들을 읽고 그를 사랑한 여인이 있었지만 그는 마지막까지 혼자 살았습니다. 편지를 주고받으며 낭만적인 관계가 이뤄졌지만, 실제로 그를 만나자 편지를 주고받던 여인의 마음이 바뀌어 버렸던 것입니다.

왓츠는 영국의 찬송가의 아버지로 불릴 정도로, 찬송가 역사에 매우 중요한 인물입니다. 왓츠 시대까지 영국에서의 예배용 노래는 종교개혁가 칼빈으로부터 이어오는 시편가였습니다. 예배중의 노래는 그 가사가 성경 안에 있는 것만 허용되어서 특히 시편의 가사가 강조되었습니다. 그러나 이 시편의 가사만 사용하는 것에는 몇 가지 문제가 있었는데, 바로 예수 그리스도의 수난과 부활에 대한 직접적인 언급이 없다는 것이었습니다. 따라서 예배를 위한 노래 가사를 성경뿐 아니라 창작된 것까지 수용하게 되었다는 부분에 있어 왓츠 목사의 공로가 큽니다. 이제 예배용 노래는 시편가(Psalmody)만 사용한 것에서 찬송가(Hymnody)라는 새로운 장으로 넘어가게 된 것입니다.

'엘리자 히윗"(Eliza E. Hewitt)은 필라델피아 교회 시대의 여류 찬송작가였습니다. 다수의 찬송가를 작사했고, 평생을 어린아이들을 가르치는 주일학교 교육에 헌신했습니다. 한 번은 성격이 비뚤어진 "불량소년"을 사랑으로 지도하던 중, 그가 반항하며 던진 슬레이트 조각에 맞아 척추를 크게 다친 일이 있었습니다. 결혼하지도 않은 처녀의 몸인데 누군가가 대소변을 받아내 줘야 하는 처지가 되었으니 얼마나 눈앞이 캄캄했겠는가! 그런 가운데 소년에 대한 증오심이 일어났고, 오랜 병상 생활로 인해 믿음도 연약해졌으며, 매 순간 엄습해 오는 앞날에 대한 염려와 원망과 불평이 마음속에서 끊임없이 고개를 치켜들었습니다.

그러던 어느 봄날, 그녀는 병실을 청소하던 한 흑인 여인의 흥얼거리는 찬송 소리를 듣게 되었습니다. 히윗은 신경질적인 말투로 그녀에게 물었습니다. "뭐가 그렇게 좋아서 흥얼거리는 거예요?" 이에 흑인 청소부가 대답했습니다. "하나님께서 저에게 닥친 형편과 처지를 찬송으로 바꿀 수 있는 힘을 주시는데 어떻게 즐겁지 않겠어요!" 이 진실한 고백에 충격과 감동을 받은 그녀는 주님께 회개했고, 이때 「주 안에 있는 나에게」, 「영광을 주께」 라는 제목의 찬송을 작사하게 됩니다.

주 안에 있는 나에게, 주 안에 있는 나에게 딴 근심 있으랴. 십자가 밑에 나아가 내 짐을 풀었네(1절). 그 두려움이 변하여 내 기도 되었고, 전날의 한숨 변하여 내 노래 되었네(2절). 내 주는 자비하셔서 늘 함께 계시고 내 궁핍함을 아시고 늘 채워 주시네(3절). 내 주와 맺은 언약은 영 불변하시니 그 나라 가는 날까지 늘 보호하시네(4절). 주님을 찬송하면서 할렐루야, 할렐루야, 내 앞길 멀고 험해도 나 주님만 따라가리(후렴) 하나님께서는 마음이 상하고 짓밟힌 자들일지라도, 세상과 자신을 의지하지 않고, 하나님을 경외하며, 인자하심을 바라는 자들을 기뻐하실 뿐 아니라 고치시며, 세우시는 분입니다. 삶 가운데 마음이 상하고 짓밟혀, 감사할 제목을 찾기 힘든 분들이 계십니까? 행복의 요소들을 찾기가 너무나도 힘드십니까? 바로 이때가 하나님을 찬양할 때입니다. 감사함으로 여호와께 노래하며, 하나님께 찬양하시기 바랍니다. 우리들이 이 땅을 살아갈 때 외로움과 절망 속에 빠지기도 합니다. 하지만 이 천지 만물을 창조하시고, 다스리시는 하나님의 일하심 가운데, 우리가 예수 그리스도의 은혜로 서 있음을 잊지 마십시오. 우리를 부르시며, 모으시며, 상심한 우리의 마음을 싸매 주시는 그분의 은혜를 경험하고 기대하십시오. 우리의 가장 행복한 순간은 바로, 날마다 하나님을 찬양할 때임을 잊지 말아야 합니다.

찬양의 힘에 관해, 세계적인 암센터에 31년간 봉사한 김의신박사는 신앙이 암 치료에 실제적인 효과가 있다고 소개하면서 교회 성가대원들과 일반인들을 비교해보니, 성가대원들의 면역세포수가 일반인보다 몇 십 배도 아닌, 무려 1000배나 많은 것으로 측정되었다고 발표하였습니다.

하나님께 감사 찬양을 드리는 성가대원들의 감사하는 마음이 우리 신체의 면역 체계를 강화시켜 준 것입니다.

또한 1998년 미국 듀크 대학 병원의 해롤드 쾨니히와 데이비드 라슨 두 의사가 실험 연구한 결과에 의하면 매 주일 교회에 나와 찬양하고 감사하며 예배를 드리는 사람들은 그렇지 않은 사람보다 평균 7년을 더 오래 산다는 사실을 밝혀냈습니다.

이처럼 매일 기뻐하고, 감사하며, 하나님께 찬양을 올리면 신체의 면역체계가 강화되어 몸과 마음의 건강을 잘 유지할 수가 있다고 합니다. 하나님은 우리가 건강하게 살기를 원하시며 또한 우리에게 찬송 받기를 원하시며 우리가 잘 되기를 바라십니다.

 하지만 때로는 하나님이 병이나 고난을 통하여 우리들을 연단하시거나, 믿음을 성장시키시거나, 인격을 만들어가시는 도구로 사용하시기도 하십니다. 비록 아프고 힘들고 어려움이 찾아올지라도 끊임없이 하나님께 찬양으로 영광을 올려드리는 삶을 살아가야 합니다. "이 백성은 내가 나를 위하여 지었나니 나의 찬송을 부르게 하려 함이니라"(사43:21).

"내가 살아 있는 한 나는 주께 노래할 것이요, 내가 존재하는 한 나의 하나님께 찬송하리로다"(시104:33). 주님은 극진히 찬양을 받으셔야 합니다(시 96:4). 영원무궁토록 "권세와 부귀와 영광과 찬송을 받으시기에 합당(계 5:12) 하신 주님께 영광과 찬송을 힘차게 불러 드립시다!"

18장. 헌금 (하나님께 대한 신앙고백)

헌금은 그리스도인이 마땅히 드려야 할 감사이며, 하나님의 사역을 지원하는 일입니다. 헌금에 대한 첫 출발은 '하나님의 것이 무엇인가?'에 대한 전적인 믿음과 확신이 신앙고백 형태로 드러나는 것이어야 합니다. 즉 우리 자신이 하나님께로부터 태어난 그리스도인임을 확신할 때 헌금에 대한 바른 믿음과 실행을 기대할 수 있게 됩니다.

자신의 구원을 확신할 때 자신의 영, 혼, 몸은 물론(고전 6:19-20), 세상과 거기 충만한 것이 모두 다 하나님의 것임을 (시 50:12;학 2:8)고백할 수 있으며, 자신이 무엇을 드리든지 그것은 하나님의 것을 맡은 청지기로서 하나님께 돌려드리는 것임을 고백하게 되고, 헌금 역시 철저히 청지기적 자세로 하나님께 드릴 수 있는 것입니다.

이런 의미에서 헌금은 돈이 있는 사람이 드리는 것이 아니라 믿음이 있는 사람이 드리는 것입니다. 따라서 헌금이란 하나님께 대한 자신의 섬김을 스스로 확인할 수 있는 시금석이 됩니다(찾아보기, 마 6:24). 우리는 두 주인을 섬길 수 없다고 말씀하시고 계십니다. 돈은 섬김의 대상이 아니라 하나님을 섬기라고 그분께서 주신 것이며 우리가 선용해야 할 도구일 뿐입니다(대상 29:12-16).

성경적 추수의 법칙과 하나님의 축복

"다만 내가 말하려는 바는 이것이니 곧 인색하게 뿌리는 자는 또한 인색하게 거둘 것이요, 풍성하게 뿌리는 자는 또한 풍성하게 거두리라는 것이라. 저마다 자기 마음속에 정한 대로 낼 것이요, 마지못해 하거나 억지로 하지 말지니 [하나님]은 즐거이 내는 자를 사랑하시느니라"(고후 9: 6-7).

이 말씀은 잠언 11:24-25,19:17절을 인용한 것으로서 농사의 비유를 통해 자발적이고 적극적인 헌금의 필요성 및 이에 대한 하나님의 축복을 강조하고 있습니다. 또한 추수의 법칙이라고 알려져 있으며 베푸는 것에 관한 신약적 기준을 제시하는 위대한 말씀입니다. 이 말씀은 갈라디아서 6:7-9절과 비교하여 '완전한 법칙'을 아래와 같이 살펴 보아야 합니다.

 1. 자신이 심은 대로 거둡니다(갈 6:7-8). 만일 썩은 육신에 심으면 썩은 것을 거두지만, 생명의 영이신 성령에 심으면 영생을 거둘 것입니다.
 2. 자신이 심은 것보다 더 거둡니다(요 12:24).
 3. 자신이 어떻게 심느냐에 따라 그대로 거두게 됩니다(고후 9:6). 만일 적게 심는다면 적게 거둘 것이나, 많이 심는다면 풍성한 수확을 거둘 것입니다.
 4. 심은 후 미래에 거두게 될 것입니다(갈 6:9). 어쩌면 이곳 지상이 아닐 수도 있습니다. 주님의 심판대 앞에 섰을 때 추수한 것을 볼지도 모르지만, 어쨌든 거두게 될 것입니다.

이것은 영적 법칙(spiritual law)입니다. 즉 자신이 적게 심으면 적게 거두는 것이고, 넉넉하게 심으면 넉넉하게 거두게 되는 것입니다. 그러나 그것은 우리가 심는 모든 씨가 좋은 열매를 맺을 거라는 것이 아니라 말씀대로 심을 때에 적용되는 것입니다. 그리고 그 기준은 "각 사람은 자기 마음 속에 정한 대로 할 것이요" 우리가 어떻게 할 것인지 주님과 함께 마음에 설정을 내려야 하며, 그것을 어떻게 성취 했는가에 따라 주님께서 보상해 주실 것입니다.

"마지못해 억지로 하지 말지니 [하나님]은 즐거이 내는 자를 사랑하시느니라" 자, 우리는 하나님께서 온 세상을 사랑하시지만(요 3:16), 하나님의 사랑에도 정도의 차이가 있다는 것을 알고 있습니다.

성경을 통해 우리가 하나님께 기쁨으로 드릴 때 몇 가지 일이 일어남을 알 수 있습니다.

1. 자신이 드린 것보다 더 돌려 받습니다(고후 9:6).
2. 자신이 베풀어 준 사람에게 개인적인 축복이 됩니다(고후 9:12).
3. 당신이 그들의 필요를 공급하면, 그들은 그것을 기도의 응답으로 여깁니다(고후 9:11,14). 그에 대한 보답으로 그들은 당신을 위해 기도하고, 당신으로 인해 하나님께 감사를 드립니다.
4. 응답된 기도로 인하여 하나님께서 찬송을 받으십니다(고후 9:11,12,15).

여기서 우리는 헌금에 대해 다음과 같이 요약 할 수 있습니다. 참여하는 사람은 각각, **금액**은 정한대로, **금기**로 인색함으로나 억지로 하지 말지니, **원칙**은 하나님은 즐겨 내는 자를 사랑하시느니라. 씨뿌리는 것과 거두는 것, 사이의 상응한 비율이 영적 영역에서 나타납니다. 즉 축복의 원리에 의거하여 뿌리는 자는 축복의 원리에 의거하여 거둘 것입니다(잠 11:24; 눅

6:38; 갈 6:7-8). 타인에게 사랑으로 베푼 자는 내세의 축복과 더불어 이 세상에서 부요를 누리게 되는 반면, 인색하고 이기적인 자들은 심은 것이 없기 때문에 돌아올 것 또한 없다고 말씀합니다. 자선 단체나 교회에 헌금할 때 당신의 태도가 어떤지 점검해 보십시오.

관대하고 기쁜 마음으로 드리는가? 아니면 부득이하게 혹은 강제로 내는가? 우리는 왜 헌금을 하는가? 죄책감 때문은 아닌가? 하나님이 당신에게 호의를 베푸시는 일이 더 많아 지기를 바라는 마음에서인가? 아니면 다른 사람들에게 좋은 인상을 주기 위해서인가? 왜 우리는 희생하면서 까지 드려야만 하는가?

"{주}의 눈은 온 땅을 두루 이리저리 달리며 완전한 마음으로 그분을 향하는 자들을 위하여 그분의 강하심을 보이시나니"(대하 16:9).

비록 풍족하지 못하더라도 오직 하나님만을 믿고 의지할 수밖에 없는 환경에서도 하나님께서 함께하시고 돌보시는 환경이 가장 복된 환경입니다. 우리가 전심으로 하나님만을 신뢰하고 나아갈 때, 주께서 우리를 위해 그분의 강한 능력을 나타내 보이실 것입니다.

미국의 가난한 가정에 태어나 무수한 고난 끝에 미국의 백화점 왕, 재무부 장관, 미국의 대 재벌에 든 사람이었던, Y.M.C.A 창설자가 된 존 워너메이커는 공사비가 100만달러 우리 돈으로 10억원이 들어간 예배당을 짓는 낙성식에서 감사의 눈물을 흘리면서 다음과 같이 말했습니다. 내가 주일학교에 다니던 어린 시절, 아이들이 줄을 서서 추수감사예물을 드리는데, 나는 집이 너무 가난해서 빈손으로 온 것이 너무나 괴로웠습니다. 그래서 주일학교가 끝나고 오후에 아버지가 벽돌 굽는 일을 하는 공장으로 찾아가 그 이야기를 하면서 벽돌이라도 몇 장 달라고 하였습니다. 그리고 이 벽돌을 가지고 목사님을 찾아가서 교회에 건축에 쓰시라고 건축예물로 드렸더니 잠버드 목사님께서 내게 손을 얹고 축복기도를 해주셨습니다.

그 후 30년이 지난 오늘 나는 하나님의 축복하심으로 나 혼자 단독으로 이 예배당을 짓게 되었으니, 이 큰 하나님의 은혜와 축복이 얼마나 감사합니까? 하고 하나님께 감사하며 모든 영광을 하나님께 돌렸습니다.

하나님께서는 어린 존 워너 메이커가 너무 가난하여 하나님께 드릴 것이 없었어도 자신의 처지를 한탄하고, 낙심하고, 좌절하고, 부모를 원망하고, 하나님을 원망하지 않고 오히려 하나님께 감사하며 조그마한 것이라도 하나님께 드린 그 마음과 정성을 보시고 크게 축복해주신 것입니다.

성경대로 헌금을 드린다는 것은 그의 믿음의 중심이 하나님 앞에 바로 서 있음을 보여 주는 것입니다(마 6:21). 하나님께서 주신 물질을 그분께 드리는 것(헌금)을 통해 우리 마음이 하나님께 있음을 증거해보이라고 권면하는 것입니다. 그러므로 헌금을 드리는 것은 그리스도인의 전 생애를 통해 그의 생활을 특징짓는 것입니다.

많은 사람들이 예수 그리스도께서 이 땅에 오신 이유를 잊어버리고 있습니다. 하나님께서 사람이 되어 예수님으로(육신으로) 오신 것은 "주는 것"(giving)으로 표시됩니다. 하나님께서는 자신을 속죄할 어린 양으로 주셨습니다. 그러므로 주는 것, 즉 하나님께 드리는 것은 주 예수 그리스도를 따르는 그리스도인을 처음부터 끝까지 "네 믿음을 보이라'는 핵심 열쇠가 됩니다.

미국의 재벌 하이드 알버트 알렉산더는 1887년, 미국의 경제 공황 때에 자신의 소득 중 십분의 구를 하나님께 드렸던 독실한 신자였습니다. 그는 공황 중에도 하나님께 서원한 헌금을 드리기 위하여 집을 팔았다고 합니다. 사람들은 그를 보고 미쳤다고 조롱했습니다. 그러나 그는 노아가 120년 동안 방주를 지었던 믿음을 본받아 확신있는 기도를 멈추지 않았습니다. 1889년 그는 하나님으로부터 계시의 음성을 듣고 맨소래담 회사를 설립하였습니다. 그때도 사람들은 그를 미쳤다고 조롱했습니다. 그러나 하나님께서는 하이드의 기도를 응답하신 것입니다. 공황 중에도 그의 사업은 번창하여 세계적으로 으뜸가는 회사로 발전하였고, 오늘까지도 맨소래담은 세계적으로 유명합니다. 위기 속에서 하나님을 의지하는 변함없는 믿음을 소유하는 것이 중요합니다.

우리가 헌금을 드리기 전에 먼저 해야 할 일은 자신을 먼저 주님께 드리는 일입니다. 우리가 자신을 주님께 전혀 드리지 않으면서 돈만 내면 하나님께서 기뻐하실 것이라고 생각한다면 성경의 하나님을 너무 모르는 것입니다. 하나님께서는 우리의 지갑이 아니라 우리의 마음에 관심이 있으십니다. 우리의 지갑이나 헌금 봉투가 수표로 가득 차는 것을 기뻐하시는 게 아니라 우리의 마음이 하나님의 말씀으로 가득차고 예수 그리스도의 사랑으로 가득 차는 것을 기뻐하십니다.

1. 헌금, 무엇을 드리는 것인가?

첫째, 그리스도인이 드려야할 것은 자신의 "몸"입니다(롬 12:1). 하나님께서는 단지 우리의 삶을 원하지 않으십니다. 그분은 우리의 "몸"을 원하십니다. 하나님께서 우리의 몸을 소유하셨다면 우리의 삶 역시 소유할 수 있기 때문입니다. 우리 몸 안에 성령님이 거하시므로, 우리의 몸은 성전이며, 하나님의 것인 우리의 몸을 하나님께 드리는 것이 첫 번째입니다. 헌금함에 자신의 몸을 넣을 수 없기 때문에 헌금을 한다고 했던 리빙스턴의 말을 되새겨 보아야할 것입니다.

둘째, 그리스도인은 모든 일에 대한 감사를 드려야 합니다(살전 5:18). 하나님께 드리는 것은 영원에 대한 소망을 갖게 하는 것이며, 사라져 버릴 지상의 부로부터 우리의 눈을 멀리 하도록 하시는 것입니다(마 6:19-21). 이렇게 드리는 것으로 가장 유익을 얻는 것은 바로 우리 자신이라는 것을 알아야 합니다(행 20:35).

셋째, 마음과 시간을 먼저 드리시기 바랍니다.

2. 헌금, 성경적으로 드리는 방법

하나님께서 주신 복에 대해 그리스도인이 어떻게 헌금을 드리는 것이 올바른 방법인가요?

1) 우리는 **"매주 첫날에"** 헌금을 드려야 합니다(고전 16:2)

헌금은 일차적으로 주일 날 예배를 통하여 드리는 것입니다. 이것은 주의 첫날 하나님께 경배드리는 것을 전제로 합니다(롬 12:1).

2) **"각자 개별적으로"** 헌금을 드려야 합니다.

한 집안의 가장만이 아니라 어머니도, 자녀도 모두 헌금을 드려야 합니다(고전 16:2). 또 부유한 사람만이 아니라 궁핍한 사람도 드려야 합니다. 하나님께서는 성도 개인을 각각 받으시기 때문입니다. 차이는 가지고 있는 것에서 드리는 것이 많거나 적다는 것밖에 없습니다.

3) 하나님께서 **"번성케 하신 대로"** 헌금을 드려야 합니다(고전 16:2).

이것은 잘 지켜져야 할 원칙입니다. 하나님께서 주신 복은 개인의 행실에 따라 다릅니다. 하지만 그리스도인에게는 하나님께서 모든 필요를 반드시 채워 주실 것을 약속하셨기에(빌 4:19) 그리스도인은 누구라도 하나님 앞에 나올 때 각자 받은 것을 가지고 나와야 합니다(고후 8:4-5, 9:7).

4) **"따로 준비하여 두었다가"** 헌금을 드려야 합니다(고전 16:2).

하나님께 드리는 것은 준비된 것이어야 합니다. 우리 각자가 하나님 앞에 나올 때 이미 마음과 몸이 준비되듯이 드려야 할 헌금 역시 따로 잘 준비되어 있어야 합니다. 헌금 시간에 순간적으로 지갑을 꺼내 드리는 것이 아니라 집에서, 또 교회의 예배 전에 마련되어 있어야 합니다. 이것이 하나님 앞에 드리는 바른 자세입니다.

5) **"기쁨으로"** 또 **"자원하여"** 헌금을 드려야 합니다(고후 9:7).

우리가 건강하며, 직업이 있고, 좋은 인상을 지녔으며, 가족이 구원받았고, 자녀들이 바르게 성장한다면 이러한 모든 것들에 대해 감사하며 하나님께 자원함으로 기쁘게 드리는 것은 너무도 당연합니다.

6) **"헌신적으로"** 예수 그리스도께서 자신을 주셨던 것처럼 헌금을 드려야 합니다. 예수님께서는 자신이 가지셨던 모든 것을, 즉 자신의 생명까지도 주셨습니다. 고후 8:1-4에 따르면, 그리스도인들은 그들의 연보를 심한 궁핍함 가운데서 드렸으며, 그들의 능력에 따라, 또 능력 이상으로 자원하여 드렸습니다. 그들은 예수 그리스도께서 "희생적으로 드리셨던 것"같이 드렸던 것입니다. 하나님께서는 얼마나 많이 드렸는가에 따라 측정하지 않으시고 드린 후에 얼마나 많이 남겨 놓았느냐에 따라 측정하십니다. 상대적으로 많이 드린 부자보다 자신의 것을 모두 드린 과부의 두렙돈이 더 큰 가치를 지니는 것입니다(막 12:41-44).

7) 성도의 의무는 **자신이 속한 지역교회에** 헌금을 드리는 것입니다. 신약성경에서 모든 연보는 지역 교회의 사역 내에서 사용됩니다(고전 16:1-3). 하나님의 계획과 사역의 중심은 지역교회입니다. 교회 외에서 행해지는 어떠한 경우의 것들도 자신이 속한 지역 교회에서 행하고자 하는 지역들을 희생하면서 이루어져서는 안 됩니다. 이것은 연보를 드리는 것뿐만 아니라 시간과 섬기는 일에서도 동일하게 적용되는 것입니다.

우리가 성경적으로 신실하게 헌금을 드렸다면, 또 우리가 할 수 있는 최선을 다하여 드렸다면 주님께서는 확실하게 우리에게 갚아주실 것이며, 복을 주실 것입니다(빌 4:18).

3. 얼마를 주님께 드려야 할까요?

적어도 수입의 10% 이상을 드리십시오(잠 3:9). 성경에서 말씀하시는 헌금은 결코 이것보다 낮지 않습니다. 이렇게 십 분의 일을 드리는 것은 다음과 같은 성경적 근거를 가지고 있습니다.

(1) 이것은 율법 전에도 기준이 되었습니다(창 14:20, 28:22).

(2) 이것은 율법 기간에도 기준이 되었습니다(말 3:8-10).
(3) 이것은 율법 이후에도 기준이 되었습니다(마 23:23;히 7:8,14-28).

십 분의 일을 최소한의 기준으로 삼으십시오. 그리스도인은 더 이상을 드려야 합니다. 그러므로 우리는 더 많이 드려야 합니다. 정확한 금액은 마음속에 정한 대로 하십시오(고후 9:7). 초대교회 성도들은 매우 가난했지만 희생적으로 주님께 드렸습니다(고후 8:2-3;눅 21:1-4).

4. 왜 주님께 드려야 할까요?

주님께서 명령하셨기 때문입니다. 또 하나님의 축복을 받기 위함입니다(고후 9:6-8;눅 6:38;잠 3:9-10;빌 4:17;잠 11:24). 가장 중요한 이유는 우리가 하나님을 사랑하기 때문입니다. 그리고 하나님의 사역을 이루기 위함입니다.

헌금은 다음의 용도로 사용해야 합니다.

a. 복음을 전하는 데 사용해야 합니다(롬 10:14-15). 모든 그리스도인과 교회는 선교사와 선교사역을 위해 돈을 사용해야 합니다.

b. 목사의 필요와 교회 운영을 위해 돈을 사용해야 합니다(고전 9:13-14,;고전 5:17-18;민 18;21).

c. 구제가 필요한 개인(딤전 5:9-10,16;행 6:1)과 교회들(행 11:29-30)을 위해 사용해야 합니다. 특별히 믿는 사람들을 위해 사용해야 합니다(요일 3:17-18;갈 6:10). 중요한 것은 이러한 일이 지역교회를 통해 이루어져야 한다는 점입니다.

(4) 여유가 되면 헌금해도 될까요?

여유가 되어서 헌금하면 안 됩니다. 하나님께서는 우리가 주님께 드리면 주님께서도 우리에게 모든 필요를 채워주신다고 약속하셨습니다(빌 4:14-19). 하나님께서는 우리가 무엇을 필요로 하는지 아시며 우리가 금

전적인 문제에 온통 마음을 빼앗기지 않기를 원하십니다(마 6:25-34).

우리가 불가능하다고 생각할 때에도 주님께서는 모든 것은 예비해 주실 수 있습니다(창 18:14;눅 1:37;빌 4:19). 그러면 하나님께서는 우리를 돌보실 것입니다. 시편 37:25, 23:1;잠언 13:25을 읽어 보시기 바랍니다.

종교 개혁자 칼빈은 이런 말을 남겼습니다. 우리의 문제는 교회에서 돈에 대해 너무 많이 이야기하는 것에 있는 것이 아니라 돈에 대해서 바르게 이야기하지 않는 것에 있다. 존 웨슬리도 비슷한 말을 남겼습니다. "나는 주머니가 회개하지 않는 사람의 회개를 믿을 수 없다." 복음을 듣고 회개하고, 예수 그리스도를 영접하여 새사람이 되었다면 제일 먼저 변화가 있어야 할 삶의 영역 중 하나가 돈의 사용처라고 생각합니다. 경제생활은 우리의 가치관이 민감하게 반영되는 영역입니다. 더군다나 하나님에 대한 사랑이 생겼고, 하나님 앞에 정말 감사하게 나 자신을 드리고 싶다고 할 때 그의 헌금 생활의 태도가 달라지지 않을 수 없습니다. 그래서 헌금이라는 것은 한 사람이 어느 정도로 헌신하는지를 보여주는 상징이라고 생각합니다. 헌금 행위야말로 우리의 헌신 행위의 본질을 명확하게 보여줍니다. 돈의 씀씀이를 알면 그 사람을 알 수가 있습니다. 우리의 돈 쓰임새야말로 우리의 신앙관, 인생관, 가치관, 세계관을 대변해 주는 삶의 영역이라고 말할 수 있습니다. 참된 헌금은 내 삶의 주인이신 하나님께 대한 응답입니다. 살아계신 하나님을 생각하는 의식의 결정체가 우리의 헌신이어야 하고, 또 우리의 헌금이어야 합니다.

어느 시골 교회에 주일 학교에 다니는 한 아이가 있었습니다. 그의 아버지는 시골이지만 자수성가한 부지런한 농부였습니다. 교회 목사님의 전도로 그 아이의 어머니가 먼저 교회에 출석했습니다. 그러자 그는 그의 남편도 함께 교회 출석하도록 열심히 기도를 하곤 했습니다. 오랫동안 드린 기도의 응답이었는지, 어느 주일 날 남편과 함께 교회를 나왔습니다. 예배를 마치자 목사님께 심방을 요청했습니다.

이튿날 목사님은 기쁜 마음으로 찾아가서 집안도 살피고, 심방예배도 드렸습니다. 예배를 마치자 남편이 목사님께 물었습니다. '목사님, 예수를 믿는데 비용이 얼마나 듭니까?' 시골에서 어렵게 자수성가한 사람이니 교회를 다니면 얼마나 돈이 드는지 궁금했던 모양입니다. 그러면서 여러 사람들에게 물으니 다른 종교에 다니면 돈이 적게 든다는 말도 들었다는 말까지 했습니다.

그러자 목사님이 반문을 했습니다. 비용이 얼마나 들면 예수 믿으시겠습니까? 그가 대답했습니다. '담배 값 정도면 믿겠습니다. 교회를 다니면 담배를 끊어야 하니까.' 평소에 담배를 사던 돈 만큼만 헌금을 해도 되면 믿겠다는 그런 말이었습니다. 목사님은 그 정도면 충분하니 열심히 믿으라고 했습니다. 그러자 '그래요, 거 비용이 얼마 안 드네요' 하면서 예수를 믿기로 했습니다.

그는 정말 주일이면 틀림없이 교회에 출석했고, 담배를 끊고, 한 주간 동안 담배를 사던 돈을 모아 헌금을 하기도 했고, 때로는 감사헌금을 하기도 했습니다. 그렇게 일년을 지냈습니다. 목사님이, 이제는 일년이 지났으니 세례(침례)도 받으라고 권면했습니다. 그랬더니 세례(침례)는 받지 않겠다고 했습니다. 아주 단호하고 완강했습니다. 그래서 목사님이 조심스럽게 부인에게 물었더니, 어디에서 들었는지 몰라도 세례(침례)를 받으면 십일조를 해야 하니까, 세례(침례)는 받지 않고, 십일조도 내지 않고, 이대로 교회만 출석하겠다는 것이라고 했습니다. 그래서 세례(침례)는 받지 않겠다는 마음이 아주 완강하다는 것입니다.

그런데 어느 날 그가 목사님께 넌지시 물었습니다. '목사님, 십일조를 드릴려면 농사비용을 빼고 십일조를 합니까? 아니면 수확전체의 십일조를 합니까?' 믿음대로 하는 것입니다. 농사비용을 빼고 하거나 그냥 수확 전체의 십일조를 하거나 둘 다 하나님이 기뻐하시는 십일조입니다. 편한 대로 하세요. '그래요 농사비용 빼고 나면 얼마 안 남는데요.' 그러더니 그해

가을에 그는 꼼꼼히 계산해서 쌀 두가마니를 십일조로 드렸습니다. 비용을 뺀 것이었습니다. 순이익의 십일조였지요. 그리고 그는 세례(침례)를 받았고, 신앙생활을 열심히 하였습니다.

그런데 그 다음해 가을에는 더욱 깜짝 놀랄 일이 벌어졌습니다. 그의 농사가 더 늘어난 것도 아닌데 십일조로 쌀 열 가마니를 드렸기 때문입니다. 그는 수확의 십일조를 바친 것입니다. 비용을 조금도 빼지 않은 십일조였습니다. 온전한 십일조였습니다. 이런 놀라운 변화를 보고 목사님이 그에게 물었습니다.

요즘, 예수 믿는 비용이 많이 올랐네요?

목사님의 질문에 그는 놀라운 대답을 했습니다. 목사님! 이제는 예수를 믿어도 비싸게 믿기로 했습니다. 그래요, 어떻게 그런 생각을 하셨습니까? "내가 하나님의 은혜를 깨닫고 나니, 예수님은 내게 모든 것을 주셨는데, 저는 싸구려로 믿으려고 했습니다. 이제 싸구려로 예수 믿지 않기로 했습니다. 이제 비싸게 믿기로 작정했습니다. 고귀하신 분을 비싸게 믿는 게 당연하지요. 이제는 예수 믿는 비용이 늘어나는 것이 큰 즐거움이 되었습니다."

이렇게 말하는 그의 얼굴에는 이전에 볼 수 없던 만족과 기쁨이 있었습니다. 그는 수확의 십일조를 아낌없이 드리기로 한 것입니다. 그러면서 하나님이 주시는 기쁨과 행복을 느끼고 있었습니다. 그 후에 그는 더 많은 농사를 지어 그 마을에서 가장 큰 부농이 되었다고 합니다.

인간이 타락한 때로부터 인간은 항상 물질주의와 이기심에 관한 유혹을 받아왔습니다. 돈과 그것을 사랑하는 마음은 그리스도인들을 포함한 수많은 사람들을 실족시켜왔습니다. 수많은 그리스도인들이 하나님께서 자신들에게 주신 대로 하나님께 드리지 않음으로 죄를 짓고 있습니다. 돈과 헌금에 관한(물질적인 모든 것을 포함한) 우리의 태도는 매우 중요합니다. 성경은 이에 대해 많은 것을 말씀하고 있습니다.

금전적인 문제에 대해 연구할 때 항상 하나님께서 으뜸이 되셔야 한다는 점을 분명히 해야 합니다(골 1:18). 우리의 지갑과 돈에 대한 결정권을 모두 주님께 내어 드려야 합니다. 주님을 기쁘시게 해 드리는 것이 항상 첫째 고려 사항이 되어야 합니다. 만일 우리의 마음이 바르다면, 이 세상에서의 일과 물질은 그리 중요하지 않을 것입니다. 돈에 대한 우리의 태도는 매우 중요합니다. 왜냐하면 우리의 물질이 있는 곳에 우리의 마음도 있을 것이기 때문입니다(마 6:21).

헌금에 관해서는 이 점을 기억하십시오. 우리는 무엇을 희생물로 드리고 있습니까? 바로 우리 자신을 희생물로 드려야 합니다(롬 12:1-2). 당신 자신을 하나님께 희생물로 드렸습니까? 당신 자신을 하나님께 온전히 내어 드렸습니까? 이러한 헌신이 없다면 아무리 많은 헌금을 낸다 할지라도 그것이 온 세상의 주인이신 하나님께 무슨 소용이 있겠습니까?

하나님께서는 우리의 돈이 필요하지 않으십니다. 우리는 주님의 명령에 순종하고 영적으로 성장하며 하나님께 더 큰 복을 받기 위해 드리는 것입니다. 그리스도인은 자신이 소유한 모든 것이 하나님께로부터 온 것이고, 언제라도 하나님께서 다시 취해가실 수 있으며, 자신이 소유한 모든 것도 하나님께서 예비해 놓으신 것과 결코 비교할 수 없다는 사실을 반드시 알아야 합니다.

지난 세대의 설교자였던 W.B. 힌슨(Hinson)은 자신의 놀라운 생을 회고하면서 죽기 직전에 이렇게 말했습니다. "나는 몇 해 전 의사가 나에게 한 말을 기억합니다. 그것은 '당신은 불치의 병에 걸렸습니다'라는 말이었습니다. 나는 내가 사는 오레곤 주 포트랜드에서 5마일 가량 걸어 나갔습니다. 나는 맞은편에 있는 사랑하는 산을 바라보았습니다. 나는 내가 즐기던 강도 바라보고 항상 하나님의 시처럼 내 혼에 다가온 위엄 있는 나무들도 보았습니다.

그리고 나서 저녁 때 나는 하나님께서 자신의 등불을 밝히시는 장엄한 하늘을 바라다보면서 말했습니다. '나는 더 많은 시간 동안 밤하늘을 볼 수 없을지도 모른다. 그러나 산아, 나는 네가 사라질지라도 살아 있을 것이고,

강아, 나는 바다로 흐르는 네 물살이 멈추더라도 살아 있을 것이며, 별들아, 나는 네가 유형의 우주의 큰 중력으로 네 자리에서 떨어질지라도 계속 살아 있으리라.' 라고 말입니다. "이스라엘의 주 하나님을 영원부터 영원까지 찬양할 지어다 아멘, 아멘"(시 41:13).

앤드류 하츠는 잘나가는 회사의 사장이었지만 실패로 큰 빚을 지고 파산했습니다. 그동안 피상적인 신앙생활을 해왔던 그는 파산을 신청한 다음 날 아침에 마음에 큰 감동을 느꼈는데 그 감동으로 인해 재산을 정리하고 남은 돈의 절반을 하나님께 헌금했습니다.

십일조 한 번 제대로 내지 않았던 하츠의 이런 모습에 가족들까지도 크게 놀랐습니다. 먼 친척들이 찾아와 빚까지 있는 판에 왜 그런 행동을 했느냐고 물어볼 정도였습니다. 지금껏 사업을 하면서 저는 항상 조금만 더 잘 되고, 조금만 더 여유가 생기면 하나님께 드리겠다고 말해왔습니다. 하나님께 드리는 것이 아까워 회피하기 위해 한 거짓 고백이었습니다. 파산을 당하고 나서 아침에 오랜만에 성경을 묵상하게 되었는데, 그동안 내가 한 일이 모두 도둑질이라는 사실을 깨닫게 되었습니다.

사람에게 진 빚도 중요하지만 지금 저에게 중요한 것은 하나님께 진 빚입니다. 하츠는 파산을 당한 뒤에도 힘겨운 삶을 살았으나 하나님께 드릴 헌금은 빼먹지 않았습니다. 그리고 재기에 성공했으며 백만장자가 되었습니다. 백만장자가 된 뒤에도 하츠는 복음과 사역을 위해서 큰 돈을 조금의 거리낌 없이 내어놓는 믿음을 유지하고 있었습니다.

조금만 더라는 거짓된 고백으로 성도의 의무를 회피하고 하나님을 속이지 마십시오. 지금 최선을 다하십시오.

복되고 형통할 것입니다. 주님, 나중에, 뒤에 신앙이 아닌 지금, 바로의 신앙을 갖게 하소서. 주님께 서원하고 지키지 못한 것이 있는지 돌아보십시오.

"은을 사랑하는 자는 은으로 만족하지 못하고 풍요를 사랑하는 자는 소득으로 만족하지 아니하나니 이것도 헛되도다"(전5:10). "의롭다 하심을 얻는 것은 그러므로 사람이 의롭다 하심을 얻는 것은 율법의 행위에 있지 않고 믿음으로 되는 줄 우리가 인정하노라"(롬3:28).

영국의 한 시골 교회에서 아프리카의 의료선교를 위하여 헌금을 드리고 있었습니다. 그 날에 한 소년이 자기 앞에 헌금 바구니가 오자 성큼 그 위에 올라앉았습니다. 예배에 참석한 성도들은 그 아이의 행동을 보고 당황했습니다. 예배 후에 목사님이 소년에게 "왜 헌금 바구니에 들어갔느냐" 고 물었습니다. 그러자 그 소년은 눈을 반짝이며 이렇게 말했습니다. "저는 아프리카를 위하여 드릴 돈이 없습니다. 그래서 나 자신을 아프리카를 위하여 드리고 싶었습니다." 그로부터 20년 후, 이 소년은 의사가 되었습니다. 그리고 의사로서는 처음으로 아프리카 선교사가 되어 자신의 일생을 온전히 헌신하였습니다. 죽을 고비를 수차례 넘기고, 아프리카 흑인들에게 복음을 전했습니다. 그가 바로 '데이비드 리빙스턴'이었습니다.

은혜를 아는 사람들은 그 은혜에 응답합니다. 은혜 받은 사람은 자신의 것을 드릴 수 있습니다. 은혜 받은 사람은 자신의 몸까지 헌신할 수 있습니다. 구원의 놀라운 은혜를 바울은 "내가 하나님의 모든 자비하심으로 너희를 권하노니 너희 몸을 하나님이 기뻐하시는 거룩한 산 제물로 드리라"(롬12:1)고 권면하고 있습니다.

19장. 성도 간 교제

　아무리 강한 짐승이라도 혼자서는 매우 위험합니다. 많은 수가 무리지어 다니는 동물들을 당해 낼 수 없기 때문입니다. 혼자 있는 '누우'는 다수의 '들개'의 공격을 이겨낼 수 없습니다. 함께 무리를 지은 '누우'는 아무리 강한 짐승이라도 공격할 수 없습니다. 그것이 비록 늑대라고 하더라도 말입니다. 늑대도 혼자서는 토끼 한 마리도 잡을 수 없습니다. 그래서 대부분 함께 사냥을 하여 그 성공율을 높입니다. 아무리 작은 토끼라도 때를 지어 다니면 늑대의 때가 와도 도망할 수 있습니다. 아무리 큰 악어라도 잡은 짐승을 혼자 먹을 수는 없습니다. 왜냐면 씹는게 불가능해 온 몸을 비틀어 조각 내어 삼켜야하기에 다른 악어와 함께 그 잡은 고기를 조각내어야만 비로서 잡은 짐승을 삼킬 수 있기 때문입니다.
　성도 역시 혼자서는 사탄을 이겨낼 수 없습니다. 사탄은 무리를 지어 공격할 수도 있고, 혼자 공격해서도 성도를 이길 수 있기 때문입니다. 따라서 성도는 함께 해야 합니다. 당연히 임마누엘이신 하나님이 함께 하실 것입니다. 그러나 다른 성도들과 함께 해야 합니다. 이것이 안전합니다. 비록 부딪히고 상처받는다 하더라도 말입니다. 서로 돕고 섬길 때 이 사탄과 죄가 가득한 이 험한 세상을 살아낼 수 있습니다.

"만일 내가 판단하여도 내 판단이 참되니 이는 내가 혼자 있는 것이 아니요 나를 보내신 이가 나와 함께 계심이라"(요 8:16). "나를 보내신 이가 나와 함께 하시도다 나는 항상 그가 기뻐하시는 일을 행하므로 나를 혼자 두지 아니하셨느니라"(요 8:29). "즐거워하는 자들로 함께 즐거워하고 우는 자들로 함께 울라"(롬 12:15).

교제는 사람들과 만나서 사귀는 것입니다. 그러한 교제는 그리스도인에게도 필요합니다. 그리스도인들의 교제는 세상의 교제와는 특성이 다릅니다. 일반적인 교제는 일정한 거리를 둔 개개인들에게서 시작되지만, 그리스도인들의 교제는 인간 사이의 막힌 담을 허신 십자가(엡 2:13-14)에서 시작됩니다. 그러므로 그리스도인의 교제는 십자가로 시작된 교회에서만 가능합니다. 이 교회는 건물이나 조직이 아니라 그리스도인들로 이룬 그리스도의 몸을 말합니다. 그러므로 참 교제는 그리스도인들이 함께 모여 하나님을 예배하는 데서 시작되고, 예배를 통해서 완성될 수 있습니다.

사랑에도 순서가 있습니다. 먼저는 하나님의 사랑을 받아들여 주님을 사랑하는 것입니다. 둘째는 하나님의 사랑을 입은 매우 소중한 존재인 나를 사랑하는 것입니다. 이것이 가능해질 때, 나를 사랑하듯 형제와 자매를 사랑할 수 있습니다. 이것이 사랑의 순서입니다. 그러므로 하나님의 사랑을 실재하는 사랑으로 마음에 깊이 있게 받아들일 수 있도록 하나님 앞에 서야 합니다. 그리고 이 사실이 이론이 아니라 사실로 마음에 와 닿도록 기도해야 합니다. 낮은 자존감의 문제는 이 하나님의 사랑을 입을 때 비로소 해결될 수 있습니다. 자신을 사랑하십시오.

하나님이 자신의 생명을 내주실 정도로 우리를 사랑하셨습니다. 우리는 그만큼 소중하고 존귀한 존재입니다. 나를 진심으로 사랑하면 형제자매를 사랑하는 자리에 설 수 있습니다. 그렇게 되면 '하나님이 자격 없는 나를 사랑해주신 것처럼 똑같이 사랑받을 자격이 없는 저 사람도 사랑하시겠구나. 그렇다면 나도 그를 존귀하게 여기고 사랑해야지'라는 마음이 생깁니다. 그러면 나를 사랑하듯 상대방을 진심으로 사랑할 수 있게 됩니다. 사랑은 이런 순서로 시작됩니다.

하나님의 사랑을 받아들일 때, 하나님을 사랑할 수 있고 자신을 사랑할 수 있게 됩니다. 만약 우리가 자신을 사랑할 수 없다면, 다른 사람도 사랑할 수 없습니다. 그래서 다른 사람을 사랑하지 않는 사람은 자기 자신도 사랑하지 않습니다. 먼저 하나님의 사랑이 내 마음에 잘 부어지도록 간구하십시오. 그리고 그 사랑이 내 안에 실재하도록 사모하십시오. 그래야 하나님도 나 자신도 이웃도 사랑할 수 있게 됩니다. 하나님은 에베소 교회에 사랑을 회복하라고 말씀하셨듯이 우리에게도 그 사랑을 회복하라고 말씀하십니다. 왜냐하면 사랑만이 교회를 교회되게 할 수 있기 때문입니다. 그러므로 교회는 언제나 사랑의 출처가 되시는 하나님과의 관계 속에 머물러 있어야 합니다. 그렇기 때문에 사랑을 잃어버린 것은 정말 위험한 것이며 회개해야 할 부분입니다. 사랑을 잃어버린 것은 변질이 이미 시작된 것이라고 봐야 합니다.

일과 사역은 사랑의 힘으로 해야 합니다. 그래야 힘들지 않습니다. 힘든 일이어도 견딜 수 있고 감당할 수 있는 힘은 사랑에서 나옵니다. 주님을 섬길 수 있다는 것은 기쁨과 감사가 됩니다. 그래서 사랑의 관계가 지속되면 사역도 신나고 불평 없이 할 수 있게 됩니다. 삶 속에 다시한번 사랑의 회복이 온전히 이뤄지도록 힘써야 합니다.

십자가 아래서는 땅에 있는 모든 사람이 평등합니다. 모든 그리스도인들에게는 하나님의 가족으로서 친밀한 구성원이 될 특권이 있습니다. 우리는 다른 사람들에게 배우고 서로 용기를 북돋아야 합니다. 그리스도인들이 함께 모여서 서로 세워 줄 때 참다운 성도의 교제가 이루어집니다. 만일 우리가 다른 그리스도인들이 믿음의 가족으로서 지역 교회의 활발한 구성원이 되기를 원하십니다.

1. 지체 의식이 있어야 합니다.

모든 그리스도인들이 서로 지체가 됩니다(롬 12:5). 바울은 사람의 몸에 비유하여 이 점을 설명했습니다. 고린도전서 12:14-26을 읽어 보시기 바랍니다. 따로따로 있던 지체들이 모여서 몸을 이루는 것이 아닙니다. 원래 몸은 지체들로 구성되어 존재합니다. 마찬가지로 개개인으로 있던 그리스도인이 모여서 그리스도의 몸인 교회를 이루는 것이 아니라 개개인이 그리스도인이 될 때 이미 그리스도의 몸의 지체로서 교회를 이루는 것입니다.

그리스도의 몸은 보이지 않는 모든 그리스도인들을 말하기도 하지만, 성경은 많은 부분에서 그리스도의 몸을 구체적으로 지역 교회들에 초점을 맞추어 설명합니다. 그러므로 그리스도인들은 일정한 지역 교회에 소속하여 참여해야 합니다. 그리고 지체로서 맡은 일들을 즐겨 감당해야 합니다.

2. 주 안에서 하나 되어야 합니다.

마귀의 궤계의 목표는 그리스도인들의 연합을 파괴하는 것입니다. 마귀는 혼동과 무분별과 잘못된 교리의 권위자입니다. 우리는 마귀의 궤계를 막을 수 있는 힘을 성경에서 발견할 수 있습니다. 그리스도 안에서 한 마음을 품을 때 그런 힘을 얻게 됩니다(요 17:11). 그리스도인의 하나 됨이 복음의 본질을 나타내는 것입니다. 그리고 그 본질은(찾아보기, 고후 5:19) 사실을 포함합니다.

교회에서 불신자들에게 예수님이 하나님이시라는 사실을 확신시킬 수 있는 요소는 하나 됨, 즉 서로 같은 뜻을 품는 것입니다(요 17:21). 인간이란 어디에서나 일치하지 못하는 성향이 있기 때문에 그들에게 이 사실은 경이로운 것입니다. "진정한 일치", 참으로 하나 됨을 발견할 때 불신자들은 그러한 사랑의 모임에 참여하고 싶은 마음이 들 것입니다.

3. 각 사람의 다양성을 이해해야 합니다.

그리스도인들은 그리스도 안에서 하나가 되었지만 여러 면에서 서로 다른 점이 많습니다. 서로 상대방의 다른 점을 이해하게 될 때 그리스도의 몸을 이룰 수 있습니다(엡 4:7).

1) 은사가 다릅니다.

구원은 한 성령 안에서 받지만, 그 성령이 주시는 은사는 다양합니다. 이런 다양한 은사를 주신 것은 서로 비교하고, 비판하기 위함이 아니라 서로 협력해서 그리스도의 몸을 이루기 위함입니다.

2) 믿음이 다릅니다.

성숙한 그리스도인이라면 그리스도 안에서 믿음이 강하지 못한 형제의 반응에 민감해야 할 것입니다. 그런 형제가 실족하거나 죄에 빠지지 않도록 행동을 조심해야 합니다(롬 14:1). 지역 교회의 성도가 이것을 조심한다면 교회가 하나 되는 역사가 일어날 것입니다(롬 14:3).

3) 인간적인 배경이 다릅니다.

그리스도의 몸인 교회 안에 편견과 편애와 차별이 있다면 그것은 하나님의 법을 어기는 것이고, 교회의 기능을 파괴하는 것입니다. 우리는 모두 하나입니다. 부유한 사람이나 가난한 사람이나, 젊은 사람이나 늙은 사람이나, 남자나 여자나 모두 그리스도 안에서 하나며, 그리스도 안에는 지방색이란 있을 수 없습니다. 만일 외모로 사람을 취하면 그리스도의 몸의 일치와 조화와 하나 됨을 파괴하는 것입니다(엡 2:11-22).

4. 서로 사랑해야 합니다.

가족이라는 개념은 따뜻함과 관심과 성실함을 포함합니다. 형제 사랑은 가족 구성원 간에 있어야 하는 사랑을 말합니다. 즉 교회 안에서 그리스도인들은 한 가족인 형제와 자매로서 서로 사랑해야 한다는 말입니다. 우리는 하나님의 가족입니다. 우리는 모두 영원한 하나님의 가족으로 다시 태어났습니다(요일 3:18;행 4:32).

5. 서로 덕을 세워야 합니다.

바울은 데살로니가 성도에게 서로 관심과 사랑을 품으라고 권면했습니다(살전 5:11). 그들은 서로 권면하고 훈계하고 위로하는 것의 중요성을 배워 나갔습니다. 서로 격려하는 일의 중요성을 깨달았습니다. 그것은 하나님의 진리 때문입니다(살전 2:13).

특별한 권면이 필요한 사람에게 하나님의 말씀을 전할 준비를 해야 합니다. 성경 말씀을 잘 모르면 또한 성경 말씀으로 서로 권면할 수 없습니다. 그러므로 모든 신자들은 개인의 성장 뿐 아니라 다른 사람의 성장을 돕고 온 교회가 함께 성장하도록 하나님의 말씀을 열심히 배워야 합니다.

사람에게는 누구나 장단점이 있습니다. 장미에 뛰어난 향기와 가시가 있듯이 사람도 그처럼 장단점을 갖고 있습니다. 사람마다 지닌 결점을, 그 결점만을 통째로 떼어 내어 생각지 말아야 합니다. 그것은 그 사람이 지니고 있는 장점과 함께 어우러져 있어야 하기 때문입니다. 옥을 닦는 데에는 돌로써 하고 금을 씻는 데에는 소금으로 하라는 옛말이 있습니다. 사물의 장단점을 잘 알아내어 처리해야 한다는 뜻일 것입니다.

사람도 마찬가지입니다. 사람에게 함께 어우러져 있는 장단점이야말로 그 사람만이 지닌 독특한 향기일 수 있습니다. 그것을 떼어놓고 바라본다면 하늘에서 해와 달을 각각 따로 떼어 놓고 바라보는 것과 같은 이치입니다. 한쪽으로 치우치는 것도 결점일 수 있고 제 힘만을 믿고 고집을 부리는 것도 결점일 수가 있습니다. 또 남의 단점을 드러내어 말하는 것도, 자신의 어리석음으로 남을 시기하는 것도 엄청난 단점으로 지적될 수 있습니다. 생각해 보십시오. 스스로 그럴 수밖에 없었던 적이 없습니까? 그럴 수 있을 것입니다. 그럴 수 있어야 합니다. 어떤 사람에게 결점이 없다는 것, 그것은 그 사람에게 유일한 큰 결점이 될 것입니다. 결점이 없는 사람을 신뢰하지 말아야 합니다. 그들은 보이지 않는 곳에서는 결점 투성이의 인간으로 충분히 변모할 수가 있습니다. 한쪽으로 치우쳐서 간사한 사람에게 속지 말아야 하며 제 힘만 믿고 고집부리는 일이 없도록 해야 합니다. 자신의 장점만으로 남의 단점을 드러내지 말 것이며 자신의 어리석음 때문에 남의 유능함을 시기하지 말아야 합니다.

중국영화 "명장"은 중국에서 2억 위안(한화 382억원)이상의 수익을 올린 흥행작입니다. 이 영화는 1870년 중국에서 일어난 '마신이 살해사건'을 소재로 했습니다. 마신이는 양무운동을 주도한 중국번 아래에서 태평천국의 난 등을 진압하며 출세가도를 달리던 엘리트였습니다. 그런데 양강 총독으로 지내던 어느 날, 의형제인 장문상의 칼에 찔려 죽게됩니다.
이 사건의 진실은 밝혀지지 않았지만 구전에 따르면, 또 다른 의형제인 조이호의 아내를 탐한 마신이가 누명을 씌워 조이호를 죽이자 이에 대한 복수로 장문상이 마신이를 살해했다는 것입니다. 장문상은 결국 이 일로 사형을 당하고 의형제를 맺었던 세 명이 모두 죽고 맙니다. 영화 "명장'은 의형제 간에 벌어진 이야기를 소재로 상상을 더해 만든 영화지만, 우리 주변에는 종종 이보다 더 영화 같은 일들이 일어납니다. 서로 사랑하고 화목해야 할 관계가, 사소한 이유로 대립했다가 마침내는 철천지원수로 돌아서는 경우가 있습니다.
우리 그리스도인들도 예외는 아닙니다. 관계가 악화된 후에 회복하는 것이 얼마나 어려운지를 비유적으로 이야기하고 있습니다. 관계가 악화된 후에 개선하려고 노력하지 말고 처음부터 좋은 관계를 유지하려는 암묵적 교훈입니다.

믿음은 바라는 것들의 실상이요 보이지 않는 것들의 증거라고 했습니다. 그리스도인은 보이지 않지만 영원히 존재하시는 하나님의 계심과 그분이 행하시는 모든 것을 믿는 사람들입니다. 하나님은 전능하신 분이십니다. 그분은 산을 지으시고 바람을 창조하시며 당신의 뜻을 나타내십니다. 그분은 어둠과 빛을 나누시고 만물에게 생명을 불어 넣으시고 악을 미워하고 정의를 좋아하십니다.

세상은 모든 관계로 이루어집니다. 관계란 우리를 행복하게도 불행하게도 만듭니다. 또한 승리로 이끌기도 하고 패배로 이끌기도 합니다. 모든 일이 관계 속에서 일어나고 관계 속에서 일어난 일이 삶을 지배하게 되는 것입니다. 사람마다 기준은 다르겠지만 관계의 기준을 정해보면 다음과 같습니다.

첫째로 항상 나만 옳다는 생각을 버리고 내 생각이 틀렸을지도 모른다는 것을 늘 생각해야 합니다. 자신이 늘 옳고 늘 맞는 존재가 아니며 틀릴지도 모른다는 가정은 자신이 유한한 존재이며, 그저 사람에 불과하다는 것을 인정하는 행위이기 때문입니다.

둘째로 내 입장을 완전히 내려놓고 상대의 입장이 되어 생각하고 바라보는 지혜가 필요합니다. 왜냐하면 나의 입장은 70억 인구 중 하나의 입장에 불과 하기 때문에 상대의 입장이 되어서 생각하고 바라보는 것은 당연한 일이며, 그 일을 통하여 나와 상대의 같은 점과 다른 점을 발견하므로 좋은 관계로 나아갈 수 있도록 돕기 때문입니다.

셋째로 내 마음대로 상상하며 상대의 마음과 생각을 짐작하지 말고 그를 만나서 그에게로 다가가 진심을 들어야 합니다. 내가 생각하고, 느끼고, 상상한 것만으로 상대를 생각하고 재단하는 것만큼 바보스럽고 어리석은 일은 없기 때문입니다. "사연을 듣기 전에 대답하는 자는 미련하여 욕을 당하느니라"(잠 18:13). 그래서 경청이 중요한 것입니다. 경청은 엄청난 능력입니다. 듣기가 우리의 인생을 살립니다. 꼭 명심하시기 바랍니다.

넷째로 상대의 이야기를 들을 때는 내게 떠오르는 이야기나 생각이 아무리 많이 떠올라도 상대의 이야기에 전심으로 귀를 기울여 듣는 자세가 필요합니다. 우리는 침묵을 통해서 무엇을 말해야 하고 무엇을 말하지 말아야하는지 확실히 깨닫게 됩니다.

다섯째로 오만과 편견 없이 세상과 상황을 보아야 합니다. 오만하지 않으면 친구들이 많고 편견이 없으면 정의로운 사람이 됩니다.

여섯째로 모든 것을 나 중심에서 '주님 중심'으로 바꾸고 남은 자존심마저도 다른 사람 중심으로 옮긴다면 세상이 감당치 못하는 사람이 될 것입니다.

하나님께서는 성도간의 교제에 관하여 무엇이라 말씀하실까요? 하나님을 사랑하는 자들에게 모든 것이 합력하여 선을 이룬다면 우리는 우리가 하나님을 사랑하는지 확인해 봐야 합니다. "우리가 그분을 사랑함은 그분께서 먼저 우리를 사랑하셨기 때문이라"(요일 4:19). 우리가 먼저 하나님을 사랑했습니까? 아닙니다. 하나님께서 먼저 사랑해 주셨음을 말씀을 통해 알 수 있습니다. "어떤 사람이, 내가 하나님을 사랑하노라, 하고 자기 형제를 미워하면 그는 거짓말 하는 자니 자기가 본 자기 형제를 사랑하지 아니하는 자가 어찌 자기가 보지 못한 하나님을 사랑할 수 있으리요?"(요일 4:20) 그렇습니다. 하나님께서는 형제를 사랑하지 않는 자는 하나님을 사랑하는 자가 될 수 없다고 분명하게 말씀하십니다.

예수님께 어떤 사람이 와서 첫째로 큰 계명이 무엇인지 질문을 합니다. "네 마음을 다하고 혼을 다하고 생각을 다하여 주 네 하나님을 사랑하라. 이것이 첫째가는 큰 명령이요"(마 22:37-38). 그리고 그 사람이 돌아서서 떠나기 전에 주님께서 한 가지를 더 말씀하십니다. "둘째 명령은 그것과 같은 것으로서, 너는 네 이웃을 네 자신과 같이 사랑하라, 이니라"(마

22:39). 마태복음에 기록된 이 말씀은 주님께 큰 명령이 무엇이냐고 하는 한 가지 질문만 했습니다(마 22:36). 그러나 주님께서는 두 가지로 대답하셨습니다. 요한일서 4장의 문맥은 바로 마태복음 22장의 문맥과 정확히 같은 것을 이야기하고 있습니다.

 구원받고 나서 사람들에게 상처를 받았다는 이유만으로 아무 교회에도 다니지 않는 사람들이 있습니다. 또 교회에 다니기는 하지만 어느 누구와도 교제를 나누지 않고 예배가 끝나자마자 집에 가기 바쁜 사람도 있습니다. 다른 형제와 아무런 교제를 나누지 않는다면 그게 형제를 사랑하는 것(요일 4:20)입니까? 형제를 사랑하지 않는다면 그게 하나님을 사랑하는 것입니까? 교회에도 가지 않고 다른 그리스도인들과 교제를 나누지도 않는다면 그게 형제를 사랑하고 하나님을 사랑하는 것입니까?

 만일 혼자만 신앙생활을 하고 다른 그리스도인들과 교제를 나누지 않는 사람이 있다면 그는 하나님을 사랑하는 자(롬 8:28)가 아닙니다. 하나님께서는 성경을 통해 분명하게 말씀하십니다. 우리 모두 구원받았다면 다른 구원받은 사람과 형제입니다. 그리고 우리들이 하나님을 사랑한다면 그 형제를 사랑해야 할 것입니다. 그 형제를 사랑한다면 그 형제와 교제를 나눌 것입니다.

 다른 형제를 사랑하지 않고 교제를 나누지 않고 그 형제를 향해 쓴 뿌리를 가지고 있다면 그것은 그 형제를 사랑하지 않는 것입니다. 눈에 보이는 그 형제를 사랑하지 않는 것은 결국 하나님을 사랑하지 않는 것입니다. 이것이 바로 마태복음22장 요한일서 4장을 통해 하신 말씀입니다.

 성경이 왜 이런 말씀을 하시는지 잘 알아야 하지 않겠습니까? 그것은 눈에 보이지 않는 하나님을 사랑한다고 거짓말하기는 너무나도 쉽기 때문입니다.

 실제로는 하나님과 아무런 교제도 나누지 않으면서, 실제로는 하나님을 전혀 사랑하지 않으면서 겉으로만, 입으로만 하나님을 사랑한다고 말하는 것이 너무나도 쉽기 때문입니다. 그래서 눈에 보이는 형제를 사랑하지 않으면서 눈에 보이지 않는 하나님을 사랑한다고 우리가 거짓말 하지 못하게 하기 위해 하나님께서 이 말씀을 기록하신 것입니다.

더불어 사는 삶(A living togeter) : 어린이들을 위한 동화 '외톨이 달님'이 있었습니다. 밤하늘에 둥근 보름달이 아름답게 떠올랐습니다. 보름달은 자신의 아름다움을 자랑하고 싶었습니다. 그때 꼬마 구름이 다가왔습니다. 보름달은 꼬마 구름을 꾸짖었습니다. "비켜 너 때문에 내 모습이 가려지잖아." 이번에는 등 뒤로 오색 별들이 나타났습니다. "모두 비켜 사람들이 내 아름다움을 볼 수 없잖아." 이제 보름달 주변에는 아무도 얼씬거리지 않았습니다. 보름달은 세상을 흠뻑 비추었습니다.

그때 한 마을의 오누이가 집안 창문을 열며 대화를 나누었습니다. 오빠가 말했습니다. "아, 달이 참 밝다. 그런데 왜 구름과 별은 없는 것일까?" 동생도 "혼자 떠있는 달은 황량해"라고 말하며 창문을 꽝 닫아 버렸습니다. 더불어 사는 삶이 아름답습니다.

소통은 상대방에게 내 이야기를 해서 나를 이해시키는 과정이 아닙니다. 서로 전제로 하는 배경과 정보가 다르면 소통이 아닌 불통이 되고, 내 관점만을 고수하면 먹통이 됩니다. 서로 다르다는 것을 이해하고 인정하면서 상대방의 속에 있는 생각과 관점을 끌어내고, 내 생각과 감정을 풀어내어 함께 흐르게 하는 것이 진정한 소통입니다.

소통은 테크닉(technic)이 아니라 철학이기 때문입니다. 사람들은 보통 다른 것을 틀렸다고 말하고 싶어 합니다. 그런 생각이 얼마나 보편적인지 많은 사람들이 '이것과 그것은 다르다'라는 말과 '이것과 그것은 틀리다'라는 말이 같은 뜻인 것처럼 생각을 하고 있습니다. '빨간색과 파란색은 색깔이 틀리다'라고 하거나, 두 그림을 비교해서 다른 점을 찾는 게임의 이름을 '틀린 그림 찾기'라고 해도 아무도 문제 삼지 않습니다.

그렇지만 '다르다'는 것과 '틀리다'는 것은 정말 다릅니다. 영어로 옮기면, 다른 것은 같지 않은 거니까 'different'이고 틀린 것은 잘못된 것이니까 'wrong'인데 우리는 습관적으로 구별 없이 그냥 써온 것입니다. 나와 다른 것은 틀렸다고 할 때는 전형적으로 "아냐, 그게 아니라니까~," "그 사람 틀려먹었어"하는 식의 말을 하는데, 자세히 들여다보면 그렇게 말함으로써 자신은 옳고, 다른 사람은 옳지 않다는 주장을 하고 있는 셈입니다.

여기서 멈추는 것이 아니라 '틀린 것'이니까 '나쁜 것'으로 생각을 하는 것입니다. 나와 다르니까 그 사람은 틀렸고, 그 사람은 틀렸기 때문에 나쁘다는 평가까지도 내포하고 있습니다. 이럴 경우에 대화에 '자존심'을 걸게 되는데, 이렇게 되면 서로 공격적이고 부정적인 말이 오가게 되고, 대화가 싸움으로 바뀌게 되고 맙니다. / 소통 불통 먹통 중에서.

우리는 무슨 일을 할 때 독선적이거나 대화가 잘 통하지 않는 사람을 고집불통이라 부릅니다. 교회에서 주님의 일을 한다고 하면서도 큰소리가 나고 다툼이 일어나는 것은 주님의 뜻을 먼저 생각하지 아니하고 자신의 주장을 앞세우기 때문입니다. 그러나 그 문제는 사람들끼리의 소통에 있지 않습니다.

먼저 우리 하나님 아버지와 소통이 되어야 합니다. 신앙에는 홀로서기가 없습니다. 소통의 단계를 넘어서 한 몸을 이루어야 합니다. 주님은 머리요 우리는 지체일 뿐입니다. 교회의 생각과 내 생각이 다르다면 다른 성도와 내가 사는 방식이 다르다면 내가 정말 하나님과 잘 소통되고 있는지 점검해 보아야 합니다. 우리는 모두 주님 안에 한 마음, 한 뜻, 한 동작, 한 방향으로 함께 움직이며, 함께 호흡하며, 함께 살아가는 한 몸을 이룬 한 형제자매들입니다.

소경 5명에게 코끼리를 만져보고 그림을 그리고, 코끼리의 형체를 설명하라고 하였다. 소경 5명은 다음과 같이 설명하였다.

소경1. 딱딱한 뿔을 그렸다. 상아를 만지고 코끼리는 딱딱한 뿔로 된 짐승이다. 소경2. 네모난 벽을 그렸다. 코끼리의 몸을 만지고 벽처럼 생긴 짐승이다. 소경3. 작은 꼬리를 그렸다. 코끼리는 아주 작은 꼬리처럼 생긴 짐승이다. 소경4. 타원형의 원을 그렸다. 코끼리의 귀를 만지고 타원형의 짐승이다. 소경5. 기둥을 그렸다. 코끼리의 다리를 만지고 코끼리는 기둥처럼 생긴 짐승이라고 하였다.

상아, 몸, 꼬리, 귀, 다리 하나 그려 놓고 코끼리라고 할 수 있을까요?

소경 5명은 자신들은 코끼리를 직접 만져보고 체험한 사람들로서 자신들이 그린 것이 코끼리라고 목숨 걸고 싸웁니다. 모든 인간들은 영적 소경이라 성경을 통하여 하나님을 체험하지만 일부분일 뿐입니다. 그런데 내가 만나고, 은혜 받고, 체험한 하나님만 하나님이라고 목숨 걸고 싸우고 있습니다.

성도간의 교제에 있어서 내가 하는 방법만이 무조건 옳다고 주장하지 말자. 상대의 방법이 네모든, 세모든, 동그라미든 사랑으로 존중되어야 하며 단지 주 예수님이 중심이면 됩니다. 하나님께서는 전능하신 분이십니다. "우리가 여호와를 알자 힘써 여호와를 알자"(호 6:3). 이제 눈을 크게 뜨고 넓게 보며 내가 만나지 못하고 체험하지 못한 하나님을 성경 66권을 통해 바라보고 체험하도록 힘써야 합니다.

다른 형제가 나에게 상처를 줘서 그와 교제를 나누지 못하는 게 아닙니다. 다른 형제가 너무 육신적이어서 그와 교제를 나누지 못하는 게 아닙니다. 교회가 너무 따분해서 교회에 오고 싶지 않은 것이 아닙니다.

문제가 무엇인지 아십니까? 문제는 성령님께서 자신을 온전히 주관하지 않으시기 때문에 교회에 오기 싫은 것이고 다른 형제와 교제를 나누기 싫은 것이며 다른 형제를 사랑하지 않는 것입니다. 성령의 열매의 첫째 부분인 사랑이 없고 그래서 하나님을 사랑하지 않기 때문에 다른 형제를 사랑하지 않는 것입니다. 자신이 전혀 성령 충만하지 않기 때문에 예배가 따분하게 느껴지는 것입니다. 그것이 심각한 문제입니다.

다른 형제가 나에게 상처를 주고, 교회가 사랑이 없고, 예배가 지루해도 성령님께서 나를 온전히 주관하시면 그러한 것은 전혀 문제가 되지 않습니다. 이 세상이 다 나쁜 사람들이고, 다른 사람들이 다 나쁜 사람들이고, 다른 형제들이 다 형편없는 사람들일지라도, 성령님께서 나를 주관하신다면 전혀 문제될게 없습니다. 주위의 환경이 아무리 악하고 열악하고 나빠도 성령 충만하여 바르게 행한다면 전혀 문제될 게 없다는 것입니다.

겸손한 성도는 세상의 어떤 것보다 존귀한 존재입니다. 학력, 직업, 외모와 상관없이 존귀합니다. 하나님의 놀라운 은혜로 하나님의 자녀가 되어 사랑받는 존재이기 때문입니다. 하나님의 아들이 죽으심으로 구원받은 존재이기 때문입니다. 우리를 묶는 밧줄 같은 열등감에 허덕일 필요가 없습니다.

시편 103편 14절은 "우리가 단지 먼지뿐임을 기억하심이로다"라고 말씀하고 있습니다. 여기서 먼지는 히브리어로 아파르입니다. 아파르는 흙이 다라는 뜻인데 히브리 사전에 보면 인간 몸의 재료라는 뜻도 있습니다. 인간이란 영어 단어 Human도 흙이라는 라틴어 휴무스 Humus에서 나왔습니다. 성도는 존귀하나 그 근본이 흙에서 나왔음을 알고 겸손해야 합니다. 그래야만 교만을 이길 수 있습니다.

믿음의 조상 아브라함도 자신을 티끌(창 18:27)이라고 했습니다. 제대로 된 신앙인은 언제나 겸손합니다. 우리는 존귀한 성도라는 의식을 갖아야 합니다. 그리고 진토라는 근본을 기억하며 겸손한 삶을 살아야 합니다. 그럴 때 하나님께서 기뻐하시는 성도 이웃에게 복음과 행복을 나누는 전인격적인 성품을 갖춘 주님을 닮아 가는 성도가 될 수 있을 것입니다.

성도 간 교제를 잘 하기 위한 7가지 지침으로는

첫째, 사람에게 말하기 전에 하나님께 말합니다. 어떤 문제든 주장이든 먼저 하나님께 기도로 시작하라는 것입니다. 그래서 기도가 여물어 이야기할만하면 그때 이야기하라는 것입니다.

둘째, 다른 사람이 내게 다가오기를 기다리지 말고 내가 먼저 다가갑니다. 교회 모인 사람들이 다 남입니다. 그래서 누가 먼저 다가가기가 쉽지 않습니다. 내가 먼저 다가가면 됩니다. 내가 누구인지 스스로 말하는 것입니다.

셋째, 많은 말을 줄이고 잘 들어줍니다. 누구든 잘 들어주는 것이 관계의 시작입니다. 듣기는 속히 하고 말하기는 더디하면 됩니다.

넷째, 상대방을 지적하기 전에 자신의 잘못부터 고백합니다. 사람들은 누구도 지적당하는 것을 좋아하지 않습니다. 그러나 혹시 상대방이 자기를 낮추고 겸손히 나오면 지적을 받아 들을 수도 있습니다. 지적하기 전에 자기 고백이 선행되어야 합니다. 자기도 못하는 데 누가 누구를 훈계하는가?

다섯째, 사람을 공격하지 말고 그가 가진 문제점을 이야기합니다. 문제와 문제를 가진 사람은 다릅니다. 사람은 문제를 가진 존재지 그 사람 자체가 문제는 아닙니다. 문제와 문제를 가진 사람을 구분해야 합니다. 문제는 고치되 사람에게 상처를 줘서는 안 됩니다.

여섯째, 다른 사람을 성공시키는 일이 내가 성공하는 일임을 알아야 합니다. 사람과의 관계에서 상대방이 잘되는 목적으로 대해야 합니다. 내가 그에게 하는 것이 그를 위한 것임을 믿게 해야 합니다. 그래야 설득이 됩니다.

일곱째, 문제의 해결보다는 관계를 더 중요시합니다. 문제가 잘 안 풀려도 사람을 잃어서는 안 됩니다. 사람이 먼저고 사람이 우선입니다.

결론적으로 이것이 하나님의 가족인 우리가 교회에서 지켜야 할 태도입니다. 그래야 남이 님이 될 수 있습니다.

하나님을 사랑하는 사람의 특징을 살펴보겠습니다. 하나님을 사랑하는 사람은 예수 그리스도를 받아들이고 다른 형제를 사랑합니다. 어떤 사람들은 그리스도인이 되면 이것도 해야 하고 저것도 해야 하고 해야 할 것이 많이 있지 않나요? 어휴, 그런 것들을 힘들어서 어떻게 하나요? 라고 하는 사람이 있습니다. 하나님의 사랑을 맛보지 못한 사람은 '어휴, 저것도 해야 하나요? 라고 하지만 하나님의 사랑을 맛보고 주님을 사랑하는 사람은 "제가 주님을 위해서 저것을 해도 됩니까?"라고 합니다. 하나님의 사랑을 맛보고 하나님을 사랑하는 사람은, 하기 싫어서 핑계를 대는 게 아니라 주님을 위해서 무언가를 하고 싶은 마음을 주체하지 못합니다.

주님을 사랑하는 사람은 "오늘 교회에 가야 하나?"하고 고민하지 않습니다. 하나님의 사람들과 함께하고 싶고 하나님의 사람들과 교제를 나누고 싶고 하나님의 사람들과 함께 주님을 찬양하고 예배드리고 싶어 합니다. 만일 하나님을 사랑한다면 말입니다.

그리스도인의 교제는 교회를 강성하게 하며, 세워진 성도를 자신의 책임과 의무에 신실한 성도로 성장하게 하는 것입니다. 그리스도인은 교제를 통해 하나님의 말씀으로 인한 영적기쁨을 다른 사람에게 간증하고 알려줌으로써 다른 성도들이 마음에 감동을 받아 더 공부하고 배우도록 이끌어 줄 수 있습니다. 말씀의 교제는 교회를 강성하게 합니다.

그리스도의 몸인 교회에서 모든 사람들은 교회의 성장에 헌신해야 합니다. 교회는 성경 말씀과 하나님을 믿고, 서로 사랑하고 돌보며, 모든 사람이 구원받기 원하며, 하나님과 이웃과 친교를 체험하기 원하는 사람들의 단체가 되어야 합니다. 예수님도 세상에 계실 때 이것을 위해 기도하셨습니다(찾아보기, 요 17:20-21).

마귀는 교회를 파괴시킬 수 없습니다(마 16:18). 교회를 망치는 것은 거짓 교리가 아니라 형제들 간에 사랑이 없는 것입니다(갈 5:15-16). 사랑하지 않는 사람은 하나님께로부터 배운 사람이 아닙니다(살전 4:8-9). 성경에 의하면 하나님께 배운 사람의 표시는 성경지식 뿐만 아니라 다른 사람을 자신과 같이 사랑하는 것입니다.

20장. 성만찬

하나님께서 교회에 주신 의식은 두 가지입니다. 하나는 '성만찬'이며 또 하나는 '세례(침례)'입니다. 이것은 교회의 권위 아래서 행하는 것이며, 교회에서 행할 때 의미가 있습니다.

1) '떡은 주님의 몸'을, 잔은 주님의 피(새 언약의 피)를 "상징"합니다(마 26:26-28;막 14:22-24;눅 22:19-20;고전 11:24-25;요 6:47-58,63).

2) 성만찬을 행하여 주님을 기억해야 합니다

(눅 22:19;고전 11:23-25). 주님의 죽으심을 기억하는 것은 주의 죽으심을 "주님께서 오실 때까지" 선포하는 것입니다(고전 11:26).

3) 성만찬에서 주의 할 점

(1) 죄 문제를 해결하지 않고 참여하여 합당치 않게 먹고 마시는 것은 주님의 몸과 피에 죄를 짓는 것이며, 저주를 먹고 마시는 것입니다. 이 죄로 인해 상당수가 약하고 병들고 잠들었습니다(고전 11:27-30).

(2) 묵은 누룩이나 악하고 가증한 누룩을 떼어내 버리고, 누룩 없는 성실과 진리의 떡으로 지켜야 합니다(고전 5:5-8).

4) 성만찬을 통해 얻는 유익

(1) 성만찬 전에 자신을 성찰하고 죄를 자백함으로써 거룩함을 회복하게 합니다(고전 11:28). 따라서 성만찬은 죄로부터 성별할 수 있는 계기가 됩니다(고전 11:28).

(2) 성별된 생활은 하나님과의 교제와 기쁨을 충만하게 하고 (요일 1:3-7), 풍성한 열매를 맺게 하며(요 15:4-8), 주님께 쓰임 받는 그릇이 되게 합니다(딤후 2:19-21).

떡은 단순한 떡이 아니라 십자가에서 제물로 희생되신 예수님의 몸을 의미하는 것이고, 잔은 십자가에서 흘리신 예수님의 보혈을 의미하는 것입니다. 성만찬을 대하는 우리가 감사함으로 떡과 잔을 나눔을 통해 예수님의 십자가 사랑을 나누게 되고, 그 순간 우리가 가진 영의 눈이 밝아지게 됩니다. 그리고 부활하신 예수님과 연합되는 신비한 능력을 체험할 수 있습니다.

그 축복스러운 교제 가운데 참예하는 것은 특권입니다. 주의 피를 예표하는 포도주을 들고 그리스도의 살과 피에 참예합니다. 하지만 불신자들은 여전히 밖에 머물러 있어야 하며, 거기에 참예하지 못합니다. 그들은 주의 피로 씻음 받아 거룩하게 되지 못했기 때문입니다.

성만찬을 할 때마다 우리는 주님께 성별되었다는 사실을 확인할 수 있습니다(출 31:13). 성만찬은 신자들 사이에서 하나님께 분리되었다는 표식이며, 간증입니다. 주님께서 친히 만찬에 대해 하신 말씀입니다(고전 6;17).

아담으로부터 분리되어 하나님께 성별 된 것은 비로 죽음이었습니다. 죽음은 가장 분명하고 확실한 분리이며, 성만찬이란 의식을 통해 "그분이 오실 때까지 주님의 죽으심을 보이는 것"(골 3;3)입니다. 겉으로 보기에는 참으로 이상한 의식입니다. 왜냐하면 그분 안에서 우리는 모두 죽었으며, 그분 안에서 우리는 모두 주님과 연합되었기 때문입니다(고전 6;17,15;55).

교회에서는 하나님의 말씀이 선포되고 성례전이 거행되어야 합니다. 하나님께서 우리에게 주신 말씀에는 기록된 말씀인 성경과 증거 되는 말씀인 설교가 있으며, 그것을 통해 하나님의 뜻을 알게 하십니다. 교회의 거룩한 예식인 성례전은 세례(침례)와 성찬입니다. 이 성례전은 그리스도인들이 예수님의 지체가 되어서 살아가는 데에 필수적인 과정으로, 주님께 연결된 자신의 정체성을 확인시켜 줍니다. 성찬예식은 주님께서 잡히던 밤에 제정하신 예전으로, 주님께서 공생애를 마치시고 십자가의 고난을 스스로 맞이하시기 전에 제자들과 함께하신 마지막 식탁에서 세워졌습니다.

주님께서는 유월절 만찬을 지키시면서 성찬예식을 제정하셨습니다. 유월절은 이스라엘 3대 절기 가운데 가장 큰 절기로 이스라엘이 애굽의 종살이로부터 해방되었음을 기념하는 절기입니다. 이는 여호와께서 애굽의 장자들을 치실 때 이스라엘 백성들의 집 문설주와 인방에 양의 피를 바르게 함으로써 재앙을 피할 수 있도록 하신 것으로부터 시작되었습니다(출 12:11-14). 이 유월절 만찬 때 주님께서 떡과 포도주를 자신의 몸과 피에 비유하신 것은 그분의 죽음이 유월절 어린양의 희생과 관계 맺고 있음을 의미합니다.

유월절 만찬이 애굽의 종살이로부터 이스라엘이 구원을 얻은 사실을 기념하는 것이라면, 성만찬은 주님께서 사탄의 권세와 죄와 사망의 올무로부터 인류를 구원하신 것을 기념하는 것입니다. 또한 유월절 예식이 양의 피로 세운 새 언약이었다면, 성찬예식은 주님의 피로 세운 새 언약입니다. 언약에 신실하신 하나님께서는 유월절 희생양의 피를 문설주에 바른 이스라엘 백성들을 애굽의 재앙으로부터 구원해 주셨던 것처럼, 예수 그리스도의 십자가 대속을 믿는 자들을 죄와 사망으로부터 건져 내어 영생의 구원을 이루어 주십니다. 나아가 성만찬은 주님이 십자가에 달려 몸을 찢기심을 상징하는 떡과 피 흘리심을 상징하는 잔을 나누는 예식입니다. 주님의 살과 피를 기억하고, 주님을 따르는 그리스도인들이 서로 주님의 생명을 나누며 교제하는 것입니다.

누가복음 22장에서 예수님은 예루살렘에 입성하시고 유월절을 맞이하십니다. 주님께서는 십자가에서 죽으실 것을 미리 아시고 제자들과 함께 유월절 만찬을 먹기를 간절히 원하셨습니다. "내가 고난을 받기 전에 너희와 함께 이 유월절 먹기를 원하고 원하였노라"(눅 22:15). 그리고 이 유월절 만찬이 이 땅에서의 마지막 만찬이라고 말씀하셨습니다. "내가 너희에게 이르노니 이 유월절이 하나님의 나라에서 이루기까지 다시 먹지 아니하리라"(눅 22:16). 이어서 제자들과 함께 유월절 만찬을 드십니다. "잔을 가지고 감사 기도하시고"(눅 22:17). 우리가 알고 있는 성만찬 순서는 떡을 먹고 잔을 나누는 것입니다(마 26:26-29;막 14:22-25). 그런데 누가복음에는 잔을 먼저 나누는 것으로 기록되어 있습니다. 그리고 마태와 마가는 잔을 한 번 언급하고 있는데 누가는 20절에서 잔을 한 번 더 언급합니다.

전통적으로 유대인들은 유월절 식사에서 포도주를 네 잔 마십니다. 식사를 시작하면서 집안의 가장이 잔을 들어 축사하고 식구들에게 잔을 돌립니다. 그렇게 포도주 잔을 나누며 식사를 마치고 마지막 잔을 나눕니다. 이러한 배경에서 생각해 볼 때 누가는 유월절 만찬의 첫 잔과 마지막 잔에 대해서 두 번 언급한 반면, 마태와 마가는 마지막 잔에 대해서만 한 번 언급한 것으로 이해할 수 있습니다.

예수님이 유월절 만찬을 시작하면서 첫 번째 잔을 드시고 제자들에게 나누어 먹도록 하셨습니다. "이것을 갖다가 너희끼리 나누라"(눅 22:17). 그리고 다시 한 번 유월절 만찬이 이 땅에서 마지막 만찬임을 강조하십니다. "내가 너희에게 이르노니 내가 이제부터 하나님의 나라가 임할 때까지 포도나무에서 난 것을 마시지 아니하리라"(눅 22:18). 이렇게 말씀하시고 떡을 떼어 주셨습니다. "또 떡을 가져 감사 기도하시고 떼어 그들에게 주시며 이르시되 이것은 너희를 위하여 주는 내 몸이라 이를 행하여 나를 기념하라"(눅 22:19). 예수님은 우리를 죄와 사망에서 구원하시기 위하여 십자가에 달려 죽으심으로 자신의 몸을 우리를 위하여 내어 주셨습니다. 그리고 그 십자가 희생으로 구원받은 우리는 떡을 떼면서 주님의 죽으심을 기념하는 것입니다.

예수님은 유월절 만찬을 마치시면서 제자들에게 마지막 잔을 나누어 주십니다. "저녁 먹은 후에 잔도 그와 같이 하여 이르시되 이 잔은 내 피로 세우는 새 언약이니 곧 너희를 위하여 붓는 것이라"(눅 22:20). 이는 유월절 어린 양의 피가 이스라엘 백성들을 애굽에서 구원하였듯이 우리 주 예수 그리스도의 피가 온 인류를 구원하게 될 새 언약이 됨을 말씀하신 것입니다. 따라서 이제 주님의 성만찬은 새 언약의 만찬이 되는 것입니다. 이 새 언약은 세 가지 의미로 이해할 수 있습니다.

첫째, 죄 사함과 영생에 대한 새 언약입니다. "이것은 죄 사함을 얻게 하려고 많은 사람을 위하여 흘리는바 나의 피 언약의 피니라"(마 26:28). 하나님께서는 전 인류의 구원을 위하여 약속을 하셨습니다. 율법으로 맺은 옛 언약은 구약시대의 계약입니다. 그리고 주님의 피로 한 약속이 새 언약입니다. "율법을 따라 거의 모든 물건이 피로써 정결케 되나니 피 흘림이 없은즉 죄사함이 없느니라"(히 9:22). 유월절 어린양의 피가 이스라엘 백성들을 재앙에서 건졌던 것처럼 십자가 예수 그리스도의 피가 인류를 죄와 사망에서 구원하신 것을 말씀하십니다.

우리가 나누는 떡과 잔은 바로 주님의 생명으로 나누는 새로운 언약입니다. 우리가 성만찬을 통하여 주님의 몸과 피를 기념함으로 주님의 죄 사함의 새 언약에 참여하게 됩니다. 이 새 언약으로 우리에게 영원한 생명을 주신 것입니다. "아들이 있는 자에게는 생명이 있고 아들이 없는 자에게는 생명이 없느니라"(요일 5:12).

둘째, 새사람 됨의 새 언약입니다. 새사람, 즉 예수님의 사람으로 살겠다는 언약입니다. 주님의 죽으심과 피 흘리심은 대속의 은혜입니다. 우리를 주님의 피로 값 주고 사신 은혜입니다. 그러므로 우리는 그 피 값으로 주님의 것이 된 존재입니다. 다시 말해서 성만찬으로써 주님의 몸과 피에 참여하고 우리는 그분의 소유가 되어 새사람이 된 것입니다. "예수께서 이르시되 내가 진실로진실로 너희에게 이르노니 인자의 살을 먹지 아니하고 인자의 피를 마시지 아니하면 너희 속에 생명이 없느니라 내 살을 먹고 내 피를 마시는 자는 영생을 가졌고 마지막 날에 내가 그를 다시 살리리니 내 살은 참된 양식이요 내 피는 참된 음료로다"(요 6:53-55). "내가 그리스도와 함께 십자가에 못 박혔나니 그런즉 이제 내가 육체 가운데 사는 것은 나를 사랑하사 나를 위하여 자기 몸을 버리신 하나님의 아들의 믿음으로 사는 것이라"(갈 2:20). "그런즉 누구든지 그리스도 안에 있으면 새로운 피조물이라 이전 것은 지나갔으니 보라 새 것이 되었도다"(고후 5:17).

성만찬에 참여하는 우리는 "나는 이제 내 것이 아니라 주님의 것입니다." 라고 고백할 수 있어야 합니다. "나 이제 주님의 새 생명 얻은 몸 옛 것은 지나고 새 사람이로다. 그 사랑 내 맘에 강같이 흐르고 그 사랑 내게서 해

같이 빛난다. 영생을 누리며 주 안에 살리라 오늘도 내일도 주 함께 살리라"(찬송가 436장 나 이제 주님의 새 생명 얻은 몸)

셋째, 한 몸 됨의 새 언약입니다. 교회는 공동체적입니다. "두 세 사람이 내 이름으로 모인 곳에는 나도 그들 중에 있느니라"(마 18:20). 그리고 교회 공동체는 사랑으로 묶인 공동체입니다. "예수께서 그리스도이심을 믿는 자마다 하나님께로부터 난 자니 또한 낳으신 이를 사랑하는 자마다 그에게서 난 자를 사랑 하느니라"(요일 5:1). 성만찬 의식을 통해서 교회가 사랑의 공동체이자 한 몸 공동체임을 확인할 수 있습니다. "떡이 하나요 많은 우리가 한 몸이니 이는 우리가 다 한 떡에 참여함이라"(고전 10:17). 우리가 함께 모여 주님의 살과 피를 나누는 것은 우리가 한 가족이며 한 몸이며 한 생명이라는 새 언약을 확인하는 것입니다.

주님의 성찬에 참여하는 우리는 하나입니다. 우리는 예수님의 살과 피를 함께 나누었기 때문입니다.

종교개혁자들은 가톨릭교회가 행해 온 성만찬에 대해서 문제를 제기하였습니다. 가톨릭교회의 성만찬은 화채설을 근거로 하였습니다. 화채설이란 성만찬에서 사용되는 떡과 포도주가 실제 주님의 몸과 피로 변한다는 주장입니다. 그러나 종교개혁자 츠빙글리와 칼뱅은 성만찬에 대해서 '기념설'과 '영적임재설'을 제시하였습니다. 즉 우리가 떡과 포도주를 나눌 때 주님의 부활과 다시 오심을 기억하고 기념하는 것이며, 주님께서 영적으로 우리 중에 임재하시리라 믿는 것입니다. 이는 오늘날 우리가 따르고 있는 개혁교회 전통입니다.

그런데 개혁교회의 전통을 따르는 우리는 성만찬에 대해서 소홀하게 여기고 있지는 않은지 돌아보아야 합니다. 많은 교회가 성만찬을 1년에 한 번 실시하거나 많은 경우 1년에 2번 정도 거행 합니다. 물론 횟수가 절대적인 것은 아니라고 하더라도 적어도 분기별로 1년에 4번 행하든지, 월 1회 성찬식을 행하는 교회가 되어야 바람직하다고 생각합니다. 또한 성찬예식을 행하는 방법도 회중석에 앉아서 참여하는 방법, 서서 참여하는 방법, 앞으로 나와서 참여하는 방법, 서로 나누는 방법 등 다양하게 할 필요가 있겠습니다. 무엇보다도 성찬식에 참여하기 위해서 한 주 동안 기도로 준비하고 자기 자신을 지켜 거룩한 모습으로 성찬예식에 참여할 수 있다면 더욱 거룩한 성만찬이 될 것입니다.

성만찬은 주님의 죽으심을 기념하는 거룩한 예식입니다. 우리는 삶의 익숙함에서 벗어나 하나님께서 예비하신 영생으로 들어가야 합니다. 성만찬은 우리의 정체성과 하나님의 은혜를 분명하게 알려 줍니다. 그리스도의 피로 죄 사함을 입은 우리는 영생의 새 언약을 받았습니다. 우리는 그리스도 안에서 새 사람이 되었고 교회를 이루어 한 몸이 되었습니다. 이 믿음의 반석 위에 집을 세우시길 바랍니다. 이 믿음이 우리를 굳건히 세우며 '영원에 이르는 바른길'을 제시할 것입니다. 이것이 형식적인 행사가 되어서는 안 됩니다. 단순한 기념행사를 뛰어넘어, 성령의 임재로 우리가 완전히 새롭게 되는 거룩한 예전이기 때문입니다. 성만찬에서 성령은 우리의 구원을 새롭게 하며, 영생을 소유한 사람으로서 천국 소망을 분명히 가지게 할 뿐만 아니라 구원받은 믿음의 사람으로서 주님 다시 오실 때까지 이 세상을 믿음으로 살아가게 하십니다. 그러므로 거룩한 성만찬에 참여할 수 있도록 더욱 힘써야 합니다.

구원받은 우리들은 새 언약의 성만찬을 통하여 나를 구원하신 주님의 십자가를 바라보며, 죄와 사망에서 나를 구원하신 주님의 은혜를 감사하며 살아야 하겠습니다. 영생을 소유한 자로서 거룩한 천국의 잔치를 바라볼 수 있어야 합니다. 이제 주님의 몸과 흘리신 피를 나눈 우리는 한 형제로 살아야 합니다. 이것이 새 언약의 성만찬을 통해서 깨닫게 하시는 하나님의 말씀입니다.

성만찬은 교회에서 행해지는 중요한 종교예식입니다. 집례자들은 성만찬 예식을 거룩히 받으라고 강조합니다. 삶 속에서 떳떳하지 못한 일을 행했다면 성만찬에 참여하기를 단념하라는 제안도 합니다. 그것은 그만큼 거룩한 예식이라는 말입니다.

하이델베르크 교리문답은 성만찬의 완성이 그 형식이 아니라 삶의 연장선상에 있음을 강조합니다. 아무리 형식이 완벽하더라도 크리스쳔으로써 사회적 책임을 다하지 못하면 그 성만찬은 불완전하다는 말입니다. 성만찬, 즉 그리스도의 몸과 피에 참여한다는 것은 사회에서도 그리스도처럼 순종하는, 거룩한 생활의 시작을 의미하기 때문입니다. '크리스쳔'이라는 단어 속의 의미가 성만찬을 통해 삶 속에서 실현돼야 하는 것입니다.

성만찬은 주 예수 그리스도께서 제정하신 것으로 주님의 몸(떡)과 보혈(잔)을 먹고 마실 때, 십자가의 부활과 은총을 되새기며(Anamnesis), 성도와 성도가 서로 교통하며(Commuino), 하나님나라를 미리 맛보고(Anticipatio), 성령의 임재를 기원하며(Epidesis), 성부 하나님께 감사(Eucharistia)드리는 것입니다. 이와같은 체험을 통해 성찬에 참여하여 먹고 마시는 자들이 새로운 피조물로 변화하며 새 하늘과 새땅을 미리 맛보는 신비의 체험입니다.

21장. 세례(침례)

세례(침례)란 어떤 뜻입니까?

"세례(침례)"란 중생이나 죄 사함을 뜻하는 것이 아닙니다. 세례(침례)는 이미 발생한 일의 진상을 말하는 것입니다. 즉 세례(침례)는 구원받은 그리스도인의 "내적 변화"에 대한 "외적 표시"입니다. 그의 내적 변화가 어떤 것이기에 외적으로 드러나겠습니까?

예수 그리스도의 보혈을 통하여 믿음으로 말미암아 은혜로 구원받은 것(엡 2:8-9)과 하나님께서 그 구원을 영원히 보증하신다는 것을 확신한 그리스도인은 자신의 변화된 삶을 세례(침례)에 순종하는 것에서부터 시작해야 합니다. 지역 교회에 속하기 위해서는 자신의 구원을 간증하고 세례(침례)를 받아야 합니다.

1) 세례(침례)는 죄에 대하여 죽고 하나님께 대하여는 살아난 것을, 즉 죄로 인해 지옥에 갈 수밖에 없었던 사람이 주 예수 그리스도를 자신의 구주로 믿음으로써 그의 영이 거듭나고 그의 혼이 구원받은 사실을 겉으로 표시하는 것입니다(갈 6:14).

2) 세례(침례)는 그리스도와 하나 됨을 나타내는 표시입니다(롬 6:1-13). 이와 관련하여 로마서 6:1-13은 침례에 대한 영적 의미를 제시하고 있습니다. "그리스도의 죽음", "그리스도의 장사되심"(묻히심), "그리스도의 부활"과 하나 되는 것입니다. 이와 같이 세례(침례)는 공개적으로 '자신이 어떻게 구원받았는가?'를 보여주는 것으로서 '영적변화에 대한 한 모형'이며, 그와 예수 그리스도와의 하나 됨을 나타내는 것입니다.

3) 세례(침례), 곧 물 세례(침례)는 성령세례(침례)로 그리스도의 몸에 연합된 성도가 자신의 구원을 나타내는 외적 표시입니다(고전 12:13).

4) 세례(침례)는 그리스도인의 공개적인 신앙고백의 한 형태로서 하나님을 향한 마음으로 살겠다는 믿음과 순종의 표시입니다(벧전 3:21).

5) 어떤 사람이 세례(침례)를 받아야 합니까?
성경은 예수 그리스도를 구주로 믿고 구원받은 사람이 세례(침례)를 받을 유일한 대상이 된다고 가르치고 있습니다(행 8:36-38). 이와 같이 세례(침례)를 위한 유일한 자격 조건은 로마서 10:9-10에 근거한 믿음을 통한 구원이며, 그것을 분명히 간증해야 합니다. 그러므로 아직 세례(침례)를 받지 않았다면, 우선 자신에게 구원의 확신이 있는가를 확인하고(고후 13:5). 침례교 지역 교회에서 믿음을 간증하면 세례(침례)를 받을 수 있습니다.

6) 세례(침례)는 어떻게 받아야 합니까?

(1) "누구의 이름으로" 세례(침례)를 받는 것이 성경적입니까?

세례(침례)는 아버지와 아들과 성령의 이름으로(마 28:19), '주'(Lord)의 이름으로(행 10:48, 베드로가 이방인에게 한 말) 세례(침례)를 받는 것 역시 동일한 의미를 지닙니다. 여기서 "주"는 아들(빌 2:11)과 아버지(유 1:5)와 성령(행 21:11;고후 3:17)의 공동적인 이름입니다.

(2) "언제" 세례(침례)를 받을 수 있습니까?

구원받은 사실을 간증하고 세례(침례)의 의미를 안다면(벧전 3:21) 구원받은 후에 즉시 받을 수 있으며(행 8:36-38,10:47-48,16:14-15), 일정 기간의 학습이나 문답이 필요하지 않습니다.

(3) 누가 세례(침례) 줄 수 있습니까?

성경적인 지역교회의 목사가 그 성도의 교회 앞에서의 간증을 확인한 후에 베푸는 것입니다.

(4) 세례(침례)는 어디서 받아야 합니까?

물이 있는 곳이면 어디서나 받을 수 있습니다.

(5) 세례(침례)의 중요성

세례(침례)는 구원을 위한 조건이 아닙니다. 오히려 구원이 세례(침례)를 위한 조건입니다. 그러나 침례는 헌신과 영적 성장을 위해 필요합니다(마 28:19-20). 세례(침례)는 주님의 지상명령 가운데 중요한 부분을 차지하는 것입니다. 어떤 사람이 예수 그리스도를 따르는 것을 배우는 것에 앞서 첫 번째로 해야 할 일이 세례(침례)이며, 이에 반드시 순종해야 합니다(마 3:13-15).

세례(침례)의 진정한 의미를 몸소 성장하는 신앙생활로 실천적인 삶으로 보여준 스코틀랜드의 위대한 종교개혁자인 존 낙스는 그의 명성만큼이나 유명한 일화들을 많이 남겼습니다. 어느 날 그가 자기 집에 친구들을 초청하였을 때의 일입니다. 함께 교제를 나누다가 잠을 잘 시간이 되었는데 얼마 후 친구들은 잠자리에서 존 낙스가 없어진 것을 보고 이상히 여겼습니다. 그러다가 마당 한가운데서 엎드린 채 얼굴을 땅에 대고 울부짖어 기도하는 존 낙스를 발견하였습니다.

'오. 하나님이여, 나에게 스코틀랜드를 주시옵소서. 아니면 내게 죽음을 주시옵소서.' 정말 어마어마한 기도입니다. 나라를 주시거나 죽음을 달라고 기도한다는 것은 그만큼 하나님의 전능하심을 믿는다는 것입니다. 그만큼 자신의 조국 스코틀랜드를 사랑한다는 것입니다. 하나님은 그 기도를 들으셨고 존 낙스를 통해 놀라운 일들을 이루어가셨습니다. 존 낙스는 한 사람이 하나님께 온전히 드려질 때, 얼마나 위대한 일이 일어날 수 있는지를 보여주는 산 모델입니다.

존 낙스는 특별히 하나님의 말씀을 전하는 설교에 있어 놀라운 능력을 나타냈습니다. 그는 보통 차분하게 30분가량 본문을 해설해 나갔습니다. 해설이 끝난 후에 적용을 하면서부터 설교가 정점에 도달할 때쯤에는 청중들이 하나님의 심판을 예고하는 그의 설교를 들으며 두려움으로 온 몸을 덜덜 떨었습니다. 오죽하면 그의 설교가 400개의 나팔이 동시에 울리는 것 같았다고 하겠습니까?

이렇게 놀라운 역사를 이룬 존 낙스임에도 그는 단 한 번도 하나님의 영광을 가로챈 후 자신이 무엇이라도 되는 것처럼 착각하지 않았습니다.

바울 사도의 고백대로 선한 싸움을 싸우고 믿음을 지킨 후에 수많은 사람들의 칭송을 받는 위치에 있음에도 불구하고 그는 철저하게 자신을 비우고 예수 그리스도만 높였습니다.

아래 내용은 존 낙스가 임종 직전에 고백한 내용입니다. '나는 나의 인생 중에 자주 사탄으로부터 오는 많은 습격을 받았소. 그리고 지금 그는 가장 무섭게 나를 공격하고 있소. 그리고 자기의 모든 힘을 다해 나를 멸망시키고 죽이기 위해서 쏟아내고 있소. 전에는 사탄이 나의 죄들을 나의 앞에 제시하고 나를 유혹하여 실망에 빠뜨리려고 노력했소. 그러나 그런 것들은 성령의 검, 하나님의 말씀에 의해서 부서지고 적들은 패했소. 지금 다른 방법으로 나를 공격하고 있소. 교활한 뱀이 나에게 내가 목회활동을 충실히 이행했기 때문에 하늘나라와 영원한 축복을 받을 만하다고 설득하려고 시도했소. 그러나 은혜로우신 하나님은 나에게 번쩍이는 화살을 쓰러트리고 피하도록 다음과 같은 성경 말씀을 제시함으로써 힘을 주셨소.'

'네게 있는 것 중에 받지 아니한 것이 무엇이뇨?'(고전 4:7), '나의 나된 것은 하나님의 은혜로 된 것이니 ... 내가 아니요 오직 나와함께 하신 하나님의 은혜로라'(고전 15:10) '이 말씀으로 그는 정복되었고, 나를 떠나갔소. 그러므로 나는 나에게 승리를 주시기를 기뻐하시는 예수 그리스도를 통하여 나의 하나님께 감사를 드렸소. 나는 유혹하는 자가 다시는 나를 공격하지 못할 것이란 사실과 잠시 후에는 육체적인 고통이나 마음의 걱정 없이 내가 죽음을 면할 수 없는 비참한 인생에서 예수 그리스도로 말미암아 영생하도록 축복받을 자리로 옮겨질 것을 확신하고 있소.'

어차피 빠르게 지나가는 한 평생을 사는데 잠시 있다가 없어지는 안개 같은 것들 위해서 살기에는 아까운 인생입니다. 움켜쥐지만 손을 펴면 아무 것도 남지 않는 바람 같은 것을 추구하기엔 아쉬운 우리의 삶입니다. 존 낙스처럼 영원한 것을 위해, 사라지지 않는 것을 위해 살아가는 것이 정말 복 있는 인생일 것입니다. 그렇게 산후에 모든 영광을 주님께만 돌리며 그렇게 살 수 있었던 것 자체가 주님의 은혜임을 고백하며 마무리하는 인생보다 더 찬란한 인생이 어디 있을까요?

22장. 주님의 12제자들

　예수님에게는 열두 명의 제자가 있었습니다. 이 제자들은 예수님의 공생애 3년 동안 예수님과 동고동락하며 예수님의 최측근으로 자리매김하고 있었습니다. 예수님께서는 공생애 초기부터 이들을 곁에 두고 모든 일을 함께 하셨습니다.

　예수님께서 제자들을 부르신 이야기는 마태복음 10장, 마가복음 3장, 그리고 누가복음 6장에 기록되어 있습니다. 특별히 예수님께서 제자들을 부르신 까닭이 마가복음 3:14-15에 나타납니다. 예수님과 함께 있으며, 가르침을 받으며, 전도를 하고, 치유 및 축귀 사역을 하면서 하나님 나라의 복음을 전파하기 원하셨던 것입니다. 예수님께서는 자신의 사역을 이어받을 제자들을 필요로 하셨습니다. 예수님의 사역에는 처음부터 제자들을 통한 복음전파의 계획이 있었던 것입니다.

예수님은 한 번 불러 제자로 삼으신 뜻을 돌이키지 않으시고 그들의 부족한 부분을 채워 주시며 막힌 영의 눈을 뜨게 하셔서 끝까지 제자의 길을 걷도록 하셨습니다. 부활 후 흩어졌던 제자들을 다시 모이게 하셨고, 흔들리는 믿음을 다시 견고하게 하여 재무장시키신 예수님이야말로 진정한 스승이셨습니다. 이렇게 제자들은 예수님의 신뢰를 바탕으로 제자로 다시 부름 받았습니다.

예수님의 열두 제자 중 가룟 유다를 제외한 열한 명의 제자들은 이름뿐인 제자의 자리에서 새로운 사명을 부여받은 참 제자가 되었습니다. 그들이 진정한 제자로 거듭날 수 있도록 예수님은 부족한 제자들을 재교육하셨습니다. 그리고 흔들림 없이 제자의 사명을 감당할 수 있도록 위로부터 오는 능력을 약속하셨습니다. 이제 열 한명의 제자들에게 남은 일은 예수님에게 일어난 모든 일의 증인이 되는 일입니다. 증인은 자기가 보고 들은 일을 그대로 전하는 사람입니다. 예수님의 참 제자는 예수님의 십자가와 부활을 증언해야 합니다. 부활 후 자신들에게 나타나신 일과 어두워진 영의 눈을 밝히시기 위해 성경말씀을 풀어주신 일, 위로부터 내려올 능력까지 모두 증언해야 합니다.

증인에게는 확신과 정직과 용기가 절대적으로 필요합니다. 그런데 위기 앞에 서 있던 제자들에게는 예수님의 부활에 대한 확신이 없었습니다. 빌라도 법정에 서신 예수님을 나의 주님이라 시인할 수 있는 용기도 없었습니다. 그러나 예수님께서는 나약한 제자들을 말씀으로 깨우쳐 굳게 세워 주셨고, 성령의 능력을 덧입혀 주심으로 확신과 용기를 가진 증인으로 살아갈 수 있도록 도와주셨습니다. 이후 사도행전에 나타난 제자들의 모습은 180도 달라집니다. 사도행전 4:20에서 베드로는 복음을 전하지 말라고 위협하는 사람들 앞에서 이렇게 외칩니다. "우리는 보고 들은 것을 말하지 아니할 수 없다!"

1. 시몬 베드로

시몬은 '듣는 자', 또는 '복종'을 뜻하며, '베드로'는 바위라는 뜻입니다. 그는 가버나움 사람의 후예로서 벳세다의 어부였으며, 요나의 아들로서 안드레와 형제였습니다. 그는 최초로 부름 받은 중요한 제자들 중의 하나이며, "천국의 열쇠"를 가지고 유대인과 이방인들에게 최초로 천국을 연 사도였습니다. 그는 사도로서, 광범위하게 여행하였고, 신약성경에 포함된 두 서신을 썼고 끝내는 순교하였습니다.

2. 안드레

안드레란 '남자답다'는 뜻입니다. 베드로의 형제로서 벳세다의 어부였고, 요한의 제자 중 한 사람이었습니다. 그는 최초의 예수님의 제자가 아닌가 생각되며, 다른 형제의 개종에 공을 세웠습니다. 그의 사도로서의 공적은 많이 알려지지 않았으며, 아가야 지방의 파트레에서 십자가에 달린 것으로 전해지고 있습니다. (구전에 의하면, 그는 감히 주님과 같은 십자가를 질 수 없다고 하여 X형 십자가를 선택했다고도 전해집니다.)

3. 야고보

'대신 들어앉다'는 뜻의 이름이며 부친은 세베대, 형제로는 요한이 있습니다. 그는 갈릴리 어부였으나 최초로 부름 받은 예수님의 제자 중 하나가 되었고, 총애를 받았습니다. 헤롯에 의해 사도들 중에서 최초로 죽었습니다(행 12:1).

4. 요한

이름의 뜻은 '하나님의 은혜'이며, 야곱의 형제로서 갈릴리 어부였습니다. 비교적 초기에 예수님의 제자가 되어 충실히 따랐습니다. 그는 예수님의 사랑하는 제자였고, 사도로써의 행적은 풍부합니다. 제 4복음서와 세

서신을 기록했으며, 계시록도 기록했습니다. 그는 일찍이 에베소에서 죽은 것으로 추측되고 있습니다.

5. 빌립

빌립이라는 말은 '투쟁적'이라는 뜻이며, 그도 역시 벳세다의 어부였습니다. 초기에 그리스도의 제자가 되어 나다니엘에게 그에 관해 이야기 했습니다(요 1:45). 그의 사도로서의 행적이나 죽음에 관해서는 확실한 것이 알려져 있지 않습니다.

6. 바돌로매

'탈마이의 아들(Son of Talmai)'이라는 뜻이며, 여러 가지 점에서 나다니엘과 동일인이 아닌가 하는 추측을 낳게 하고 있습니다(요 1:45). 그는 아라비아와 아르메니아에서 전도한 것으로 추측되나, 그의 사도로서의 행적과 죽음에 관한 확실한 것은 알려진 바 없습니다.

7. 도마

도마라는 말은 '쌍둥이', 또는 '소리'를 뜻하며, 그는 '디두모스(Didymus)'라고도 불립니다. 안디옥 출생으로서 그에 관한 기록은 요한복음에서만 찾을 수 있어서, 그의 사도로서의 행적은 거의 알려져 있지 않습니다. 페르시아에서 전도하고 에뎃사에서 죽은 것으로 알려져 있습니다.

8. 마태

'여호와의 선물'이라는 뜻의 이름인데, 그는 또한 '레위'라고도 불렀으며 예수께서 부르시기 전에는 가버나움의 세리였습니다. 그는 제 1의 복음의 기록자이며, 그의 다른 행적에 관한 전설은 많으나 확실치 않습니다.

9. 야고보(알페오의 아들)

　주님의 형제라고도 불리며, 예루살렘에 교회를 세운 뒤에 그 사역에 참여한 것으로 보입니다. 야고보서의 저자입니다. 구전에 의하면, 그는 서기관과 바리새인들에 의해서 성전 꼭대기에서 떨어 뜨려진 후에 곤봉으로 맞아 죽었다고 합니다.

10. 유다 (야고보의 아들)

　다대오(막 3:18)와 동일인이며, 유다서의 저자로 추측됩니다. 사도적 행적의 기록은 아직 없습니다.

11. 시몬(가나안 사람)

　셀롯이라고 부르는데, 이는 그가 "Zealots" 당원이었기 때문입니다. 그들은 모세의 의식을 맹신적으로 지킨 사람들입니다. 사도로서의 행적에 관한 기록은 없습니다.

12. 유다(가롯)

　유다는 '찬양하다' 라는 뜻의 이름입니다. "가롯" 은 유대 지방의 지명인 듯합니다. 그는 예수님과 동행하는 제자들 중의 회계였으며, 전도하거나 다른 제자들처럼 이적을 행한 것 같지는 않습니다. 주님에 대한 그의 반역은 영원히 그의 이름을 유명케 했습니다.

　열 두 제자를 살펴보았습니다. 예수님은 하나님께 소명을 감당하기 위해 먼저 열두 명의 제자를 부르셨습니다. 예수님은 제자들을 소명의 동역자로 세우기 위해 3년 동안 공을 들이셨습니다. 하나님의 뜻이 무엇인지, 하나님 나라가 어떻게 이루어지는지 가르쳐 주었습니다. 제자들을 무척 사랑하시면서, 하나님의 능력으로 할 수 있는 이적과 기사를 행하셨습니다.

그리고 십자가에 달리심을 통해 소명을 완성하셨으며, 제자들이 그 증인이 되어 주기를 바라셨습니다. 예수님은 자신이 하나님께 받은 소명, 즉 하나님 나라를 이루어 가는 일을 열두 명의 제자들이 지속적으로 이어 가기를 바라셨습니다.

우리는 예수님과 직접 함께했던 제자는 아닙니다. 다만 예수님의 제자들의 증언을 믿고 따르는 차세대 제자들입니다. 하지만 우리보다 앞섰던 많은 제자들이 그러했듯이 우리 또한 하나님의 말씀의 깨달음과 하늘로부터 내려 주신 성령의 능력에 힘입어 예수님의 제자가 되었습니다. 제자가 된 우리가 할 일은 오직 한 가지, "그리스도의 참된 증인"이 되는 것입니다.

23장. 하나님께로부터 힘을 얻어 충성된 일꾼으로 사는 법

　사람들은 누구나 눈을 뜨면 새로운 오늘을 맞이하고 오늘 할 일을 머리 속에 떠올리며 하루를 설계하는 사람의 모습은 한 송이 꽃보다 더 아름답고 싱그럽습니다. 그 사람의 가슴엔 새로운 것에 대한 열망이 있기 때문입니다. 그렇다면 지금부터 어떻게 살면 되겠습니까? 이 땅에 존재하는 모든 인간은 예수님을 구주로 영접하여 구원을 받고 하나님의 자녀가 되어 다음과 같이 살아갈 때 참 평안을 누릴 수가 있습니다.

　일상생활 가운데 하나님께 얻는 지혜, 성경의 지혜문학을 통해 일상생활의 원리를 바르게 이해하면, 우리를 인도하시는 하나님의 원리를 발견하게 됩니다. 우리를 사랑하시는 하나님께서 인간의 본능적인 지혜를 통해 주신 원리들은 모든 인생을 향한 하나님의 뜻과 이 세상 사이에서 조화를 이루며 살아가는 방법을 보여 줍니다. 우리의 자세와 행동은 물론 인생 전반을 지배하는 감정과 느낌의 균형을 맞추기 위해 지혜가 필요합니다.

하나님의 부르심은 우리의 사명과 밀접한 관계가 있습니다. 우리가 예수님의 제자가 되어 산다는 것, 우리가 예배자로서의 삶을 산다는 것은 사명자로서 이 땅을 살아가는 것이며, 그 사명은 내가 원하는 삶이 아닌 나를 부르시고 보내신 이의 뜻을 따라 사는 것입니다. 사명자의 첫걸음과 반응은 무엇입니까? 그것은 하나님의 부르심에 대한 반응이며, 거룩함과 영광스러움의 경험입니다. 죄 사함을 경험한 후 하나님의 말씀을 듣고 순종하는 것입니다.

우리는 흔히 하나님의 은혜를 받아 그 힘으로 주님의 일을 한다고 말합니다. 하나님께서 주신 은사로 다른 사람을 섬긴다고 생각합니다. 그리고 그것을 '사역'이라고 말합니다. 하지만 사람과 세상을 위해 사역할 때, 하나님으로부터 공급을 받지 못하면 탈진할 수 있습니다. 교회 안에서도 갑자기 큰 은혜를 받았다는 사람들이 봉사와 헌신에 앞장서서 주의 일에 열심을 내는 것을 볼 수 있습니다. 그러다가 얼마 가지 않아 탈진하는 모습도 꽤 많이 보게 되는데, 왜냐하면 은혜는 받았지만 영적으로 성숙하지 못해 자신의 육신으로 최선을 다하기 때문입니다.

그럴 경우 자신이 헌신한 만큼 다른 사람이 헌신하지 않는 것을 볼 때 그런 사람을 비난하게 되고, 그로 인해 사람과 사람 사이가 벌어지고 사역을 할수록 기쁨이 넘치기보다 오히려 스스로 부담이 가중되어 결국 지쳐 쓰러지게 됩니다.

사역이라고 하면 흔히 사람에 대한 사역만을 생각하는데 그렇지 않습니다. 사역에는 두 가지가 있습니다. 바로 '사람에 대한 사역'과 '하나님에 대한 사역'(Ministry to God)이라는 말은 쉽게 말해서 하나님을 영화롭게 하는 것을 뜻합니다.

하나님을 영화롭게 할 때 하나님의 영광이 임하고, 하나님의 영광이 임할 때, 하나님의 생명으로 충만해집니다. 그런 다음 그 생명의 충만함이 다른 사람에게 흘러 들어가도록 하는 것이 바로 진정한 '사람에 대한 사역'(Ministry to people)입니다. 그때 비로소 온전한 사역이 가능해지는 것입니다.

먼저 하나님께 받고 그것을 다른 사람에게 나누어야지, 자기가 노력하여 얻은 감동이나 하나님에 대해 연구하여 아는 지식 또는 헌신의 업적을 다른 사람에게 소개하는 것이 사역이라고 착각해서는 안 됩니다. 섬긴다고 할 때에는 자기에게 있는 것을 내주는 것이 아닙니다. 우리 안에 임하신 성령의 능력을 나타내 보이고 전달하는 통로가 되는 것, 그것이 진정한 섬김입니다.

그렇게 되려면 성령 충만해야만 합니다. 말라가는 샘에서 무작정 물을 퍼내기만 하면 나중에는 흙까지 퍼내는 것처럼, 하나님이 공급해 주시는 생수가 없는 상황에서 내게 있는 것을 퍼주면 내 안에 있는 찌꺼기까지 퍼주는 문제가 발생합니다. 그러면 내게서 사람의 모습이 나타나지 하나님의 권능이 나타나겠습니까? 하나님의 역사 또한 나타나지 않습니다.

겉으로는 열심히 섬기는 것 같고 열심히 퍼주지만, 사람들은 만족하지 못합니다. 그럴 때는 왜 그런가 하고 자신을 돌아보아야 합니다. 그러면 사역이 인간적인 것들을 퍼준 것에 불과하다는 사실과 하나님에 대한 사역이 부족했다는 것을 깨닫게 될 것입니다. 그렇다면 다시금 하나님 앞으로 돌아와 회개하고 기도해야 합니다.

"하나님, 잘못했습니다. 하나님이 채워주시지 않으면 아무것도 할 수 없는데 하나님을 구하지 않았습니다. 오셔서 나를 채워주옵소서." 하나님과의 관계의 통로가 늘 충만하게 열려 있다면, 그것은 아무리 퍼주어도 끝없이 샘솟는 샘물과 같아서 몸도 마음도 가뿐합니다.

그러면 어디로 가야 할지, 무엇을 선택해야 할지 모른 채 고민했던 경험을 성경적으로 어떻게 해야 하는지 알아보도록 하겠습니다.

이스라엘 백성이 출애굽 한 이후 가데스바네아에서 있었던 사건을 모세가 회상하는 내용입니다. 이스라엘 백성들은 가나안 땅을 주시겠다는 하나님의 분명한 약속을 받았지만, 가나안 정탐꾼들의 보고를 들은 뒤 원망하며 크게 낙심합니다.

그때 이스라엘 백성들의 절규는 그들만의 외침은 아닙니다. 이 땅에 사는 이 시대 모든 인생의 동일한 외침이며 절규입니다. 어디로 가야 할지 모르는 우리네 인생의 탄식 소리입니다. 모세는 절규하는 이스라엘 백성을 향해 "나를 믿고 따르라"거나 "동북쪽으로 올라가자"고 말하지 않았습니다. 오히려 그들에게 여기까지 인도하신 '하나님'이 어떤 분이신지를 선포합니다. 하나님은 백성들보다 먼저 가시어 장막 칠 곳을 찾으시고 가장 선한 길로 인도하셨고 밤에는 불기둥으로 낮에는 구름기둥으로 앞서 이끄셨습니다.

우리 인생길도 스스로 개척해서 온 길이 아닙니다. 앞서 행하시는 하나님이 우리를 위해 싸우셨기에 승리한 것입니다. 그러니 우리는 앞서 가시는 하나님을 바라보며 주님을 따라가는 삶을 살아야 합니다. 또한 모세는 앞서 행하시며 인도하시는 하나님을 '안아 주시는 하나님'으로 선언합니다. 사람이 자기 아들을 안는 것 같이 하나님께서 그들을 안아 여기까지 인도하셨다고 말합니다. 하나님은 인생의 모진 풍랑 속에서도 우리를 꼭 껴안아 인도하시고 보호하십니다.

살아계신 하나님께서 아브라함과 이삭과 야곱을 인도했듯이 우리의 미래를 인도하십니다. 능력 없다고 포기할 필요도 없습니다. 모든 것은 굳건한 믿음으로 하나님이 행하신다는 마음을 가져야 합니다(빌 4:6-7). 바울 사도는 고백합니다. "내게 능력 주시는 자안에서 내가 모든 것을 할 수 있느니라"(빌 4:13). 이사야 40:29에서는 "피곤한 자에게는 힘을 더하시나니" 또한 마가복음 28:20에서는 "할 수 있거든이 무슨 말이냐 믿는 자에게는 능치 못할 일이 없느니라."사람은 홀로 있다고 생각할 때 마음에 병이 듭니다. 살아계신 하나님께서 늘 나와 함께 하심을 믿으시기 바랍니다. 하나님께서는 "너와 함께 하사 너를 떠나지 않겠다"고 말씀하십니다. "내가 세상 끝 날까지 너희와 항상 함께 있으리라"(마 28:20). 예수님께서 약속 하셨습니다. 마지막까지도 건강한 마음을 잃지 않은 바울 사도는 사람들이 자신으로부터 떠나가고 점점 기운이 빠져가는 노년에도 "주께서 내 곁에 서서 나를 강건케 하심은..."라고 자신의 믿음을 고백하고 있습니다.

우리의 감정적 필요는 무엇인가? 강력하고 통제 불가능한 감정의 힘을 어떻게 조절할 수 있을까? 어떻게 다른 사람의 필요에 진정으로 동참할 수 있을까? 지혜로운 행실을 갖추기 위해서는 무엇보다 선하고, 또 진실해야 합니다. 앞선 몇몇 질문들을 통하여 자신의 선함과 진실함을 확인할 수 있습니다. "여호와를 경외하는 것이 지식의 근본이거늘"(잠 1:7). 여호와를 경외함으로써 신앙인의 삶을 살 수 있습니다. 그러한 삶을 통해 우리가 내린 선택에 운명이 좌우된다는 사실을 이해하는데 도움을 줍니다. 제한된 시간 속에 사는 우리 상황에 시간을 초월한 원리를 적용하는 셈입니다. 또한 우리의 일상생활과 하나님의 영원불변의 원리가 어떻게 연결되는지 보여 줍니다.

일상생활에서 그 지혜를 적용하도록 돕는 안내서인 잠언은 지혜로운 원리들을 요약 서술하여 주며 잠언이 말하는 지혜는 마음과 영적인 면까지 연결되며 이러한 지혜는 하나님을 경외함으로써 얻을 수 있습니다. 잠언의 가르침은 간결하고 재치 있는 경구들(epigrams)과 격언들(sayings)을 엄선해서 모은(collection, 실제로는 여러 개의 모음)것입니다. 잠언 말씀은 세상의 거짓 껍질을 벗기고 그 안에 감추어진 죄악을 보여 줍니다. 날카로운 통찰력으로 선한 행위가 과연 무엇인지 가르쳐 줍니다.

하나님의 주권을 반복해서 언급합니다. "너는 마음을 다하여 여호와를 신뢰하고 네 명철을 의지하지 말라 너는 범사에 그를 인정하라 그리하면 네 길을 지도하시리라"(잠 3:5-6).

하나님께로부터 힘을 얻는 법

"너희는 마음에 근심하지 말라 하나님을 믿으니 또 나를 믿으라"(요

14:1). 만약 우리에게 평화가 없다면, 우리가 머리로 알고 있는 것들은 우리 마음에 진정한 평화를 가져다 주지 못합니다. 평화를 얻으려면 예수님을 따라가야 합니다. 평화의 열쇠를 쥐고 있는 분이 바로 예수님이기 때문입니다. 우리는 예수님의 생애와 죽음과 부활을 믿는 믿음을 통해 하나님과 평화를 누릴 수 있습니다. 그리고 하나님과의 평화를 통해, 어떤 환경이든 끝까지 견딜 수 있는 참된 평화를 발견할 수 있습니다.

평안을 너희에게 끼치노니 곧 나의 평안을 너희에게 주노라 내가 너희에게 주는 것은 세상이 주는 것과 같지 아니하니라 너희는 마음에 근심하지도 말고 두려워하지도 말라(요14:27). 우리에게 평화가 있으면 그 어떤 것도 두려워할 것이 없습니다. 하나님을 두려워할 때, 다른 그 무엇을 두려워할 이유가 없습니다. "오직 하나님만 두려워하면, 하나님께서 안전하게 지켜주실 것이기 때문이다"(사 8:12-14).

참된 평화는 오직 그리스도로부터 옵니다. 우리는 하나님이 우주 만물을 주권적으로 통치하시는 분이며, 우리를 무조건적으로 사랑하는 분이며, 모든 것이 합력하여 선을 이루게끔 역사하시는 분이며, 환난을 당할 때에 기꺼이 도와주는 분이심을 믿음으로 믿을 때, 하나님을 굳게 믿고 의지하는 것을 배울 수 있으며 그럴 때에 하나님의 평화를 체험할 수 있습니다.

우리는 하나님께 우리의 모든 것들을 맡길 때 흔들리지 않는 평화, 그 무엇에도 움츠러들지 않고 요동하지 않는 평화를 발견할 수 있습니다. 하나님을 믿는 믿음을 통하여 참된 평화를 체험할 때 어떤 상황에서도 만족할 수 있고, 굳게 설 수 있고, 그 무엇도 걱정하지 않게 됩니다. 하나님을 굳게 믿고 의지할 때, 우리 삶을 지배하는 하나님의 평화가 인생의 어떤 폭풍이라도 잔잔히 가라앉힐 수 있다는 것을 깨닫게 됩니다. 우리가 하나님의 평화를 소유하고 있을 때, 어떤 골짜기라도 끝까지 지나갈 수 있습니다.

하나님의 은혜를 통한 하나님의 평화는, 우리가 어떤 상황에 처하든지 그것만 갖고 있으면 충분히 견딜 수 있다는 것을 스스로 입증해 보입니다. 그

러므로 모든 염려를 하나님의 손에 맡기는 것에 전념해야 하며, 오직 하나
님만이 우리의 모든 염려를 최선으로 처리해주실 수 있음을 확신하는 것
에 전념해야 합니다. 우리는 하나님을 믿고 의지할 것을 계속 결단해야 합
니다. 그럴 만한 증거가 전혀 없는 것처럼 보일 때라도 하나님을 굳게 믿고
의지할 것을 계속해서 선택해야 합니다. 믿음은 보이는 것으로 믿지 않습
니다. 대신 하나님께서 말씀하신 그대로 하나님을 믿습니다. 확신을 갖고,
보증을 받은 소망을 갖고 앞을 향해 걷습니다.

우리는 하나님의 마음을 이해할 수 없을 때라도, 하나님의 계획을 알 수
없을 때라도, 하나님의 손의 흔적을 느낄 수 없을 때라도 하나님의 마음을
믿고 의지해야 합니다. 그의 십자가의 피로 화평을 이루사 만물 곧 땅에 있
는 것들이나 하늘에 있는 것들이 그로 말미암아 자기와 화목하게 되기를
기뻐하심이라 (골 1:20)

그가 찔림은 우리의 허물 때문이요 그가 상함은 우리의 죄악 때문이라 그
가 징계를 받으므로 우리는 평화를 누리고 그가 채찍에 맞으므로 우리는
나음을 받았도다 (사53:5)

영원히 변하지 않는 그 분. 영원히 변하지 않는 하나님의 말씀. 그것에 우
리의 인생의 기준을 삼고 의지하며 살아가는 길이야말로, 후회하지 않고
감사한 삶을 살아갈 수 있는 참된 삶의 원리인 것입니다.

지금이라도 자신의 전 인생을 깊이 반추해 보십시오!

하나를 바꾸면 전체가 바뀝니다. 한 곳을 바꾸는 것은 모든 곳을 바꾸는
것입니다. 우리가 여기서 조금, 저기서 조금, 작은 변화를 일으키면 느닷없
이 모든 것이 변화하는 것입니다. 한 부분에서의 작은 변화가 전체 패러다
임을 영원히 뒤바꿔 놓을 수도 있다.(그렉 브레이든) 작은 변화가 내 인생
을 바꿀 수있습니다. 사소하고 귀찮은 일을 실천하는게 작은 변화라고 생
각합니다.

수고하고 무거운 짐 진 자들아 다 내게로 오라 내가 너희를 쉬게 하리라 (마11:28) "여호와는 나의 힘과 나의 방패이시니 내 마음이 그를 의지하여 도움을 얻었도다 그러므로 내 마음이 크게 기뻐하며 내 노래로 그를 찬송하리로다"(시28:7). 인간에게는 하나님만이 채울 수 있는 빈자리가 있는데, 이 자리가 채워지기 전까지는 결코 행복할 수 없다 라고 말했습니다.

세상 재물이나 명예가 행복을 주지 못합니다. 하나님의 사랑이 우리 속에 넘쳐날 때 참 행복을 누리게 됩니다. 하나님께서 나를 지으시고 나를 사랑하신다는 사실, 온 천하보다 나 한 사람을 더 귀하게 여기신다는 사실은 나에게 큰 힘과 용기를 주는 것입니다.

"사랑하는 자들아 서로 사랑하자 사랑은 하나님께 속한 것이니 사랑하는 자마다 하나님으로부터 나서 하나님을 알고 사랑하지 아니하는 자는 하나님을 알지 못하나니 이는 하나님은 사랑이심이라"(요일4:7~8).

예수님이 나를 사랑하신다는 사실을 알게 되면 자존감을 회복하고 자신감을 가지고 살 수 있습니다. 예수님의 십자가 사랑을 깨달을 때 우리는 새로운 삶을 살 수 있는 힘을 얻게 됩니다.

1. 힘은 예수 그리스도로부터 옵니다(빌 4:13).

대부분의 그리스도인들은 복음의 원수들이 위협하는 말 한마디에도 쉽게 낙심하고 낙담합니다.

왜 그럴까요?

예수님을 깊이 생각하지 않기 때문입니다. 마음속에 주님이 없는 사람들은 무슨 일에든지 쉽게 몸도 마음도 지치고, 영은 피폐해지기 쉽습니다. 우리는 그리스도를 통하지 않고는 아무것도 할 수 없고 그리스도를 통해서는 모든 것을 할 수 있는 하나님의 자녀들이기 때문입니다. 힘은 주님께 얻어야 합니다(시 84:5). 구원받은 성도들은 주님께 힘을 얻고, 힘을 구해야 합니다.

예수님은 "다 내게로 오라"고 하십니다. 누구든지 다 초청에 응하여 예수님 앞으로 나오기만 하면, 예수님이 그 짐을 대신 지고 해결해 주십니다. 어떤 문제이든 좋습니다. 물질 문제, 부부 문제, 자녀 문제, 건강 문제, 사업 문제, 미래 문제, 영적 문제, 모두 주님께 맡기고 나오십시오. 그러면 영원히 죽을 수밖에 없는 심령이 다시 살아나고, 병든 자가 깨끗이 고침을 받고, 지옥에 갈 수밖에 없는 자가 천국의 주인공이 되고, 고통과 저주가 물러나며, 범사에 형통함으로 평안과 기쁨을 누리고, 생명을 얻되 더 풍성하게 얻게 될 것입니다. 갈급한 심령의 목마름이 완전히 해갈함을 얻고, 만족함이 넘치는 삶의 축복을 받아 기쁨과 소망과 사랑 가운데 맑고, 밝고, 신나고, 즐겁고, 행복하고, 뜨거운 감사와 감격이 있는 삶의 축복을 경험하며, 예수님 믿는 것이 얼마나 행복한지를 체험하게 될 것입니다.

주님께 힘을 얻기 위해서는 그 마음이 늘 주의 제단들에 있어야 합니다. 주의 제단은 기도하는 곳이며, 우리의 예물(영적 희생물)을 바치는 곳입니다. 주의 제단들에 이르는 길들이 마음속에 있다는 말을 현재 우리에게 적용하면, 언제나 갈보리 언덕의 십자가에 이르는 길들이 우리 마음속에 있다는 것입니다. 늘 십자가를 생각하는 사람들은 새 힘을 얻습니다. 그리스도의 십자가는 하나님의 지혜이며, 하나님의 권능이기 때문입니다(고전 1:18).

2. 조용히 주를 신뢰함으로 힘을 얻습니다(사 30:15).

하나님을 힘으로 삼는 자들은 구원받은 하나님의 자녀들입니다. 주님을 신뢰하십시오(시 28:7). 주님이 힘이시오. 신뢰함으로 힘을 얻게 됩니다. 나의 방패시요, 도우심이시요, 힘이신 주님을 신뢰하는 것은 힘의 근원을 내 마음속에 둔 것과 같습니다(요 4:14).

주를 바라보라, 주를 우러러 보라. 주를 바라보는 일은 모세가 높이 든 놋뱀을 바라보고 불 뱀에 물린 사람들이 살아나듯이(민 21:8) 누구든지 예수 그리스도 우리 주 하나님을 바라보면 새 힘을 얻습니다(히 12:2). 세상의 독, 죄의 독에 감염되어 힘을 잃고 죽어가는 영혼이 소생합니다(사 40:28-31). 주를 바라보는 자들은 힘을 회복합니다. 주님께서 힘을 주시고 능력을 주시기 때문입니다. 육신의 눈으로는 어디를 보아도 주님이 보이지 않습니다. 주님은 우리의 영적 지각을 열어 주시고 믿음으로 주님을 바라보라고 하십니다. 저 하늘나라에 계셔서 보이지 않는다는 분들이 있습니까? 육신의 눈은 시력이 2.5이어도 멀리보지 못합니다. 망원경을 동원해서 보란 것도 아닙니다. 믿음으로 성경 속에 기록되어 있는 것을 내 안에 두고 믿음으로 바라보라는 것입니다.

3. 주께 힘을 얻는 방법은 말씀을 통해서 옵니다(히 4:12).

아무리 아름다운 명곡이라도 누가 그걸 연주하기 전에는 음악이 아닙니다. 그냥 종이 위의 부호와 글씨일 뿐입니다. 아무리 세계 최고의 명품 악기라도 누가 그걸 사용하기 전에는 악기가 아닙니다. 한낱 쇠와 나무에 지나지 않습니다. 아무리 베스트셀러 명작이라도 누가 그 책을 읽기 전에는 책이 아닙니다. 단지 종이 뭉치일 뿐입니다. 아무리 유명 화가가 그린 명화라 해도 누가 보고 감동을 느끼지 못하면 그림이 아닙니다. 낙서나 다름없는 쓰레기에 불과합니다.

"상처를 주지 않고 사랑하기란 얼마나 어려운 일인가. 소리 없이 아픔을 감싸준다는 것은 얼마나 아름다운 일인가. 우리가 함께 살아가는 사람들에게 빚을 지고 있는 거라고, 우리의 삶이 꺼져갈 때마다 우리를 살리는 건 우리 자신이 아니라 다른 이들의 헌신적인 사랑이라고. 사랑은 주는 사람의 마음속에서 더 오래 남는다는 것을 …

사랑은 의식 깊은 곳에서 숨을 쉬다가 우리가 잘못된 길을 걸어갈 때면 기어코 우리들의 곁으로 다가온다. 거칠게 숨을 몰아쉬며 사랑은 끝끝내 우리의 길을 인도한다. 사랑은 사람을 포기하지 않는다. 세상엔 우리가 눈으로 볼 수 없고 마음으로도 느낄 수 없는 것들이 많단다. 사람은 누구에게

나 마음의 정원이 있다. 그 정원에 지금 무엇이 심어져 있는지는 중요하지 않다. 그런데 사람들은 끊임없이 계획을 세운다.

무엇을 심을까 고민하는 한 그 사람은 결코 행복해질 수 없다. 마음만 있다면 풀 한 포기만으로도 아름다워질 수 있는 게 우리의 인생이다. 사람들의 마음 속에 유리 조각을 꽂아놓고 모르는 사람들이 다가오는 것을 경계한다. 심지어는 친한 사람들의 속마음까지도 실눈을 뜨고 경계할 때가 있다. 하지만 대부분의 경우, 우리에게 해를 끼치는 것은 다른 사람이 아니다. 우리들 자신이다.

오래 전 나팔꽃을 심으며 엄마는 영희에게 말했었다. 사랑하는 이의 얼굴이 보고 싶어서 나팔꽃은 힘겹게 창문 위를 기어오르는 거란다. 아빠는 네가 훌륭한 사람이 되는 것보다 행복한 사람이 됐으면 좋겠어. 너무 똑똑한 사람이 되기를 바라지도 않아. 조금은 어리석어야 따뜻한 사람이 될 수 있거든... 사람은 떠나가도 사랑의 기억은 그 자리에 남아 끝끝내 그 사랑을 지켜준다. 사람은 누구에게나 아픔이 있다. 그 아픔을 어떻게 이겨내느냐에 따라 우리의 삶은 힘들 수도 있고 아름다워질 수도 있다. 빛은 어둠 속에서 더 잘 보인다. 아침저녁으로 뉴스를 통해, 우리는 흉악한 사람들의 이야기를 듣는다. 그럼에도 우리 세상에는 여전히 희망이 있다. 다른 사람을 위해 눈물 흘리는 사람들이 있기 때문이다. 세상의 모든 것들은 결코 하나의 의미로만 존재하지 않는 거야. 슬픔도 그리고 기쁨까지도... 힘겨워도 견디고 또 견디다 보면 슬픔도 언젠가는 아름다운 노래가 되거든... 그의 눈에 눈물이 가득 고여있었다. 몰아쉬는 깊은 숨 사이로 그리움이 새떼처럼 하늘로 날아오르고 있었다.

생각해 보면 사람은 자신이 생각하는 것만큼 불행하지 않다. 자신이 생각하는 것만큼 행복하지도 않다. 사랑은 소리없이 가 닿을 때 가장 아름답다." / 앙드레 말로, 오랫동안 꿈을 그리는 사람은 마침내 그 꿈을 닮아간다.

아무리 열렬한 불타는 사랑도 상대방의 가슴에 꽃피워지기 전에는 사랑이 아닙니다. 벙어리 냉가슴에 불과 합니다. 아무리 우리 마음에 보석 같은 아름다운 사랑을 지니고 있다 해도 그 사랑을 표현하지 못하면 죽은 사랑에 불과합니다. 사랑은 나누고 베풀고 희생할 때 가장 아름답게 꽃이 되어 피어오릅니다.

주님도 우리들을 사랑하시기 위해서 십자가의 그 고난을 당하셨습니다. 자기를 조롱하고 못 박는 자들까지도 용서하여 달라고 기도하셨습니다. 주님의 사랑이 우리의 본입니다. 내가 먼저 고백하고 희생하고 아껴줄 때 명곡처럼 명작처럼 명화처럼 모두의 감동이 됩니다.

좋은 소리를 멀리 보내기 위하여 많은 아픔을 참아야 합니다. 북은 소리를 널리 퍼트리기 위하여 흠씬 두들겨 맞아야 합니다. 한 쪽으로 치워 놓은 사랑은 사랑이 아닙니다. 힘들더라도 사랑의 가슴을 울리십시오. 아프더라도 희생의 가슴을 찢으십시오. 괴롭더라도 돌덩이 마음을 두드리십시오. 우리의 사랑은 감동으로 울려 모든 이의 마음의 문을 사랑으로 열게 해 주고, 마음의 화폭을 사랑으로 물들여 주며, 마음의 기다림을 사랑으로 흔들어 줄 것입니다.

말씀은 권능이 있습니다. 왜 그리스도인들이 쉽게 마음과 몸이 지치게 되는 것일까요? 그들은 하나님의 말씀이 없기 때문입니다(암 8:11-13). 우리의 마음속에 하나님의 말씀이 풍성히 있으면 힘이 생기고 능력이 생기는 것입니다.

4. 함께 기도함으로 새 힘을 얻게 됩니다(롬 15:32).

마음을 합하여 하는 기도는 처음에는 힘들어 보여도 새 힘을 얻는 기도가 됩니다. 우리 모두 지치고 힘이 들 때 더욱 기도에 힘써야 합니다. 기도할 때 새 힘이 솟아나고 놀라운 영적인 힘이 주어집니다. 육신의 힘은 쇠하여져도 속사람의 힘은 왕성하게 됩니다. 영적인 힘이 왕성하게 되면 영은 혼과 몸에 힘을 주게 됩니다(시 68:28).

5. 주를 기뻐하는 것(주님의 기쁨)이 우리의 힘입니다(느 8:10).

주의 기쁨이야말로 우리에게 진정으로 힘을 주는 것입니다. "항상 기뻐하라"는 말씀은 "주를 기뻐하라"는 명령으로 주의 기쁨(요 15:11)이 우리 안에 있기 때문입니다. 힘은 주를 사랑함으로 옵니다(시 18:1). 사람들이 흔히 말하는 사랑의 힘도 크고 놀랍습니다. 엄청난 감동을 불러 옵니다. 그러나 그 대상이 주님일 때 그 힘은 가히 제한이 없습니다. 주님은 자신을 사랑하는 자들에게 힘을 주시는 분이십니다(삿 5:31). 이런 이유로 우리는 마음과 성품과 힘을 다하여 주님을 사랑해야 합니다(신 6:5).

1865년 겨울 눈보라 치는 날, 한 여인이 영국 사우스 웨일즈의 언덕을 지나고 있었습니다. 그녀는 홀로 갓난아기를 안고 가다가 눈보라 속에서 가던 길을 그만 잃어 버렸습니다. 그 아이의 엄마는 눈보라 속에서 길을 잃고 헤매면서도 그 아이가 잘못 될까봐 꼭 품에 안고 놓치지를 않았습니다. 그러다가 추위를 견디지 못하고 눈보라 속에서 얼어 죽었습니다. 눈보라가 그친 다음날 아침, 그 길을 지나던 행인이 그 아이 엄마를 발견했습니다. 그런데 그 여인은 아이를 꼭 끌어안은 채 웅크리고 죽어 있었습니다. 추위 속에서 안고 있는 아이가 얼어 죽을까봐 자신의 옷을 하나씩 벗어서 아기를 감싸주고 자신은 알몸으로 그 혹독한 추위 속에서 동사한 것입니다.

어머니는 죽었지만 그런데 놀랍게도 여인의 품에 안겨있던 아기는 살아 있었습니다. 이런 사실이 알려지고 아기는 어느 가정에 입양되어 자랐습니다. 이 아이가 훗날 세계 1차 대전 때 전쟁을 승리로 이끌었던 영국의 53대 수상인 데이비드 로이드 조지(Daivid Lloyd Georg)입니다. 1916년 거친 눈보라와 혹독한 추위 속에서 어머니가 자신을 품고 돌아가신지 51년이 되던 해 그는 영국의 수상이 되었습니다. 그는 영국의 역사상 가장 위대한 정치가 중 한 명이라는 말까지 듣게 되었습니다. 그는 어려서부터 자신을 위해서 알몸으로 죽으신 어머니의 이야기를 들으며 자랐습니다. 평생 자신을 위해 희생한 어머니를 잊지 않았고 자기 아들을 살리려고 알몸이 되어 죽으신 어머니를 늘 생각하며 살았습니다. 어머니의 뜨거운 사랑을 헛되이 하지 않으려고 성실하게 어머니 보시기에 부끄럽지 않은 삶을 살았습니다.

우리는 주님의 그 품에서 다시 태어난 사람들입니다. 나를 위해 눈보라가 아닌 핍박과 박해의 폭풍 속에 십자가에 못 박힌 예수님의 큰 사랑 감격을 잃지 말아야 합니다. 구원받은 사람들의 삶이 이와 같아야 합니다. 우리들의 삶의 이유와 우리 삶이 변화되어야 할 이유는 우리를 위해 죽임 당하신 예수님 때문입니다. 그분을 위한 일을 하고, 그분을 위한 하루를 사십시오. "너희 지체를 불의의 무기로 죄에게 내어주지 말고 오직 너희 자신을 죽은 자 가운데 다시 살아난 자 같이 하나님께 드리며 너희 지체를 의의 무기로 하나님께 드리라"(롬 6:13). "예수께서 이시되 내가 곧 길이요 진리요 생명이니 나로 말미암지 않고는 아버지께 올자가 없느니라"(요 14:6).

우리에게 우리 자신 안에 계신 예수 그리스도의 사랑이 있다면, 매일 우리가 만나는 가난하고, 병들고, 고통을 당하는 사람들은 우리에게 주님이 친히 섬기라고 부탁하신 이웃들입니다. 그들은 우리 그리스도인들이 싸매 주고 품어 주어야 할 사랑의 대상입니다. 나를 사랑하는 사람들, 나를 좋아하는 사람들만 친하게 지낸다면 우리가 세상 사람들보다 나을 것이 아무 것도 없습니다. 나를 싫어하고, 미워하는 사람들 아니 원수까지도 품어 주어야만 비로소 그리스도인이라는 이름이 부끄럽지 않습니다.

그러나 내 감정, 내 힘으로는 감당할 수 없습니다. 내 자신이 십자가에 못 박혀 있고, 성령님께서 나를 주관하도록 내어 드릴 때만 연약한 나를 통해서 주님이 일하실 수 있습니다. 새 포도주를 새 부대에 담아야 하듯, 내 생활 방식이 아닌 예수님의 생활 방식으로 전환 되어 하나님 말씀대로 삶의 현장에서 주님을 실제 삶으로 기쁘게 해드릴 때, 주님으로부터 새 힘을 공급받게 될 것입니다.

추수할 일꾼을 부르실 때

오늘날 성도들은 어떻습니까? '추수할 일꾼들을 주시라고 기도하지 않는다고 합니다. 왜냐하면 하나님께서 자신에게 일꾼 되라고 하실까봐 두렵기 때문입니다.' 다른 사람이 되는 것은 좋은데, 자기 자신만은 안 된다는 심산입니다. 과연 이 책을 마지막까지 정독을 하고 나서도 그 마음이 그대로 변함이 없을까요? 궁금하지 않으십니까? 일단 끝까지 힘차게 달려 보기로 합시다.

사도바울은 실패와 비난을 통해서 성장해 나갔습니다. 어떤 이들은 사도 바울은 사도가 아니라고 하였습니다(고전 2:9). 사도는 주님과 함께 한날이 있어야 하는데, 바울은 그런 일이 없었다는 것입니다. 그러나 사도 바울은 다메섹 도상에서 부활하신 주님을 만났고(행 9:3-9), 그 주님을 통해 사도로 칭함을 받았으며(행 9:15), 사도로서의 삶이 고난이 있을 것임을 또한 미리 알았지만(행 9:16,14:22), 오히려 그 일에 감사하였습니다.

외모를 지적받았습니다. 대머리다. 안질환자다. 키가 작다 하며 놀림을 받았습니다(고후 10:10,12:7). 설교자에겐 음성이 중요한데, 그는 목소리 또한 듣기 좋지 않다는 모독을 당하기도 했습니다(고후 10:10), 그뿐이 아닙니다. 그는 아덴에서 복음을 전하다 실패를 경험하기도 했습니다(행 17:16-34). 그러나 그 일을 통해 오직 주님과 십자가만을 전하기로 마음먹었고, 지식과 인간의 지혜에 의존하지 않고, 오직 성령에 의지하는 목회자로 거듭납니다(고전 2장, 4:20).

그는 옥에 갇히는 것이 일상이었고(고후 12:23-28), 심지어는 매를 맞아 죽은 줄 알고 성 밖에 버려지기도 하였지만(행 14:19), 오히려 더욱 힘있게 복음을 증거하였습니다. 왜냐하면 자신의 구원은 오직 예수 그리스도를 통해서 얻었으며, 이보다 더 귀한 것이 없음을 알았기 때문입니다. 그는 민족을 사랑했고, 이방인을 위해 살았습니다(행 9:15). 그는 고난 속에 있었지만, 고난은 늘 그에게 복음을 효과적으로 전할 수 있는 기회가 되는 하나님의 섭리였음을 알았습니다(행 16:16-40;롬 8:28-30). 로마로의 호승 등 많은 고난이 있었지만 그것이 하나님의 의도임을 알았습니다(행 9:16). 그는 하나님의 의도와 섭리를 믿었기에 어떤 환경에서도 하나님과의 교제를 놓치지 않았고 주님을 통해 위로를 경험했습니다.

예수 그리스도의 십자가의 희생을 통해서 구원받은 성도라면 마땅히 하나님의 부르심에 응답할 수 있어야 합니다. 주님께서 일꾼을 부르실 때 우리는 다음의 세 가지를 유념해야 합니다.

1. 영원한 현실을 직시하라.

"주께서 어디로 가시든지 따르겠다"(눅 9:57)고 고백하는 한 사람이 나옵니다. 이 사람에게는 최소한 주님을 따르려는 의지가 있었습니다. 하지만 오늘날 이런 마음조차 갖지 못한 그리스도인이 너무 많다고 합니다. 주님을 따르는 일에 관심조차 없습니다. 자기 자신의 일만 구하고 그리스도 예수의 일은 구하지 않습니다. 주님을 향한 최소한의 열정도 없습니다. 첫사랑을 저버린 지 오래 되었고, 마음은 냉랭하며 바위처럼 단단하게 굳어 버렸습니다. 영적인 일에 관한 한, 눈빛은 죽어 있고 심장은 뛰지 않습니다. 이유가 무엇입니까?

"세상"을 너무도 사랑하기 때문입니다. 그들은 자기 자신을 향한 사랑의 늪에서 허우적거리고 있습니다. 디모데후서 3장은 마지막 날들에 아주 어려운 때가 온다고 말씀하면서 사랑의 문제를 지적합니다. "사람들이 자기를 사랑하고 돈을 사랑하며... 자만하고 쾌락을 사랑하는 것이 하나님을 사랑하는 것보다 더하며"(딤후 3:2,4).

그래서 주님을 따르려면 자기를 부인하고 자기 십자가를 져야 하는 것입니다. 세상과 세상에 있는 것들을 사랑하지 말라고 경고하는 이유가 바로 여기에 있습니다. 하나님을 첫째로 사랑하지 않으면 결코 주님을 따르겠다는 마음을 가질 수 없습니다. 말하자면 이들은 그들이 사랑하는 세상의 현실의 장벽에 부딪혀 하나님의 일꾼이 될 엄두조차 내지 못합니다.

그들 앞에 놓인 현실은 대략 이런 것들입니다. "좋은 직장에 들어가야 한다. 웬만한 '스펙'으로는 취직하기 어렵다. 어학연수나 유학, 인턴 경력은 기본이다. 누구나 인정해 주는 직장을 다녀야 결혼도 잘 할 수 있다. 나만 승진 못한 채 도태될 수 없지 않은가! 먼저 안정된 수입과 안락한 집, 자가용, 자녀 교육, 출세, 세상의 인지도 등이 보장되어야 하나님의 일을 고려해 볼 수 있지 않겠는가!" 심지어 먼저 세상에서 성공해야 복음을 효과적으로 전할 수 있다고 말하는 사람들도 있습니다. 이들은 하나님께서 원하시는 독특한 성도들이 아니라, 세상이 바라는 그리스도인이 되려고 합니다.

그러나 성경은 눈앞에 놓인 현실에만 급급한 그들의 근시안적인 태도에 대해 분명하게 경고하고 있습니다. "그리스도인은 반드시 그분 앞에 서야 합니다. 우리가 반드시 다 하나님의 심판석 앞에 나타나리니"(고후 5:10) 하나님 앞에서 자신에 관해 직접 설명하고, 각자에게 주어진 므나로 얼마를 벌었는지 회계해야 할 현실에 직면하게 됩니다. 행한 일에 대해 불로 시험받을 순간이 다가오고 있습니다.

어떤 성도는 자기가 일한 것이 모조리 불타 없어져 연기 속에 사라지는 현실을 목도할 것입니다. 이제 곧 닥치게 될 엄연한 현실을 직시하십시오. 잠깐 보이다가 사라질 현실이 아니라 '영원'에서 직면하게 될 현실을 직시해야 합니다. 자신의 현 생애가 하나님 앞에 선 심판과 연결되지 못하고 영원한 영광의 비중을 이루지 못하고 있다면(고후 4:17) 지금 이 순간 인생의 방향을 전면 수정해야 합니다.

2. 뒤를 돌아보지 마라.

"손에 쟁기를 잡고 뒤를 돌아보는 자는 하나님의 나라에 적합하지 않다"(눅 61-62)고 말씀하십니다. 엘리사는 "쟁기를 잡고 뒤를 돌아보지 않은" 부름 받은 일꾼의 좋은 예입니다. 그는 열두 겨리의 수소들을 앞세워

밭을 갈고 있을 때 부르심을 받았는데, 그때 자신의 수소들을 버려두고 엘리야를 따라가 그를 섬겼습니다(왕상 19:19-21). 때때로 자신은 예수님을 따라 앞으로 나아간다고 생각하면서도 실은 쟁기를 잡고 뒤를 돌아보며 살다가 주님으로부터 너무 멀리 떨어져 버린 사람들이 있습니다. 그래서 주님께서 지금 어디에서 무엇으로 자신을 부르셨는지조차 모르는 경우가 많습니다. 처음에는 믿음의 행렬에 속하였다가 언제 어디에서부터인가 주님을 놓쳐 버린 것입니다. 문제가 무엇일까요? 옛 생활을 돌아보았기 때문입니다. 롯의 아내는 뒤를 돌아보았다가 소금기둥이 되었습니다. 에베소 교회는 첫사랑을 저버렸고, 데마도 세상으로 돌아가 버렸습니다. 이스라엘 백성은 뒤에 있는 이집트를 돌아보면서 광야에서 계속 불평불만을 늘어 놓았습니다. 이집트로 돌아가려해도 다시 홍해가 열리지는 않는데도 말이죠. 우리는 이 모든 것을 통해서 교훈을 배워야 합니다.

따라서 주님의 부르심에 신실하게 응답하기 위해서는 구원받기 이전의 생활들에 미련을 두어서는 안 됩니다. 육신적인 것들, 옛 습관들, 옛 지식들, 주님을 따르는 데 불필요한 모든 것들을 깨뜨리고 부수지 않고서는 결코 주님의 일꾼이 될 수 없습니다. 하나님께서 아합의 집안을 진멸시키기 위해 에후는 바알의 형상을 부수었고, 바알의 집을 파괴시켜 변소로 만들었습니다. 유다의 개혁을 주도했던 왕 히스기야는 산당들과 형상들을 부수었고 아세라 들을 베어냈습니다. 요시야 왕 역시 남색자들의 집을 파괴시켰고, 산당들과 이방신을 섬기는 제단들을 완전히 깨뜨려 버렸습니다. 여전히 옛 생활들에 미련을 두고 있거나 이전의 잘못된 행실들을 버리지 않고 있다면, 결코 주님의 부르심에 온전히 응답할 수 없습니다.

3. 언제든지 응답할 준비를 갖추라.

예수님께서는 물고기를 잡던 베드로, 야고보, 요한을 "사람을 낚는 어부"로 부르셨습니다. 세금을 걷고 있던 마태도 부르셨습니다. 그들은 모두 그 부르심 앞에 과감히 모든 것을 버려두고 주님을 따라나섰습니다. 우리는 하나님의 부르심에 "곧 바로 응답할 준비가 되어 있어야" 합니다. 이것은 모든 성도가 사역에 나서야 한다는 뜻이 아닙니다. 부르심에 기꺼이 응하고자 하는 헌신된 마음을 늘 품고 있어야 한다는 뜻입니다. 주님께서는 준비가 안 된 사람은 들어 쓰실 수가 없습니다.

부르심에 기꺼이 응답하고자 하는 사람이 없다면 어떻게 되겠습니까? "그 때로 보면 너희가 마땅히 선생들이 되었어야 할 터인데"(히 5:12), 다시 말씀의 기초들을 가르쳐 주어야 하는 답답한 현실을 이야기 하고 있습니다. 이 땅에 진리의 말씀으로 개혁을 일으켜야 한다고 한들, 이에 준비된 사람도 없고, 일어나 일할 성도들도 없고, 반응도 냉랭하다면 얼마나 답답한 일이겠습니까?

구령자, 설교자, 성경 교사, 지역교회를 맡을 목사, 선교사, 진리의 지식을 번역할 번역자들과 진리의 글을 쓸 필자들, 무릎 꿇는 기도와 물질로 섬기고 교회 구석구석을 살펴야 할 사람들이 필요한데, 아무도 준비되어 있지 않고 또 그 일을 위해 선뜻 나서려 하지 않는다면 이보다 더 한심한 일은 없는 것입니다.

누가 알아주고 알아주지 않고는 중요하지 않습니다. 언제든지 하나님께서 부르시면 응답할 수 있는 준비를 갖추어야 합니다. 그리고 주께서 부르실 때 모든 것을 버리고 따라나서기만 하면 됩니다. 진리의 말씀을 지속적으로 공부하고 꾸준히 기도하며 자신이 처한 그 위치에서 할 수 있는 한 힘껏 주님을 섬기고 있다가, 때가 되어 주님께서 부르시면 응답하면 되는 것입니다. 그 시기는 우리가 정하는 것이 아닙니다. 주님께서 가장 적합한 때를 지정해 주실 것입니다. 다만 "부르실 때에 응답할 준비"를 갖추고 있으면 됩니다. "주여, 내가 여기 있나이다"(행 9:10). "여기 있나이다. 나를 보내소서"(사 6:8).

주님께서는 일꾼을 부르시고 계십니다. 제 아무리 좋은 관광명소를 가더라도 혼자가면 허전하기만 하고 마음에 맞지 않는 사람과 같이 가면 불편하지만 사랑하는 사람과 함께 가면 행복합니다. "나의 사랑하는 자가 내게 말하여 이르기를 나의 사랑, 애 어여쁜 자야 일어나서 함께 가자"(아가 2:10). "무화과나무에는 푸른 열매가 익었고 포도나무는 꽃을 피워 향기를 토하는구나 나의 사랑, 나의 어여쁜 자야 일어나서 함께 가자"(아가 2:13). "두 사람이 뜻이 같지 않은데 어찌 동행하겠으며"(암 3:3).

인생길 누구와 동행해야 할까요? 뜻이 같은 사람과 동행하고, 지혜로운 사람과 동행하고, 마음에 맞는 사람과 동행하고, 사랑하는 사람과 동행하고, 하나님과 동행하는 삶을 살아야 합니다. "지혜로운 자와 동행하면 지혜를 얻고 미련한 자와 사귀면 해를 받느니라"(잠 13:20). "이것이 노아의 족보니라 노아는 의인이요 당대에 완전한 자라 그는 하나님과 동행하였으며"(창 5:22). "에녹은 육십 오세에 므두셀라를 낳았고 므두셀라를 낳은 뒤 삼백 년 동안 하나님과 동행하며"(창 5:21-22).

우리 사명자들이 잊지 말아야 하는 것이 있습니다. 하나님께서는, 부르심을 받고 사명을 감당해 나가야 할 우리를 홀로 보내시지 않습니다. 사명을 감당하는 것은 때로는 외로운 길일 수도 있습니다. 아무도 알아주지 않는 곳에서, 때론 환영받지 못하는 곳에서, 그리고 주위 상황들이 황폐하게 될지라도 부르심에 순종하여 사명을 감당해야 할 때도 있습니다.

하지만 주님께서 말씀하십니다. "내가 너희와 항상 함께함이라!" 이것이 바로 임마누엘 신앙입니다. 하나님께서 모세를 바로에게 보내실 때 외로운 길에 서 있는 모세에게 들려주신 복음의 소식도 임마누엘이었습니다. "내가 반드시 너와 함께 있으리라"(출 3:12). 그리고 이 땅위의 제자들에게 지상에서 맡겨 주신 마지막 말씀이 무엇이었습니까? "볼지어다 세상 끝날까지 너희와 항상 함께 있으리라"(마 28:18-20)입니다. 이것이 바로 '임마누엘'입니다. 하나님의 부르심에 순종하여 사역의 자리에 서 있는 우리 모두에게 언제나 함께하여 주시고, 능력을 주시는 주님을 믿는 임마누엘의 신앙으로 사명을 감당해야 합니다.

30년이라는 긴 시간 동안 선교활동을 마치고 선교사님 부부가 고향으로 돌아왔습니다. 공항에 도착해보니 수 많은 환영객들이 현수막과 함께 많은 꽃다발을 들고 환호성을 지르고 있있습니다. 그 환호성과 꽃다발은 선교사님 부부를 위한 것이 아니라, 최초로 태평양 비행 횡단에 성공한 한 공군대위가 같은 비행기로 도착했기 때문이었습니다.

선교사 부부는 30년 세월을 미개지역에서 갖은 고생을 다하며 복음을 위해 충성했지만 그들을 맞이 해주는 것은 고작 아들 뿐이었지만. 젊은이는 비행사는 태평양을 처음 횡단했다고 저토록 많은 환영인파가 몰려들어 환영을 하는 것에 대한 서운한 마음이 들었습니다. 선교사님은 하나님께 기도했습니다. "하나님! 저 젊은 비행사는 태평양 횡단에 성공했다고 수많은 환영객이 나와 환호성를 지르는데, 저희 부부는 평생을 바쳐 충성하고 돌아왔는데 반갑게 맞아주는 사람이라곤 아들 한사람밖에 없군요."

기도를 하는 가운데 하나님의 음성이 들려왔습니다. "사랑하는 아들아, 저 젊은이는 고향에 돌아왔으니 환영을 받는 것이 당연하지만, 너는 아직 고향에 돌아온 것이 아니지 않느냐? 네가 영원한 본향으로 올 때에 하늘의 천군 천사가 모두 나와서 너를 환영할 것이다. 이 세상에서 사람들에게 칭찬을 받으려 하지 말고 영원한 본향에서 칭찬받을 그 멋진 모습을 바라보시고 주어진 삶 속에서 부르심에 합당한 삶을 살아가야 합니다

"[하나님]의 은혜로 내가 지금의 내가 되었으니 내게 베푸신 그분의 은혜가 헛되지 아니하여 내가 그들 모두보다 더 많이 수고하였으나 내가 아니요, 오직 나와 함께하신 [하나님]의 은혜로다"(고전 15:10).

그리스도인의 기쁨이란 환경을 초월한 기쁨이요, 그리스도 안에서 누리는 행복은 우리가 세상적으로 얻고자 하는 화려한 평판이나 성공적인 경력, 명성, 업적으로 얻은 명예 혹은 성공과 안락한 삶과는 거리가 먼 것입니다.

그리스도인들은 슬픔과 고통 가운데서도 행복을 느낄 수 있습니다. 왜냐하면 그리스도인들은 감정적으로 물질적인 것들에 의존하여 사는 자들이 아니라 그리스도의 사랑이 강권하는 지혜와 아름다움에 근거해서 사는 자들이기 때문입니다.

"이 땅에서의 육신의 아버지는 자기가 가장 좋다고 생각하는 대로 우리를 벌합니다. 그러나 하나님께서는 우리가 그분의 거룩하심을 닮게 하시려고 사랑으로 벌하십니다.

훈계를 받는 바로 그 때에는 즐거움이 없고 고통스럽습니다. 그러나 후에 그 훈계 때문에 더 나은 사람이 된다면, 우리에게 평안이 있을 것입니다. 왜냐하면 우리가 그 징계로 말미암아 올바른 길 안에서 살아가게 되었기 때문입니다"(히 12:10-11).

선한 싸움을 싸우고, 하나님이 맡겨주신 모든 사명을 마친 그리스도인들에게는 하나님 나라의 의의 면류관이 주어집니다. "나는 선한 싸움을 싸우고 나의 달려갈 길을 마치고 믿음을 지켰으니 이제 후로는 나를 위하여 의의 면류관이 예비 되었으므로 주 곧 의로우신 재판장이 그날에 내게 주실 것이며 내게만 아니라 주의 나타나심을 사모하는 모든 자들에게도니라"(딤후 4:7-8).

면류관은 무엇입니까?

하나님께서는 우리가 행복한 삶을 사는 것을 원하십니다. 이것이 하나님 아버지의 마음입니다. 그래서 하나님은 복을 주십니다(시 147:10-11). 우리가 하나님 아버지의 말씀을 잘 지켜 행하면 하나님께서는 복을 주신다고 약속하십니다(신 28:1-6). 하나님의 복은 이런 점에서 단순하게 복만을 구하는 기복신앙과는 다릅니다. 하나님이 주시는 복에는 조건이 따르고, 복에 따르는 책임도 부여됩니다.

성경을 깊이 묵상하면 하나님 아버지의 마음을 알게 됩니다. 우리는 계명을 주시고 복을 약속하신 아버지의 마음을 바로 알아야 합니다. 분명한 것은 먼저 아버지는 우리에게 복을 주시기 위하여 계명을 주셨다는 것입니다. 계명을 지키기 위하여 복을 상품과 같이 내건 것이 결코 아닙니다. 하나님이 우리를 향하여 말씀하신 목적은 하나님의 자녀가 복을 받는 것입니다. 복이 목적이지, 결코 계명이 목적이 아닙니다.

하나님은 태초에 인간을 창조하시고 복을 주시며 "생육하고 번성하고 땅에 충만하라"라고 하셨습니다(창 1:28). 복에는 책임이 따릅니다. 생육하고, 번성하고, 땅에 충만하며, 모든 피조물을 다스리는 것입니다. 하나님이 복을 주시기에 이러한 책임을 다하게 되는 것입니다. 복이 없으면 결코 주신 사명을 하나도 이룰 수 없습니다. 또 아브라함을 택하시며 "내가 너에게 복을 주어 너로 하여금 복의 근원이 되게 하겠다"라고 하셨습니다(창 12:2). 모든 사람에게 복을 나누어 주는 아브라함의 거룩한 사명은 하나님께서 그를 복되게 하심으로 가능한 것입니다. 하나님의 모든 행위 중심에는, 그리고 주신 계명의 배후에는 복의 근원 되신 하나님의 복 주시려는 마음이 있습니다. 그러기에 성경을 볼 때 하나님의 복의 관점에서 성경을 보아야 하나님 아버지의 뜻을 바로 알게 되는 것입니다.

구약시대의 사람들은 아버지의 이러한 마음을 알지 못했습니다. 그래서 계명을 지키는 것이 하나님의 뜻이라고만 생각했습니다. 그 결과 계명은 우리의 행복한 삶과는 상관이 없는, 오히려 우리의 삶을 힘들게 하는 사슬이 된 것입니다. 그래서 우리 주님은 계명이 우리 인간의 행복을 위해서 아버지가 주신 것임을 분명하게 선포하신 것입니다.

하나님은 복을 주시기 위하여 모세를 통하여 말씀하십니다. "여호와의 말씀을 삼가 들으라," 하나님의 복을 받는 첫 번째 길은 하나님의 말씀을 듣되, '삼가 듣는 것'입니다. 말씀을 삼가 듣는다는 것은 '경청한다'는 말입니다.

경청한다는 사전적 의미는 "귀를 기울여 주의해 듣는다"라는 뜻입니다. 말씀을 들을 때 간절한 마음으로 듣고, 믿는 마음으로 들어 그 말씀을 마음에 깊이 새긴다는 뜻입니다. 믿음은 들음에서 난다고 사도 바울이 말할 때, 들음은 바로 이러한 경청을 말합니다. 말씀을 들을 때, 그 말씀대로 살겠노라고 다짐하며 "아멘." 하는 것도 경청의 모양입니다.

우리는 언제부터인가 말씀을 선택적으로 듣습니다. 우리 인간에게 뿌리 깊이 박힌 죄성은 말씀을 들을 때도 자기에게 유리한 쪽으로만 들으려는 습성입니다. 그래서 유리하고 듣기 좋은 말은 마음에 간직하나, 힘들다고 생각되고 마음에 찔린다고 생각되면 귀를 닫아 버리고는 합니다.

무엇보다도 복 받는 자는 말씀을 그대로 받아들입니다. 때로는 논리적으로 맞지 않아도, 이치에 맞지 않아도 "하나님이 말씀하십니다"라고 하면 우리는 순종의 자세를 갖추어야 합니다. 아브라함에게 아들을 제물로 바치라는 명령은 논리적이지도 않고 상식적이지도 않습니다. 이스라엘에게 여리고 성을 돌라는 명령도 전혀 합리적이거나 논리적이지 않습니다. 상식에서 벗어납니다. 그러나 하나님은 이렇게 말도 안되어 보이는 명령을 내리시며 순종하기를 원하십니다. 들으라고 하십니다.

하나님은 어디에서도 말씀을 평가하고, 분석하고, 따지라고 하지 않으셨습니다. 복된 삶을 위해서는 먼저 우리의 말씀을 듣는 마음의 태도부터 새롭게 해야 합니다. 하나님의 말씀을 듣는다는 것은 우리의 지식을 늘리는 것이 아닙니다. 그러기에 말씀은 우리의 마음으로 받아야 합니다. 그래서 엠마오로 가던 두 제자는 "예수님의 말씀을 들을 때 우리의 가슴이 뜨겁지 아니하더냐"라고 고백합니다(눅 24:32). 그리고 발길을 돌려 예루살렘으로 향합니다. 온몸으로 반응한 것입니다. 하나님은 언제나 먼저 우리의 마음을 향하여 말씀하십니다. 머리를 향하여 말씀하지 않으십니다. 그래서 말씀을 들을 때 감격이 있고, 결단이 따릅니다. 그러므로 하나님이 "너의 중심을 본다"라고 하실 때 그 중심은 머리가 아니라 우리의 마음입니다. 거기에서 나아가 하나님은 우리의 온몸에 말씀하시는 것입니다.

다음으로 하나님은 우리에게 복(면류관 포함)을 주시려고 명령을 지켜

행하라고 하십니다. 말씀은 행하라고 주시는 것입니다. 그래서 말씀대로 산다고 말합니다. 예수님은 말씀을 듣고 그대로 행하는 사람은 복이 있다고 말씀하시며, 이 사람은 집을 반석 위에 세운 사람과 같이 지혜롭다고 하십니다(마 7:24). 우리의 문제는 말씀이 삶으로 바꾸어지지 않는 데 있습니다.

말씀은 손과 발로 받아야 합니다. 어떤 사람은 말씀을 머리로만 받아 지식은 있으나 행함이 없습니다. 성경을 많이 알고 성경 구절을 줄줄 외우지만 감격도, 행동도 없습니다. 이러한 사람에게는 말씀의 능력이 나타나지 않습니다. 또 어떤 사람은 말씀을 가슴으로만 받습니다. 그래서 잠깐 동안은 열정도 있는 것 같으나, 감정에서 끝나는 말씀이 되기 쉽습니다. 중요한 것은 말씀을 온몸으로 받아 온몸으로 반응하는 것입니다. 온몸이 말씀에 반응하고 말씀에 따라 움직일 때, 거기에서 말씀의 능력이 나타나는 것입니다. 말씀은 지식이나 감정이 아니라 행함이며, 사랑이며, 능력입니다.

우리는 하나님이 명령하시는 의도를 바로 알아야 합니다. 사랑의 하나님은 우리에게 복(면류관 포함) 주기를 원하시기에 우리에게 말씀하시고 명령하시는 것입니다. 그러기에 우리는 행할 때에 기쁨으로 행해야 합니다. 하나님께서 복(면류관 포함) 주심을 믿고 행해야 합니다. 하나님이 나에게 복(면류관 포함) 주시려는 의도임을 믿고 감사하며 행해야 합니다. 이럴 때 이것이 하나님께 인정받는 일이며, 하나님을 기쁘시게 하는 일이 되는 것입니다.

하나님의 약속은 이전이나 지금이나 동일하게 복(면류관 포함) 주시기 위함에 있습니다. 오늘도 역사하시는 하나님은 우리를 하늘의 거룩한 것들로 채우시기 위해 우리를 살피시고 명령하십니다. 우리를 향하신 아버지의 마음을 알고, 그 명령을 듣고, 들은 대로 행하는 성도가 되어야 합니다.

따라서 우리가 하나님의 말씀에 순종함으로 하나님의 복(면류관 포함)을 받기 위해 우리는 핍박을 받고, 능욕을 당하며, 순교하면서까지 하나님의 영광을 이 땅에 선포하는 일에, 불의한 세상 속에서 의로움을 지키기 위해 이 싸움을 수행한 것입니다. 의의 재판장이신 하나님은 마치 처참한 죽음의 현장인 십자가 한가운데서 인류를 위한 위대한 구원을 이루셨듯이, 처절한 패배만 남은 것 같은 우리의 싸움에 대해 너희가 "의에 대해 이겼다."라고 선포하여 주시는 것입니다.

부르시면 어디든지 따라 갈 수 있고, 주님의 어떠한 명령에도 준비가 되어 있으며, 옛 생활들에 대해 어떤 미련도 두지 않는 그런 일꾼을 찾으십니다. 예수님께서는 우리를 위해 자신을 몸값으로 내어주셨는데, 주님을 위해 자신의 몸을 드리는 것을 주저해야 할 이유가 어디 있겠습니까?

구속받은 성도로서 몸을 드리는 것은 마땅히 해야 할 성도의 의무입니다. "그가 모든 사람을 위하여 죽으신 것은 산 자들이 더 이상 자신들을 위하여 살지 않고 자기들을 위하여 죽었다가 다시 살아나신 그분을 위하여 살게 하려는 것이라"(고후 5:15). 하나님께만 완전히 의지하고 '나아가는' 자세가 일생을 지배해야 합니다. 우리는 하나님의 말씀을 늘 명심하고 삶으로 실천하며 살아야 합니다. 이 말씀이 그리스도인의 삶의 원칙이 되어야 합니다.

독자후기

1. 독자 후기(감사와 추천의 글)
전 언론인 신방휴 장로

'영원에 이르는 길'을 읽고 나서

왜 진리의 지식을 바로 알아야 하는지에 대한 객관성, 오랜 기간 풍부한 자료조사를 통해 절대성, 핵심포커스 등 치밀한 구성을 통해 엑기스 한 봉지를 털어 마신 느낌입니다.

이 땅에 태어난 사람들 누구나 이 책을 공부함으로써 "구원에 이르게 되는 길"을 안내 받게 될 것입니다. 또한 하나님께서 귀한 종을 통해 보내 주시는 이 책은 영적으로 주옥같은 핵심 주제별 70여 가지 내용을 담고 있어, 우리 모두를 단계적으로 영적 성장이 가능하도록 실질적이고 구체적 실천 방법을 성경적으로 제시하고 있는 아주 '귀중한 책'임을 알 수 있습니다. 이러한 소중한 책을 소장하여 수시로 공부할 수 있도록 귀한 종을 사용 이 세상에 보내주심을 주님께 감사드립니다.

이요한 목사님은 주님의 말씀을 연구하고 깊이 묵상하며 기도하는 데만 그치지 않고 주님의 복음을 직접 거리에 나가 현재까지 수 백회, 사람들이 많이 모이는 터미널 등을 찾아다니며 그 현장에서 주님을 제대로 소개하는 복음 전도자의 삶을 실천하는 아주 특별한 하나님의 종으로서의 사역을 열정적으로 감당하고 있습니다.

「영원에 이르는 길1.2.3권」은 그 누구나 교회에 나가기 전이라도 먼저 예수님을 알고 싶은 분들과 양의 무리를 인도하는 영적지도자와 신학생과 모든 성도님들 중에서 주님 오실 날이 정말 임박하다고 말하는 이때에 바른 진리의 지식을 애타게 갈망하는 분들에게 「영원에 이르는 길 1,2,3권」 을 필독서로 적극 추천하며 소장 하셔서 수시로 펼쳐 열심히 공부함으로써 성경의 저자인 우리 주님과 더욱 깊어지는 은혜가 임하기를 바랍니다.

2. 독자 후기(감사와 추천의 글)
회사원 정하영 집사

'영원에 이르는 길'을 읽고 나서

일목요연한 성경적 주제별 설명으로 공부에 대한 낭비를 줄이고, 정말 명쾌한 내용과 핵심을 짚어 주는 구성으로 읽으면 읽을수록 깊이 매료되는 두고두고 보아야 할 보기 드문 책입니다.

이 책은 불신앙의 세상 속에서 아직도 복음을 접하지 못한 많은 이들에게 복음을 전하고, 신앙의 기초를 마련하고, 성화의 과정인 '신앙의 길잡이'가 되는 책을 오랫동안 간절히 고대하던 중 「영원에 이르는 길 1,2,3권」을 하나님께서 택하신 그릇 이요한 목사님을 통해 드디어 이 세상에 보내 주셔서 소장할 수 있게 해 주신 은혜를 감사드립니다.

하나님께서는 시골 목동으로 양을 치던 다윗을 찾아내셨듯이, 오직 주님께 헌신된 종을 찾아내셔서 오랜 기도와 함께 철저한 준비와 훈련을 시키셔서 (고전 1:27-29), 드디어 이 세상에 '영적 성장의 길잡이'인 이 책을 선물로 보내주셨습니다. 70여 가지 금 쪽 같이 구성된 주제별로 삶에 비춰 보며 공부하면서 너무나 큰 유익을 실제로 깊이 체험하였음을 고백합니다.

이제 「영원에 이르는 길 1,2,3권」이 제시하고 있는 소중한 진리의 지식들을 성화의 과정 중 이 책을 가장 가까이 접할 수 있는 곳에 두고 수시로 보고 또 보아서 바로 알고 실천에 옮길 때, 주님께서 사랑이 가득한 손을 펴서 우리를 돌보시고, 인도하시며, 때로는 제지해주시는 좋으신 하나님을 날마다 경험하시길 바랍니다. 또한 실제로 주님과 동행하는 삶을 살아감으로써 우리 모두가 그리스도의 심장(heart)에 점점 더 가까이 다가갈 수 있기를 간구하며 '필독서'로 적극 추천합니다.

3. 독자 후기(감사와 추천의 글)
가수(나는 못난이), 세영개발(주)대표 김억만 장로

'영원에 이르는 길'을 읽고 나서

홍삼보다 진한 진리의 지식, 기회가 되면 꼭 특강을 통해 집중적으로 공부하고 싶은 마음 간절합니다. 산재되어 있던 것들이 서로서로 연결이 되고 정리가 되어 공고한 줄기로 체계화 되는 강한 느낌을 받았습니다.

많은 그리스도인들이 성경을 공부하지 않기 때문에 하나님의 뜻을 모르고 그렇기 때문에 영적으로 전혀 성장하지 못하고 있습니다. 성경을 공부하지 않고 영적으로 성장할 수 있는 방법은 전혀 없습니다. 이 책은 주님의 놀라운 은혜로 구원받은 그리스도인이 반드시 알아야 할 70여 가지 핵심 주제들을 하나님께서 이요한 목사님을 통하여 오래 동안 준비 시켜서 철저히 성경적으로 펼쳐낸 빛나는 보석과 같은 소중한 책임을 깨달으며 이 책을 드디어 소장할 수 있게 해주신 주님께 감사드립니다.

저는 이 책을 통해 성경이 의미하는 바를 이렇게 저렇게 추측하는 것이 아니라 실제로 말씀하고 있는 것이 무엇인지 정확하게 성경적으로 분명히 이해하는 것입니다. 하나님의 은혜로 이 책을 소장하여 소중한 진리의 지식들을 거듭 읽고 또 읽고 묵상함으로써 분명하게 이해함으로 머릿속에만 머물지 않고 하나님 말씀에 순종으로 응답하는 삶과 찬양 드리는 삶을 살아가려고 합니다.

저와 같이 사업과 직장생활을 하는 성도가 몇 권의 책으로 그리스도인이 반드시 알아야 할 핵심 내용을 담은 책을 목말라하며 애타게 갈망해 오던 중 주님의 놀라운 은혜로 '영원에 이르는 길'이 세상에 나오게 해주셔서 그 진리에 대한 갈증을 해소시켜 주시려는 주님의 은혜에 감사드립니다. 수많은 성도들을 위해 안성 맞춤형으로 하나님께서 보내주신 「영원에 이르는 길 1,2,3권」 책임을 확신하며 감사함과 기쁜 마음으로 적극 추천합니다.

4. 독자 후기(감사와 추천의 글)
나스텍 전무 김준화 집사

　평범한 평신도도 이 책을 읽음으로써 진리의 지식의 체계를 충분히 세울 수 있도록 오랫동안 주님께서 저자를 통해 준비해 주신 책으로 압권이며, 주님께서 진리에 목말라 하는 성도들에게 이 땅에 보내 주시는 아주 귀한 축복의 책입니다.
　시몬 베드로처럼 주가 참된 그리스도요 살아계신 하나님의 아들임을 다른 사람들 앞에서 시인하는 것은 매우 어렵습니다. 그러나 이요한 목사님은 아주 용기 있는 분임에 틀림없습니다. 안정적이고 성공이 보장되던 삶을 뒤로하고 하나님의 사도로 평생을 살기로 작정했을 때의 마음가짐이 어떠했을지 나는 상상도 할 수 없습니다. 하나님께서는 헌신된 그를 오랫동안 훈련하시고 준비시키셔서 이 땅의 모든 사람들이 읽어야 할 영적 필독서로 인치시어 「영원에 이르는 길 1,2,3권」을 이 땅에 보내 주셨음을 확신하며 주님께 감사드립니다.
　이 책은 하나님을 믿는다 말하면서도 성경을 읽지 않고서 예수를 안다하는 많은 사람들에게 성경이 가진 놀라운 진리를 일깨워 주며, 특히 지금의 삶은 언젠가 반드시 끝이 오지만 이후 돌아올 영적인 '영원의 세계'를 준비해야 한다는 부분은 나태하고 편안함에 익숙해진 나의 삶 또한 뒤돌아보며 회개케 하였습니다. 교회를 다녀도 하나님의 말씀인 성경에 대해 알지 못하는 사람은 많습니다.
　그런 이들에게 「영원에 이르는 길 1,2,3권」은 자신의 믿음 생활을 점검하고 주님께 헌신된 하나님의 사람들을 통해 열정이 놀랍게 스며들게 될 것입니다. 다시금 굳건한 믿음으로 주님께 어떻게 나아가야 할지에 관해 구체적인 길을 제시하고 있습니다. 이 책은 하나님께서 이 땅의 세상 사람들과 그리스도인 모두에게 보내 주시는 영적 큰 선물임을 확신하며 '성도의 필독서'로 적극 추천합니다.

5. 독자 후기(감사와 추천의 글)
황우재 성도

'영원에 이르는 길'을 완독한 후 성경적으로 알차고 체계적 구성의 내용과 실천 가능함으로 가슴을 설레게 해주는 보물과 같은 책입니다. 또한 엄청난 내공이 느껴지는 책으로 몇 대째 이어오는 신앙생활 중이지만 성경에 관해 막연하고 막막했던 저에게 예를 들어 주신 케이스들이 구체적이고 실질적이어서 방향을 잡는데 큰 도움을 받았습니다. 이 책은 "영원에 이르는 길"을 찾아가는 네비게이션 같은 강렬한 느낌을 받았습니다.

마치 오랫동안 뿌옇게 끼어있던 먼지를 걷어낸 것 같은 느낌으로 '어떤 책을 읽느냐' 책의 선택의 중요성을 절감하게 됩니다. 또한 이 책을 공부함으로써 주님을 더 정확히 깊이 알 수 있게 되었다는 자신감과 용기를 갖게 해주는 정말 보기 드문 책입니다. 이 책은 잠깐 보이다가 사라질 현실이 아니라 "영원에 이르는 길"을 바르게 이해함으로 '영원'을 바라보아야 함을 힘주어 강조합니다. 성경적으로 펼쳐낸 빛나는 보석과 같은 소중한 책을 드디어 소장할 수 있게 해주신 주님께 감사드립니다.

이 책은 현실적이고 성경적인 관점으로 영원을 준비하는 삶의 문제를 명쾌하게 분석해 놓았습니다. '성경 안에서 영원의 문제를 직시하라. 모든 것을 다 아시고 책임지시는 하나님의 손길이, 오늘 영적으로 방황하는 이들의 눈물을 친히 닦아 주실 것이다.' 영원의 관점에서 볼 때에만 하나님이 그리신 이 땅에서의 영원을 준비하는 삶의 아름다운 그림을 온전히 이해할 수 있다고 이 책은 힘주어 강조하고 있습니다.

은혜의 선물인 「영원에 이르는 길 1,2,3권」을 소장하셔서 시간이 날 때마다 펼쳐 보신다면, 놀라운 영적 성장의 필수 자양분을 취함으로 삶 가운데 적극 실천함을 통해, 주님과 동행하는 삶으로 우리를 인도해 주실 것임을 확신하며 '신앙인의 필독서'로 적극 추천합니다.

부록1 조지 가(街)의 복음 전도자

이 글은 원래 동영상으로 된 것입니다. 동영상의 제목은 "조지 가의 복음 전도자(George Street Witness)"입니다.

3년 전쯤 런던 남쪽의 크리스탈 팰리스 파크 침례교회(Crystal Palace Park Baptist Church)의 오전 예배를 마치려고 할 때 뒤에서 낯선 사람이 일어났습니다. 그는 "목사님 제가 잠깐 간증을 나눠도 될까요?"라고 물었고, 목사님은 시계를 보시고 "3분 안에 해 주세요"라고 했습니다.
"저는 이곳에 새로 이사 왔습니다. 전에는 런던의 다른 곳에서 살았습니다. 저는 호주의 시드니에서 왔습니다. 몇 개월 전에 제가 친척을 방문하고 사업과 상업으로 번창한 시드니의 조지 가를 걷는데 낯선 백발의 노인이 와서 가게의 문을 열면서 저에게 전도지를 주시며 물었습니다. '실례합니다. 혹시 구원받으셨습니까? 오늘밤에 죽는다면 천국에 갈 자신이 있으십니까?' 그 질문에 마음이 흔들렸습니다. 어느 누구도 저에게 그런 질문을 한 적이 없었습니다. 저는 공손히 감사를 표한 후에 자리를 떴습니다. 그리고 다시 영국으로 돌아오는 비행기에서도 마음이 계속 복잡했습니다. 그 후에 바로 그리스도인이었던 친구에게 전화를 했고 그는 제가 구원받을 수 있도록 도와주었습니다. 그래서 이곳으로 이사를 오게 되었고 다른 그리스도인들과 교제를 나누고 싶습니다." 그러자 교회에 있던 모든 사람들이 환영해 주었습니다.

그 교회 목사님은 후에 호주에 가게 되었습니다. 그리고 10일 후에 아들레이드(Adelaide)에서 열리는 침례교 모임에서 한 여성이 예수님과 친밀한 교제를 나누고 싶다고 하며 다음과 같은 간증을 했습니다.
"저는 시드니에 살았었습니다. 몇 개월 전에 친구를 만나고 나서 쇼핑을 하러 조지 가에 갔는데 백발의 노인이 가게에 들어오더니 전도지를 주면서 저에게 물었습니다. '아주머니, 구원받으셨습니까? 오늘밤에 죽는다면 천국에 갈 확신이 있으십니까? 그 말이 굉장히 신경이 쓰여서 아들레이드에 돌아온 이후에 집 근처에 있던 침례교회에 가서 목사님과 상담했고 목사님은 저를 그리스도께로 인도해 주었습니다. 그래서 저는 그리스도인이 되었습니다."

이 런던 목사님은 짧은 기간 동안에 2명에게서 동일한 간증을 듣고 의아하게 생각했습니다. 그리고 퍼스(Perth)에 있는 침례교회에 가게 되었습니다. 그는 말씀을 전하고 그 교회의 장로들과 함께 식사를 하게 되었습니다. 식사를 하면서 한 장로에게 어떻게 구원을 받았는지 물었고 그는 다음과 같은 간증을 했습니다.
"저는 15살 때부터 이 교회에 다녔습니다. 다른 사람들처럼 교회에 다녔지만 예수님을 영접하지는 않았습니다. 그러나 저의 뛰어난 사업능력을 인정받아 많은 사람들에게 영향력을 끼치는 위치까지 올라가게 되었습니다. 사업이 번창해서 3년 전부터 시드니에서 사업을 확장하게 되었습니다. 하루는 제가 쇼핑을 하고 있는데 백발의 노인이 저에게 전도지를 주면서 물었습니다. '선생님, 실례합니다. 구원받으셨습니까? 오늘밤에 죽는다면 천국에 갈 자신이 있습니까?' 저는 제가 침례교회의 장로라고 말했지만 그는 제 말에 개의치 않았습니다. 그후에 저는 다시 퍼스로 돌아와서 목사님이 위로해 주실 것을 기대하고 목사님께 그 일을 말씀드렸습니다. 목사님과 상담하는 중에 제가 예수님과 개인적인 관계를 맺지 않았음을 깨닫게 되었고 목사님은 저를 예수님께로 인도해 주었으며 저는 바로 그 자리에서 예수님을 받아들였습니다."

   이러한 간증을 들은 런던 목사님은 다시 영국으로 돌아와서 키즈킥 컨벤션에서 말씀을 전하게 되었습니다. 그는 자신이 들은 3명의 간증을 청중에게 들려주었습니다. 예배 후에 나이가 지긋하신 4명의 목사님이 와서 자신들도 각각 대략 25년부터 35년 전 사이에 시드니의 조지 가에서 그 백발의 노인으로부터 전도지를 받고 동일한 질문을 듣고 예수님을 받아들이게 되었다고 간증하는 것이었습니다.
   얼마 후에 이 런던의 목사님은 캐러비안에서 선교사들을 위한 집회에 참석하여 이 간증을 다른 사람들과 나눴습니다. 말씀을 전하고 나자 3명의 선교사가 와서 자신들은 15년부터 25년 전 사이에 구원받았는데, 시드니 조지 가에서 그 백발의 노인으로부터 전도지를 받고 동일한 질문을 듣고 구원받았다고 했습니다.

   이 런던 목사님은 다시 영국으로 돌아가기 전에 미국 조지아(Georgia)주에서 해군 병사들을 위한 집회에 참석하여 말씀을 전하게 되었습니다. 3일 동안 집회에서 천여 명의 해군 병사들에게 말씀을 전했고 수많은 병사들이 구원을 받게 되었습니다. 런던 목사님은 군목감(장군)과 식사를 하는 중에 그에게 어떻게 그리스도인이 되었는지 물었습니다. 그는 다음과 같이 간증했습니다.
"제가 구원받은 것은 기적이었습니다. 제가 해군으로 복무하며 훈련을 하는 중에 우리 함대가 시드니 항에 정박한 적이 있었습니다. 우리는 킹즈 크로스에서 술을 마시고 버스를 잘못타고 조지 가라는 곳으로 가게 되었습니다. 그곳에서 백발의 노인이 저에게 전도지를 주며 '이보게, 자네는 구원 받았는가? 오늘밤에 죽는다면 천국에 갈 확신이 있는가?'라고 물었습니다. 저는 그 말을 듣고 하나님에 대한 두려움에 사로잡혀 충격을 받고 전함으로 복귀후 군목과 상담하게 되었고 군목은 저를 그리스도께로 인도해 주었습니다. 이후에 그 군목의 인도로 사역자의 길에 들어서게 되었고 지금은 이렇게 수많은 군목들을 지휘하는 자리에 앉게 되었습니다."

이 런던 목사님은 인도 북부의 외딴곳에서 5000명의 인도선교사들을 위한 집회에 참석하게 되었습니다. 집회가 끝난 후에 행사 담당자는 이 목사님을 식사에 초대했습니다. 런던 목사님은 그 담당자에게 어떻게 힌두교에서 그리스도인이 되었는지 물었습니다. 그러자 그는 다음과 같이 간증했습니다.

"저는 인도 정부를 위해서 외교관으로 근무하는 특권을 누렸었습니다. 그래서 전 세계를 돌아다녔지요. 저는 예수님의 용서와 저의 죄를 씻어주시는 그분의 보배로운 피에 감사드립니다. 저는 시드니에서 외교관으로 근무한 적이 있었습니다. 저는 아이들을 위해 장난감과 옷 등 선물을 구매하려고 조지 가를 걸어가고 있었습니다. 그때 예의바른 백발의 노인이 저에게 와서 전도지를 주면서 물었습니다. '선생님, 실례합니다. 구원받으셨습니까? 오늘밤에 죽는다면 천국에 갈 확신이 있으십니까?'
저도 예의를 갖춰 인사했습니다만 근무지에 돌아와서도 그의 질문을 생각하니 계속 마음이 무거웠습니다. 저는 그 지역에 있던 힌두교 지도자들과 상의해 봤지만 해결하지 못했습니다. 한 힌두교 지도자는 저의 호기심 때문일 거라며 거리 끝부분에 위치한 곳에 있는 선교사에게 가보라고 하였습니다. 그날 저는 바로 선교사를 찾아갔고 선교사는 저를 그리스도께로 인도해 주었습니다. 저는 즉시 힌두교를 버리고 사역을 준비했습니다.

저는 외교관의 직무도 마치고 이제는 하나님의 은혜로 수 만 명을 구원하는 선교사들을 담당하는 사람이 되었습니다."

8개월 후에 이 런던 목사님은 호주 시드니의 한 침례교회에서 말씀을 전하게 되었습니다. 런던 목사님은 그 교회의 목사님에게 조지 가에서 선도지를 나눠주며 복음을 전하는 백발의 노인에 대해 물었습니다. "예, 알고 있습니다. 그분의 성함은 제노르(Genor)라고 하는데 지금은 연세가 많고 몸이 약해져서 더 이상 그곳에서 복음을 전하지는 않으실 겁니다."
 이 런던 목사님은 그분을 만나보고 싶다고 해서 몇 일 후 그 백발의 전도자가 살고 있는 작은 아파트로 가서 문을 두드리니, 작고 연약해 보이는 노인이 나왔습니다. 런던 목사님은 노인분과 교제를 나누면서 지난 3년간 자신이 들은 간증을 전해주었습니다.
 이 이야기를 듣자 그 노인분은 눈물을 흘리면서 이렇게 말했습니다. "저의 이야기는 이렇습니다. 저는 젊은 시절 호주의 해군으로 복무하면서 엉망진창의 인생을 살았습니다. 그런데 저의 동료 중 하나가 저를 예수님께로 인도해주었고 저는 하루아침에 완전히 변화되어 새로운 사람이 되었습니다. 저는 하나님께서 구원하여 주심에 진심으로 감사하게 되었고, 하루에 최소한 10명의 사람들에게 전도지를 주면서 간단하게 예수님을 전하겠다고 주님과 약속했습니다. 하나님께서 저에게 힘을 주심으로 저는 그 약속을 지킬 수 있었습니다. 어떤 때는 몸이 너무 아파서 하기 힘들었던 적도 있었지만 저는 개의치 않았습니다. 저는 조지 가에서 거의 40년 이상 복음을 전해왔는데, 처음 시작할 때에는 수많은 거절을 당했습니다. 하지만 많은 사람들이 전도지를 받아주기도 했습니다. 제가 40년 이상 이 일을 해 왔지만 한 번도 제가 한 일을 통해 누군가 구원을 받았다는 이야기를 들어보지 못했습니다."
 저는 이것이 대단한 사역이라고 말하고 싶습니다. 결과를 한 번도 듣지 못하고 예수님의 사랑을 전했던 것입니다. 146,100명이 넘는 사람들이 이 간단한 질문으로, 어떠한 "놀라운 은사"도 없었던 이 침례교인의 증언으로 예수님에 대해 듣게 되었던 것입니다.

저는 그 런던 목사님이 확인한 결과는 정말, 아주 매우 작은 빙산의 일각이라고 믿습니다. 얼마나 더 많은 사람들이 단 한 사람의 전도로 구원을 받고 주님을 섬기는 사역지에서 수고하고 있는지 모릅니다. 백발의 전도자 제노르 형제님은 런던 목사님을 만나 자신의 사역의 열매를 들은 지 2주 후에 돌아가셨습니다. 그분이 천국에 가게 되었을 때 얼마나 많은 상급이 준비되어 있겠습니까? 저는 이분이〈카리스마 잡지〉나 빌리 그래함의〈디 씨전 잡지〉의 표지 모델로 나오지는 않을 거라고 생각합니다. 이 세상에서는 어느 누구도 이 작은 제노르 형제를 알아주지 않았지만, 천국에서는 유명한 사람으로, 천국의 제노르 형제를 알고 있고, 큰 환영 가운데 영광 속으로 들어갔을 것입니다.

"그의 주인이 그에게 이르되, 잘하였도다. 착하고 충성된 종아 네가 작은 일에 충성하였으매 내가 많은 것으로 네게 맡기리니 네 주인의 즐거움에 참예할찌어다 하고"(마 25:23).

성령 충만함을 받은 제자들을 통하여 복음이 예루살렘으로부터 온 세상에 전파되었고, 수많은 사람들이 예수님을 믿어 구원을 받고 영생을 얻어 그리스도의 몸 된 교회(하나님의 군대)의 지체가 되었습니다. 주님께서 이끄시는 대로 순종하며 그분의 능력으로 복음을 전하고, 예수 부활의 증인으로서 어둠의 세력을 몰아내어, 사람을 살리고 교회를 살리며 온 세상을 살리는 생명력이 넘치는 그리스도의 제자들로 우리가 모두가 그 주역이 되어 이 땅에 그리스도의 푸른 계절을 앞당겨야 하겠습니다.

부록2 인생에서 위대한 선택이란 과연 무엇일까?

세상을 살아가는 동안에 우리에게 꼭 필요하고 중요한 것은 무엇인가?

1. 돈

세상을 살아가노라면 꼭 필요하고 중요하게 느껴지는 것이 돈입니다. 돈이 없으면 우리가 원하는 것을 살 수 없을 뿐만 아니라 하고 싶은 일도 못할 때가 많습니다. 그래서 돈을 싫어하는 사람은 없습니다. 돈은 정말 중요한 것입니다. 얼마나 많은 사람들이 돈을 사랑합니까?

2. 건강

돈이 아무리 많아도 건강하지 않으면 무슨 소용이 있겠습니까? 건강을 잃으면 다 귀찮아 지는 법입니다. 그래서 건강에 좋은 것이라면 외국에까지 가서, 가리지 않고 먹으며, 별의별 일이 다 운동이라는 이름으로 행해지고 있습니다.

3. 교육

지금은 지식이 고도로 발달된 시대입니다. 교육을 통해서 우리는 새로운 지식을 얻습니다. 그런데 돈 많고 건강한 바보를 원하는 사람이 있다면 우습겠지요? 그래서 불법과외, 부정입학, 고3병, 자살 등, 교육열에 대한 부작용들이 사회문제가 되고 있습니다. 그리고 보면 교육도 중요하지 않습니까?

이 세상에 우리가 1,2,3보다 비교할 수 없이 중요한 것이 있을까? 그렇습니다. 너무나 중요한 것이 있습니다. 참으로 중요한 것은 예수 그리스도를 믿고 구원받는 것입니다. 주 예수 그리스도에 관하여 얼마나 알고 있습니까?

우리에게는 돈과 건강과 교육이 참으로 중요합니다. 그러나 세상에서 가장 중요한 것은 이 세상에 살아있는 동안 반드시 구원받고, 지옥에 가지 않을 위대한 선택을 하는 일입니다. 왜냐하면 예수님께서는 온 천하를 얻고도 자신의 혼을 잃는다면 무슨 유익이 있겠느냐고 말씀하셨습니다. "내 말을 듣고 또 나를 보내신 분을 믿는 자는 영존하는 생명이 있고 또 정죄에 이르지 아니하리니 사망에서 생명으로 옮겨졌느니라"(요 5:24)라고 하십니다.

사람이 어떻게 구원을 받을 수 있을까요?

주 예수 그리스도를 당신의 구세주로 믿으면 구원받습니다. "예수 그리스도를 받아들인 자들 곧 그 분의 이름을 믿는 자들에게는 다 하나님의 아들이 되는 권능을 그분께서 주십니다"(요 1:12). 예수 그리스도께서 말씀하셨습니다. "내가 문이니 나를 통해 안으로 들어가면 구원을 받고"(요 10:9). 내게 오는 자는 내가 결코 내 쫓지 아니하리라(요 6:37). 예수 그리스도께서는 당신에게 이 큰 구원을 주시기 위하여 십자가에서 고난을 받으셨습니다. 당신을 사랑하셔서 당신을 대신하셔서 죄값을 다 치루신 것입니다.

주 예수 그리스도를 믿으십시오. 저는 지금 당신에게 가장 중요한 질문을 하려고 합니다. 당신이 영원토록 기쁨을 누릴지 슬픔을 맛볼지는 당신의 대답에 달려 있습니다. 질문은 이것입니다.

"구원 받았습니까?"

이것은 얼마나 선한지, 혹은 교회에 다니고 있는지에 대한 것이 아니라 당신이 구원받았는지에 대한 것입니다. 당신은 죽은 후에 천국에 갈 수 있다고 확신하십니까?

이 세상의 끝, 과연 무슨 일이 일어날까요? 이 세상을 살아가면서 생기는 의문 중 하나는 우리의 운명이란 과연 있는가? 하는 것입니다. 많은 선각자들이 운명에 대해 말하고 있습니다. 그것은 인간의 운명은 인간의 힘으로는 바꿀 수 없기 때문에 숙명으로 받아들여야 한다는 것과 인간의 운명을 인간의 힘으로 바꿀 수 있다는 것입니다.

그러나 성경은 운명에 대해 분명히 말씀합니다. 이 세상은 창조주 하나님이 계시고, 그분의 말씀(뜻)에 따라 세상을 창조하시고 말씀에 따라 세상을 운행하신다는 것입니다. "모든 것이 그분에게서 나오고 그분으로 말미암으며 그분께로 돌아가나니 영광이 그분께 영원토록 있기를 원하노라"(롬 11:36). 그러므로 이 세상 우주 만물이나 인간에게 정해진 길, 운명은 존재한다는 것입니다. 그래서 복된 운명이 있을 수 있습니다. 하나님께서는 죄인들을 사랑하시기에 우리가 회개하고 죄인임을 인정하고 하나님의 은혜를 받아들이면(복음을 듣고 예수님을 믿고 영접하면) 어떤 어둠의 운명일지라도 복된 운명으로 바꿀 수 있다는 것입니다. 이것이 성경이 말하는 복음입니다.

"하나님께서 세상을 이처럼 사랑하사 자신의 독생자를 주셨으니 이것은 누구든지 그를 믿는 자는 멸망하지 않고 영존하는 생명을 얻게 하려 하심이라"(요 3:16). 어둠의 운명이 어떻게 복된 운명으로 바뀌는지 생각해 보겠습니다. 예수님을 믿으면 죽었던 우리의 영이 살아납니다. "그는 범법과 죄들 가운데 죽었던 너희를 살리셨도다"(엡 2:1-2). 이미 죽은 영이 예수님을 믿으면 다시 살아납니다. 첫 인간 아담이 사단에게 속아 동산에 있는 선악을 알게 하는 나무를 따먹고 영이 죽은 것입니다. 영이 죽었다는 것은 하나님과 단절되었다는 것을 의미합니다. "선악을 알게 하는 나무에서 나는 것은 먹지 말라. 그 나무에서 나는 것을 먹는 날에 네가 반드시 죽으리라, 하시니라"(창 2:17). '반드시 죽으리라'는 말은 영적인 죽음을 말합니다. 이것이 인간의 어둠의 운명을 만들게 됩니다. 영적으로 하나님과 단절되니 하나님의 은혜를 받지 못해 어둠(죄)의 포로가 된 것입니다.

예수님을 믿으면 마귀자식에서 하나님의 자녀가 됩니다. "지나간 때에는 너희가 그것들 가운데서 이 세상의 행로를 따라 걸으며 공중의 권세 잡은 통치자 곧 지금 불순종의 자녀들 가운데서 활동하는 영을 따라 걸었느니라"(엡 2:2) 불신자들이 들으면 언짢을 수도 있지만, 예수님를 믿지 않으면 영적으로 미혹의 영, 마귀의 자식이 됩니다. 사단의 영을 받은 사람들의 특징을 말하고 있습니다. 이 세상의 풍조를 쫓습니다. 세상의 유행을 쫓는 것이 최고의 성공이고 첨단을 걷는 것 같은 착각에 빠져 사는 것입니다. 그러나 이것이 어둠이고 세상의 영, 사단의 영을 받은 것입니다. 지하철을 타면 어른 아이 할 것 없이 모두 스마트폰에 빠져 살고 있습니다. 무언가에 빠진다는 것은 사단의 영이 임한 것입니다. 공중 권세를 잡은 자에 붙잡혀 있는 것입니다. 사단의 영에 붙들리면 공중 권세에 붙들려 영원한 세상인 하늘나라를 보지 못하고, 보이는 것들의 포로가 된다는 것입니다.

히브리 사람들은 하늘을 3층천으로 나누고 있습니다. 스카이(sky)는 새가 나는 하늘, 공중(spece)은 해와 달과 별이 있는 하늘, 하나님이 계시는 하늘(Heaven)나라입니다. 공중 권세 잡은 자에게 붙잡힌 사람은 공중의 이상을 보지 못하기 때문에 하나님이 계시는 하늘나라에 간다는 것을 생각도 못하는 것입니다. 이 땅의 것만 추구하는 사람들입니다. 어둠에 속한 사람들은 하나님께 불순종합니다. 이 사람들은 다른 것은 다 들어도 하나님께만 불순종합니다. 이들이 어둠의 운명을 가진 사람들입니다. 이 사람들의 운명은 처음은 잘 되는 것 같지만 나중이 점점 어려워지고 힘든 삶을 살게 됩니다. 결국 지옥으로 가게 됩니다.

그러나 예수님을 믿고 하나님의 자녀가 되면 어둠의 운명에서 영존하는 생명을 지닌 운명으로 바꿀 수 있습니다. 이것이 축복입니다. "그분을 받아들인 자들 곧 그분의 이름을 믿는 자들에게는 다 하나님의 아들이 되는 권능을 그분께서 주셨으니 이들은 혈통으로나 육신의 뜻으로나 사람의 뜻으로 나지 아니하고 오직 하나님에게서 태어난 자들이니라"(요 1:12-13).

어둠의 운명을 가진 사람의 최후 종착역은 마귀의 집, 지옥이고 하나님의 자녀는 하나님의 집, 하나님이 계시는 하늘나라(천국)로 가게 되어있는 것입니다. 지금이라도 하나님이신 주 예수 그리스도를 영접하여 어둠의 운명에서 벗어나시기를 간절히 바랍니다. 하나님이신 예수님을 믿으면 본질상 저주의 자녀에서 축복의 자녀로 바뀌게 됩니다. "지나간 때에는 우리도 다 그들 가운데서 우리 육신의 욕심 안에서 생활하며 육신과 생각의 욕망을 이루어 다른 사람들과 같이 본래 진노의 자녀들이었으나"(엡 2:3). 어둠의 운명을 가진 사람들은 자기 육체의 욕심을 따라 살며 자기 마음의 원하는 대로 사는 사람들입니다. 이것은 이들의 영이 죽었기 때문입니다. 이 사람들의 운명은 결국 멸망, 저주, 실패, 나중은 지옥입니다. 이것이 가장 어두운 운명입니다.

그러나 우리가 예수님을 믿고 구원받으면, 우리는 하나님의 말씀에 따라 살기 때문에 영원한 축복의 사람, 하나님의 자녀가 됩니다. 그리고 나중은 하나님이 계시는 천국(하늘나라)에 가게 되는 것입니다. 하나님이신 주 예수 그리스도를 믿고 어둠의 운명에서 탈출해야 합니다. 하나님이신 예수님을 믿지 않고 자신이 원하는 육신의 정욕대로, 자기 마음대로 사는 것이 잘 사는 것 같지만 나중이 멸망인 어둠의 운명을 사는 것입니다. 그들은 나이 먹는 것이 저주입니다. 지옥으로 갈 날이 점점 가까이 다가오기 때문입니다. 그러나 하나님이신 예수님을 믿는 축복의 자녀는 나이 먹는 것이 즐거움입니다. 그들은 이 땅에서 잘 되고 죽어서도 하나님이 계시는 하늘나라(천국)에 감으로 영존하는 생명을 가진 자들이기 때문입니다. 아무리 어렵고 힘든 어둠의 운명도 하나님이신 예수님을 믿으면 당신의 운명은 즉각적으로 바뀌게 되어 있습니다. 지금이라도 하나님이신 예수님께 나아가 오직 믿음으로 구원받고 영원한 죄의 형벌과 지옥의 심판에서 벗어나야만 할 것입니다.

우리는 어떻게 다른 사람의 말을 믿습니까?

그 사람의 신실함에 근거해서 믿지 않습니까? 그런데 절대 거짓말을 하실 수 없는 하나님 곧 온 천하 만물을 만드신 분께서 분명히 이렇게 말씀하셨습니다. "하나님이 세상을 이처럼 사랑하사 자신의 독생자를 주셨으니 이는 누구든지 그를 믿는 자는 멸망하지 않고 영존하는 생명을 얻게 하려 하심이라"(요 3:16). 사람의 말을 신뢰하지 말기 바랍니다. 구원을 주시는 분은 하나님 한 분 뿐이십니다. 창조자이신 그분이 영원한 생명을 약속하기에 우리는 그것이 진리임을 믿습니다(요 14:6). "죄의 삯은 사망이나 하나님의 선물은 예수 그리스도 우리 주를 통해 얻는 영원한 생명이니라"(롬 6:23).

헛된 세상적 욕망을 채우기 위해 바빠 달리면서도 우리들은 어처구니없게도 '영원'이라는 소중한 것을 알기 위해 시간을 기꺼이 투자하는 사람은 많지 않습니다. 무엇보다 당신 자신을 위해 지혜로운 사람이 되어야 합니다. 하나님의 심판의 시간은 언제 닥칠지 모릅니다(히 9:27). 나이와 직업과 성별과 지위 고하에 상관없이 오늘 그 시간이 닥칠 수도 있습니다. 그러므로 지금 바로 사람을 만드신 창조주 하나님을 기억하고, 그분이 인간에게 베푸시는 가장 큰 선물인 예수 그리스도를 구원자로 믿고 받아들이십시오. 오직 창조주만이 창조물을 구원할 수 있습니다. 그러면 우리에게 영적으로 다시 태어나는 기적이 일어납니다(벧전 1:23). 그분의 말씀을 신뢰하십시오. 그분께서 그분의 말씀인 성경에 약속하신 대로 그분을 신뢰하는 사람은 값없이 구원의 기쁨을 누릴 수 있습니다.

우선, 자신이 죄인으로 태어났고 당연히 지금도 죄인이라는 사실을 인정하고 고백하십시오.

이것은 자신이 스스로 자신이 죄들로 인해 영원히 하나님의 형벌을 받을 수밖에 없는 상태임을 인정하는 것입니다. 그리고 당신 스스로 혹은 다른 인간이 당신을 구원시킬 수 없는 절망적 상황임을 고백하십시오. 성경적으로 볼 때 당신은 죽음 이후의 상황에 대해 아무런 대비책도 없는 무방비 상태에 놓여 있습니다. 이제 하나님의 아들 예수 그리스도만을 신뢰하십시오. 이 세상의 모든 창조물 가운데 창조주 하나님의 공의를 만족시킬 수 있는 존재는 단 하나도 없습니다.

그러므로 창조 세계를 초월해 그 외부에 계신 우리 주 예수님께서 스스로 사람의 몸을 입고 이 땅에 오셔서 완전한 희생물로 십자가에서 피를 흘리고 죽으심으로써 지옥의 고통을 다 담당해서 단 한 번에 영원한 대신 속죄를 이루셨습니다(히 9:12). 그분께서 단 한 번에 세상의 모든 죄를 영원토록 완전하게 제거하셨으므로 이제는 더 이상 다른 희생물이나 제사장이 필요 없습니다(히 10:18).

바로 예수 그리스도 그분께서 당신을 위해 십자가에서 피를 흘리고 죽으셨다가 사흘 만에 부활하셨습니다. 그분의 부활이 당신의 부활을 책임지십니다. 당신이 구원받고 죽은 이후에 영원한 생명을 누리는 길은 오직 이 길밖에 없습니다. 예수님께서 말씀하셨습니다. "온전한 자들에게는 의사가 필요 없으나 병든 자들에게는 필요하니 나는 의로운 자들을 부르러 오지 아니하고 죄인들을 불러 회개하게 하려고 왔노라(막 2:17).

이제 주님께 당신을 구원하고 당신의 주인이 되어달라고 진심으로 기도하십시오.

〈영접기도문〉

"위대하신 하나님, 저는 죄인임을 잘 압니다. 제 힘으로 제 자신을 구원할 수 없음을 인정합니다. 저의 죄를 제거하시려고 하나님의 아들 예수 그리스도께서 십자가에서 피흘려 죽으셨고 장사한지 사흘만에 죽은자 가운데서 다시 살아나신 사실을 오늘 알았습니다. 이제 제가 예수 그리스도를 저의 구세주로 믿고 영접하오니, 제 안에 들어오셔서 저를 구원해 주옵소서. 저를 구원해 주셔서 감사드립니다. 이제부터는 하나님의 말씀대로 살겠습니다. 주 예수님의 이름으로 기도합니다." 아멘.

이렇게 하시고 하나님을 신뢰하면서 다음의 약속의 말씀을 믿으십시오. 하나님께서 이 약속의 말씀에 따라 당신에게 '영원한 구원'의 은혜를 단번에 무료로 거저 주실 줄로 믿습니다. "누구든지 주의 이름을 부르는 자는 구원을 받으리라"(롬 10:13). "너희가 믿음을 통해 은혜로 구원을 받았나니 그것은 너희 자신에게서 난 것이 아니요 하나님의 선물이라 행위에서 난 것이 아니니 이것은 아무도 자랑하지 못하게 하려 함이라"(엡 2:8-9). "주 예수 그리스도를 믿으라, 그리하면 네가 구원을 받고 네 집이 구원을 받으리라"(행 16:31). 거짓말하실 수 없는 하나님께서 이런 약속의 말씀에 따라 당신에게 '영원한 구원'의 은혜를 주셔서「영원에 이르는 길」로 인도 해주실 것입니다.

십자가

저주받은 나무에 달려서 먼지와 땀과 피로 뒤범벅이 되어 있는, 거기서 보라, 그 영광의 왕을 보라.

나, 내가 바로 그 일을 저지른 장본인이로다. 당신의 거룩한 몸을 찢은 것은 바로 나였도다. 내 죄 때문에 주여, 당신이 피를 흘리셨고, 못에 박혔고 가시관에 찔렸도다.

내가 지기엔 너무 무거운 큰 짐을, 내 주여, 당신께서 지셨도다. 나를 치료하려 당신은 내 고통을 감당하셨고, 나를 축복하시려 당신은 저주를 받으셨도다.

내 구주여, 내가 어떻게 선포하리이까? 내가 진 큰 빚을 어떻게 갚으리이까? 내 가진 모든 것과 내 모든 존재로 끝없이 당신의 영광을 나타내게 하소서.

당신에게는 아무리 많이 드려도 부족할 뿐이요, 당신을 위해서는 아무리 해도 모자랄 뿐이로다. 당신의 모든 사랑과 당신의 모든 슬픔이 내 가슴에 영원히 새겨져 있게 하소서. / 존 웨슬리

왜 나는 복음을 전하는가? 지옥의 존재 때문에

복음의 핵심 내용을 불신자가 알아듣기 쉽게 요약 정리하여 전파하는 노방설교(아주 짧게 3분, 5분정도)나 개인 전도를 통해 사람들을 그리스도께 이겨 오기 위해서입니다. 성경이 말씀하고 있는 것처럼, 영원한 고문과 암흑과 수치와 고통이 있는 지옥(불못)속의 잃어버린 영원을 향해 사람들이 가고 있다는 것을 정말로 믿고 있다면, 그들이 죄에서 돌이켜 주 예수 그리스도께 돌아서도록 온 힘을 다해 설득해야만 하기 때문입니다.

제가 복음을 전하는 이유는 잃어버린 영혼에 대한 연민과 구원받지 못한 사람들에 대한 열정이 나로 하여금 복음을 전하게 만듭니다. 주 예수 그리스도를 증거 하게 되면 많은 수치, 비난, 저주, 조롱을 받게 될 것입니다.

저는 이렇게 기도합니다. 위대하신 하나님! 저는 지금 주님의 지혜가 필요합니다. 주님 제게 용기를 주옵소서. 이제 담대함을 주옵소서.

더더욱 기쁨이 배가 되는 것은 지옥으로 달려가고 있는 영혼이 내가 전한 복음을 듣고 그 자리에서 즉시 주님을 영접하여 구원받을 때, 이루 말할 수 없이 기쁘고 벅찬 희열을 맛보게 되므로 복음을 전하게 되는 것입니다. 이러한 새 생명이 태어나는 현장에 때때로 감격해서 나도 모르게 뜨거운 눈물이 볼을 타고 주루룩 흘러내리기도 합니다.

이것은 전도자만이 누릴 수 있는 주님께서 주시는 특별한 선물인 것을 깨닫게 됩니다. 제가 복음을 전하는 이유는 주님 오실 때까지 복음은 구원 받은 누군가에 의해 반드시 전해져야만 하기 때문입니다(고전 1:21;딤후 4:2).

삶의 목적 선언문

이 요한 목사

1. 하나님의 말씀에 순종하는 삶을 산다.
2. 하나님을 신실하고 충성되게 섬기는 가운데 그분의 기쁨이 되며(계

4:11), 그분께 영광 돌리는(계 1:5-6) 믿음의 삶을 산다.

3. 죄는 즉각적으로 자백하여 주님과의 친교를 회복할 수 있도록 한다(요일 1:6-9).

4. 규칙적으로 성경을 읽고, 연구하고, 기도하는 가운데 감사함으로 하나님을 찬양하는 삶을 산다.

5. 언제 어디서나 복음을 전하고, 기회가 되면 적극적으로 성경을 가르치는 사역자가 된다.

6. 자기희생을 실천한다(다른 사람을 주님의 사랑으로 섬기며 살아간다).

7. 삶 가운데 마귀를 대적한다. 그리하면 피할 것이다(약 4:7).

"나는 내가 이미 도달한 것처럼 말하지 아니하며 이미 완전한 것처럼 말하지도 아니하고 다만 그리스도 예수님께서 나를 붙잡아 이루시고자 하신 그것을 붙잡으려고 뒤따라가노라"(빌 3:12).

한 영혼을 구원하기 위한 기도

때로는 한 사람이 회개하여 주님께로 돌아오는데 많은 시간이 걸리는 경우도 있습니다. 유명한 선교사 윌리암 케리는 인도에서 힌두교인 한 명을 전도해서 세례(침례)를 주는데 7년이 걸렸다고 합니다. 서 아프리카에서는 한 명을 전도하는데 14년이 걸렸다고 합니다. 뉴질랜드에서는 한 영혼을 구원의 길로 인도하는데 9년이 걸렸다고 합니다. 또한 인도에 Ongole 선교회라는 기관이 있었는데 15년 동안 10명 밖에 구원을 시키지 못해 문을 닫으려고 하다가 좀더 기다린 결과 30년 후에는 15,000명을 전도할 수 있었다고 합니다.

전도에는 인내가 필요합니다.

영국의 고아의 아버지로 불리는 죠지 뮐러 목사가 가장 많은 시간을 들여

한 기도제목이 있었습니다. 그것은 자기가 어렸을 때부터 같이 삶을 나누었던 다섯 명의 친구를 위해서 계속 기도했습니다. 한 사람, 두 사람 믿기 시작했습니다. 그런데 끝까지 믿지 않은 친구가 두 사람이 있었습니다.

죠지 밀러는 이 두 친구를 위해서 무려 52년 간 기도했다고 합니다. 그래도 그들은 예수 그리스도를 믿지 않았습니다. 죠지 밀러는 이제 노년이 되어서 병석에 눕게 되었습니다. 그는 자기 인생의 마지막이 가까워 오는 것을 느끼게 되었습니다. 어느 날 죠지 밀러는 주변 사람들에게 부탁을 했습니다.

오늘은 내가 사랑하는 교회에서 말씀을 전할 수 있는 특권을 주십시오 하고 부탁을 했습니다. 그는 마지막 남은 힘을 다해 간절하게 최후의 설교를 했습니다. 마지막 설교를 하던 그 날 그의 한 친구가 밀러 목사의 설교를 듣고 회개하고 예수를 믿게 되었습니다. 죠지 밀러가 세상을 떠났습니다.

그때까지 믿지 않았던 한 친구가 밀러의 죽음 소식을 들었습니다. 죠지 밀러가 죽은 그 해 이 친구는 결국 예수를 믿게 되었습니다. 예수를 믿은 후 그는 전 영국을 순회하면서 간증하기를 "죠지 밀러 목사의 기도는 다 응답되었습니다. 저는 그 기도의 최후의 응답입니다. 당신의 모든 기도도 다 응답됩니다"라고 했다는 것입니다.

주님, 위선보다 진실을 위해 나를 다듬어 나갈 수 있는 지혜를 주시고, 바람에 떨구는 한 잎의 꽃잎일지라도 한없이 품어 안을 깊고 넓은 바다의 마음으로 살게 하옵소서. 바람 앞에 쓰러지는 육체로 살지라도, 선앞에 강해지는 내가 되게 하옵소서. 철저한 고독으로 살지라도 사랑 앞에 깨어지고 낮아지는 항상 겸허하게 살게 하옵소서.

그렇습니다. 당신의 마음을 닫는 것도 여는 것도 본인의 자유입니다. 다른 사람이 강제로 열거나 닫을 수 없습니다. 주님께서도 오로지 당신의 문을 두드리기만 하실 뿐, 자신이 스스로 문을 열지 않는 한 억지로 그 문을 열지 않습니다. 만일 당신이 상처와 원망, 미움으로 인해 누군가에게 마음을 닫아 버렸다면, 그 닫힌 마음을 열 수 있는 사람은 오직 자신뿐입니다.

왜냐고요? 마음의 문을 여는 손잡이는 마음의 안쪽에만 달려 있기 때문입니다. 누군가를 용서하는 것은 마음의 문에 채워진 자물쇠를 열고 손잡이를 돌리는 것이라 할 수 있습니다. 그 때 자물쇠를 여는 것은 지금까지 용서하지 못했던 자신의 마음, 두려움으로 아무것도 할 수 없었던 자신의 마음을 스스로 용서하는 것입니다.

자신을 용서하고 자물쇠를 열면, 신기하게도 저절로 손잡이를 돌리고 마음의 문을 열고 싶어집니다. "사랑에 의한 운명과 화해"라는 헤겔의 주장과도 일치하는 말입니다.

사랑이란 바꿔 말하면 용서와 관용을 가리키기 때문입니다. 사랑은 원망과 미움을 승화시키는 능력이 됩니다. 있는 그대로의 자신과 있는 그대로의 주위 사람들의 모습을 받아들이는 포용의 모습입니다.

사랑이란 서로 하나로 융합되는 것이지 이러쿵저러쿵 불만을 터뜨리거나 푸념하며 분리되거나 편 가르는 것이 아닙니다. 사랑이란 대단합니다. 사랑으로 용서하면 원망도 미움도 거짓말처럼 다 사라집니다. 지금까지 무엇을 왜 원망하고 미워했는지, 마음의 어디가 아팠는지조차도 잊어버립니다.

사랑으로 녹아지면 지금까지의 과거, 지금까지의 인생 전부를 있는 그대로 받아들일 수 있게 됩니다. 과거의 모든 것을 받아들인다는 것은 현재와 미래의 모든 것을 받아들인다는 것으로 스스로 마음의 문을 연다는 의미입니다.

주님은 오늘도 당신의 마음의 문을 두드리고 계십니다. 주님이 당신을 부르시는 안타까워하시는 사랑의 음성을 듣고 꽉 막힌 자물쇠를 용서로 열고, 당신 마음의 문 안쪽의 손잡이를 돌리고 주님을 영접한다면, 당신은 주님과 사랑으로 하나가 될 것입니다.

인생이란 무엇일까? 나는 어디에서 와서 왜 사는 것일까? 나는 죽은 다음에 어떻게 되는 것일까?

많은 사람들이 이런 질문들에 대한 답은 매우 어렵다고 생각합니다. 이런 질문들에 대한 대답은 철학자들이나 하는 것이라고 단정합니다. 하지만 조금만 깊이 생각해 보면 누구나 알 수 있습니다. 그러나 모든 사람들이 반드시 알아야만 하는 질문에 답도 모른 채 힘들게 인생을 살아갑니다.

워싱턴 DC에는 유명한 링컨기념관이 있습니다. 그곳에는 베트남전쟁 참전용사 기념비도 있고, 한국전쟁 참전용사 기념비도 세워져 있습니다. 한국 참전용사 기념비를 보면, 그곳에 실제 크기의 군인 동상들이 몇 십개가 세워져 있는데, 그들은 언덕을 향해 굳건하게 올라가고 있는 늠름한 모습입니다. 그들의 얼굴은 보면 '끝까지 가리라'하는 용기가 서려있습니다. 동시에 두려움도 보입니다. 저 언덕 위로 오르고 나면, 어떤 싸움이 기다리고 있을지 모르기 때문에 두렵기도 합니다. 그 언덕 위로 올라가면, 한 숫자가 눈에 들어옵니다. '54,246', 한국전쟁에 참전했다가 사망한 미군의 숫자입니다. 그리고 그 옆 비석에 한 문장이 적혀있습니다. 'Freedom is not Free'(자유는 공짜가 아니다). 자유는 거저 주어지는 것이 아니란 뜻입니다. 엄청난 대가를 지불하고 주어지는 것이 바로 자유라는 것입니다. 한국전쟁 뒤에는 오만사천이백사십육 명의 희생자가 있었습니다. 이 기념비를 보면서 예수님이 주신 은혜와 자유를 생각해보았으면 합니다.

주님을 믿는 자는 구원을 받습니다. 우리의 구원은 은혜로 거저 받는 것입니다. 하나님의 아들 예수 그리스도께서 나의 죄로 인하여, 십자가에 달려 죽으신 공로로 우리가 구원을 받습니다. 우리에게 거저 주어지는 은혜이지만, 결코 값싼 은혜가 아닙니다. 우리가 지불할 수 없을 정도로 그 대가가 컸기 때문에 하나님이 거저 주시는 선물입니다.

하나님의 독생자 예수 그리스도께서 우리의 구원을 위해 물 한 방울, 피 한 방울 남기지 않고 다 쏟아 부어주셨습니다. 우리가 거저 받지만, 절대로 값싼 것이 아닙니다. 엄청난 대가를 통해 얻은 은혜입니다. 하나님이신 예수 그리스도께서 나를 위해 친히 십자가에 달려 돌아가셨는데, 이보다 더 큰 대가가 어디 있습니까? 그 엄청난 대가를 통해 우리가 거저 받는 은혜요, 구원이요, 자유라는 것을 생각할 때, 어떻게 우리가 하나님의 구원의 은혜를 값싼 은혜로 취급할 수 있겠습니까? 거저 주시는 것이라고 말할 수 있습니까? 믿음은 우리가 믿음을 두는 그 대상(사람이든 사물이든)이 누구냐에 따라 결정됩니다. 우리를 결코 실망시키지 않을 분이 계실까? 결코 우리를 실망시키지 않고, 결코 우리의 기대를 저버리지 않을 분이 계실까?

영국 옥스퍼드 대학의 유명한 고고학자 윌리암 제이 브라이언(William J. Bryan)교수가 있습니다. 그는 인류의 고대문명을 연구하기 위해 유적발굴팀을 조직하여 이집트 카이로를 방문합니다. 땅속에 감추어졌던 인류의 신비한 과거사가 밝혀지기 시작합니다. 한 번은 피라밋 안에 있는 역사유물을 발굴하다가 3000년이 훨씬 지난 시체 미이라를 발견하게 됩니다.

그런데 그 미이라를 풀어보니 그 속에서 3000년이 훨씬 지난 곡식 알갱이 한줌이 함께 발견됩니다. 그것은 작은 완두콩 씨앗이었는데 이미 쪼골쪼골하게 돌처럼 굳어져 있었습니다. 그러나 그는 간절히 기도하는 마음으로 밭에 옮겨 심어봅니다. 한 달이 지납니다. 참으로 놀라운 기적과 같은 사건이 발생합니다. 3000년 전에 이미 죽은 씨앗에서 생명의 싹이 돋기 시작합니다.

그 후부터 그는 전도하면서 "1년 생 식물도 3000년 만에 죽었다가 다시 살아서 열매를 맺는데, 만물의 영장인 사람이 100년도 못살고 죽어서 없어지겠는가? 반드시 부활이 있고 영원한 세계가 있다"고 역설했습니다.

"한 번 죽는 것은 사람에게 정해진 것이요 그 후에는 심판이 있으리니"(히 9:27)라고 말씀하셨습니다. 모든 인생이 피할 수 없는 엄숙한 사실은 모든 인간은 반드시 죽어야 하고, 죽은 후에는 반드시 심판이 있고, 심판 후에는 영원한 천국과 지옥이 있다는 것입니다. 이 둘 중의 한 곳에서 영원한 시간을 보내야 합니다. 영생을 얻고, 천국에 들어가는 길은 한 길 밖에 없습니다.

곧 하나님의 아들 예수 그리스도를 믿고 영접하는 길 밖에 없습니다. "하나님이 이 세상을 이처럼 사랑하사 독생자를 주셨으니 이는 저를 믿는 자마다 멸망치 않고 영생을 얻게 하려 하심이니라"(요 3:16)고 말씀 하셨으며, "내가 곧 길이요 진리요 생명이니 나로 말미암지 않고는 아버지께 올 자가 없느니라"(요 14:6)고 말씀 했습니다, "영접하는 자 곧 그 이름을 믿는 자들에게는 하나님의 자녀가 되는 권세를 주셨다"(요 11:25)고 하셨습니다.

예수님을 믿고 영접하는 길 외에 다른 길, 다른 방법으로는 구원받을 길이 절대로 없습니다. "다른 이로서는 구원을 얻을 수 없나니 천하 인간에 구원을 얻을 만한 다른 이름을 우리에게 주신 적이 없음이니라"(행 4:12)라고 말씀하고 있습니다. 예수님만이 우리의 생명이 되시고, 부활이 되시므로 예수를 믿고 영접해야만, 영생을 얻고 천국에 들어갑니다.

모래 속에 나무 부스러기, 유리 조각, 쇠 조각이 다 섞여 있는데 자석을 갖다 대면 쇠붙이만 올라붙습니다. 이와 같이 예수님이 이 세상을 심판하러 다시 오실 때, 그 속에 예수님을 영접한 사람들만 들림을 받고, 천국에 들어갑니다. 예수 믿으면 천국에 가고, 안 믿으면 지옥불에서 영원히 고통을 받습니다. 저와 여러분은 어디에서 영원한 시간을 보내시겠습니까? 영원한 천국에서의 시간을 위해서 순간순간 쾌락을 포기하면서 믿음으로 사시기를 바랍니다.

위대하신 하나님, 주 예수 그리스도의 거룩한 보혈로 구원하여 주셔서 하나님의 자녀로 삼아주신 은혜를 감사드립니다. 모든 욕망을 하나님께 가까이 다가서는 삶 앞에 무릎 꿇게 하시며 주님을 기쁘게 해드리는 일에 전적으로 매달리는 자가 되게 하여 주옵소서! 저희들의 최고의 임무가 진심으로 복종하고 완전한 순종의 자세로 사람들에게 주 예수 그리스도를 증거하도록 인도하여 주옵소서! 진리를 전하되 사랑으로 전하게 하옵소서!

주님, 복음 전하는 하나님의 자녀들을 위대한 밀알 되신 주님과 일치시켜 주시고 구원받은 우리 하나님의 자녀들에겐 성령께서 내주하심과 그분의 열심과 능력을 힘입어 사탄의 공격을 이겨낼 수 있음을 확실하게 알게 하시옵소서! 말씀을 듣는 시간에 우리들 모두 육신을 따르고자 하는 마음속에는 죄가 도사리고 있다는 것을 깨달아 죄로부터 벗어나고, 세상으로부터 성별하고, 육신적인 모든 쾌락을 단절하고, 오직 하나님께로 오는 복음으로 헌신하는 성도들 되게 하옵소서!

모든 성도들이 하늘에 그들의 운명을 맡기고 주 예수 그리스도를 전파했을 때, 십자가의 말씀이 양날선 칼처럼 복음을 듣는 영혼들의 마음을 찌르도록 하옵소서! 사람들을 구원하기 위해 복음전하는 능력을 받고, 죄인들을 이겨오는 삶과 기도할 때에도 하나님의 뜻에 합당한 기도와 삶을 통해 모든 영적전쟁을 승리로 이끄는 능력의 삶을 살 수 있도록 인도해 주십시오. 저희 모두를 온전히 장악하셔서 주님의 통제 하에 두시고 저희 각 사람을 통해 주님께서 이루시고자 하는 바 그것을 이루어 주옵소서! 주 예수님의 이름으로 기도드립니다. 아멘

사도 바울은 다메섹 도상에서 예수 그리스도를 만나고, 박해자에서 복음 전도자로 인생의 이름표를 새롭게 달게 됩니다. 이전에는 모든 수단과 방법을 동원하여 예수 그리스도의 십자가 복음이 전파되는 것을 온몸으로 막았던 사람이었지만, 이제는 자신이 저지했던 그 복음을 가는 곳곳마다 생명을 걸고 전파하는 사람이 되었습니다. 바울은 복음전파와 하나님 나라의 선교를 위해서 발걸음이 닿는 모든 곳을 예수 그리스도의 보혈로 물들였습니다.

하지만 바울은 복음을 들고 가는 곳마다 환영받기는커녕 온갖 고난과 박해를 받았습니다. "우리가 사방으로 우겨쌈을 당하여도 싸이지 아니하며 답답한 일을 당하여도 망하지 아니하고 우리가 항상 예수의 죽음을 몸에 짊어짐은 예수의 생명이 또한 우리 몸에 나타나게 하려 함이라"(고후 4:8-10). 사도 바울의 인생은 세상적인 기준으로 보았을 때, 실패한 인생이었

습니다. 소위 잘나가던 모든 배경과 지식을 버리고, 천대받고 멸시받는 예수를 따르는 삶을 선택했기 때문입니다. 그의 생애 전체는 고난과 아픔의 연속이었고, 답답함 그 자체였습니다.

그러나 바울은 고난이 더할수록, 박해가 더 극심할수록 그리스도의 승리를 담대히 선포했습니다. 나무에 달려 죽은 자 '예수', 그분의 이름 안에서 그는 이 세상을 초월하여 차원이 다른 믿음의 승리를 보여 주고 있습니다. 사도 바울은 세상이 이해할 수 없는 역설적인 진리를 믿음으로 살아 낸 위대한 승리자였습니다.

믿음으로 세상을 이겼던 승리자 바울이 가는 곳마다 알 수 없는 향기가 퍼졌습니다. 작고 연약한 노사도의 발자국이 스친 곳마다 복음의 꽃이 피고 아름다운 향기가 진동했습니다. 이 향기는 모든 사람이 외면하고 배척했던 예수 그리스도로부터 나오는 향기였습니다. 생명을 바쳐 예수 그리스도를 전했던 사도 바울의 삶 전체에 그리스도를 아는 향기가 그윽이 배어 있었습니다.

사도 바울이 가는 곳마다 복음이 전해지고, 교회가 세워지며, 병든 사람이 고침을 받아 하나님의 나라가 확장되어 갔습니다. 예수 그리스도를 믿는 사람은 물론이거니와 믿지 않는 사람들에게까지 그가 예수의 향기를 전하는 사람이라는 것을 인정하게 되었습니다.

그리스도에 대한 박해가 더할수록 그곳에서 그리스도의 향기는 더욱 짙어졌고, 그 향기는 사방으로 퍼져 나갔습니다. 어떤 사람들에게는 사망으로부터 사망에 이르는 냄새가 되었고, 어떤 사람들에게는 사망으로부터 생명에 이르는 향기가 되었습니다.

우리는 어떤 삶을 살아가고 있습니까?

예수 그리스도의 생명의 향기를 전하고 있습니까? 아니면 주님과 상관없는 삶을 살면서 세상의 악취를 전하고 있습니까? 교회를 다니고, 예배를 드리면서 겉모습은 그리스도인이라고 불리지만, 정작 우리의 삶을 돌아보면 예수 그리스도의 사랑과 은혜보다는 세상적인 모습을 전할 때가 더욱 많이 있습니다. 겉모습은 멋지고 화려하지만, 그 속에는 그리스도의 생명이 존재하지 않기 때문에 죽어 있는 조화와 같이 영향력 없는 삶을 살아갑니다. 악취가 진동하며 썩어 가는 세상 속에 함께 휩쓸려 그리스도인 본연의 향기를 상실한 채 예수를 전하지 못하고 있습니다.

우리는 그리스도의 향기를 진하게 드러내야 합니다. 우리의 일상생활 속에서 그리스도인으로 산다는 것이 무엇인지를 삶으로 보여 주어야 합니다. 조금 더 손해 보고, 조금 더 용납하며, 조금 더 칭찬하고, 더 사랑해야 합니다. 세상 사람들이 살 수 없는 삶을 살아갈 때, 우리는 그리스도의 향기를 발할 수 있습니다. 그때에 비로소 세상은 우리가 그리스도의 향기임을 깨닫고, 우리를 통하여 예수 그리스도를 알게 될 것입니다.

처음에는 별 볼일 없는 평범한 사람이었습니다. 겉모습은 초라하고 자랑할 것이 없는 사람입니다. 하지만 시간이 지날수록 사람들은 그 사람에게 매력을 느끼고, 그 사람 주위로 몰려들게 됩니다. 그 사람의 온화한 미소와 따뜻한 말 한마디에 사람들은 이전에 찾아볼 수 없던 깊은 감동을 느낍니다. 이 사람을 통해서 주변 사람들은 변화되고, 공동체는 하나가 되기 시작합니다.

그리스도의 향기를 머금은 한 사람의 영향력이 바로 이런 것입니다. 그리스도의 향기를 발하는 사람을 통해서 세상은 예수 그리스도를 알게 되고, 사람들은 새로운 생명을 얻으며, 하나님의 놀라운 사랑을 경험하게 됩니다. 하나님은 우리를 그리스도의 향기로 부르셨습니다. 작고 연약한 우리를 통해서 하나님은 그리스도를 전하기 원하십니다. 우리가 하나님의 말씀을 따라 서로 사랑하고 섬길 때, 마침내 세상은 우리를 통하여 예수 그리스도 안에서 나타난 하나님의 사랑을 알게 될 것입니다. 꿀벌과 나비가 아름다운 꽃향기를 맡고 사방에서 몰려들 듯이, 우리를 통하여 그리스도의 향기가 퍼져 나가 꽃을 피우고, 풍성한 열매를 맺을 것입니다. 하나님은 그리스도의 향기가 세상을 가득 채우기를 원하십니다.

「영원에 이르는 길 1, 2, 3권」

2018년 3월 3일 초판 발행

지 은 이 이요한
펴 낸 곳 도서출판 영원 길
등록번호 제 2017-000020호 (2017.12.19)
주   소 경기도 군포시 당산로 125번길 14(금정동)
전   화 031) 360 - 0691
블 로 그 https://blog.naver.com/heavenhope0131/
이 메 일 gospel0808@naver.com
온 라 인 358801-04-145168 국민은행
상담 및 수강신청 031)360-0691 (도서출판 영원 길)